全国地方文献工作与研究

湖南图书馆◎编

国家图书馆出版社

图书在版编目（CIP）数据

全国地方文献工作与研究 / 湖南图书馆编 . — 北京：国家图书馆出版社，2020.2

ISBN 978-7-5013-6866-2

Ⅰ . ①全… Ⅱ . ①湖… Ⅲ . ①地方文献—工作—研究—中国 Ⅳ . ① G256

中国版本图书馆 CIP 数据核字（2019）第 230584 号

书　　名 全国地方文献工作与研究
编　　者 湖南图书馆　编
责任编辑 邓咏秋
封面设计 程言工作室

出版发行 国家图书馆出版社（北京市西城区文津街 7 号　100034）
（原书目文献出版社　北京图书馆出版社）
010-66114536　63802249　nlcpress@nlc.cn（邮购）
网　　址 http://www.nlcpress.com
印　　装 北京金康利印刷有限公司
版次印次 2020 年 2 月第 1 版　2020 年 2 月第 1 次印刷

开　　本 787 × 1092（毫米）1/16
印　　张 25
字　　数 400 千字

书　　号 ISBN 978-7-5013-6866-2
定　　价 125.00 元

编纂委员会

编纂办公室

前　言

习近平总书记在十九大报告中指出："文化是一个国家、一个民族的灵魂。文化兴国运兴，文化强民族强。没有高度的文化自信，没有文化的繁荣兴盛，就没有中华民族伟大复兴。"中华传统文化博大精深，内涵丰富，在数千年的积淀演进中，逐渐成为中华民族的精神标识和精神命脉。

地方文化作为中华传统文化的重要组成部分，曾形成诸如巴蜀文化、湖湘文化、岭南文化等根植区域、特色鲜明的符号文化，对丰富和拓展中华传统文化的内涵发挥了重要的作用。认识和了解地方文化的主要途径是地方文献，传承、发扬和创新地方文化也离不开地方文献。地方文献是地方文化的重要载体，是服务地方社会的知识宝库，是研究地域发展的可靠资料。加强地方文献的收集、整理、开发和利用，对传承地方记忆与文明，彰显地方文化魅力，促进地方发展乃至弘扬中华传统文化等都有着重要意义。

文化部《"十三五"时期全国公共图书馆事业发展规划》中明确提出"充分发挥省级公共图书馆作为地区性文献资源保障中心的作用，联合本地区各级公共图书馆共同开展地方文献资源的建设与服务"，《中华人民共和国公共图书馆法》也明确指出"政府设立的公共图书馆还应当系统收集地方文献信息，保存和传承地方文化"。由此可见，公共图书馆在开展地方文献服务与建设、传承与弘扬、开发与研究方面承担着不可替代的作用。长期以来，各地各级各类型图书馆都极为重视地方文献工作，在文献梳理、收集范围界定、文献走访、文献保护及抢救等方面进行了长期不懈的努力，在地方文献数字建设、地方文化活动推广、地方文献开发与研究等方面也取得了有目共睹的成绩，较好地彰显了地方文献的价值。

近年来，在构建现代公共文化服务体系，建设社会主义文化强国的背景下，很多图书馆积极发挥自身优势，充分利用科技手段，大力建设特色数字资源，并将地方文献信息资源加以专业化整理和组织，通过对不同领域用户的文化需求行为特点的分析和研究，提供个性化的文化产品和服务，开展多元化、高品质的地方文化活动，推动文化资源与现代生产生活相融合，真正实现地方文献文化价值和实用价值的有机统一。如湖南图书馆“天下湖南”网的建设，河北省图书馆“河北记忆”口述文献征集工作的开展，山东省图书馆山东省地方文献网上联合目录的建设，甘肃省图书馆“西北地方文献”专藏及西北地方文献资源数据库的建立，首都图书馆“北京记忆”网站的开发，等等。也有公共图书馆深入推动地方文献资源的活化，通过开发文化创意产品实现对地方资源和地方文化的深度挖掘，它以无限的创意与多样的形式来全方位展现地方文献所蕴含的丰富内容，在提升图书馆文化内涵与品质的同时，更好地满足了民众日益多样化、个性化和品质化的文化消费需求。如湖南图书馆“难得湖图”系列及广东省立中山图书馆“晚清画报中的广东”系列文创产品的开发等。可以说，图书馆地方文献工作正朝着服务个性化、研究深入化、开发多样化的方向发展。

正是基于对全国地方文献工作的梳理与总结，我们编纂了《全国地方文献工作与研究》一书，以期全面展示图书馆界地方文献工作发展的历程及诸多学人的研究成果，在挑战与机遇并存的今天，共同探索、思考地方文献工作的转型与发展。

湖南图书馆馆长　贺美华

二〇一九年十月

目　　录

上　篇　各地地方文献工作概述

下　篇　地方文献工作与研究征文选

上　篇

各地地方文献工作概述

湖南图书馆地方文献工作与研究

湖南图书馆

湖南图书馆创立于1904年3月，是我国最早以“图书馆”命名的省级公共图书馆。湖南图书馆历来重视地方文献资源的建设、利用与开发，早在1904年3月，湖南图书馆兼教育博物馆成立伊始，即发出“募捐启事”，以服务桑梓为宗旨，开始乡邦文献的搜集。多年来，在政府政策大力支持和社会大众广泛参与下，湖南图书馆地方文献资源建设得到了长足发展，并在地方文献采编、数字资源建设、研究利用等方面形成了自己的特色。

1　形式与创新：地方文献建设工作的新突破

1.1　设立地方文献工作机构，创新完善工作机制

早在1956年，当时的湖南省立中山图书馆便成立“湖南省积存古旧图书资料整理委员会”对全省地方文献进行重点整理。这次整理使湖南图书馆有了一套较为系统的、内容涉及全省各方面的图书资料，为以后湖南图书馆的地方文献工作打下了坚实基础。1984年，在湖南图书馆成立80周年暨韶山北路新馆落成之际，单独成立地方文献部，配备专职人员负责地方文献的采集、整理和开发利用工作。在1989年，湖南图书馆又创建湘籍名人文库，后在1995年改名为“湖南名人（人物）资料中心”，专门从事湖南人物著述、手稿、字画和藏书的收集。已形成毛泽东著作版本藏阅室、徐特立藏书阅览室、张舜徽先生文库、湖南作家文库、湖南艺术家文库、综合文库等专室以及美学家蔡仪、历史学家吴相湘、先秦诸子楚辞金文专家谭戒甫等多人的专柜。目前，地方文献书库收藏中华人民共和国成立以后地方文献书、报、刊近19万册；湖南人物资料中心已搜集到海内外湘籍人士和长期在湘工作的外省籍人士5000多人的信息资料，收到3000多人寄赠（捐赠）的著作、手稿及个人藏书6万余册（件）。

1.2 以稳定的采购资金为基础，不断拓展采购途径和采选类型

建馆初期，湖南图书馆就注重对湖南省出版物及名人著述的收集。1978年以后，收集范围明确为：湖南地方出版物，毛泽东著作版本，湘人著述，内容涉及湖南的各类文献。这种宽口径的采选范围使湖南图书馆地方文献建设逐渐走向专业化、制度化。湖南图书馆地方文献的建设方式采取民间征集、社会捐赠、资金采购等多种形式，而拥有稳定的专项采购经费是地方文献收藏工作稳定、持久、有效开展的重要保证。目前，湖南图书馆有较为稳定的地方文献采购资金，特别是2007年以来更加大了对地方文献采集经费的投入，由过去每年几万元增加到目前的百万余元。强有力的、稳定的资金保障使图书馆在地方文献的收藏数量和质量上得到了稳步的提升。近年来，湖南图书馆又在地方文献的采购途径和采选类型方面不断探索，以丰富地方文献资源品种。坚持走访各旧书文物市场、密切关注出版社动态，与省内各地书商加强沟通联络，积极参加各类书展，形成线上线下互为保障的采购模式。在2014年，首次尝试进军拍卖市场，参加了湖南、北京、上海、天津等地的重要拍卖会，成功竞得湖湘名人书画作品及珍贵古旧文献数件，大大丰富了特色文献馆藏，实现了地方文献征集工作的新突破。在采选类型方面，除了普通地方文献，继续在方志资料、家谱、原文献包括各类珍贵的手稿、信件、地图、照片、日记和音像资料、非遗资料等方面发力，经过百余年的积累，已形成了湖湘人物著述数量巨大、湘籍名人稿本琳琅满目、湖南地方志收藏完备、湖南家谱收藏蔚为大观、湖南书画独具特色的鲜明特点，彰显了公共图书馆在保护、传承并弘扬地方文化方面的责任担当。

1.3 以呈缴本制度为基础，创新完善征集工作方法

首先，各级政府部门和相关领导机构的重视和支持，保证了地方文献呈缴本制度的实施及相关政策的落实。湖南省委、省政府十分重视地方资料的收集工作，早在1983年及1995年，湖南省委办公厅联合省人民政府办公厅先后下发了《关于征集地方书刊资料的通知》及《关于做好征集地方文献工作的通知》，以文件形式确定由湖南图书馆担任全省征集地方文献的具体工作，令全省各地、各单位出版（含非正式出版）的书刊资料都必须缴送给图书馆。目前湖南省十三家出版社，对湖南图书馆基本落实了湘版书一种两册的呈缴制度。以政府名义征集地方文献，为湖南图书馆征集地方文献提供了有力保障，为征集工作的顺利开展扫清了道路。同时，我们积极落实全省市县级图书馆地方文献呈缴工作和图书馆工作者地方文献呈缴工作。目前，湖南省通过省文化厅相关文件规定市级图书馆每年向省馆呈缴地方文献不少于15种，县级

图书馆每年向省馆呈缴地方文献不少于5种，并将此项工作纳入各馆工作的考核任务。地方文献工作是地方公共图书馆工作的组成部分之一，要想取得理想的工作效果，一定要得到全馆上下的通力协作。2010年湖南图书馆出台了《湖南图书馆职工采购征集地方文献工作考核奖励办法（试行）》，对本馆职工采购征集地方文献工作的工作机制、工作方式、工作指标、奖励机制等方面进行了要求和说明。规定全馆员工人均每年需完成3种以上地方文献的采购或征集指标，并计入年终考核评价。

其次，深入政府机关、企事业单位、科研院校等单位访求，逐步建立地方文献征集网络体系。一方面通过对各行政事业单位和各行业系统的走访，逐步建立及巩固各行业系统地方文献采集网络体系。另一方面每年通过对全省14个市州及所属市县的走访，建立书商代理制，逐步建立覆盖全省市县区域的市县级地方文献采集网络体系。

最后，加强宣传力度，发动民间力量，接受社会捐赠，扩大征集渠道。地方文献采集工作必须依靠社会的力量，湖南图书馆也一直将捐赠作为馆藏建设的重要途径，早在1949—1978年，先后有叶启勋、叶启发、龙伯坚、肖骧、郑家觉、何汉文等人向图书馆捐赠，其中叶启勋拾经楼、叶启发华萼堂藏书由叶启勋之子叶闾运捐“文管会”，后递藏于图书馆。1983年，徐特立同志积聚的15000余册珍贵图书移交湖南图书馆，后又有张舜徽、周德辉、曾未之、琼瑶、李自健、谭盾等湘籍名人捐赠。1994年后，又收到2000多位当代湖南人物捐赠的著作、手稿、字画和藏书5万余册（件）。此后，湖南图书馆又加大电视、报纸、网络等多种媒体的宣传力度，加强了社会公众对地方文献资源建设重要性的认识，提高了社会公众对地方文献征集工作的参与度。目前，湖南图书馆接受捐赠的地方性资料逐年增加。除此以外，我们也主动出击，尤其在名人资料征集方面，确立专题，遴选重点人物，通过走访、发邮件、电话采访等方式积极开展著作、手稿及相关资料的征集工作。

1.4　锻造品牌，开展地方文献特色活动

为了普及湖南特色地方资源相关知识，宣传湖南独特文化魅力，湖南图书馆通过举办各种展览、鉴赏等活动更好地推介地方文献。多年来，湘图讲坛着力打造自己的地方特色，弘扬优秀湖湘传统文化。在讲座嘉宾邀请上，发挥家乡优势，邀请湖湘学者名家、社会精英（如王跃文、韩少功、阎真、浮石、汤素兰、陈志武等）登台，讲述自己的专业知识以及自己对人生的思考。在选题策划上，着重挖掘湖湘文化内涵，注重对湖湘精神的传承、对湖湘历史知名人物的分析和成果研究，如2017年针对周敦颐诞辰1000周年邀请周秋光、张京华等社会名家做专题讲座。同时，对地方文化，湖

南图书馆也做了广泛的关注，如湘剧花鼓戏等地方戏曲、岳麓书院等地方建筑、方言等。在传播方式上，除了传统的现场讲座、视频讲座以外，还不断创新、拓展模式，如2018年与湖南人民广播电台FM106.9年代音乐台合作创作《湘图典藏》广播节目，介绍馆内入藏的珍贵地方文献，讲述其文化价值、版本价值、入藏故事、保护故事，让更多馆外受众突破空间与时间的限制，了解湖湘文献。

在读者活动方面，湖南图书馆依托地方特色文化资源，结合优秀传统节日，开展了一系列具有地方特色的大型读者活动，并已形成品牌，成为本地的文化名片。如湖南图书馆每年举办的"新春文化庙会"，从2006年春节至2018年底已举办十二届，从最初的现场写春联、送春联逐渐发展到以主题活动为中心并将各种传统民俗文化和体验相融合的市民体验互动性活动。"隆回滩头年画""湖湘木雕""湘籍名人手札"等主题庙会相继推出，其中"最美家书"和"福照潇湘，玩味新年"两届主题庙会通过现场直播主题活动，开启线上观看+线下体验模式，场均观众达150万。自2016年始，湖南图书馆依托自建特色资源"湖南地方戏剧资源库"和《湖南地方戏剧知识读本》，联合戏剧界、教育界开展了"走近经典　戏韵三湘——湖南地方戏剧知识进校园"系列活动11场。先后聘请李左、叶红、陈明、谢晓君、罗艳等13位戏剧名家，通过讲授地方戏剧知识、教唱相结合、台上台下互动、同步网络直播等模式，为广大音乐老师和大学生普及地方戏曲知识，有戏剧爱好者10万余人通过网络直播参加了教学培训。与戏剧界、教育界挂牌的中小学戏曲传承教学研究实验基地合作，开展了各种形式的地方戏剧传承活动，极大地促进地方戏剧文化的学习和传承。2017年，湖南图书馆举办"湖湘气派　濂溪一脉——周敦颐诞辰1000周年纪念"系列活动，通过学术论坛、展览、广场活动、游学活动、专家访谈等形式让民众了解这位出自湖南的先贤哲人的思想及精神。此次纪念系列活动全省20多家市县公共图书馆同步参与，同时通过凤凰网新闻频道、湖南图书馆微信公众号向外界直播，网络单场点击量达到220余万次，媒体报道近千条次，服务效果显著，产生了良好的社会效应。

在展览方面，湖南图书馆首先加强与湖南省社会科学界联合会、湖南省书画家协会等优秀机构的合作，定期向读者推出有关湖湘文化方面的精品字画及实物展。"湘图展厅"年均接待观展读者20万人次。自2011年始，又着力推出了大型公益性馆藏精品主题展览和小型书画作品鉴赏活动各40多场、专场鉴赏会100余场。其中的"湖南文化世家：湘潭黎氏——湖南图书馆藏黎氏手迹、信札、文献展""无公则无民国　有史必有斯人——湖南图书馆藏黄兴书法手迹、照片、著述展""一寸河山一寸血　军民奋战保三湘——纪念抗战胜利70周年馆藏抗战文献及抗战名人字画展""册府千华——湖南省藏国家珍贵古籍特展""维新图强　才倾天下的湖湘三公子——湖南图书馆藏陈三立、谭嗣同、谭延闿文献展”“探中华文脉　赏册府珍藏——纪念周敦颐诞辰1000周年文献精品展暨专家访谈”“曾国藩的朋友圈——湖南图书馆藏与曾国藩有书信往来的名人信札、著述、碑帖展”等主题展览，以及邀请湖南各界人士参加的专场鉴赏会给大众搭建了一个深入感受中国传统文化的平台，也掀起了民众了解湖湘典籍、关注湖湘传统文化的热潮。这些形式多样、内容丰富的活动加深了群众对湖南厚重文化的了解，体现了图书馆在公共文化服务和民族文化传承方面所拥有的无限生命力。

2　网络与发展：地方文献数字化建设的新成果

2.1　攻坚克难，稳步推进地方文献数字化工作

湖南图书馆早在1994年就开始探索利用数字化技术进行地方数字资源建设工作，并从1999年开始利用网络收集湖南人物和地方信息等方面的资料。目前湖南图书馆地方文献数字化建设工作以文献类型来划分，主要包括馆藏普通地方文献及专题地方文献的数字化建设项目两大部分。出于对历史文献的抢救及传承的目的，按照时间顺序依次实施了馆藏古籍善本、民国文献及“文革”资料等专题地方文献的数字化建设项目，累计数字化古籍善本6万余页、民国时期地方报纸期刊文献20余万拍，基本实现了该类型历史文献数字化格式的永久保存。目前正在实施馆藏“文革”资料数字化建设，计划在三至五年时间内对现有50余万页馆藏“文革”资料进行数字化建设，分步骤实现湖南图书馆“文革”资料的目录数据库—图片数据库—全文数据库的建设目标。普通地方文献的数字化工作主要依托于国家数字推广工程的文献数字化分项目，自2014年开始便连续申报该项目的建设任务，通过对1949年以后的馆藏地方文献摸底，遴选出湖南文史资料、湖南省志、《湖南日报》等专题的地方文献，进行数字化加工建设。截止到2018年底，共申报及完成5个年度总共7个分项目的建设任务，累计完成了约十万余页地方图书及1万余版地方报纸的数字化加工。馆藏地方文献的数字化建设是数字图书馆建设的基石，经过多年不断的摸索与思考，目前湖南图书馆的文献数字化资源已经有了一定的规模，在国家中心的指导及帮助下，数字化建设的技术及条件也愈发成熟。以后将在保存这些资源的同时，对这些资源进行提炼和再开发，努力实现对馆藏地方文献的数字化纸本替代、数字资源功能提升、知识供给等目标任务。

文献缩微是文献保护、保存的又一种重要方式。湖南图书馆自20世纪80年代开始采用缩微拍摄技术对部分珍贵文献进行拍摄保存并提供给读者利用。1985年全国图书馆文献缩微中心成立，湖南图书馆第一批被确定为缩微中心的拍摄馆，成为我国最早

开展缩微工作的省级图书馆之一。湖南图书馆经过近40年的不断摸索和实践，缩拍了古籍善本、民国书刊、新中国成立后地方报刊等文献资料，并建立图书馆缩微品文献书目数据库。现已缩微古籍1009种1580卷，报纸122种2275卷，期刊1012种567卷，民国图书933种142卷。1995年湖南图书馆通过全国缩微中心和美国犹他州家谱学会签订了家谱资料拍摄协议，合作至2016年，共拍摄1163卷287万多拍。这些缩微品胶卷成为湖南图书馆数字馆藏文献体系的一部分，为保护珍贵地方文献及更好地服务读者发挥了重要作用。

2.2 凸显特色，积极建设地方文献特色资源数据库

湖南图书馆重视特色数据库的开发与利用工作，早在1994年底开始便成立专门的课题研制组，进行人物信息系统软件的研制和配套的湖南名人资料数据库的开发工作。从2002年文化部、财政部实施文化信息资源共享工程以来，在文化部、全国文化信息资源共享工程国家发展中心的指导下，在当时湖南省文化厅的大力支持下，湖南图书馆从多媒体资源库和专题片两个方向申报地方资源建设项目十余个，分别是湖南非物质文化遗产资源库、湖南近代人物数据库、湖南地方戏剧多媒体资源库、湖南地方戏剧系列专题片、湖南红色记忆多媒体资源库、湖南古村镇古民居建筑多媒体资源库、湖南地下党人系列专题片、湖南“一城一街”系列专题片、湖南抗战老兵口述录、国民口述历史、湖南少数民族风情系列专题片、“匠心守艺”系列微视频、“湖南红色记忆（湖南抗战）”多媒体资源库微视频、“湖南地方戏剧（湖南祁剧）”多媒体资源库微视频、湖南地方戏剧之湘剧微视频、湖南少数民族风情之土家族微视频、湖南少数民族风情之苗族微视频，对湖南特色地方资源的抢救、推广、保护与传承做了大量工作。湖南图书馆立足于申报成功的项目，结合湖南地方特色资源现状以及丰富的馆藏特色优势，在项目建设机制上主要采取自建方式，通过自主拍摄与征集购买有机结合，获得所有项目相关文字、图片、音视频资源及其使用授权。在工作方式上，通过实地调查、走访专家学者、互联网搜索等方式，了解、收集相关资料，分析、探讨、研究资源收录标准、资源收集获取和拍摄方案、技术平台架构等，所有项目均邀请相关领域和行业专家成立专家组，负责对项目进行专业指导。依托项目，收集了丰富的湖南地方特色资源，也弘扬了地方优秀传统文化。

2.3 构建大宣传格局，提升社会影响力

湖南图书馆建设有“天下湖南网”，该网站是湖南图书馆主办的湖湘文化网站，以“荟萃人文经典，传承湖湘文化”为宗旨，依托于湖南图书馆丰富的馆藏文献资

源，汇集了大量的湖南地方特色资源，聚集了大批研究湖湘文化的用户，是湖南特色数字资源的集中展示平台，力争成为湖湘文化信息服务和交流的第一平台。网站开设有“家谱族谱”“氏族源流”“湖湘名流”“故事湖南”“湖南风物”“地方文献”“湘人著述”“湖南学术”“国民口述历史”“网上展厅”等特色文化栏目。其中“国民口述历史”项目围绕“长沙市井记忆”“街区历史”“湖南各界达人”等选题采集了大量的珍贵口述历史资源。网站同时提供湖南图书馆自建的“湖南地方戏剧资源库”“湖南近代人物资源库”“湖南非物质文化遗产资源库”“湖南红色记忆资源库”“湖南古村镇古名居资源库”“湖南少数民族风情资源库”等海量湖南特色数字资源的检索和使用。另外，为了加强对资源库的宣传力度，湖南图书馆通过互联网、电视媒体、平面媒体等加强对湖南特有的文化资源进行宣传。湖南图书馆天下湖南网首页植入了资源库的推送链接，读者可以通过链接直接访问资源库，直接感受到湖南独有的厚重文化底蕴，激发读者对湖南特色文化的强烈兴趣。天下湖南网共收录近30万篇文档，2018年访问量达600万次。同时，开通“天下湖南”微信公众号，通过公众号对馆内数字资源、讲座、活动等进行了多次推广。原创采编的多篇文章受到了《三湘都市报》、湖南在线、新湖南、网易、新浪等多家媒体采用转载，特别是《三湘都市报》在其E版上多次整版采用天下湖南网文章。同时，还尝试在公众号推出手机视频直播，取得了良好的效果。

3　研究与利用：地方文献服务社会新途径

3.1　依托馆藏资源，开拓多渠道文献服务

首先，编制书目、索引，向社会公众提供文献查阅服务。为了使浩瀚的地方文献得到合理有效的利用，揭示馆藏，建立比较完善的目录体系是地方文献信息资料开发利用的基础工作。湖南图书馆一直配备专人独立负责地方文献的分编工作，保证地方文献信息的准确揭示和及时下库。湖南图书馆向全国图书馆联编中心和地方版文献采编协作网的地方文献数据库上载的地方文献数据量一直排在全国前列。

其次，为了活化地方文献资源，让地方文献的价值得到真正体现，湖南图书馆尤为重视为各党政机关、企事业单位及重点读者的课题研究提供深层次服务。目前，湖南图书馆所开展的智库服务、课题服务、舆情信息服务、“两会”服务、会议服务等多形式、立体化的信息服务，为湖南省政治、经济、文化、科技等多领域的发展持续助力。在智库服务方面，湖南图书馆2015年加入湖南智库联盟，在2015和2017年受省政府督查室委托对全省产业园区进行调查研究和分析研判，受省委宣传部委托对全省

热点舆情进行综合分析，其研究报告受到相关领导充分肯定，省委督查室来函商请长期提供专项服务，宣传部将湖南图书馆列为舆情直报点。课题服务方面，湖南图书馆课题服务始于1956年，多年来服务领域逐渐拓宽，服务课题数量不断增加。1971年，湖南图书馆配合长江湘江大桥的建设，主动提供资料，为领导决策起了较大作用，在湘江大桥开工典礼上，受到时任长沙市委书记李照明的表彰。舆情信息服务方面，自2013年起，湖南图书馆定期向省政府办公厅、省委宣传部、省委外宣办报送舆情信息，共计有110余条信息入选省政府《政务要情》，60余条信息获杜家毫、张剑飞、谢建辉、李友志等20余位省级领导批复，240余条信息被省委宣传部和中宣部采用，省委外宣办给湖南图书馆划拨外媒舆情监测专项经费，连续三年获省政府办公厅信息工作先进单位。“两会”服务方面，湖南图书馆自2012年起至今连续八年进驻湖南省“两会”现场，提供“两会”热点专题汇编、电子书刊触摸式阅读、现场专题咨询等信息服务，打造现代立体的“‘两会’图书馆”，受到杜家毫、许达哲、李微微、蔡振红、张剑飞、冯毅、吴桂英等10余位省级领导以及众多代表委员、新闻媒体的肯定和好评。湖南省人大专程来函致谢，省政协发来表扬信，人大、政协均商请长期提供该项服务。同时，湖南图书馆设计开通了“立法决策服务平台”，将资源和“省图代查”服务嵌入全省政协系统移动云平台、湖南人大会务系统，开通“掌上智库”，全面助力人大代表、政协委员和机关干部履职，累计服务用户7.8万人次，深受用户好评。会议服务方面，2015年起，湖南图书馆定期向省人大和省政协的会议提供专题信息服务共计50余次，为专项立法提供《审议参考》近30次，深受与会代表、委员好评。

最后，为了实现地方资源文化价值和实用价值的有机统一，湖南图书馆开展文化创意产品的开发。2018年初，湖南图书馆就利用自身特色馆藏资源启动了文创产品开发项目，主动作为，与各合作单位整合资源，做好文创产品的研发、设计、生产和销售，建立较为完整的文创产业链条。目前，湖南图书馆文创商标“难得湖图”和图书馆动漫形象湘湘和图图已正式发布，各项规章制度也逐步完善落实，湖南图书馆的文创工作正大步向前迈进。

3.2 加强理论研究，助推地方文献工作深入开展

在开展相关工作的同时，湖南图书馆也注重地方文献的理论研究、学术交流和人员培训等工作，为地方文献工作的进一步发展做好理论指导和人员培养。依托湖南省图书馆学会等机构，开展了丰富有效的学术活动，也参与了一些重要的学术研讨会。例如1983年6月，湖南图书馆在大庸召开市县图书馆藏书建设研讨会，会后颁发《地方文献资料征集、管理办法》；1998年5月，湖南省图书馆学会与中国图书馆学会、

北京市图书馆学会、甘肃省图书馆学会、广东省图书馆学会在韶山举办全国地方文献理论与实践研讨会；2012年，承办了湖南省社科联第三届学术年会“湖湘文化与创新湖南”文化专场分会。在学术研究方面，自新中国成立以来，共有60余部研究地方文献的专著出版。从21世纪开始，有20余项国家级、省部级的研究地方文献的课题获得立项，大大推进了地方文献的理论研究深度。湖南图书馆为研究地方文化也做出了不懈努力。从2008年到2015年，对本省抗战老兵进行口述史的采集，9年期间，收集了150余名老兵的口述史，后在2013年和2015年整理出版《湖南抗战老兵口述录》和《湖南抗战亲历者口述录》。这两部书成为湖南抗战史乃至中国抗战史的重要补充资料，全方面、多维度反映了抗日战争时期，三湘大地上社会政治、经济、文化、民生、战争的全貌。2015年，出版《湖南文献撷珍》。该书是一部反映湖南文献、湖湘文化发展历程的知识长卷，是湖南图书馆对湖湘文化研究的又一重大举措。2016年出版的《湖南文献概论》主要以湖南文献的生命周期为依据，全面而系统地介绍各个历史时期的湖南文献概况，让人们得以全面了解湖南文献，为地方历史文化研究者提供资料，为湖湘文化的发展和湖南社会的进程提供可靠的史料佐证。

3.3 打造学术团队，拓展理论思维，推出研究成果

常书智、邹华享、张勇、贺美华等历任馆长高度重视地方文献工作，不仅在实际工作中重践行，谋新篇，同时也重视育人才，拓思维。在几代图书馆人的努力下，湖南图书馆在地方文献学术研究方面培养了一批学术人才。雷树德副馆长长期从事地方文献研究与管理工作，20世纪末多次提出建立地方文献学，发表《文献·地方文献·地方文献学考论》《地方文献学论要》，全面阐述了地方文献学科建设的构想，21世纪初又首次提出了从文化的角度研究地方文献，发表《地方文献与地方文化论例》一文，获得了业界广泛认同。雷树德副馆长编著有《曾国藩全集·批牍》《贺长龄·贺熙龄集》《湖南地理志》《曾国藩手札》《左宗棠书法精粹》《湖南历代名人楹联墨迹》等学术专著，并策划了近十年来的中国图书馆学会地方文献分会场学术论坛，引领了地方文献研究方向。另外，李龙如、刘志盛、沈小丁、寻霖等一批专家，长期立足于地方文献与地方文化的研究方向，结合实际工作，产出了多项高质量的学术成果，如李龙如的《湖南地方志考评》，刘志盛的《王船山著作丛考》，沈小丁的《一个城市的记忆：老地图中的长沙》，寻霖的《湖南刻书史略》《湖南氏族迁徙源流》等。另外，湖南图书馆还多次组织地方文献工作专题培训班，邀请南开大学信息资源管理系柯平教授等专家授课，为湖南省培养了一批专业素质过硬、业务能力较强的专业人才队伍。近年来，湖南图书馆一批中青年人才也逐步成长起来，人才梯队完善发展，近年来出版了多部

学术著作，如《湖南图书馆稀见方志丛刊》《湖南地方戏剧知识读本》《传承艺术 走进经典——“湖南地方戏剧知识进校园”活动纪实》《湖南少数民族文献概论》等；集体或个人获得各级各类奖项50余项。

3.4 搭建交流平台，提升行业影响力

中国图书馆学会学术研究委员会组建有专门的地方文献学术研究团队，自2005年起，由湖南图书馆负责地方文献学术团队的相关工作，馆长张勇、贺美华先后担任学术研究团队的主要负责人，副馆长雷树德担任学术研究团队的重要负责人。学术研究团队的建立旨在联合各方力量，搭建地方文献工作者的交流、学习平台，繁荣地方文献理论研究并推动地方文献工作的开展。目前，湖南图书馆联合地方文献学术研究团队已经组织召开了六次工作会议、十六次学术研讨会、三次研讨班，并在中国图书馆学会年会举办时，申办地方文献分会场，组织论文评审，召开专题会议。在2018年，湖南图书馆正式启动编撰《全国地方文献工作与研究》一书，以此来梳理全国地方文献工作取得的成就及积累的经验，为新时期地方文献工作的进一步发展做好理论指导。该书对于促进地方文献工作的进一步发展，推动地方文化及中华传统文化复兴将起到积极而重要的作用。在湖南图书馆和学术研究团队的大力推动下，增强了社会各界的存史意识，促进了全国地方文献资料的征集、保存和利用，为地方文献服务地方文化、经济领域的发展，真正彰显地方文献的价值做出了不懈努力，也为传承地方文化，弘扬中华传统文化，进一步提升文化软实力做出了积极贡献。

表1 湖南图书馆及地方文献学术研究团队开展的主要学术活动

时 间	地 点	内 容
2006年10月	湖南张家界	全国地方文献工作学术研讨会
2008年9月	吉林长春	全国地方文献工作学术研讨会
2010年7月	吉林长春	“共享与参与”——2010年中国图书馆年会地方文献研究学术分会场
2011年6月	山东烟台	回顾与展望：2011年地方文献研究与工作会议
2011年10月	贵州贵阳	“理论拓展与实践延伸”——2011年中国图书馆年会地方文献研究学术分会场
2012年5月	河南开封	全国首届地方文献研究与工作业务骨干研讨班
2012年11月	广东东莞	“多元合作与地方文献工作”——2012年中国图书馆年会地方文献研究学术分会场
2013年11月	上海	“地方文献与图书馆核心服务能力”——2013年中国图书馆年会地方文献研究学术分会场

续表

时　　间	地　　点	内　　容
2014 年 5 月	湖南长沙	湘鄂赣皖四省图书馆联盟之地方文献整理与研究培训班
2014 年 8 月	湖南长沙	公共图书馆地方文献工作与数据库建设研讨会
2014 年 10 月	北京	“区域文化发展背景下的地方文献工作”——2014 年中国图书馆年会地方文献研究学术分会场
2015 年 12 月	广东广州	“地方文献研究及其理论体系建构”——2015 年中国图书馆年会地方文献研究学术分会场
2016 年 12 月	湖南长沙	现代公共文化服务体系下的地方文献工作研讨会
2017 年 10 月	北京	图书馆地方文献工作学术交流暨“北京记忆”新版发布会
2018 年 5 月	河北廊坊	“加强地方文献研究　提升区域文化软实力”——2018 年中国图书馆年会地方文献研究学术分会场
2018 年 9 月	北京	“国际城市记忆”学术研讨会

广东省立中山图书馆地方文献工作概述

蒋志华（广东省立中山图书馆）

1 综述

广东省立中山图书馆（简称省馆）于1912年创办于广雅书局藏书楼旧址，一百多年来经历过停办和迁徙，先后两度与广州市立中山图书馆（简称市馆）合并。目前省馆总馆位于广州市文明路213号，分馆位于广州市文德路81号。伴随时代变化与馆址变迁，省馆地方文献主要阅藏地先后为文德路62号南馆、文德路81号北馆和文明路总馆。

地方文献一直是广东省馆最具特色的重要专藏。早在1922年杜定友出任省馆馆长时，就设立图书交换处，广泛搜集本省刊物和乡贤著述，开省馆地方文献工作之滥觞。省馆于30年代初已形成地方文献藏书特色。30年代建成的广州市馆也重视征集本省各机关公报和新旧方志及族谱家乘与乡邦掌故等。抗战期间，省馆在粤北复馆，杜定友将广东文献专藏分为广东史料、乡贤著述、人名传目、本省刊物四部分。抗战结束后，省馆迁回广州，其广东文献专藏室分为广东史料、乡贤著作及本省刊物三部分。杜氏地方文献分类对广东省馆地方文献建设影响深远。

新中国成立后，广东省馆一直有计划地收集地方文献，地方文献通常被当作特藏文献一部分纳入省馆采购计划。改革开放后，省馆明确广东文献范围包括广东史料（广东方志、族谱、南海诸岛资料、孙中山文献、港澳资料和广东各领域资料），粤人著述（内容与广东有关者）和广东出版物（新中国成立前广东出版物和新中国成立后有地方特色的出版物）。2004年，文化部评估广东省馆地方出版物入藏率达96.24%。目前，广东省馆地方文献专藏以广东史料为主，地方人士著述为辅（包括广东作家作品签名本专藏在内的粤人文库），因书库容量限制，广东出版物仅收藏与广东有关者。省馆地方文献专藏已形成以地方史料、方志、家谱、孙中山文献为重点的藏书体系，为广东省最大的地方文献资料中心。

2 历史沿革

建馆初期，广东省馆未设地方文献专藏。1936年，广州市馆阅览部设广东文献室、典藏部设中山纪念专藏和市政资料专藏。1941年，省馆在粤北复馆，设广东文献专藏。1946年，省馆专辟广东文献储藏室，不久，设特藏部，负责搜集整理广东史料和古籍。1948年，省馆设广东史料室。

1949年后，多数时间广东省馆地方文献被纳入特藏部范畴。省馆1950年仍设特藏部，负责广东文献和其他特藏文献的流通保管。1954年特藏部被并入阅览推广部。1955年省市两馆合并后，仍有特藏部。1956年特藏部被改组为参考研究部。“文革”期间，省馆地方文献工作总体中断。

1981年，省馆重设特藏部。1984年，特藏部与图书保管部合并为历史文献部。1986年，省馆地方文献等专藏从南馆迁至文德路分馆。1987年，成立“孙中山文献专藏室”。1989年，历史文献部拆分为古籍部和地方文献部。1991年，地方文献部与古籍部又合并为特藏部。1999年，省馆再度恢复地方文献部。2007年8月，地方文献部与特藏部又一次合并为新的特藏部，沿续至今。2008年，省馆挂牌成立广东省地方文献中心。自2012年起，特藏部地方文献专藏迁至文明路总馆。

3 人员

广东省馆地方文献工作人员数量随文献藏量与机构设置变化而变化，从早期单人兼职到后来20余人专职，分工越来越细。1989年省馆成立地方文献部时，有员工15人，设阅览、典藏和编目岗位，后来陆续增加文献修复、文献复制和文献开发等岗位。目前省馆地方文献和古籍等专藏的工作人员共计40人，其中博士1人、硕士14人、学士13人；有高级职称者7人、中级职称者22人。

4 经费

广东省馆历年购书经费都包含地方文献采购费用。新中国成立后至今，地方文献采购费通常占全馆购书经费的2%—5%左右。近30年来，省馆购书经费有不同幅度增长，如1989年购书总经费80万元，90年代购书经费从100万元升至500万元，自2003年起，省馆每年购书经费都超过千万元。2009年以来，省馆每年购书经费都在预算1117.3万元基础上追加3千万元，用于地方文献的采购费约80万至100多万元不等。

5 资源

省馆地方文献来源包括政府调拨、购买、呈缴、捐赠、交换、复制等，目前以购买和呈缴为主。历届政府部门都曾下发有关征集呈缴粤版书刊资料给省馆的通知或文件。自20世纪80年代后期起，省馆人员时常外出调查和征集广东地方文献，并与海内外藏书机构及个人交换广东文献。近年来省馆还借助展览、项目、协作、网络等途径广泛征集广东文献。

广东省馆1933年有藏书12万册，其中相当一部分为地方文献，包括广东方志百余种。1941年，省馆复馆后有广东文献1000余册。1946年底，省馆广东史料室共有文献3017种12609册。1949年初，省馆藏有地方文献5234种18187册，其中广东史料2066种5463册，乡贤著作1639种4067册，省内出版物1529种5655册，另有杂志786种2843册，碑帖图表614种2328张。

1949年10月，省馆有广东史料23257册。1950年，省馆广东文献共30418册。1952年底，省馆广东文献藏量56000余册。1957年，省馆广东旧方志共有314种。1959年，省馆广东文献1.79万种，其中图书14935种116000册，期刊3045种32000册，报纸未计，另有碑帖、舆图、书法、布告等数千件。1964年，省馆地方文献共有30909种123690册，分为新中国成立前广东文献、新中国成立后广东文献、广东方志、广东舆图和广东期刊等专藏。

1988年底，省馆地方文献藏量约21万册。1992年，省馆藏有广东方志379种，占当时全国所存广东方志总量的89%。1997年底，广东地方文献专藏共有84300种近30万册，其中图书64945种144364册（其中新中国成立前图书16600种73000册），广东期刊13257种（其中新中国成立前报纸590种、期刊3200种），广东舆图2286种（其中新中国成立前舆图1770种），孙中山和辛亥革命有关文献2600种3700件，广东作家作品签名本专藏3200种3800册，海南和南海诸岛的书刊资料1997种，新中国成立前的港澳文献1600种。2006年，省馆地方文献已积累9万多种30多万册，其中广东新旧地方志2600种，新旧族谱900余种。

2010年，省馆地方文献有广东史料图书8.1万种、旧舆图1779种、粤人著述约

6086种、孙中山和辛亥革命有关文献3483种、广东旧期刊3648种、广东新期刊8556种、广东旧报纸595种、广东新报纸2749种。目前，广东省馆地方文献总藏量约9万种47万册。

6 服务

省馆自有地方文献专藏和广东文献阅览室以来，基本实行馆内闭架阅览。新中国成立前，省市两馆明确规定善本书、特藏书和参考书不得外借。20世纪40年代后期，省馆广东史料室每天仅开放2.5小时。新中国成立后各时期，省馆仍规定贵重稀有文献和参考书不得借出馆外。省馆地方文献阅览室（先后称参考阅览室、特藏参考室、地方文献室和特藏阅览室）一直实行闭架阅览，约20—40个读者座位。改革开放以来，省馆地方文献阅览大都为工作日开放、周末和节假日闭馆。1996年之前，读者查阅包括地方文献在内的特藏文献，须持本人有效证件和单位介绍信才能办理阅览。1996年后，凭特藏读者证即可阅览。2011年后，读者阅览省馆地方文献，仅凭全馆通用的读者卡即可。

广东省馆一直为地方文献读者提供参考咨询服务，包括辅导读者检索、解答疑难、提供文献线索、编制专题书目、承接专业课题咨询等，先后编制大批地方文献专题书目和专题资料目录，并以广东文献专藏为依托，经常举办各种专题文献展览，如新中国成立前曾举办“广东史料”和“西南沙群岛资料”等展览，新中国成立后多次举办纪念孙中山和辛亥革命的专题文献展览，等等。其中新世纪“辛亥革命在省港澳”大型图片文献展先后在香港、澳门、东莞、中山、台北、夏威夷、温哥华、神户、多伦多等地巡回展出，参观者近十万人次。

新中国成立前，省馆地方文献编目主要采用杜定友“广东文献分类表”和杜氏著者号码表等，编有数种馆藏书目和专题资料目录。新中国成立初，杜定友等人编辑“广东文献分类表”，仍分为广东史料、粤人著述、本省出版物三大部分，用以分编旧广东文献图书至今。

目前广东地方文献专藏仍有几种不同分类形式：新中国成立前广东史料和粤人著述用杜定友“广东文献分类法”，新中国成立前广东出版物用“三民主义中心分类法”，著者码均用杜氏著者号码表，索书号为纯数字标记；20世纪50至60年代广东文献用“中小型图书分类法”，著者码为顺序号；70年代至今的广东文献改用“中图法”，著者号采用“汉语拼音著者号码表”。

1986年，省馆广东地方文献数据库建成投入使用，为全国公共图书馆第一个地方文献数据库。其后二十多年，省馆依托地方文献资源，建立起包括书目、题录、文摘、图像、全文等多种类型的地方文献数据库系统。

7 学术

广东省馆大规模整理开发研究地方文献，主要在20世纪90年代以后，迄今利用地方文献编纂的著作主要有《广东近现代人物词典》《广东百年图录》《辛亥革命在广东》《羊城寻旧》《历史的烙痕：抗战时期的广州老照片》《旧粤百态：广东省立中山图书馆馆藏晚清画报选辑》《民国广东大事记》《羊城今昔——旧明信片上的广州》《碧血丹心：辛亥革命在广东影像实录》《笔底风云——辛亥革命在广东报章实录》《旧报新闻——清末民初画报中的广东》《容庚藏名人尺牍》等。

自20世纪90年代起，广东省馆开始有计划地系统整理出版古旧地方文献，先后整理出版（含合作）《广州大典》《清代稿抄本》《广东历代方志集成》《葡萄牙外交部藏葡国驻广州总领事馆档案》《岭南中医药文库·典籍系列》《民国时期广东财政史料》《黄埔军校史料丛刊》《杜定友文集》《广东省立中山图书馆藏稀见方志丛刊》《中国古籍珍本丛刊·广东省立中山图书馆卷》《时事画报》《海外广东珍本文献丛刊》《广东省政府公报》《广东民国年鉴丛编》《近代华侨报刊大系》《中山文献》《东莞历史文献丛书》《民国稿抄本》《华南抗战史料汇编》《广东省立中山图书馆藏黄牧甫印谱九种》等。

8 荣誉

1987年，广东省馆研制的“广东地方文献数据库子系统”获文化部科技成果二等奖。1992年，《广东近现代人物词典》获广东省社科优秀成果二等奖。2004年，《广东百年图录》获广东省精神文明建设“五个一工程”奖。2009年，《经典广州·今日视觉》获第75届国际图联大会海报评选一等奖。2013年，《广州大典》获首届南粤出版奖。2014年，《清代稿抄本》获全国优秀古籍图书一等奖，《时事画报》获该奖项二等奖。2015年，《中国古籍珍本丛刊·广东省立中山图书馆卷》和《容庚藏名人尺牍》获全国优秀古籍图书二等奖，《旧报新闻——清末民初画报中的广东》获广东省第六届哲学社会科学优秀成果三等奖。2016年，《海外广东珍本文献丛刊》获全国优秀古籍图书一等奖。这些荣誉扩大了广东省馆的社会影响，大大提升了广东省馆的学术地位。

吉林省图书馆地方文献工作与研究

侯国柱　吴爱云（吉林省图书馆）

地方文献，是指记录一个地方相关情况的一切知识载体。它记载的内容包括当地政治、经济、文化、科技、军事、风俗、人物、特产、重大事件、风景名胜等各个方面。地方文献是文献资源体系的重要组成部分，是区域文化发展的积淀和缩影，具有“存史、资政、励志、兴经、助文”等重要作用。

吉林省图书馆是全国最早成立的几家公共图书馆之一。吉林省图书馆特别注重文献资源建设，尤其是地方文献建设工作。从1954年迁至长春市以来，吉林省图书馆不断开展地方文献资源建设，从人员、经费、制度等各方面为地方文献工作提供保障，并依托地方文献资源，组织开展各类读者服务活动。经过多年的努力，吉林省图书馆地方文献研究工作在学术研究上取得了一定成绩，也得到了社会各界的充分认可。

吉林省图书馆地方文献工作是吉林省图书馆资源建设工作中的重要组成部分。吉林省图书馆在文献资源建设方面，确立了“省内要全，国内要好，国际要精”的采购原则，全面收藏地方文献。

1　综述

1.1　吉林省图书馆基本情况

吉林省图书馆成立于清宣统元年（1909年），馆舍设在当时的吉林省府所在地吉林市。新中国成立后，随吉林省省会于1954年迁至长春市，吉林省图书馆选址在新民大街1162号，于1958年建成并试运行，1960年正式开馆。2008年9月，省委、省政府决定移址建设新馆，2010年8月开工建设，2013年底新馆建成，2014年9月28日正式开放投入试运行。

吉林省图书馆新馆坐落于人民大街10055号，总建筑面积53713平方米、总占地面积4.47万平方米，地下一层，地上五层，设计使用年限100年。其藏书规模为500万册，拥有阅览座位3000个、网络结点4000个，日均接待读者能力6000人次。

吉林省图书馆是全省文献信息收藏和服务中心、全省文献资源采购编目中心、信息网络建设中心、文献资源共享中心、图书馆间协作协调和学术研究交流中心，承担着为党政领导机关决策，为科研、教育及企事业单位提供信息咨询服务，为广大人民群众提供文献借阅服务，为全民提供终身教育服务的重要职能。现有馆藏文献近400万册和海量数字化文献信息资源，学科门类齐全，文种涉及中、英、日、俄等。其中古籍线装书43万册，唐人写经、宋元明刻本、稿抄本及名家批校题跋本堪称稀世珍品；民国书刊12万册，伪满资料5万册，具有较高的史料价值。

1.2 吉林省图书馆地方文献工作基本情况

吉林省图书馆积极开展地方文献工作，通过搜集、整理、收藏、展示本地区文献，致力于构建各类完整、结构合理的地方文献保障体系。吉林省图书馆制订了《吉林省图书馆地方文献采访条例》，规定了地方文献的采集范围包括16个方面：

（1）吉林省各级党政机关、社会团体、学校、企事业单位及个人编撰的反映吉林省历史、政治、经济、文化等方面的图书、图片、图册、报纸、期刊、音像制品、电子制品等。

（2）各级各部门编印的统计资料、会议文集、文件汇编、年鉴、地图、名录等内部资料和内部出版物及其他有价值的文献资料。

（3）有关吉林的史志史料（地方志、部门志、企业志、人物志、风情志、党史、校史、厂史、村史、事业史、大事记、通信录等）。

（4）民间流传的谱录（家谱、族谱、宗谱等），吉林籍名人志士的资料（家史、传记、书稿、专著、书信等）。

（5）民间流传的各类民俗景观图片、历史场景图片、金石拓片、书法、绘画作品、古籍、旧版图书、历史实物、歌册、账本、地契，以及反映吉林非物质文化遗产的文字、音像资料等。

（6）原籍吉林或曾在吉林任职、居住的各个时代具有一定影响力的人士创作或整理出版的著述、著作、作品手稿，创作的各种艺术作品以及反映吉林经济社会发展、风土人情等方面情况的文学作品、图片、画报、摄影、书法、绘画作品、音像制品等各种作品。

（7）满铁文献资料，伪满洲国文献资料。

（8）抗联文献。

（9）金代、辽代、渤海国、扶余国、东夏国、后金等国文献资料。

（10）玉米、大豆、关东三宝、东北虎、鹿等吉林省丰产和特有的动植物文献资料。

（11）长白山、松花江等吉林山川、风景区宣传研究资料。

（12）朝鲜族、满族（包括萨满资料）文献资料（包括朝鲜文、满文）。

（13）吉剧、二人转文献资料。

（14）反映吉林人民生活的文学作品。

（15）东北亚文献资料。

（16）其他与吉林省有关的具有保存价值的正式或非正式出版物。

吉林省图书馆全面进行地方文献的收集与整理，在此基础上编制地方文献目录，包括馆藏地方文献总目录和专题专类目录，组织本省地方文献联合目录的编制及更新。通过社会合作加强地方文献征集与联合建设，促进地方文献数字化与开发利用。

2　历史沿革

吉林省图书馆1954年由吉林市迁往长春市，1960年正式开馆。开馆之初，由于原馆藏都留在吉林市，所以省图书馆的文献资源建设工作基本上是从零做起。省图书馆筹备处的新书采购是从1956年底开始的，按照新书采购标准和采购原则，结合本省的汽车、石油、化工、森林、煤矿、农业等特点，对各种文别的有关吉林省地方资料优先选购，初步形成了吉林省图书馆地方文献资源建设体制。1986年，吉林省图书馆成立了采访部，设置专人采集地方文献。2002年，吉林省图书馆成立了地方文献阅览室，至此，吉林省图书馆地方文献收集、整理、展示、研究工作形成完整的体系。

3　人员

吉林省图书馆从1956年开始在长春市建设新馆，新馆建设初期，配备35名工作人员，从事图书采购、分编和建馆准备工作。新馆建成后，吉林省图书馆设立采编部，专门进行文献的收集、整理、加工，当时没有配备专门人员进行地方文献收集工作。1986年，吉林省图书馆成立了采访部，将原报刊部、采编部的采购业务统一管理。1987年初制定了《吉林省图书馆采访部工作细则》，明确了人员分工，设立1人专门负责地方文献的收集、整理工作。2000年以后，吉林省图书馆逐渐加重地方文献的研究工作，在收集、整理的基础上，组织专门人员编制地方文献目录，包括馆藏地方文献总目录和专题专类目录，同时，组织本省地方文献联合目录的编制及更新工作。随着信息化、数字化不断发展，吉林省图书馆结合馆藏资源，组织专业人员10余人，开展数字化建设工作，深入挖掘地方资源特色。

4 经费

吉林省图书馆多年来始终把地方文献工作放在十分重要的位置，在经费的使用上，首先保证地方文献的采集。2000年以前，吉林省图书馆没有专项经费，但在购书经费中，仍然是以地方文献采购为主，在保证地方文献资源采购的基础上，进行其他文献资源的采购。从2012年开始，吉林省图书馆设立100万元专项经费，用于购买地方文献和特种文献，持续的经费投入是地方文献收藏量稳步增长的有力保障。

5 资源建设情况

地方文献收集工作是吉林省图书馆的一项重点工作。20世纪80年代初期，为明确藏书原则、范围、标准、计划、方法和制度，修改了《吉林省图书馆图书采购工作条例》，突出了地方特色，着力补充地方文献。1980年至1982年，用近3年时间联系全国近60个主要图书馆，复制本馆缺藏地方志127种，基本上收全了现存吉林省地方志。1999年，根据《吉林省图书馆中文藏书补充条例》规定，吉林省图书馆从实际出发，针对我省政治、经济、历史、文化、教育、科学以及自然条件、民族状况等特点，建立具有本馆特色、系统而完整的中文图书藏书体系，重点入藏吉林省地方文献、“满铁”资料、人物传记、玉米深加工资料、东北三宝资料、中文名著等。2000年以后，吉林省图书馆逐步开展地方文献数字化建设工作，对于1949年之后出版的地方文献，因品种多，数量大，目前仅做了提要数据库，对于1949年之前出版的文献，则采取全文数字化的方式。目前，吉林省图书馆已建立民国时期吉林地方志数据库，完成6千多种伪满时期文献，建设地方特色资源库10余个，拍摄专题片20余部。同时，利用缩微技术，将地方文献进行缩微复制，为地方文献的数字化打下坚实的基础。

吉林省图书馆注重开展省内出版社呈缴本工作，每年从省内各出版社征集地方文献。2017年，吉林省出台《吉林省全民阅读促进条例》，在条例中明确指出“省图书馆应当馆藏本省出版作品。省内出版单位应当每年向省图书馆无偿提供单品复本量不少于五本（期）的新出版物”。在此基础上，吉林省图书馆与多家单位合作建设地方文献资源，与吉林省考古所合作，收集考古所所有的研究成果及出版文献；与方志办联合开发影印民国地方文献；与吉林省地方戏曲剧院合作，无偿拍摄各类戏曲小品、二人转。他们将音视频、图片等资源授权建设地方特色资源库，与吉林省图书馆联盟成员共建特色资源库。这样既避免了重复建设，又能共建共享。

6　资源服务情况

吉林省图书馆于2002年在完成《吉林省地方文献提要数据库》建设的同时，成立了地方文献阅览室。尽管当时由于空间的限制，陈列的文献主要以1976年以后出版的中文图书为主，数量也只有8000种左右，但这是吉林省图书馆的地方文献工作由收集向收集与利用并重迈出的重要的一步。该室自开放以来，颇受欢迎，每年接待读者数千人。2014年，吉林省图书馆搬入新馆后，地方文献阅览室条件得到了改善，地方文献数量逐渐增多，目前有地方文献2万余种近3万册。

吉林省图书馆依托馆藏地方文献资源，组织开展系列读者活动，以实现文献的充分利用。

一是开展公益讲座，宣传地方文献资源。吉林省图书馆依托“文化吉林”讲坛，邀请省内地方文献专家学者，讲述有关地方文化和历史方面的内容，深受广大读者喜爱。

二是开展公益展览，展示地方文献。吉林省图书馆于2017年9月28日建成吉林省典籍博物馆，并面向读者开放，首展“墨雅余香 纸润流芳——吉林省图书馆藏珍籍展”展出吉林省图书馆珍籍80部，共分“典籍撷英 集珍凝萃”“内府蕃府 精刻为贵”“碑拓钤印 以广流传”“稿抄校本 孤本秘籍”“套印聚珍 光彩焕然”“地方文献 乡土记忆”六个部分。其中观众在“地方文献 乡土记忆”部分驻足时间最长，可见读者对古籍中的地方文献很感兴趣。

三是为地方修志、修史及相关研究提供课题性服务。撰修文化史是区域文化发展、繁荣的重要标志之一。2011年，吉林省文化厅党组决定编纂《吉林文化史》，并明确由吉林省图书馆负责具体编纂工作。吉林省图书馆多次组织吉林省社会科学院、吉林大学、东北师范大学、长春师范大学等相关学科领域的专家进行研讨，在查阅大量文献的基础上，结合本省实际，制定了切实可行的编纂方案。同时组成了一支高水平的专业编纂队伍，历时4年，增删5稿，终于完成编纂工作，并根据实际情况最终将书名定为《吉林文化简史》。《吉林文化简史》以本省的文化历史渊源和地域背景为基础，对吉林文化的含义、沿革及总体特征作了较为明确的界定和论述，然后分别从生活环境、经济、科技、学术、文学、艺术、教育、宗教、风俗等方面，从文化上进行阐述和论证。2017年12月，吉林省图书馆退休老馆长金恩辉编著《让中国地方志走向世界》，此著作为吉林省地方志资源开发立项项目，充分展示了吉林地方志的发展情况。

四是借鉴互联网+思维方式，构建完善的地方文献信息服务渠道。利用网站、微信、微博、QQ等传播渠道，将地方文献资源展示出来，并对有需求的研究人员定题定期推送。吉林省图书馆官方APP里专门设置了“数字资源”版块，可实时观看自建文化专题片《百年手艺》《故事吉林》《吉林访古》等。

五是挖掘地方文献，助力政府决策与企业创新。吉林省图书馆通过开发深层次信息产品，建立公共文化服务平台、开展党政服务等形式，直接参与地方建设。吉林省图书馆挖掘地方文献开展的高端服务占每年参考咨询高端课题服务的三分之一左右。就目前地方文献服务现状来看，地方文献作为一种地方文化战略资源，服务当代文化和经济建设的价值并未得到充分发挥。地方文献只有与现代技术、文化推进、经济建设等融合，才能更好地发挥其服务社会的现实意义。

7　学术、科研活动及成果

吉林省图书馆注重地方文献的理论研究工作，每年省图书馆学会举办的吉林省图书馆学术研讨会、东北地区图书馆科学讨论会、五省（区）图书馆学会学术研讨会都为地方文献设专题征文。2008年，吉林省图书馆承办“2008年全国地方文献工作学术研讨会”，在此基础上出版了《全国地方文献工作研究文选》，在吉林省掀起了地方文献研究的高潮。

在课题研究方面，吉林省文化厅以吉林省图书馆联盟为依托，开展图书情报类课题研究。制定了《吉林省图书馆学、情报与文献学课题申报和管理暂行办法》，鼓励全省图书馆、情报及相关行业公开申报，通过平等竞争，择优立项。这项工作由吉林省图书馆联盟负责管理，吉林省文化厅给予政策支持。每两年申报一次。现已进行了3次，有81项课题结项，其中20项是有关地方文献方面的项目。2014年，吉林省图书馆申报的《吉林文化史研究》被吉林省社科规划办公室列为重大科研项目。

8 表彰与奖励

吉林省图书馆于2008年创建吉林省图书馆联盟。联盟业务工作之一，就是联合地方建立特色资源库。联盟在吉林省地方特色资源建设方面，注重发挥各成员单位的资源优势，协调广大成员馆走合作共建之路，积极建立和完善全省信息资源共享平台，不断丰富联盟的信息资源储备。对珍稀文献，组织文化、教育、科研等部门的专家、学者进行收集、保护和开发，并以数字化模式建立起多个数据库群。吉林省图书馆创新服务模式得到了中共吉林省委宣传部的肯定与认可，获得2012年度“吉林省宣传思想文化工作创新奖”。

地方文献工作是各馆的重点工作，地方文献工作的开展关系到地方文化、经济、政治等多方面的发展。吉林省图书馆在地方文献建设工作中，还存在着很多的缺点和不足，将在未来的图书馆建设中，逐步完善，逐步提升，为吉林省文化事业发展贡献自身的一份力量。

河北省图书馆地方文献工作概述

苏文珠（河北省图书馆）

河北省图书馆地方文献工作始于20世纪90年代，由古籍与地方文献部（后改为特藏部）承担其征集、分编、保管、读者服务等一系列工作。自此，该部门工作人员广拓渠道，四处采访征集，在工作人员极其缺乏的情况下，仍然建成了全省地方文献收藏规模最大、品种最多、最全的地方文献研究和收藏中心。这些资料的收藏和保存，为燕赵大地留下了珍贵的史料，对河北政治、经济、文化等各领域的研究有着重要的参考价值。

1　地方文献藏书及特色

自2011年河北省图书馆改扩建工程完工开馆以来，地方文献征集收藏获得突飞猛进。截至目前，收藏河北方志、历史、经济、文化、艺术、旅游、科技等各方面资料，以及河北政府公开信息等共计约十六万册（件），并实现了开架阅览。其中河北方志、河北作家及签名本、红色文献、河北历史及文化等成为地方文献的几大特色，同时设河北作家及作家签名本专藏、政府公开信息专藏、地方人士寄存专藏、地方人士捐赠专藏等。

河北作家及签名本：2005年、2011年，河北省图书馆与河北作家协会两次合作，联合倡议河北省作家协会会员向河北省图书馆捐赠著作。这一举措收效良好。目前，河北作家专藏已经具有一定规模，包括中国作协主席铁凝的文集、河北省作协主席关仁山的作品。近日，河北省文联副主席，著名书法家旭宇将其作品，及其砚台、镇尺和毛笔也赠送省馆收藏。

政府信息专藏：自国家发布《中华人民共和国政府信息公开条例》以来，河北省图书馆开始承担政府信息公开和查阅的职能。到2019年为止，河北省图书馆已经收藏省内数十个厅局的政府公开信息，以及电子版信息。

地方志：方志以地区为主，综合记录该地自然和社会各方面的历史与现状，包括疆域、地理、沿革、物产、风俗，以及社会政治、经济和文化等各方面。河北省共有一百多个市、县（区），自20世纪80年代全国兴起第一轮修志工作起，河北省各县基本上都完成了县志出版工作。第二轮修志工作从21世纪初开始，所出版的志书基本都已入藏到河北省图书馆。到2019年为止，河北省图书馆所藏新编地方志有二百余部，再加上旧方志，民国时期所修方志，以及新中国成立初年的影印方志，台湾成文出版社影印出版的河北省的旧方志，规模初具。

河北革命史资料：河北省是共产党组织建立较早的省份之一。历史上，晋冀鲁豫抗日根据地、冀东抗日根据地，特别是西柏坡共产党中央临时政府，在中国共产党历史中产生了重要影响。河北省图书馆收藏有关晋冀鲁豫抗日根据地、冀东抗日根据地以及西柏坡共产党中央临时政府的大量资料。另外，还收藏全省各地、市县党的组织史资料。特别是近年抗日战争胜利60周年、红军长征70周年等纪念活动的举办，也促使了红色文献大量出版。据统计，河北省图书馆所藏革命史方面的资料约有千余种，内容涉及红军长征、抗日根据地、党建等，另有大量的反映新民主主义革命的文艺作品等。

河北历史与文化：燕赵大地有着悠久的历史，所创造的古代文化更是辉煌灿烂。近年各级政府部门和学者专家们也非常注重地域文化和历史的研究，出版了大量有关河北文化历史的文献，比如《保定历史文化丛书》，包含保定历史名人、民俗、传奇故事、历代大事纪略等，《石家庄历史文化丛书》包含石家庄民俗文化、城市发展史、文物名胜等。其他地区还有古中山国文献、赵文化、避暑山庄文化等，各地几乎均有丰富的历史文献资源。

李大钊及其研究：李大钊，字守常，河北乐亭县人，是中国共产主义运动的先驱，中国共产党主要创始人之一。作为地方重要名人，河北省图书馆一直注重收藏有关李大钊的资料和研究资料，其中包括《李大钊全集》《李大钊传》《李大钊人格风范》《李大钊生平》等近百种。

地方戏曲资料：河北是一个地方戏品种繁多的戏曲大省，据不完全统计，河北省曾经流行和正流行的剧种有30多个，其中土生土长的有26个。在河北省图书馆所藏地方文献中，各类剧种的光盘共计一百多套，涉及河北梆子、评剧、哈哈腔、唐山皮影、武安落子、丝弦等多个剧种，剧目达一百多部。

燕赵文化及旅游资料：河北是一个文物大省，名胜古迹不计其数。其中避暑山庄、明长城、清东陵和清西陵等为世界文化遗产，国家级历史文化名城有承德、保定等5座，全国重点文物保护单位88处，均位居全国前列。河北省图书馆除了藏有避暑山庄、清东陵和清西陵等视频资料外，还收集了一系列古文化、名胜古迹，以及风景旅游的光盘和录像带，其中包括《胡服骑射》《段家楼》《尧文化》等。

2 地方文献捐赠及宣传

为了提高地方文献的收藏质量，及时获得重要出版信息，获得社会捐赠，河北省图书馆在河北作家及签名本专藏基础上，特藏部以此为依托，开辟了文化沙龙活动区。几年来举办了河北诗人沙龙活动，书画艺术沙龙活动，作家新作研讨及交流活动、社会各界人士赠书仪式、作家手稿展览、珍贵古籍书影展览、读者座谈会等多项活动。通过这一系列活动，提高了河北省图书馆的社会知名度和影响力，同时也使河北省图书馆的捐赠宣传得到了广泛传播，几年来获得了大量社会捐赠。

2.1 举办捐赠仪式，吸引社会名人捐赠图书

河北省图书馆特藏部几年来主持或者组织完成了省政协赠送的《河北人文精神丛书》、《文史精华》（典藏版）的捐赠仪式，主办了蔡子谔《大化无垠》等作品的捐赠仪式和作品研讨会，举办了藁城滹沱书院《熊峰集》捐赠仪式，与河北省政府参事室合作举办了《寻找英雄孙永勤》出版发行新闻发布会暨赠书仪式，举办了台湾古籍保护学会赠书仪式、王博赠书仪式等。通过这一系列活动，丰富了特藏的收藏，扩大了捐赠宣传，增强了河北省图书馆与省会各界文化名人的联系。

2.2 举办沙龙，扩大宣传，提高社会影响

通过沙龙吸引各界人士参加，扩大宣传，提高河北省图书馆在社会的影响，并吸引各界的捐赠。其中包括与河北作协诗歌艺委会联合举办诗歌沙龙数十期、老干部书画沙龙、燕赵青春诗会系列活动等。通过这一系列活动，扩大了河北省图书馆的社会认知度，得到了石家庄市一些名家和文化领域的学者的一些捐赠。

2.3 与作协合作，举办作家签名本捐赠倡议活动

与河北省作家协会共同举办了作家著作签名本捐赠活动，河北省图书馆通过在《河北作家》杂志发布消息，共收到百名作家的签名本近千册。其中包括：省作协主席关仁山的全部作品签名本，关仁山、谈歌、何申的“三驾马车的散文丛书”，作协副主席郁葱的全部作品签名本等。原文联副主席、著名书法家旭宇在捐赠其作品的同时，还赠送砚台毛笔和镇尺。诗人韦一还把其珍藏的与省内著名诗人的来往信札全部捐赠

河北省图书馆特藏部。这部信札由旭宇题签。

2.4　举办地方文献展览，展示燕赵发展成果

为了展示河北的经济、文化、社会各个领域的发展成果，几年来河北省图书馆特藏部举办了一系列展览，包括“纪念石家庄解放七十周年精品文献展”“人民日报从这里走来——纪念抗敌报创刊八十周年文献展”“纪念毛泽东诞辰124周年文献展”“纪念马克思诞辰200周年暨共产党宣言170周年文献展”“党史文献展”“河北作家手稿展览”“河北作家签名本展览”“河北省珍贵古籍书影展”等。通过这一系列展览，让更多公众了解燕赵大地的历史、河北党史，培养社会公众爱国、爱家乡的情怀，凝心聚力，为建设美丽河北提供精神的动力。

2.5　举办诗歌吟诵活动，宣传文献捐赠，弘扬传统文化，培养社会主义核心价值观

为了发挥图书馆的文化阵地作用，弘扬主旋律，新馆开馆以来，特藏部依托地方文献收藏，举办了一系列读者活动，包括：“纪念世界反法西斯战争胜利70周年诗歌朗诵会”、“书香雅韵——中华经典诗词吟诵会”、“怒吼——纪念世界反法西斯战争胜利70周年”新书首发式暨诗歌朗诵会、纪念孙犁诞辰百年·诗文朗诵会活动、王家新诗歌朗诵会及第二届“中国赤子诗人奖”颁奖仪式活动、旗袍诗会、“我们一起读经典”等一系列活动，获得良好的社会效果，同时获得了一大批地方人士的捐赠。

3 《河北记忆》口述地方文献征集活动

征集和保存地方文献是省图书馆的职能之一。为真实记录河北近百年的发展历史，反映燕赵大地的发展变化，激发年轻一代热爱河北、热爱家乡的感情，同时为河北大地留存一份真实、生动的档案资料，河北省图书馆在对纸质地方文献进行大量征集的基础上，面向省内外各阶层人士开展口述地方文献征集活动，2019年已收到十余人提供的历史文献资料。2017年启动了河北文艺名家口述文献工作，到2019年为止，已经完成八位文艺名家的采访摄制工作。

4 地方文献数字化工作

河北省图书馆在对馆藏地方文献进行整理的过程中，对珍贵文献的数字化工作进行了有益的探索，特色地方文献的数字化工作取得了初步成绩。

地方文献数字化主要包括地方文献书目数据库、全文数据库、多媒体数据库，在结合本地社会发展情况的基础上，分别对三类数据库建设进行了三个阶段的规划，并取得了初步成绩。

目前，河北省图书馆已建成“河北省图书馆馆藏地方文献书目数据库”和“河北省公共图书馆馆藏地方文献提要书目数据库”。正在筹建地方文献专题书目数据库，如馆藏地方报刊书目数据库、李大钊特色数据库、燕赵各界人士捐赠书目数据库等。

河北省图书馆自建多媒体数据库总量达51TB，包括冀图讲坛、河北杂技、河北陶瓷、河北皮影、千年古县、河北民间手工艺、河北戏曲、红色资源等数据库。

荟萃乡邦典籍　传承齐鲁文明

——新中国成立后山东省图书馆地方文献工作与研究

王玉梅　崔维梅（山东省图书馆）

1　综述

1.1　概况

山东省图书馆创建于1909年（清宣统元年），是省级一级图书馆。目前，山东省图书馆（以下称“我馆”）包括总馆、尼山书院（国学分馆）和山东省少年儿童图书馆三处馆舍，建筑面积6.3万平方米，馆藏文献861万册（件），其中古籍约75万册（件），包括善本20万册（件）。年服务用户200多万人次，年借阅文献130多万册次。

1.2　馆藏发展政策溯源

1909年的《山东图书馆章程》规定：“山东为古文明地，自两汉迄今，名儒硕彦，代有传书。凡山东人著作，索罗必备，别为一部，以征是邦之文献，其有家传行述者，应令抄列简端，借资稽考。”因此，收集保存乡邦典籍自建馆伊始就已确定为馆藏发展的重要内容。丁麟年、王献唐、路大荒等先辈身先垂范，事功彪炳史册。尤其是先馆长王献唐对乡邦文献锐意搜罗整理，编纂《山左先哲遗书》，使乡贤未刊之著述得以传之后世。抗战时期，王献唐颠沛流离，长途跋涉，历经年余，在既无政府支持、又无经费援助的危难时局下，亲自护送馆藏珍品至四川乐山，并守护九载，新中国成立后又“完璧归赵”。有学者对王献唐这次载书远播、守护齐鲁瑰宝之壮举盛赞道：“虽百世之下，必将与日月同光，山河并寿。”王献唐在1928—1948年任馆长的20年中，尤其在最初的9年时间里，为我馆地方文献的收藏、研究与传播苦心擘画，厚重根基，使山东省立图书馆名闻遐迩，成为北方最著名的图书馆。

1.3　1949年后馆藏发展政策与目标确立

1957年，我馆制定的《山东省调查清理古旧图书资料方案》中描述道：“省级公共图书馆，它应该是一个省的图书资料收藏中心，也是一个省级科学、文化资料参考研究中心。因而在地方文献、地方出版物方面就应当收藏的最全最丰富。”这一方案确立了我馆地方文献工作的基本目标。

1962年，我馆制定了新中国成立后第一个地方文献工作指导性文件——《山东省图书馆地方文献资料工作初步意见》，对地方文献工作的重要性，地方文献工作目的和要求，地方文献的内容、方法与步骤等做出全面详细的规定。其中，地方文献的内容包括三个方面：一是山东史料，二是山东人物及其著述，三是山东地方出版物，包括山东公私机关、团体或个人刻印、出版发行的公开或内部刊物等。同时制定了《山东省图书馆地方文献资料选辑标准的初步意见》，从十六个方面详细规定地方文献资料的选择编辑标准。这两份文件成为我馆延续至今的地方文献工作纲领性文件。

1.4 馆藏发展政策补充与完善

1987年，我馆将海内外现存齐鲁旧方志的收藏补充为地方文献工作的重要内容，同时确定了将“海源阁专藏”“山东革命文献”“易经文献”作为特色藏书，要求全品种收藏。至今，这部分藏书无论在规模上还是在质量上均为海内翘楚。进入21世纪以来，地方文献工作与时俱进，修订完善了地方文献采选方针，出台了《馆藏文献采选方针》《山东地方文献采访工作条例》《关于齐鲁名人文库、山东地方文献资料中心接收捐赠图书细则》等一系列关于地方文献工作的具体制度，制定了地方文献工作规划，在承继先贤，赓续优势的同时，确立了“省内求全”的简明工作方针，逐步走上了规范化、信息化、专业化道路，成为山东文献的集存与研究基地。

2 历史沿革

1949—1961年，我馆组织机构为“四部一室”，包括秘书室、采编部、阅览部、参考目录部和工作方法部，期间开始筹建“地方文献资料书库和地方文献资料参考研究室”。1962年组织机构调整为“三部一室”，包括办公室、采编部、阅览部和科学服务部。同年制定的《山东省图书馆地方文献资料工作初步意见》中提出“由本馆科学服务部成立地方文献组，由馆员三至四人组成，专门负责地方文献资料整理，以期三年内奠定本馆地方文献资料的基础……为将来成立地方文献阅览室做准备”，这是我馆最早的地方文献工作机构。同时规定“地方文献资料以征集为主……征集、采购、交换工作由采编部负责，科学服务部地方文献组协助之”。

1966—1976年，全馆业务工作一度停滞，1977年以后逐步恢复。1979—2000年，相继增设特藏部（后改为历史文献部）、报刊部，1949年以前刊行的古旧地方文献归特藏部收藏，地方报刊归报刊部订购补充。

2002年，我馆在阅览部设立山东地方文献阅览室（对外称“山东地方文献资料中心”），专司地方文献典藏服务与开发利用工作，主要典藏1949年以后出版发行的地方文献，同时负责非正式出版的地方文献征集以及山东版图书补缺。该中心成立之初，将原藏于阅览部、历史文献部的1949年以后出版的地方文献全部集中收藏。1949年以前的地方文献由历史文献部采购补充；年度出版的山东版图书和地方文献由采编部负责补充；山东地方期刊和报纸的收藏则由报刊部负责补充；资源建设部负责电子文献和馆藏地方文献数字化工作。2005年，我馆成立资源建设委员会，下设地方文献工作组，由分管领导主持工作，相关部门负责人及业务骨干任小组成员，统筹规划、协调落实各项工作，形成了分工协作、统分结合的地方文献工作模式。

3 人员与经费

1949—2001年，没有专职的地方文献工作人员。除了1966年（用于补充内部书刊5500元、革命文献及地方资料4000元、征集费1000元），其他年度没有地方文献经费预算的记载；地方图书资料与中、外文书刊由采编部一并补充，所需经费从购书经费支付。

2002年建立山东地方文献阅览室（山东地方文献资料中心），配备馆员5人，其中高级职称2人、中级职称2人、初级职称1人。同时，采编部设1人负责地方版图书的补充、呈缴、交换等工作；报刊部设1人负责地方报刊的征订、补缺、交换等工作；历史文献部设1人负责古旧地方文献的补充。经费虽从全馆购书经费列支，但有单独预算安排，年预算30—50万元（不含地方版书刊），大宗地方文献的采买另行安排经费。2003—2018年共使用经费600余万元，年均约40万元。

从20世纪80年代，我馆陆续引进大专院校毕业生，同时通过函授、电大等方式对在岗馆员开展学历教育。2000年以来，我馆有多人在山东大学文献学专业学习深造，三人获得博士学位。近年，又从北京大学、复旦大学引进博士研究生两人，同时大量引进图书馆学专业人才充实地方文献采编队伍，改善了历史文献尤其是地方文献研究人才薄弱之现状。

2002年、2005年、2008年我馆先后举办了“全省地方文献管理与利用学习班”“首届全省地方文献工作研讨会”和“第二届全省地方文献工作研讨会”；2011年举办了有关地方文献的工作会议，提升了全省图书馆地方文献工作者的专业素养。

4 资源建设情况

4.1 奠定基础

1909—1937年，我馆地方文献收藏已初具规模，馆藏特色基本形成。但随之而来的抗日战争和解放战争，使馆藏损失殆尽，地方文献惨遭重创。1949—1966年，我馆接收了全省各地在土改中搜集的大量古籍地方文献及山东解放区的大批革命文献，还接收了从胶东、渤海、鲁中和鲁南等解放区的党、政、军机关图书资料室移交来的大批革命文献。同时，将新中国成立前山东地方报刊资料确定为主要搜集对象。

4.2 充实丰富，形成特色

1978—2001年，地方文献工作随着业务的全面恢复，亦走上正轨，尤其是1994年以后，以新馆建设与建成开放为契机，收集了大量的山东人著述、地方志书、文史资料等，极大地丰富了馆藏，特色藏书渐成规模。

2002年以来，通过征集、接受捐赠、交换、采购和合作共建等方式，形成了以山东史志（旧志、新志）、山东革命文献、山东人著述（包括山东学人著述）、山东版书刊、海源阁藏书和易经易学专题收藏等特色地方文献馆藏。

各时期地方版图书、报刊及地方文献收藏数量统计见表1。

表1 山东省图书馆各时期地方文献收藏数量统计表

单位：种

<table>
<tr><th rowspan="2">时期</th><th rowspan="2">图书</th><th rowspan="2">期刊</th><th rowspan="2">报纸</th><th colspan="5">山东地方文献</th></tr>
<tr><th>志书</th><th>年鉴史料</th><th>山东人捐赠及著述</th><th>革命文献</th><th>专题及家谱</th></tr>
<tr><td>1949—1965年</td><td>2500</td><td>62</td><td>178</td><td>200</td><td></td><td>20000</td><td>6116</td><td>6696</td></tr>
<tr><td>1966—1977年</td><td>1000</td><td>53</td><td>157</td><td>640（853种版本）</td><td></td><td></td><td></td><td>5685</td></tr>
<tr><td>1978—2018年</td><td>72320</td><td>584</td><td>205</td><td>3329</td><td>2193</td><td>6561</td><td></td><td>11114</td></tr>
<tr><td rowspan="2">总计</td><td rowspan="2">75820</td><td rowspan="2">699</td><td rowspan="2">540</td><td>4382</td><td>2193</td><td>26561</td><td>6116</td><td>23495</td></tr>
<tr><td colspan="5">62747</td></tr>
</table>

注：因我馆地方文献收藏有多个部门，2000年之前业务统计欠规范，数据不甚准确，且保存本书库的地方文献未计入本次统计，新中国成立初期接收入馆的大量书刊尚在整理中，实际藏量要远多于该统计数据。

4.3 馆藏特色与特色征集

我馆地方文献主要通过征集、采购、接受捐赠、交换等方式获得，新中国成立后形成的主要特色有以下几个方面：

一是革命文献专藏。新中国成立初期，我馆接收了胶东、渤海、鲁中和鲁南解放区党政军机关移交的革命文献，包括图书12843册，报刊150余种。此后，文献逐年充实丰富，形成了藏书的一大特色。

二是齐鲁地方文献。（1）地方名人手稿：我馆齐鲁先贤著述非常丰富，且多为稀见珍本。如蒲松龄《聊斋志异》手稿、张笃庆《厚斋自著年谱》等，还有王士祯、刘墉、桂馥、王献唐、孔德成等诸多齐鲁名人手迹。（2）齐鲁方志：包括旧志和新志，海内存旧志640种，我馆藏528种，其中善本58种；新志3078种6597册，新中国成立后新修志书收藏齐全。1979年，接受巨野县文物局干部王俊亭捐赠海内孤本明刻《兖州府志》，该志入选《中国古籍善本总目》和《第三批国家珍贵古籍名录》。（3）年鉴、统计资料：自2003年起设立专架收藏，已将省、市、县及各级年鉴、统计资料收藏完整，行业及部门年鉴逐年增多，藏量达2000余种3652册。

三是山东学人著述。2007年我馆与山东大学、山东财经大学等高校图书馆签订合作协议，委托学校图书馆代征该校师生著述；2008年，与山东省社会科学联合会达成协议，在所有权不变的前提下，将山东省社会科学政府最高奖——“山东省社会科学优秀成果奖”第一届至二十二届及以后历届的获奖作品存入我馆，我馆拥有永久保存权和使用权。此次一次性收藏山东学人社会科学研究成果4795项，开创了与社会机构合作建设地方文献馆藏新模式。

四是名人书信、手札。1989年我馆自甘肃购入明清山东进士墨迹300件。2009年，与王献唐亲属达成共识，以半捐半买的方式，一次性收藏王献唐师友手札700余通，书信作者多为近现代学界名流和文化名家，如罗振玉、傅增湘、丁惟汾、张元济等。

五是其他专藏的建立及丰富。我馆通过购买和接受捐赠的方式逐步设立了《文心雕龙》研究、中共山东组织史料、各级政协文史资料、第十届中国艺术节文献资料等专藏；2015年，又从济南著名藏书家周晶先生处购得“五里山房藏山左文献”，共计101种329册（件）。

4.4 数字资源建设

2002年，我馆成立地方文献数据库建设小组，制定了《山东地方文献数据库分类表》，开启山东地方文献数据库建设。内容建设坚持以馆藏特色和地方特色为主，建设类型包括书目库、全文库、图片库、多媒体资源库等。2003年以来，通过自建、征集、联合开发等形式，建设完成了“全省地方文献网上联合目录”“山东各级文史资料目录”“山东地方文献索引”等书目数据库；2009年，设立数字资源建设部专司地方文献数字化工作，建设完成了“山东红色之旅”“话说鲁菜”“齐鲁民俗文化之旅”“山东民间手工艺”“山东文化名村”“山东地方戏揽萃”和“深宅古韵”等多媒体资源库20余部；先后建成了“地方文献全文资源库”“《齐鲁旧影》专题图片数据库”“馆藏缩微胶片数字化资源库”和“周易数字文献库”等全文、图文数据库。到2018年，山东省图书馆自建地方文献数据库21个，其中视频数据库15个，资源总量54.8TB。

4.5 特色文献缩微复制

我馆利用缩微技术，完成了新中国成立前出版的山东期刊193种、报纸96种、古籍地方文献756种的复制，同时完成了新中国成立后出版的全部地方报纸的复制，数量约一万件。

5 资源服务情况

5.1 馆藏文献的整理与揭示

重视地方文献整理与揭示是我馆的优良传统。从20世纪50年代开始，我馆编制了地方文献索引、书目及联合目录30余种。（1）图书目录。1958年，主编《山东地区图书馆联合目录》10种；1959年编辑《地方文献目录》4种；1981年，与博物馆、档案馆共同编制《山东省地方志联合目录》；1983年，编辑《馆藏山东地方志文献选目》；1988年编印了《山东物产报告书》。（2）报刊目录。1987年以来，编印了《馆藏建国前解放区社科刊物目录》《建国前山东革命报刊目录》《馆藏建国前山东出版的刊物目录》《近现代山东报刊知见录》，2016年由我馆编撰、国家图书馆出版社出版的《民国时期山东报刊目录提要》是“民国时期文献保护计划”资助项目，被本省学者认为是研究山东民国史的重要文献工具书。

5.2 构建地方文献书目共知共享共建网络

为了全面揭示全省市级以上图书馆馆藏地方文献信息，为馆际互借、文献传递提供便捷，为学术研究提供文献支持，2003年，依托我馆的文献编目中心（全国图书馆联合编目中心山东省分中心），我馆牵头与十七市图书馆签订协议，共同建设全省图书馆馆藏文献网上联合目录和全省地方文献网上联合目录。截至2018年，山东省地方文献网上联合目录有书目数据近11.8万条，全省图书馆馆藏文献网上联合目录有书目数据217.9万条。

5.3 为高等教育和文化出版项目提供文献支持

2012年山东大学联合清华大学、北京师范大学共同组建了“儒学与中华文化复兴协同创新中心”，我馆作为协同单位，参与该中心相关学术活动，为“儒学与山左学术丛书”四项成果提供文献查询服务；2013年出版的《山东文献集成》是山东省政府特批的重大文化工程，由山东大学申报立项，共出版四辑成书200册，收录先贤遗著1375种，我馆提供底本311种。同时，常年对驻济高校师生教学、科研提供专题和定题文献服务。

5.4 为弘扬齐鲁文化、展现人文风情提供文献支持

2002年以来，我馆常年与本地各大媒体合作，利用特色馆藏，挖掘百姓喜闻乐见的历史掌故、风俗人情，开展乡土教育。利用馆藏老照片、老明信片，与山东卫视《美丽山东》栏目组共同策划了《尘封档案——济南老城旧影》专题文献片、与《生活日报》组织策划了《老济南旧影再现》专题，展现清末民初老济南的风景名胜、商埠街景和市井平民的生活；在《大众日报》“往事”专栏推出了《琉璃厂中的山东人》《山东古代书院》《探访齐鲁历史文化遗产·名胜篇》等系列报道；在《山东商报》推出了介绍齐鲁碑刻的系列报道九期，包括《泰山刻石》《琅琊刻石》《禳盗刻石》等。

5.5 促进阅读与地方经典集成

2016年，我馆创设了以山东出版图书为评选对象的“奎虚图书奖——我最喜爱的鲁版书评选”，评选设置优秀奖和推荐奖两个常规奖项。该奖项虽仅举办两届，但在引导读者阅读地方版图书方面成效明显。两届获奖图书都在我馆分类借阅排行榜中名列前30位，其中《老照片》《不一样的数学故事》位列文史类排行前10位。为出版社把握大众阅读取向，策划出版大众喜爱的选题提供参考。该奖每年举办一次，将永久进行，历届获奖图书经过时间检验，可以积累形成山东出版经典，以传后世。同时，该活动也加强了我馆与出版社的交流沟通，提高了出版社交存样本的积极性。

5.6 展示特色文献

我馆“册府琳琅”展厅、尼山书院常年举办馆藏珍品及特色文献展，如“文明的守望——海源遗珍”大展、“馆藏抗战文献珍品展”等。2018年，应澳大利亚南澳州图

书馆邀请，“册府千华　守望文明：泰山·黄河·孔子——山东珍贵古籍展”走出国门，赴澳大利亚巡展；策划的“馆藏莫言文学作品展”“馆藏抗战漫画展”“纪念‘五三’惨案九十周年馆藏文献图片展”等展览紧跟社会热点和历史节点，吸引了众多读者，多个文献展览作为共享资源在各市图书馆巡展，获得了社会各界的广泛关注。

6　学术、科研活动及成果

先馆长王献唐已是学界公认的事功与学术俱隆之国学大师，对其研究与评说，已有诸多成果，拙笔不才，不再赘言。

6.1　馆员著述

从20世纪五六十年代到21世纪初，同人路大荒是地方文献工作与研究的突出代表，他对地方文献的热衷，促进了我馆地方文献工作的开展，蒲松龄手稿及其研究专藏由此建立并成特色。他的著作包括《蒲松龄集》《蒲松龄年谱》《续聊斋志异选》等作品，其中，《蒲松龄年谱》是其毕生心血的结晶。同人贾贵荣著《泰山文化探秘》是研究泰山历史文化的早期著作。

21世纪以来，我馆同人共出版各类著作二十余部，研究范围包括王献唐研究、齐文化研究、山东刻书史、山东省图书馆史、山东人著述考证、地方风物研究等诸多领域。现任副馆长李勇慧博士著《一代传人王献唐》是目前海内外第一部研究王献唐先生的专著，她的《王献唐著述考》填补了对王献唐著述研究的学术空白；同人徐泳著《济南历代著述考（全两册）》为我国地方著述目录的撰写提供了范例，他还著有《山东通志·艺文志订补》；同人唐桂艳著《清代山东刻书史》是“儒家文明协同创新中心”资助项目；原馆长任宝桢编著的《济南名泉说略》《珍珠泉史话》《济南名泉》等系列图书是地方风物普及之作，在读者中享有较高声誉；同人毕晓乐著《齐文化新探》；2004年、2015年我馆先后编撰出版了《山东省图书馆志》《山东省图书馆馆史资料选编》。

6.2　馆员论文

自20世纪80年代以来，我馆同人共发表地方文献研究论文百余篇，内容涵盖了地方文献工作与研究的诸多方面。关于王献唐研究的论文有二十余篇，代表作有《王献唐先生对山东地方文献整理与保管的贡献》《从双行精舍书跋看王献唐先生对版本规律的总结》《王献唐〈破江行卷〉补证》《王献唐校勘〈庄子〉的文献学价值》等；其他还有《关于地方文献数字化的几个问题》《论地方文献的多途径开发利用》《山东方志发展史略》《齐鲁阅读文化史研究论纲》等。

6.3 课题

2003年以来，我馆共申报课题二十余项。其中“海内外现存易学古籍版本目录的调查与研究”为2017年全国哲学社会科学基金项目；省部级立项有“山东省古籍数字图书馆工程——易学古籍全文数据库建设”“山东省图书馆藏王筠著述版片考略”“山东省立图书馆抄本考略”“清末山东书局刻书考”等。

6.4 馆藏出版

2012年，民国时期文献保护计划实施以来，我馆采取以出版带动普查的工作方针，通过特色馆藏出版加强民国时期文献的保护与利用。到2018年，得到“民国时期文献保护计划”资助的出版项目有《馆藏山东革命根据地文献目录》《馆藏革命根据地扫盲读物汇编》《山东抗日根据地经济资料汇编》《济南“五三”惨案史料汇编》《胶济铁路文献汇编》《山东省政府公报》《馆藏红色文献选编——期刊部分》和《民国时期山东报刊目录提要》等8项。其中《济南“五三”惨案史料汇编》成书5册、《山东省政府公报》成书105册，已完成出版。

6.5 学术活动

前馆长赵炳武曾担任中图学会地方文献学术研究团队的重要成员，2002年受邀参加了在台湾举办的“地方文献研讨会”，并在会上做了“山东方志发展史略”学术报告。至今，我馆仍是该委员会委员馆，副馆长王玉梅任委员；副馆长李勇慧任青岛王献唐研究会副会长，多次主持王献唐研讨会，并在会议上做学术报告。

7 表彰与奖励

7.1 国家级奖项

专著《王献唐年谱长编》列入“十三五”国家重点图书出版规划项目，荣获“全国优秀古籍一等奖”“华东地区优秀古籍特等奖”；《清代山东刻书史》获2016年度全国优秀古籍图书二等奖；《易庐易学书目》获2000年华东地区古籍优秀图书二等奖。

7.2 省部级奖项

山东省社会科学优秀成果奖是社会科学类山东省政府最高奖，我馆先后有三部著作获奖:《一代传人王献唐》获山东省第二十八次社会科学优秀成果一等奖和山东大学年度优秀博士论文;《山东通志·艺文志订补》获山东省第三十二次社会科学优秀成果一等奖和第31届华东地区优秀哲学、社会科学图书一等奖;《订补海源阁书目五种》获第十八次山东省社会科学优秀成果奖二等奖和2003年山东高等学校优秀科研成果奖“人文社会科学类”著作二等奖。

7.3 其他奖项

《屈万里书信集·纪念文集》获2003年山东省文化艺术科学一等奖，另有多篇论文获该奖项二等奖；论文《略论地方灰色文献的几个问题》获全国地方文献理论与实践研讨会一等奖,《建国前山东省图书馆地方文献工作概述》等多篇论文获中国图书馆学会征文二等奖。另外，在省级图书馆学会征文评选中，有多篇获二等以上奖项。

8 结语

七十年来，我馆形成了独特的山东文献收藏体系，在收集整理、典藏服务、编纂出版、保护传承等方面卓有成就，为全省经济、文化、教育、科研各领域提供了高质量、高标准的文献服务，为地方文化建设做出了突出贡献。但经费保障不足一直是制约地方文献事业发展的主要原因，同时人才队伍建设、学术研究能力等与同类图书馆相比亦有一定差距，与先辈创造的辉煌事功与学术成就更不可同日而语，需要我辈戮力同心，为传承齐鲁文明、彰显地方文献工作在区域文化建设中的作用而不懈努力。

筚路蓝缕，缥缃盈架

——南京大学图书馆地方史志特藏概述

史梅（南京大学图书馆）

南京大学图书馆地方史志特藏包括古代与民国地方志、新修方志、文史资料、革命史资料和台湾乡邦文献等。这一特藏的形成，与南京大学图书馆的发展历程密切相关。

1 南京大学图书馆历史沿革

南京大学图书馆的历史与学校的办学历史一样悠久。1902年清政府创办三江师范学堂，并于学堂设藏书楼，荟萃中外书籍和各种图册，以供师生浏览。1905年学校改名两江师范优级学堂，至1913年二次革命时，乱兵土匪乘机掠夺，校产荡然无存，书籍亦仅存十之一二。1915年成立南京高等师范学校，1920年改名为东南大学。1923年东南大学图书馆馆舍毁于火，图书同烬。后齐燮元捐资建新馆，1924年落成，以其父名命名为“孟芳图书馆”，1928年去齐氏名，仍随学校命名。1927年学校更名为第四中山大学，1928年复更名江苏大学，旋又改称中央大学，图书馆亦随学校一再更名。

金陵大学原是私立大学。美国美以美会、基督会、圣公会等教会自1888年起，陆续在南京建立了汇文、基督和益智等书院，后经几次合并，于1910年成立金陵大学堂，1915年改名金陵大学校，不久改称金陵大学，并于1916年迁至鼓楼新址。金陵大学图书馆在原各书院图书室基础上于1910年建立，1927年11月改归教育部主管。1929年建立了文、理、农三学院及中国文化研究所等教学科研机构，图书馆藏书也从数量到质量都有了较大的提高。至1937年与中央大学图书馆藏书规模基本上旗鼓相当。

1949年5月中央大学图书馆更名为南京大学图书馆。1952年院系调整时，图书馆随学校移址至金陵大学图书馆，同时收并金陵大学图书馆文理学科图书，组成了新的南京大学图书馆。

2 地方史志特色资源的形成与发展

合并后的南京大学图书馆形成了文理兼备、特色鲜明的馆藏体系，尤以古代地方志的收藏最为突出。南京大学古代地方志的收藏开始得很早，1923年，金陵大学就与美国农业部有中国农业史研究的合作项目，到1929年金陵大学建立文、理、农三院体制，当时任农学院农业图书研究部主任的农业史专家万国鼎先生，争取到美国农业部一等赞助经费，开始大力收集地方志。因农业图书研究部早期属于农学院和图书馆共同管理，所以这项工作也得到了当时图书馆馆长刘国钧先生的积极支持，随后金陵大学中国文化研究所也加入了这项工作。他们四处派员到各地古旧书店去广泛收购，很快便形成了金陵大学图书馆的特藏。根据民国二十二年（1933）的统计，当时已收集方志2270余部，两万两千六百多册，“盖在国内为有数之专长也”（《金陵大学图书馆概况》，民国二十三年改订）。抗战爆发后，金陵大学仓促内迁，大多数书籍无法运往四川，刘国钧馆长与中国文化研究所代所长李小缘先生协商，将馆藏地方志全部秘密运往徽州地区藏起来，后又将其中的善本由屯溪再转运到江西婺源地区。几名承担此重任的职员和工人饱受颠沛流离之苦，遍历九死一生之难，最终保全了这批宝贵的文化遗产。

金陵大学在成都复课后，又继续在四川收集方志。抗战胜利后，地方志也先后运回南京。1948年李小缘先生担任金陵大学图书馆馆长时，撰写了《金陵大学图书馆概况》（金陵大学1948年自印本），他在“将来计划”这一章中写道：“本馆之特藏地方志，向称丰富。拟继续多方征求，以冀能将全国各地之方志，搜集完备，以保存我国此项特有而宝贵之资料，以供参考。此盖为本馆之最大愿望也。”

1952年院系调整时将金陵大学图书馆和文化研究所的方志全部并入南京大学图书馆。此后，担任南大图书馆副馆长的李小缘先生努力搜求方志，并组织人力手抄，馆藏不断丰富。经过数十年的积累，南京大学馆藏古代与民国地方志达四千三百多种四万多册，尤以江苏、浙江、四川三省最多。

南京大学收藏的古代地方志中列入《中国善本总目》的有三百多种，其中稀见本59种433册，计元刻明重修1种，明刻17种，稿本8种。馆藏古代方志最早的版本是元刻明重修本〔至正〕《金陵新志》，为元代张铉继宋代周应和的〔景定〕《建康志》之后编写的第二部南京方志，元至正四年（1344）集庆路儒学溧阳州学溧水州学刻，明正德十五年（1520）南京国子监重修，15卷残存14卷。该志广为辑录〔景定〕《建康志》等近百种文献，其中许多书籍今已佚失，文献价值较高。全书版广字疏，半叶9行，每行18字，有图18幅，在宋元明方志中也不多见。馆藏方志中孤本方志有四十余种，比较著名的如〔顺治〕《攸县志》六卷，清朱英炽修，邓永芳、刘自烨纂，张潜增修，顺治十七年（1660）刻康熙十九年（1680）增修本；〔康熙〕《六合县志》十二卷，清洪炜修，汪铉纂，康熙刻本；〔乾隆〕《南丰县志》四十卷，清庐菘等修，陆嘉颖等纂，嘉庆十六年（1811）王茂源补刻本；〔乾隆〕《直隶深州总志》二十卷首一卷，清伊侃、邹云城纂修，乾隆二十一年（1756）刻本；《昌平志外志稿》一卷补稿一卷，清麻兆庆撰，稿本；等等。

秉承中央大学、金陵大学的优良传统，20世纪80年代初，南京大学图书馆对新修方志、文史资料、党史革命史资料以及台湾同乡会文献的收集，亦不遗余力。新修方志用全新的观点和方法记述历史和现状，是我国全面、系统、权威的国情、地情资料宝库。文史资料、党史革命史资料是各地政协和党史办公室遵从"三亲"（亲历、亲见、亲闻）原则编纂的地方史料集刊，从不同角度记录了我国近现代史上政治、军事、外交、经济、文化等诸方面的情况，大大小小的事件始末和形形色色人物的活动，弥补了现有史料的缺失，提供了浩如烟海的微观史料。台湾同乡会文献同台湾的文史资料，与大陆文史资料一起，成为中国近现代历史文化研究的新资源。

新修方志兴起于20世纪80年代，从那时起全国各地开始大规模地编纂地方志，这就是所谓盛世修志，一直延续至今，有些地方更开始了兴修续志。南京大学图书馆为了延续收集地方史志的传统，扩大和完善这一特藏，通过与各地地方志办公室发函征集，与专业书店定向采购，接受各地区地方志整理机构或个人捐赠等多种形式，广为收集新修方志，目前数量已达到8000多种。

南京大学图书馆从80年代开始注意收藏文史资料，因为它是各地政协编纂的内部出版物，收集的难度很大，采访部门采取了很多办法，克服了许多困难，迄今为止已收集文史资料13300多种，来自1900多个各级行政区。另外还有党史、革命史以及台湾同乡会文献2000多册。

3　地方史志资源的保护、整理与开发利用

20世纪80年代初，南京大学图书馆特别设立古籍特藏部，并专门辟出地方志书库，单独存放古代和民国方志；稍后把分散在流通部书库中的新修方志集中归入地方志书

库。90年代初，又把文史资料和革命史资料转入古籍特藏部。2000年后，随着现当代地方史志的数量不断增加，同时为了更好地保护旧方志，图书馆特辟专室存放新修方志、文史资料以及通过台湾地区收集的同乡会文献等。2012年，南京大学仙林校区5.3万平方米的主图书馆全面开馆，这批特藏文献随古籍一起搬迁至仙林图书馆，其中所有线装图书和民国文献都收藏在恒温恒湿的书库，文献保存保护条件得到极大改善。

南京大学图书馆于20世纪70年代整理编撰了《南京大学图书馆藏地方志目录》，著录了馆藏古代和民国时期地方志3千多种，采用的是《南京大学图书分类法》分类编目。新修方志、文史资料等现当代史志资料都采用中图法分类编目。

为了更好地弘扬中华民族优秀传统文化，繁荣学术研究，促进古籍善本最大限度地传播和利用，2014年南京大学图书馆精选出68种珍稀方志，编成《南京大学图书馆藏稀见方志丛刊》，由国家图书馆出版社影印出版，共计70册。这68种方志涉及十九个省市自治区，据《中国地方志联合目录》记载，有二十种方志仅本馆藏有完帙，如〔顺治〕《攸县志》、〔康熙〕《续攸县志》、〔乾隆〕《直隶深州总志》、〔嘉庆〕《丽水志稿》、《溧水征访册》等。除独家收藏的珍本外，其他均为刊印不多、流布不广、未见影印的珍贵方志。该丛刊荣获了2016年江苏省哲学社会科学优秀成果二等奖。

综上所述，南京大学图书馆的地方史志经过百余年的不断搜求与积累，形成体例完备、特色鲜明、品种丰富的收藏体系，不但为南京大学师生教学科研提供了有力支撑，也帮助了全球众多学术研究人员。近年来，各地方政府高度重视地方文化的发展，重视地方文化的整理与研究，南京大学的地方史志特藏也越来越多地服务于地方文化工程建设。

江西省图书馆地方文献工作述略

何振作（江西省图书馆）

江西省图书馆的前身为1920年12月成立的江西省公立图书馆，历称江西省立图书馆、江西省立南昌图书馆、江西省立中正图书馆、江西人民图书馆、江西省立人民图书馆、江西图书馆、南昌图书馆。江西素有“物华天宝”“人杰地灵”之美誉，号为“文章节义之邦”。深厚的文化底蕴，为该馆地方文献工作提供了丰厚的地方文献资源。江西省图书馆向以江西人及与反映江西的文献为地方文献，并辅之以江西的出版物。经过近百年努力，江西省图书馆已成为全省地方文献收藏最多的单位，但较之全国各省级图书馆的地方文献工作显得差距较大。兹简要介绍该馆的地方文献工作。

1 民国时期的地方文献工作

江西省图书馆建馆伊始，即有重点征集本省方志及私家刊刻或未刊之著述的规定。1928年初，该规定调整为征集乡贤著作及文献物品、公私藏版片。1931年4月，省政府省务会议通过《江西省征集图书文献委员会简章》，完善了地方文献的采访制度。该馆据此制定了《江西征集图书文献条例》《江西奖励捐赠图书文献条例》。《江西征集图书文献条例》规定征集种类包括：①各郡、县志及山水志；②各地方金石或拓本；③各姓族谱；④已刊、未刊之各家著述；⑤各种图书及版本（指版片）；⑥各种文献特品；⑦各学校讲义；⑧各种集会记录；⑨各机关重要档案及刊物：⑩关于革命之各种记载。其中第七项至第九项，由各学校、各集会及各机关备具副本；其余则责成各县长官及教育局长征集。1947年又增加征集本省人民忠烈事迹的文献。《江西奖励捐赠图书文献条例》规定，对于捐赠者除颁发奖章外，还将于《教育公报》中公布，并要求将各县长官及教育局局长征集成绩列入办学考绩内，分别奖惩。

民国时期地方文献采访以华焯《四库著录江西先哲遗书钞目》为首要依据，该书收清初以前江西人著作千余种。继而从江西省、府、县志中的儒林传、文苑传及艺文志（经籍志）中辑出书名，再调查、访问。通过省教育厅分令各县政府，就近调查，凡有乡贤遗著，或时人著述，随时介绍或备价收买；报刊则以时所发行的报刊酌加考虑。采访以购置为主，除立足南昌外，还特别注意北京、上海各旧书肆，获知缺藏地方文献随时去函购买。期间购得私家藏雕版5种。外别有缴送、捐赠、抄录、代管、交换等方式。1925年为加强地方文献采访，该馆通过省教育厅通令各县缴送地方文献，1931年《江西征集图书文献条例》则明确要求将前江西官书局刊刻之各种图书版本，以及用省公费办理之图书刊本，均应收归省立图书馆庋藏；凡本省出版之新闻杂志，均须寄送江西省立图书馆一份；凡省会及外属（指本省所属）书肆，遇有新出刊物，须自发行之日起两个月内，将该项图书一份寄送省立图书馆。但此措施收效不大，缴送者甚少，捐赠、寄存则更是寥寥。其中缴送得书最值得称道的是1928年获得的前江西官书局印书数千册，另有雕版82种，包括光绪《江西通志》《江西诗征》《黄山谷诗全集》《朱子全书》等重要的地方文献，又有清阮元刻《十三经注疏》《武英殿聚珍版丛书》《通鉴纲目三编》及五种纪事本末等重要古籍的雕版。又获得退庐图书馆以公款雕刻的《豫章丛书》全套雕版7785块。所获捐赠图书，则以1949年2月黄光斗所捐私藏图书2358册为大宗。至1931年以前，已采集清末江西省、府、县最后一修方志104种，仅缺瑞金、石城、浮梁三县，1935年商借江西省蔚挺图书馆所藏此三县县志，请人抄写得以补全。后又与浙江省立图书馆商借其所藏《四库全书》，从中抄录江西人著作。1938年针对抗战时期的特殊情况，制定《江西省立图书馆战区文献征集及代为保管办法》，提出代为保管江西文献古物的办法，规定凡接近沦陷区域的图书古物，都可请托本馆代为搬运，代为保管，日后仍可由原主领回。后即征得南昌熊上堂图书7000千余册，代为保管，其中不乏地方文献。抗战期间，以自印书交换获取新书成为采访文献的重要途径，其中的新书不乏地方文献。

地方文献工作以古籍为主，兼顾民国线装书、平装书、杂志报纸等。古籍及民国线装书用传统的四部分类法，另增加丛书一类，合为五部；其他中日文用杜定友分类法，西文书用杜威分类法。初仅设书本式目录。1928年，参照国立第一中山大学图书馆办法，另外增加卡片目录并为主要形式，将书名、著者、类目等项录于卡片上，一卡一书，按汉字笔画笔顺排列法排列于目录柜。杂志报纸则分年月填入表格。1929年开始编制特种书目，1933年编有《豫章丛书索引》；1935年编有《馆藏乡贤著作目录》，记录馆藏民国前地方文献600余种。特藏文献物品则另外编制目录及提要说明等。民国时期地方文献无确切统计数据，从1945年馆藏普通中文书33626册，珍本书55529册，报纸杂志5000册，馆印书15311册的情况来看，地方文献应有不少。此外所藏书版35000多片，多有地方文献。民国时期无专门地方文献阅览室与书库，地方文献阅览与咨询散入各阅览室、图书流通处及巡回文库，期间为江西省纂修《江西通志》提供大量文献服务。又通过各种专门讲座，推介馆藏，吸引读者到馆阅览。

文献保护方面，每月清点书籍一次，并注意书库卫生消毒，于书库配置灭火器；书、雕版置放于木制通透架上，珍贵文献加以木匣，一般古籍加以函套；日常开展破损文献的修补，先善本，次普通本；每年三月装订上年报纸杂志，外加封面，书脊题写书名，粘贴号码；每年夏季以暴晒的形式将所有馆藏图书消毒一次，以三星期为限；日常检查虫霉、放置防霉驱虫药剂。1937年11月，日本侵略军逼近南昌，图书馆奉命疏散，将大部分较有价值的图书，包括6万余册善本转移到永新保管。

地方文献的开发利用在民国时期颇具特点，即利用馆藏地方文献雕版的优势来实现。如1933年4月开始刷印发售《豫章丛书》，1937年又开始刷印发售光绪《江西通志》，由于定价低廉，供不应求，一再刷印。期间，还以二书与各馆交换图书。此举既有效地达到了学术传扬的目的，又较好地解决了购书经费不足的问题。

2 新中国成立后的地方文献工作

新中国成立以后，地方文献工作往往是断断续续进行，一度还有所减弱。如1961年前，采访偏重小说，《青春之歌》《林海雪原》《水浒传》等，每种购置200部以上；《江西日报》《人民日报》，每种各订购54份，而其他报纸则漏购严重；1964年提出“工作重点是科技，藏书重点是古籍”的办馆方针。2003年启动全国第三次公共图书馆评估以后，地方文献工作有所加强，制定了《文献采选方针》和《文献采访条例》。2009年启动全国第四次公共图书馆评估以后，对原有《文献采选方针》和《文献采访条例》加以修订，成立文献资源建设指导小组，指导和督促本馆文献采选工作，要求有计划、有重点地补充馆藏，逐步形成具有江西地方特色的藏书体系，重点做好地方文献的收藏，全面入藏本省出版的报刊，包括地方电子出版物、视听文献、网络资源。

文献以采购为主，辅以征集、捐赠、缴送、复制等形式。采购以书刊为主，多依据《社科新书目》《科技新书目》及全国期刊征订目录一类信息，近些年来则主要以中标方所提供图书、报刊信息为主，间有各出版或书商提供的信息。电子出版物、视听文献的采购较少，网络资源主要应用于地方文献数据库中。征集以“文化大革命”期间对小报、传单的收集为多，1966年成立“文化大革命”资料征集小组，小组成员走街串巷，到各单位收集了大量的地方小报、传单，目前馆藏“文化大革命”小报327种，共装成合订本185册，还有不少零散报纸，以及“文革”期间散发的传单13000余张。2006年，与江西省地方志办公室共同下发《江西地方文献征集工作的实施意见》，重点开展各地新修方志的征集工作，取得了一定效果。

1950年至1963年底接收省文管会、省委宣传部等单位移交线装书、民国书报30余万册，其中地方文献占相当比例，此为缴送文献最多的时期。1984年4月，中共江西省委办公厅和省政府办公厅联合下发《关于做好地方文献资料征集、收藏工作的通知》，要求省直机关和地、市、县人民政府以及新闻出版、科研、厂矿、学校等企事业单位内部编印或公开出版的各种文献资料，不论铅印、油印，均由出版印发单位向江西省图书馆缴送2至3份，实际缴送不多。

1991年12月，开展向海内外作者征集签名特藏图书活动，2009年则制定《江西省图书馆文献捐赠管理办法》，并在自办网站上公布捐赠者及所捐书、册数，2009年以来年捐赠书刊者平均在700人（或单位）次，捐赠书刊中不乏地方文献。2016年3月，江西省中文天地出版传媒股份有限公司（以下简称中文传媒）与江西省图书馆签订共建赣版出版物样书库合作协议，中文传媒决定所属出版社自2016年1月开始，将当年新出版样书每种2册赠送给江西省图书馆。与此同时，中文传媒向江西省图书馆赠送了2016年以前出版的赣版样书2万余册。

20世纪80年代中期，正值全国纂修地方志的高潮，不少单位的读者携带从外县、外省复印或抄录回来的江西文献书刊，如本馆缺藏的江西方志、江西人物著作等，凡本馆缺藏的书刊资料，在征得读者同意的情况下加印一至二份。这一措施取得了良好的效果。

由于缺乏地方文献的专门机构或专门人员，馆藏地方文献数量难以统计，只能约略估算，至2018年，馆藏线装地方文献约有5000部左右，新中国成立后的地方文献约30000余册；近十年，省内期刊165种中最多时藏有135种，省内报纸70种中最多时藏有42种，其间多数年份的期刊、报纸入藏往往不及此数。其他类型数据不详。

新中国成立后，分类编目屡经更改，头绪繁多。1954年，中文图书停止使用杜定友分类法和四库分类法，改用“中国人民大学图书馆分类法”重新类编普通中文图书。1959年，改用“中小型图书馆图书分类表”类分新到图书及民国平、精装书。1975年以后改用《中国图书馆图书分类法》，并以此法重编了部分新中国成立后的中文普通书。书目为卡片式目录，分书名、著者、分类目录三种（书名、著者目录以汉语拼音排序）。1959年，部分馆藏线装书则仍以“中国人民大学图书馆分类法”分类编成书本式目录，不久废弃，不再分类，改以阿拉伯数字流水号分善本、新善本、普通古籍、丛书、地方文献五部分，以汉字笔画笔顺组织书名、著者卡片目录；1982年采用四部分类法类分完成书本式《江西省图书馆善本书目》，2015年据四部分类法重编书本式《江西省图书馆善本书目》。中文报刊向以繁体字笔画笔顺排列，未加分类，1982年编制了《馆藏建国前中文期刊目录》、《馆藏中文报纸目录》（俱按繁体字笔画笔顺排列）；1997年，新中国成立后的中文报刊，启用《中国图书馆分类法》简单分类。目录组织中的卡片以手工刻印，1978年10月改为打字机打印蜡纸印制。1997年以后，中文普通书用ILAS系统编目，并回溯建立馆藏普通图书、报刊电子书目；2002年以后，古籍也在ILAS系统上用四部分类法编目（2008年利用中国古籍普查平台进行古籍编目），至2010年，馆藏书刊全面使用电子书目，卡片目录退出历史舞台。新中国成立后，馆藏地方文献目录除线装书编有卡片式目录（仅书名、著者目录）外，1982年编印了《汤显祖资料书目索引》，1987年编辑出版了《八一起义、湘赣边界秋收起义、创建井冈山革命根据地六十周年研究资料论文索引》，1985年参加编辑《中国地方志联合目录》江西部分，2009年参加编辑出版了《中国家谱总目》江西部分。

新中国成立后，除线装书有专门的地方文献阅览室与书库外，其余多散入其他阅览室与书库。1975年以后开始提供静电复印地方文献复制服务（2007年为保护古籍，取消线装书复印服务）。1992年，在逐步开展的地方报刊缩微拍摄的基础上，开始提供缩微地方文献服务。2003年，开始按全国第三次公共图书馆评估定级工作要求，将新中国成立后的地方文献中的部分图书集中存放，与古籍、民国文献、缩微文献同室阅览。

新中国成立至“文化大革命”期间，地方文献的存藏环境、日常管理大致与民国时期相同。1964年，江西省图书馆在铜鼓县设立战备书库，将馆藏善本古籍暨珍贵地方文献6万余册，以及部分重要报刊资料移置其中。“文化大革命”期间，许多重要的地方文献遭到严重损毁。如1969年3月，馆藏《江西民国日报》等民国时期地方报刊，以及《申报》《大公报》等合订本284种3423册，被江西省革命委员会保卫部二办以清查为名调走，至10月份归还；1970年4月发现被撕剪1013册，挖洞3003处，撕掉606页。1969年9月，位于馆外的书库被拆，藏书置于他处，由于面积太小，只好将书打捆堆在地板上，由于房屋失修漏雨，又无专人管理，致使10余万册图书霉烂、失窃，其中多有地方文献；雕版35000余片则无库可藏，1970年被当作图书馆的包袱，贱卖给职工当柴烧，致使这些清初至民国初包括《豫章丛书》《江西通志》《江西诗征》《黄山谷诗全集》《朱子全书》等重要的地方文献雕版，以及《武英殿聚珍版丛书》《通鉴纲目三编》《十三经注疏》及五种纪事本末等重要古籍的雕版88种荡然无存。

1986年，在文化部的支持下，江西省图书馆制作了2000多个樟木箱以存放20余万册线装书（含其中的地方文献），并且在部分书库中配置空调机，古籍存藏条件有所改善。1995年，为缩微文献库配备了存储柜、空调机、除湿机、冷藏柜、空气清新机等，有效地改善了缩微文献存藏环境及装具。2003年，善本书库及地方文献线装书库安装了红外线防盗报警器，由馆保卫科实行24小时防盗报警监控，善本书库同时安装了柜式空调机1台。2009年按照国家标准改造了古籍善本书库。古籍修复向为重要工作，1990年，江西省图书馆举办了为期20天的“全省公共图书馆古籍修补培训班”。20世纪90年代末，由于修复人员退休，古籍修复一度停止，2003年后恢复，目前有5名修复人员，以修复地方文献为多，年修复约5000叶左右。

1975年，江西省图书馆利用静电复印机复印馆藏全部《江西民国日报》，原件不再借阅，开启地方文献再生性保护工作。1984年8月，提供馆藏重要地方报纸《江西民国日报》《前方日报》《前线日报》，由中国国际图书贸易总公司（中国国际书店）进行缩微拍摄。1985年，成为全国图书馆文献缩微复制中心（下称缩微中心）成员馆，开始对民国时期地方报刊进行抢救性的缩微拍摄，初由南京图书馆、湖北省图书馆帮助缩微拍摄，拍摄完毕后，原件取回（补缺的则送回借出单位）还原装订，母片由缩微中心保存，拷贝片返还江西省图书馆。至1990年底完成馆藏民国地方报纸156种251卷139848拍的缩微工作；至1997年完成74种423卷民国报纸，202种民国时期杂志208卷的缩微拍摄。1997年，在缩微中心的帮助下配置了一套缩微复制设备，开始自行缩微拍摄，1998—2018年缩微拍摄新中国成立后的地方报纸8种40余万拍。

1984年，江西省图书馆针对各地修志所需资料的严重不足，将馆藏30多种重要文献编辑并胶印成《江西近现代地方文献资料汇编（初编）》20册，内容涵盖江西近现代的政治、经济、军事、外交、民族、文化教育、社会生活、地理沿革、交通水利、农业、矿业、物产、科举及人物等，其中包括部分清政府的文书档案、民国时期政府内部出版物、机关事业单位的调查统计报告及部分个人著作和手稿，为各地修志提供了有力支持。2010年，开始自筹资金，每年影印1部地方古籍作为“江西省图书馆馆藏古籍珍本丛书”，迄至2018年共影印馆藏古籍地方文献9种。期间，又影印《国家珍贵古籍江西珍本丛刊》，收录珍贵古籍4种，其中包括〔嘉靖〕《江西通志》、《江西全省图说》（自国家图书馆引进明末、清初两个底本，并辑补所缺，合编而成）；又与福建省图书馆、江西宜春慈化寺合作，影印出版了福建省图书馆入选第四批《国家珍贵古籍名录》的孤本《南泉慈化寺志》；又与江西省抚州市图书馆合作将国家图书馆藏稀见江西文献——汤显祖的《玉茗堂书经讲意》影印出版。2014年，作为国家图书馆“民国时期文献保护计划”项目，影印出版了馆藏《江西省政府公报》。2012年，在国家图书馆的支持下，扫描完成了39种馆藏旧方志。此后，与民营企业合作完成了19种江西旧方志的数字化。影印出版及数字化古籍地方文献取得了良好效果。此外，利用馆藏地方文献编制二次地方文献也取得良好效果，如1961年编印了《江西地区养猪资料选辑》，1984年与省地震办公室、省政协参事室、江西师范学院（今江西师范大学）

合作完成了《江西地震历史资料》的编纂。

2004年以来，江西省图书馆陆续自建了“汤显祖特色资源库”、“江西地方文献全文数据库”（又名江西地方文献数字化资源中心）、“临川文化特色数据库”、“江西历史文化名镇名村多媒体资源库”、“江西籍共和国开国将军库”、“江西历史文化名人资源库”、“赣南客家民居专题片”、“江西红色印记多媒体资源库”、“鄱阳湖生态经济建设资源”、“江西旅游文化资源库”、“江西景德镇陶瓷资源库”、“江西地方戏曲资源库”、“江西非物质文化遗产资源库”、“江西省中文图书联合目录”、“江西省中文期刊联合目录”、“江西地方志”、“江西地方年鉴”、“革命文献”、“地方史志”、“地方戏曲”、“地方特色文献”、“江图学刊论文文摘”、“江西地方人物资料查询”、“江西二次国内革命战争时期史料”、“八一南昌起义”、“江西籍中国科学院院士”、“江西籍中国工程院院士”、“江西经济发展白皮书”、“江西特色之乡”、“江西人文”、“江西企业”、“南昌解放大纪实——纪念南昌解放55周年”、“‘五四’运动中的江西狂飙”等30多个以地方文献为主体的数据库，并在江西省图书馆网站发布。其中最具规模与特色的有“江西地方文献全文数据库”“江西旅游文化资源库”“江西景德镇陶瓷资源库”“江西地方戏曲资源库”“江西非物质文化遗产资源库”5个。江西地方文献全文数据库有一级子目14个，包括“特色文献推荐”（下分景德镇瓷器、黄山秀色、江西工业、江西旅游、江西农业、江西文物、经济建设、客家文化、庐山、三清山、千岛湖、婺源之春、江西文化、八一南昌起义、江西历史、民俗大观、江西方志、江西年鉴等二级子目18个）、“最新文献速递”、“地方人士著述”（下设图书、报纸、期刊、学位论文、会议论文、专利、视频等7个子目）、“地方期刊数据库”、“地方报纸数据库”、“地方百科资料库”、“地方人物数据库”、“地方视频数据库”（网络资源）、“地方图片数据库”、“地方专利数据库”、“江西地方志专藏”、“江西年鉴专藏”、“地方版图书数据库”。此外，2017年在省委宣传部支持下，完成了“江西珍贵古籍数字资源库”建设，该库共收录江西省入选国家珍贵古籍名录的古籍116种，其中31种为江西文献。

总体来说，江西省图书馆地方文献工作取得了不少成绩，但相较全国各省级图书馆仍有较大差距。究其原因，大致包括四个方面，一是馆里重视不够，既无总体规划（2000年曾制定《中长期发展规划》，提出建设世界级江西地方文献研究中心的规划，实际未予落实），也无组织协调机构。二是没有专门的地方文献机构和人员，地方文献工作比较分散和随意，各部门往往各自为政，缺乏沟通协调，连贯性、针对性不够。如图书采访归采编部，报刊采访归报刊部，视听文献、电子出版物采访归计算机部，地方文献数据库制作归计算机部，古籍数据库制作归特藏部。文献管理亦然，报刊、电子报刊归报刊部，图书至2003年始集中于文献特藏部（实际上尚有不少在外借部），电子图书归外借部，视听文献归计算机部。又如1984年，省委办公厅和省政府办公厅虽然联合下发《关于做好地方文献资料征集、收藏工作的通知》，由于缺乏专门机构或人员，各单位又往往不予配合，实际效果不够理想，缴送者寥寥。三是人才不足，现有人员知识结构不够合理，以致在文献的认知、采购、管理、查询、咨询、开放利用、数据库制作等方面存在诸多问题。四是经费不足，如1989至1999年年平均购书经费不到43万元，文献建设被迫舍书保刊，仅保证地方文献入藏量超过50%；2000年至2003年平均购书经费不到92万元，2004年购书经费250万元，此后逐年增加，至近几年年购书经费在800至1000万元之间徘徊。2019年，新馆将启用，馆里将设置专门的地方文献机构，我们期待着地方文献工作取得新的成就。

甘肃省图书馆“西北地方文献”工作概述

尹昱瑾　刘瑛（甘肃省图书馆）

1　综述

甘肃省图书馆前身之一是1916年成立的甘肃省公立图书馆，1932年更名甘肃省立图书馆，1942年更名为甘肃省立兰州图书馆。甘肃省图书馆前身之二是1944年成立的国立西北图书馆，1947年更名为国立兰州图书馆。1949年10月甘肃省立兰州图书馆并入国立兰州图书馆，定名兰州人民图书馆。1951年兰州人民图书馆更名为西北人民图书馆。1953年西北人民图书馆更名为甘肃省图书馆。

甘肃省图书馆自甘肃省公立图书馆迄今已逾百年，是为社会公众提供图书阅读和知识咨询的服务机构，被评为国家一级图书馆、国务院公布的首批全国古籍重点保护单位，是全国9个地区性中心图书馆之一。甘肃省图书馆是省属副地级建制，设有18个业务行政部门，藏书总量已逾460万册，以古籍文献和“西北地方文献”为特色馆藏，其中“西北地方文献”专藏实体文献已逾6万余种12万余册（件）。1989年甘肃省文献资源普查，即确定甘肃省图书馆社会科学研究级学科文献12个，其中达到能够支持研究决策能力的西北史地研究列第一位，敦煌学、新疆研究并列第四。

19世纪末20世纪初，中国新式图书馆的设立成为资产阶级改良思潮中强国御辱的重要措施。搜集“乡邦文献”、保存“乡土艺文”，是包括甘肃省公立图书馆在内当时众多新建公共图书馆的共识，图书馆地方文献在中国开始进入社会公共领域。1924年《甘肃省公立图书馆书目初编》计有西北地方文献200余种，这部分文献构筑了甘肃省图书馆“西北地方文献”专藏最基础的实体资源。1943年9月应开发西北、抗战后方文化繁荣之势而生的国立西北图书馆筹委会主任刘国钧在《国立西北图书馆筹备计划书》中首次提出了“西北地方文献”的资源建设理念。刘国钧界定“汇集西北文献、搜罗西北古物、编纂西北问题参考书目”是国立西北图书馆的任务，建设“西北文化问题的研究中心、西北建设事业的参考中心、西北图书教育的辅导中心”是国立西北图书馆的目标。1948年8月国立兰州图书馆成立“西北资料专室”，搜集、整理有关西北地理、方志、报纸、杂志、善本、乡贤著述及西北问题研究资料，编制西北资料目录。自此，现今的甘肃省图书馆“西北地方文献”专藏正式创立。70年间，甘肃省图书馆“西北地方文献”专藏在时空意义上已形成完整、连续、系统记载西北地区自然和人文诸多信息的资源体系，其特点是学科结构全面、文献类型多样、区域优势明显、重点学科突出，可以说甘肃省图书馆“西北地方文献”专藏在任何一个层面都是独一无二的。

2 沿革

70年来，刘国钧“西北地方文献”资源建设理念及实践一以贯之地决定着甘肃省图书馆地方文献工作的主导思想和发展方向。1949年国立兰州图书馆和省立兰州图书馆合并为兰州人民图书馆，“西北资料研究室”出现在兰州人民图书馆阅览机构列下，此时馆藏“西北地方文献”达3310种。1950年兰州人民图书馆开放“西北文献阅览室”。1956年甘肃省图书馆以“西北文献阅览室”为基础，成立书目参考部，1957年书目参考部与方法研究部合并为参考辅导部。1961年参考辅导部成立地方文献组。1962年地方文献阅览室开放。

在“西北地方文献”的范围及内容上，1964年《甘肃省图书馆工作手册》界定：“凡甘肃、陕西、青海、宁夏、新疆五省（区）和原属西北五省（区）管辖建国后划归其他省（区）管辖，如原属宁夏回族自治区管辖的阿拉善旗等地以及与西北五省（区）边连地界有关系的历史沿革、人物制度、风土人情、语言文字、名胜古迹等书刊资料，均属西北地方文献资料范围。”“以有关西北五省（区）的历史、地理、政治、经济、文化、教育等的图书、报刊、政府出版物、报告、册籍、表籍、卷轴、档案、文告、印模、谱牒、传单、标贴、剪贴、图片、碑志、拓片、板片、唱片、新闻纪录片等内容为主。甘肃出版物，租型重印本及与本地区无关的出版物不作西北地方文献资料处理。”这是1949年后甘肃省图书馆对“西北地方文献”收藏范围及内容的一次重要阐述。

1969年甘肃省革命委员会政治部发布“关于疏散图书的指示”，甘肃省图书馆“西北地方文献”连同其他图书备战疏散，后“西北地方文献”部分运回，地方文献阅览室恢复开放。1971年参考辅导部撤销，地方文献阅览室停止开放，直至1973年参考辅导部恢复。1980年1月甘肃省图书馆设立历史文献部，专伺管理“西北地方文献”专藏，从此“西北地方文献”服务、研究等工作的强化在组织构架上有了针对性的保障。

1984年《甘肃省图书馆采编工作手册》界定“凡甘肃、陕西、青海、宁夏、新疆五省（区）以及在自然区划、行政区划演变中与西北五省（区）边连地界有关的历史沿革、人物制度、风土人情、语言文字、名胜古迹、自然资源等书刊资料，均属西北地方文献资料范围”，“以收藏有关西北五省（区）的历史、地理、政治、经济、文化教育等的图书、报刊、政府出版物、报告、册籍、表籍、卷轴、档案、文告、印模、谱牒、传单、标贴、剪贴、图片、照片、碑志、拓片、声像资料等内容为主”，“西北五省（区）地方出版物，其内容与本地区无关者一律不作西北地方文献资料处理”，“收藏重点为敦煌学及其研究资料；汉简及其考释研究；中西交通史（包括丝绸之路研究资料）；西北民族宗教研究资料；西北地方历史地理研究资料；西北冰川冻土、沙漠治理资料、西北地区文物的研究考释资料等”。这是甘肃省图书馆最近一次对“西北地方文献”收藏范围、内容与重点的梳理。

1986年10月搬迁新馆业务机构调整后，“西北地方文献”专藏归典藏部管理。1988年5月“西北地方文献”专藏复归历史文献部管理。1997年历史文献部易名西北文献部，1999年复名历史文献部至今。现今甘肃省图书馆历史文献部管理着“西北地方文献”及古籍文献等特色馆藏，计有正式员工16人，业务工作涉及“西北地方文献”的阅览、参考咨询、开发研究及报刊采编等工作，有西北地方文献图书阅览室、西北地方文献期刊阅览室、西北地方文献报纸阅览室等对外服务窗口。“西北地方文献”图书采编工作由采编部负责。

甘肃省图书馆“西北地方文献”资源体系建设的途径分为购买、访求、征集、捐赠及呈缴。1996年甘肃省人民政府办公厅、中共甘肃省委宣传部发布《关于征集省内出版的图书杂志、音像制品及内部资料样本的通知》（甘政办发〔1996〕26号），正式以文件的形式确立了地方出版物呈缴本制度。1949年后，本着满足重点资源建设的宗旨，甘肃省图书馆竭尽可能保障“西北地方文献”专藏建设的需要。2013—2018年，甘肃省图书馆文献购置费分别为1928万元、1985万元、1100万元、1417万元、1200万元、1200万元。其中对“西北地方文献”专藏购置费没有限定。

3 资源建设

现今的甘肃省图书馆“西北地方文献”专藏由图书、期刊、报纸、舆图、缩微胶卷、视听光盘等多种实体资源和数字资源共同构成。在学科结构上，涉及政治、哲学、宗教、经济、军事、历史、地理、水利、地质、工业、农业等社会科学和自然科学学科。其实体文献，既有古籍文献，又有民国文献，当然更多的是当代文献。1949年甘肃省图书馆“西北地方文献”专藏实体文献为3310种，1964年为4345种，1986年为8596种，1997年为12513种，2005年为21208种，截至2018年底，甘肃省图书馆“西北地方文献”专藏实体文献已逾6万余种12万余册（件）。

甘肃省图书馆历来重视“西北地方文献”专藏数字资源的建设，尤其是自建数字资源。2001年5月甘肃省图书馆向西北五省（区）省级图书馆发出倡议：联合建设“西北地方文献”数据库，借助现代技术实现“西北地方文献”资源共建共享。2002年甘肃省图书馆“西北地方文献资源数据库”立项为甘肃省“科教兴省”省长基金项目，2004年第四次中文文献资源共建共享合作会议确定“西北地方文献资源数据库”为中文文献资源共建共享合作项目。“西北地方文献资源数据库”力图在网络环境下建立并长期储存海量的、有组织的、实现检索自动化的、可以共享的西北地方文献数据集合品牌形象。其类型内容由联合书目及书目提要、专题全文、报刊索引、图片等数据库动态组成。选题内容涵盖西北五省（区）的文化、社会、经济、民族、宗教等诸多方面。2000年4月“西北地方文献资源数据库”开始工作单著录标引工作，2005年5月开始回溯数据录入。截至2018年底，“西北地方文献资源数据库”已建有“西北地方文献书目提要数据库”“西北地方文献报刊篇名索引数据库”“西北地方文献图像数据库”“西北民族宗教史料文摘数据库”“丝绸之路文献叙录数据库”“西北地方文献报纸题录数据库”“西北地方文献期刊题录数据库”“西北地方文献古籍善本全文数据库”“西北地方戏剧手稿全文数据库”“河西宝卷全文数据库”“西北地方文献研究文集数据库”等子库。

2015至2017年间，根据国家图书馆“数字图书馆推广工程数字资源联合建设地方文献数字化项目”建设要求，甘肃省图书馆严格按照项目标准，遴选具有鲜明地域特色、较高文献价值和历史价值的“甘肃地方文史资料”作为地方文献数字化资源加工题材，采取自建与外包相结合的原则完成地方文献数字化项目，2014年10544页48GB、2015年21852页106GB，均通过国家图书馆终审。

4　资源服务

甘肃省图书馆“西北地方文献”专藏服务类型主要有阅览、参考咨询、二次文献编制及推广活动。

图书作为“西北地方文献”专藏实体文献的主要类型，是阅览服务中利用率最高的文献类型之一，是研学者完成科研课题和学位论文的主要参考文献。其中最具价值的是清代及民国时期的西北地方史料，据统计，利用这部分文献的读者量为“西北地方文献”年读者量的40%左右。西北地方报刊的利用率主要集中在民国时期地方报刊及当代西北五省（区）省级报纸上，其中甘肃报纸如《甘肃民国日报》《甘肃日报》等的读者量约占80%以上。地县报纸和行业报纸的利用率则相对较低，鲜有查阅。2012—2018年，“西北地方文献”专藏实体文献年均接待读者3200余人次15000册次。

参考咨询是甘肃省图书馆“西北地方文献”专藏服务的重点，基本形成了以文献信息源建设为基础，参考书目建设为重点，专题信息服务、检索服务、定题服务、跟踪服务、即时咨询服务等多种服务方式相结合，并佐以人力资源建设为保障的参考咨询服务体系。甘肃省图书馆“西北地方文献”参考咨询年完成量约为80项。2012—2018年全馆总计完成参考咨询776项，历史文献部占614项约为80%，而历史文献部完成的参考咨询涉及“西北地方文献”的亦约有80%。其中有国家社科基金项目《清至民国时期中国西部旱灾及其社会应对研究》《辛亥以前西北地区城乡聚落研究》《西北地区民族信仰调查》《藏传佛教高层僧人在藏区基层权力组织中的地位与作用研究》《清代新疆稀见史料调查与研究》《中国工农红军西路军人物志》《民族问题治理的能力体系建设》《甘肃近代方志方言文献》等及国家自然科学基金项目《河西地区沙尘暴物源追踪》等。甚至有来自美国哥伦比亚大学关于《张广建督甘史料》、美国普林斯顿大学关于《乌鲁木齐政略》、澳门科技大学关于《甘肃通志稿》的参考咨询。据不完全统计，通过甘肃省图书馆参考咨询服务完成的志书，仅1993—1997年获得国家级、省级社会科学奖及省级志书奖的就有60余部。

为保证参考咨询服务质量，提高“西北地方文献”利用效能，甘肃省图书馆与“西北地方文献”实体文献相依托的“西北地方二次文献”体系亦渐成规模。1949年前即有《陇事摭录》《西北问题论文索引》《西北书目提要》《西北乡贤著述目录》《西北问题参考书目提要》等。1949年后，二次文献更是成为全面揭示馆藏“西北地方文献”内容的重要途径，根据不同时期的社会需求及本馆“西北地方文献”工作的长期规划，有步骤地编制“西北地方二次文献”成为常态化工作。《黄河书目索引》《十年来西北地区建设成就索引》《兰州各图书馆藏西北文献联合目录》《西北地方文献（报刊）索引》《西北民族宗教史料系列文摘》《甘肃物产资源系列资料汇编》《丝绸之路文献叙录》《西部大开发论文索引及摘要》《西北地方文献资源数据库》等相继问世。此外，1997年至今尚有每年6期的《西北研究通讯》，已编制完成《馆藏敦煌写经续录》《馆藏传统戏剧剧本题录》《馆藏缩微制品题录》《馆藏档案资料题录》《兰州新区资料索引》《馆藏西北地方志题录》等诸多专题。截至2018年底，甘肃省图书馆“西北地方二次文献”完成约200种。

“西北地方文献”的读者活动由来已久，各个阶段均有建树。20世纪40年代起，就开始举办“馆藏方志展览”；80年代，曾举办“馆藏珍本书画、中外时装、家具图册展览”，接待读者500余人次；90年代，曾举办“馆藏珍本书画展”，历时17天，接待读者7400余人次；2000年，举办了“西北开发史文献展”，展出历史图片42幅，图书105种。2013年后，读者活动主要依托甘肃省图书馆学会地方文献研究专业委员会，以积极倡导推广西北地方文化为宗旨。曾与兰州绿洲文化沙龙、甘肃文理学院、甘肃电视大学等社会团体和高等院校联合举办阅读推广活动，诸如“倡导绿色阅读，构建和谐社会”“你阅我读、杂谈天下”“甘肃地方作家作品推广阅读会——邵振国作品赏析阅读会”“与我共同看世界——弋舟作品研读赏析书友会”“书前书后，无问西东——阅读张绍重先生”“铄古切今，一期一会——西北成语派”“河图绵绝，有典有册——纪念本馆‘西北地方文献’专藏70周年主题活动”“甘肃地方特色文献资源收藏整理开发及共建共享研讨会”等，力图形成“陇右寻珍”西北地方文化推广活动品牌，加强宣传、推广“西北地方文献”及其体现的西北地方文化，拓展“西北地方文献”的服务方式与内容，收到了良好的社会效益。“陇右寻珍”西北地方文化推广活动荣获2018出版界图书馆界全民阅读年会“2018年全民阅读优秀案例”奖项。

5 学术实践

甘肃省图书馆对“西北地方文献”的学术探讨可以上溯国立西北图书馆年代，甚至更早的甘肃省公立图书馆年代，刘国钧毋容置疑是巨擘。70余年前，刘国钧就有《国立西北图书馆筹备概况》《筹备国立西北图书馆计划书》《国立兰州图书馆与西北文化》等滥觞般著述。1949年后，刘国钧“西北地方文献”的学术衣钵得以承续，重视总结工作经验，切实加强学术研究成为必然。1962年周丕显于《甘肃省图书馆业务资料》发表《关于“地方文献”几个理论问题的报告书》，文中明确阐述了“地方文献”（甘肃省图书馆“西北地方文献”）的收集范围，以及有关敦煌和居延海材料、文艺作品、集部（诗文集）、亡佚书、外文和少数民族文字材料的收录、金石文字资料、地方戏材料等问题的处理意见，该文是“西北地方文献”理论研究迄今为止无出其右的权威报告。1963年“西北地区图书馆工作经验交流会”在兰州召开，陆泰安所作《西北地方文献工作》是甘肃省图书馆提交的三篇论文之一。1980年5月，陆泰安、牟实库、彭庆怀编著《西北地方文献工作》，论述“西北地方文献”范围、内容、目录、搜集、发掘、理论、体会等方面的内容，是甘肃省图书馆“西北地方文献”工作方法及工作经验的集大成者。1995年周丕显《敦煌文献研究》出版并于1997年获甘肃省社会科学优秀成果一等奖。2010年郭向东《西部少数民族文献资源建设研究》立项国家社会科学基金项目并于2017年结项。2010年刘瑛、张丽玲《甘肃省图书馆西北地方文献述略》立项兰州市哲学社会科学规划项目，2013年该项目获兰州市社会科学优秀成果三等奖。2017年“甘肃省图书馆学会地方文献专业委员会”在问卷调研的基础上面向全省征稿，由郭向东、李芬林主编并结集出版《甘肃图书馆地方文献工作述论》，该文集充分展示甘肃省各级各类图书馆地方文献工作的历史与现状，是近年来甘肃省图书馆地方文献工作的扛鼎之作。2018年尹昱瑾《甘肃省公共图书馆存藏革命文献研究》立项甘肃省社会科学规划项目。

据不完全统计，自1980年至2010年甘肃省图书馆同人有关“西北地方文献”的研论著作及文章接近100部篇，易雪梅等人成为该研究领域的核心作者。仅2013至2016年间，甘肃省图书馆同人有关“西北地方文献”的研论文章即有近30篇，并有12篇获得不同层面奖项。

多年来，甘肃省图书馆组织多次地方文献工作学术会议及培训活动。2004年6月甘肃省图书馆在敦煌组织召开了“地方文献工作经验及学术研讨会”，全国各相关单位40余位地方文献工作者参加会议，提交论文27篇。2006年9月甘肃省图书馆在敦煌承办第六次“中文文献资源共建共享合作会议”，来自中国、美国等国家的近40名代表参加会议，甘肃省图书馆就该会议项目“西北地方文献资源数据库”进展情况及成果进行展示汇报。2007年8月甘肃省图书馆在兰州承办“中国图书馆学会年会地方文献分会场”并以《西北地区文献资源数据库建设》为题做专题发言。2012年10月“西北五省（区）图书馆馆长暨学会理事长、秘书长联席会议”在陕西宝鸡召开，甘肃省图书馆提交《西北五省（区）图书馆联合建设“西北地方文献资源数据库方案”相关问题的说明》。2015年3月甘肃省图书馆学会地方文献专业委员会举办“甘肃省公共图书馆地方文献专题业务知识培训班”。2015年6月至7月，甘肃省图书馆学会地方文献专业委员会连续举办三期“地方文献业务实践培训班”。2015年10月，甘肃省图书馆学会地方文献专业委员会与甘肃省高校图工委联合举办“全省地方文献业务知识及区域特色体系的构建高级培训班”。2017年4月，甘肃省图书馆学会地方文献专业委员会举办“甘肃图书馆地方文献工作研讨会”并《甘肃图书馆地方文献工作述论》赠书仪式。2018年11月，甘肃省图书馆学会地方文献专业委员会举办“甘肃地方特色文献收藏整理开发及资源共建共享研讨会”，甘肃省内各类图书馆地方文献专业人员40人参加研讨会。

6 表彰奖励

甘肃省图书馆“西北地方文献”工作卓有成效的理论与实践，赢得了社会各界的肯定与赞誉。1982年甘肃省委、省政府授予甘肃省图书馆历史文献部“全省先进集体”称号。1991年甘肃省地方志委员会授予甘肃省图书馆历史文献部“全省修志先进集体”称号。2016年甘肃省文化厅授予甘肃省图书馆历史文献部“2015年甘肃省直文化系统先进集体”荣誉称号。2017年3月国务院第一次全国可移动文物普查领导小组办公室、国家文物局授予甘肃省图书馆历史文献部全国公共图书馆界唯一的“第一次全国可移动文物普查先进集体”荣誉称号。2017年7月甘肃省人社厅、甘肃省妇联授予甘肃省图书馆历史文献部“全省巾帼文明岗”荣誉称号。

7 未来愿景

甘肃省图书馆“西北地方文献”专藏的地域概念是西北大区域地方文献，这在全国范围可以说是唯一的。业界曾质疑，以欠发达的甘肃囊集西北五省（区）是否力有不逮？当然，持论者必有依据。但甘肃省图书馆“西北地方文献”专藏的性质是在20世纪40年代由开发西北、抗战后方文化繁荣以及其前身国立西北图书馆“国家图书馆”背景决定的，国立西北图书馆曾经是与国立中央图书馆、国立北平图书馆三足鼎立的“国家图书馆”之一，其70年前的目标就是建设“西北文化的研究中心，西北建设的参考中心，西北图书教育的辅导中心”。如果说70年前的天时、地利、人和，开启了甘肃省图书馆“西北地方文献”专藏的滥觞，那么70年后“一带一路”的倡议则为甘肃省图书馆“西北地方文献”专藏提供了千载难逢的实质性扩张机遇。“一带一路”文化交流合作机制之“丝绸之路国际图书馆联盟”，为“丝绸之路文献”，或者说“一带一路”文献提供了规模集聚的可能，这本来就蕴含于甘肃省图书馆“西北地方文献”的概念范畴之内。我们要践行70年前刘国钧倡导的资源建设理念，在更广泛的意义上宣传推广并弘扬西北文化、丝路文化，以增强文化自信，并期许甘肃省图书馆“西北地方文献”专藏在“一带一路”国家级顶层合作倡议中再瓴宏屋，佑典佑册。

首都图书馆北京地方文献中心综述

孟云剑　马文大　韩佳　丁小蕾　袁碧荣　郭炜（首都图书馆）

1　综述

首都图书馆是北京市属大型公共图书馆，全年365天开馆，为全体社会大众提供文献借阅、信息咨询、讲座论坛、展览交流、文化休闲等全方位、多层次的文化信息服务，是北京市重要的知识信息枢纽和精神文明建设基地。

北京地方文献中心是首都图书馆的特色部门，几乎涵盖了图书馆全部业务工作，成为一个特色鲜明的综合性业务机构。

1982年12月文化部颁发的《省（自治区、市）图书馆工作条例》关于省市级公共图书馆的主要任务中有“搜集、整理和保存文化典籍和地方文献”的规定，关于藏书建设部分，也有“本省（自治区、市）的正式出版物和有关本地区的地方文献资料应尽全收集”的规定，使得地方文献工作在公共图书馆各项业务工作中的重要地位得到进一步加强，使得图书馆地方文献工作有了政策保障。

1988年首都图书馆初步制订了《北京地方文献部岗位责任制》，又在此基础上绘制成《北京地方文献部采访工作流程图》和《北京地方文献部分编加工工作流程图》。2001年首都图书馆迁入新馆后，北京地方文献工作步入一个全新的发展空间，逐步建立健全各项规章制度，形成了管理规范，从而成为开展业务工作的依据。现在北京地方文献中心遵循的主要规章制度有《北京地方文献采访工作条例》《北京地方文献非公开出版物的定价标准》《首都图书馆特藏文献竞拍工作规章》《北京地方文献中心善本标准》《北京地方文献分类法》《北京地方文献分编操作规程》《北京地方文献普通图书标引规则》《北京地方文献中文普通图书编目规则》《北京地方文献中心参考咨询工作规章》《北京记忆工作手册》等。这些规章制度保障地方文献各项工作顺利开展。

2 历史沿革

1958年，首都图书馆的地方文献工作正式起步，组建了独立的北京地方文献专藏库和北京地区第一支专业的地方文献工作机构——北京地方文献组。北京地方文献专藏库的文献收藏，主要来源于首都图书馆藏书体系中各库原有的藏品，是在较短的时间内，采用行政调拨的手段迅速完成的。当时馆里规定，全馆基藏库和各辅助库中收藏的所有北京地方文献品种，按库本一册、复本两册划拨到专藏库，如原库藏册数在三册以下则全部划拨。今后如发现遗漏，可随时要求划拨。1985年，北京地方文献组脱离社科参考部，成为与之平行的独立部门，称为北京地方文献部。独立后的北京地方文献部，在前人打下的基础上，经过进一步的努力，逐步实现初创时期的种种设想，进而向新的领域不断开拓。2001年迁入新馆后，2002年，改名为北京地方文献中心，北京地方文献工作步入一个全新的发展空间。业务工作几乎涵盖了图书馆全部业务工作，成为一个特色鲜明的综合性业务机构。

3 人员

北京地方文献组最初设置在当时的参考部内，最初只有3名工作人员。1985年，职工队伍达到八九人，文献采访和报刊索引这样的关键岗位得到了一定程度的加强，除两名图书馆业余大学的在校生外，均为大专以上文化程度，其中大学本科2人，专科4人。专业技术职称为副研究馆员1人，馆员2人，助理馆员3人，管理员2人。截至2018年底，地方文献中心机构已有正式职工25人，派遣人员9人；其中高级职称7人。

4 经费

北京地方文献拥有独立的采访经费，从1991年起有详细记载，具体见表1。

表1 北京地方文献历年采访经费表

单位：元

年　　度	采访经费
1991	10446.78
1992	11955.37

续表

年　　度	采访经费
1993	21062.81
1994	20157.85
1997	78106
1998	91512.58
1999	145587.71
2000	139886.05
2001	307848.42
2002	285538.66
2003	133403.08
2004	102478.7
2005	323696.02
2006	148617.98
2007	317451.61
2008	607281.09
2009	772470.4
2010	679819.2
2011	733036
2012	651046.7
2013	477326
2014	554499.28
2015	345798.68
2016	295707.45
2017	577723
2018	307433

注：1995—1996 年缺数据。

5　资源建设情况

早期地方文献建设资源建设的途径主要有：一、对于公开出版的北京地方文献进行订购；二、通过政府行政法规，建立图书呈缴制度；三、对于非正式出版的北京地方文献的采访与征集，制定采访计划，密切与文献生产单位联系，开辟和维护非常规性的采访渠道。

1966年至1977年，北京地方文献组被迫中止了常规的采访、分编和书目索引工作，呈缴制也被迫中断。地方文献专藏库被封存，不再对外流通，藏书体系因此基本未受损失。地方文献工作者征集各种正式和非正式的文件、报纸、传单、批判稿。1979年6月，北京地方文献组正式恢复了业务。非正式出版的年度采访总量，由一二百种逐步发展到三百种以上。

1985年，北京地方文献部收回了中文文献与中文工具书的采购权。1985年至1992年，采访力量逐渐加强，地方文献图书的年度采集量已由400余种增加到600余种。1985年，北京燕山出版社与北京地方文献部建立了呈缴本制度。1992年，引进计算机系统，建立北京地方文献基础数据库。首要投入建设的是报刊索引数据库。截至1992年，专藏地方文献12785种27868册（件）。其中图书5307种17331册，期刊218种872册（合订本），报纸180种1806册，金石拓片2089种2500件，照片3730种（件），“文革”资料404种1079册，工具书550种（册）。地方文献内部报刊277种。

新时期，随着经费的不断增加，除了坚持原有的采访方式外，还依靠书商、参与拍卖购置了大量的珍贵文献。此外，机关单位、团体、个人尤其是名人捐赠也是补充地方文献的有效途径之一。如2007年北京地方文献中心接收捐赠图书200余种，其中北京翰林大运河集团董事长谷建华捐赠的国画长卷《京门九衢图》、《古运回望图》（缩印版）和北京社科院捐赠的图书较有特色。2016年11月，著名京剧表演艺术家孙毓敏先生把自己的著作和音像作品捐赠给北京地方文献中心。2018年11月，北京电视台向北京地方文献中心捐赠纪录片《这里是通州》。

截至2018年底，北京地方文献中心拥有北京地方文献专藏库2个，共计面积1400平方米，现有文献7万余种近16万册（件）。

文献资源数字化建设是当今图书馆资源建设的重要内容，北京地方文献作为首都图书馆的特色文献资源，也成为数字化建设的重点。首都图书馆“北京记忆”大型历史文化多媒体数据库项目起步于2002年。“北京记忆”（www.bjmem.com.cn）于2007年正式开通，北京地方文献的经典文献已全部实现数字化，并实现在线浏览和检索，2007年10月，北京记忆重新改版上线。截止到2018年底，“北京记忆”网站资源建设总量达到20TB。

6 资源服务情况

6.1 整理分编

创立伊始，北京地方文献中心就着手制定独特的分类编目方法，由冯秉文先生执笔，编制了《北京地方文献分类表》，此表至1964年定型，并投入使用，构建以北京文献为中心的藏书和目录检索体系。1954年6月编辑《有关北京资料目录》，收中外文书刊209种。1956年6月，又扩大编制了《北京参考资料备检初编》，收书1272种。1958年，与北京图书馆（今国家图书馆）合作，编辑了《北京地方文献联合目录（初编）》。同年，编制了《首都图书馆藏北京金石拓片目录》，收录拓片1414种。1961年至1964年，组织人员完成两项大型书目索引工作：一为抄录北京地方文献款目5532种，编制《北京地方文献目录中心》；二为安排抄写《蒙古车王府曲本》北京大学所藏部分，使之与首都图书馆所藏合璧，集成较为完整的一部清代民间通俗文学集成。

此外，从首都图书馆、北京图书馆、北京大学图书馆、清华大学图书馆所藏清末至1963年2800余种报刊中，检索出有关北京的款目70000余条，编制成《北京地方文献报刊资料索引》。1984年，继续编制《北京报刊资料索引》1964年以后的条目，整理成《北京地方文献报刊资料索引·地理名胜古迹》部分。

6.2 借阅服务

2001年，北京地方文献中心从国子监迁入东三环南路88号的馆址A座，设有专门的地方文献阅览室。2012年，迁入B座新馆后，占地面积600平方米，阅览座席108个，周二至周日早上9点到晚上7点半对读者开放。

6.3 参考咨询服务

20世纪50年代初期是参考咨询服务的萌芽时期。这一时期，首都图书馆做了一些爱党、爱社会主义、爱北京的宣传教育工作，如为北京的报纸、广播电台来馆查阅资料服务，应约创作一些有关北京地方历史掌故的小块文章发表播出。

自1984年以来，结合北京市编修地方志的筹备工作，北京地方文献中心为市委、市政府以及科研、教学各界，提供了大量的文献信息服务，至今共完成各类专题信息服务80余项目。2002年以来，北京地方文献设有专门的信息咨询组，开展参考咨询服务。

6.4 展览制作

为宣传北京历史文化，开展乡土教育和爱国主义教育，北京地方文献中心结合馆藏资源策划推出多项专题展览，这些展览也是与新加坡、德国、马耳他等国家及我国台湾地区图书馆交流的一项重要工作。1963年的地方文献展是第一个地方文献专题展览，2001年以后，展览从数量到质量都有了质的飞跃，截至2018年底，地方文献总共完成专题展览达40项之多，从早期的实物展、平面展，到近年的多媒体电子展览，展览形式丰富多彩。这些展览制作精美，内容丰富，图文并茂、雅俗共赏，在社会上引起强烈的反响，见表2。

表2　北京地方文献中心策划展览一览表

时　间	展览名称
1963 年	北京地方文献展（文献展）
1990 年	北京城历史图片展（图片展）
1991 年	旧京大观（图片展）
1999 年	档案编研与北京史书刊展览会（文献展）
2001 年	1. 古都走向辉煌（图文展） 2. 中国共产党在北京光辉的历程——纪念中国共产党成立 80 周年（图文展） 3. 首都图书馆馆藏文献展（文献展） 4. 中秋佳节（图文展）
2002 年	1. 圆明沧桑（图文展） 2. 百本好书贺新岁　辉煌北京成就展——庆祝十六大胜利召开（文献展） 3. 地方文献珍品展（文献展） 4. 刘建斌收藏及个人著述展（文献展） 5. 沈家和与京味文学展（文献展）
2003 年	北京城市生活百年回顾展（图文展）
2004 年	北京之门——老车站（图文展）
2005 年	1. 岁末春明——老北京年俗展（图文展） 2. 中国年画展（图文展） 3. 金石记忆——首都图书馆馆藏拓片展（图文展） 4. 往日京华——首都图书馆历史图片珍藏展（图片展，在香港展出）
2006 年	1. 北京公园开放记（图文展） 2. 文脉京华：北京典籍中的故事（图文展）
2007 年	1. 北京文化史上的外国人（图文展） 2. 千面印记（图文展）
2008 年	近代体育在北京（图文展）
2009 年	清明时节——中国传统节日文化展（图文展）
2012 年	1. 北京精神展（图文展） 2. 旗帜的力量——学习贯彻十八大精神馆藏历史文献展（图文、文献展）
2013 年	一个世纪的开放历程——首都图书馆建馆 100 周年（图文、文献展）
2014 年	北京城市生活展（图片展）
2016 年	北京公园开放记（电子展）
2017 年	旧京民俗（电子展）
2018 年	旧京交通（电子展）

7 学术、科研活动及成果

北京地方文献中心非常重视地方文献领域和北京史领域的研究与学术探讨。在此过程中，北京地方文献中心注重不断提高馆员业务研究的积极性和主动性，形成了一个良好的学术氛围。地方文献中心主任韩朴、李诚、马文大先后担任中国图书馆学会地方文献学术研究团队的重要成员。

1957年5月，冯秉文先生参加了在南京召开的省市级公共图书馆干部进修班，了解了相关图书馆在地方文献工作方面的经验与动向。此外，北京地方文献积极组织馆员参加图书馆界的业务交流和馆内举办的各项业务培训。

北京地方文献中心的学术研究成果较为显著。1992年，韩朴先生的《图书馆地方文献工作》成为全国地方文献工作指导的专业著作。年轻的馆员也纷纷努力，利用工作便利撰写著作和论文，其中著作25部，论文120余篇，此外还申请到5个北京社科基金课题。

8 表彰与奖励

2004年中国图书馆应用技术与专业设备及图书馆资源展览会上，“北京记忆”网站展览获“最受欢迎的参展单位”称号。“北京记忆”及网站在2010年度全国第十五届群星奖项目类评奖中获得文化部颁发的“群星奖”。六十年来，北京地方文献中心的馆员参加中国图书馆学会年会征文等活动，获得奖项60余项，个人获得其他各种奖项达十多项。

北京地方文献经过六十年来的持续建设，不断适应社会发展，在认识和实践的过程中逐渐得到发展和完善，积累起来的北京地方文献专藏具有丰富的文献形式和全面的载体类型，形成了一个参考研究级的文献资源系统。

海南师范大学图书馆地方文献工作建设情况

王芹（海南师范大学图书馆）

1 综述

海南师范大学图书馆（以下简称海师大馆）创建于1949年，是海南省历史悠久、馆藏丰富、知名度高的图书馆。图书馆坐落于校园中心，总建筑面积16950m²。正在兴建的桂林洋新校区图书馆总建筑面积30000m²。

1.1 馆藏资源概况

馆藏图书共有纸质图书208.93万册，电子图书128.02万册，中外文数据库26个。海师大馆重视地方文献建设，现收藏海南地方文献2万多册、地方报纸41种、地方期刊104种。海南古籍地方文献也是馆藏一大特色，目前共收藏海南古籍地方文献100多种1000多册，清代四州十县的方志均有收藏。为促进海南文化的繁荣与发展，海师大馆与海南省作家协会共建海南现代文学馆，现有藏书2800多册。

1.2 地方文献工作的方针政策

由于海南长期隶属于广东省，1988年建省多年后仍未建立海南省图书馆，为给研究海南史学的专家、学者和社会各界人士提供相关史料，海师大馆于1992年率全省之先成立海南文献中心，以广泛搜集海南地方文献为己任，坚持“广泛、深入、精确”的原则，卓有成效地开展海南地方文献的搜集工作。结合海南地域特点，重点搜集南海及南海诸岛文献、黎族文献和家谱文献，现今略成体系。海南文献中心是研究海南文史和地方文化的重要资源，现已成为海南省社会各界人士查询地方文献的集散地，被社会各界誉为“海南文化的瑰宝”。与此同时，图书馆重视海南地方文献的开发利用工作，建设了一批具有海南地域特点的文献资源信息库，满足读者对海南地方文献信息的需求。

2 历史沿革

1992年，海师大馆率全省之先成立“海南文献中心”，归参考咨询部管理。

2000年，为加强海南地方文献建设，成立“地方文献部”。

2005年，“地方文献部”改称为“特藏部”，下设海南文献中心和古籍室两个阅览室。海南文献中心分设海南地方文献、海南现代文学馆、海南师范大学教师成果文库等三个特色专库。

3 人员

目前特藏部工作人员五名，研究馆员一名，副研究馆员三名，馆员一名。

4 经费

图书馆对于地方文献的建设实行专款专用制度，每年专款6万元用于地方文献资源建设工作。

5 资源建设情况

5.1 地方文献资源建设

为加强海南地方文献资源建设，海师大馆经常派出专人前往广东省立中山图书馆、中山大学图书馆、海南省地方志办公室、各市县文史办公室等搜集海南地方文献，采用Excel表格登记所收集的地方文献书目信息，保存地方文献采集的来源渠道，编制馆藏书目等海南地方文献索引，为读者利用海南地方文献提供便捷的查阅途径。2012年，海南省交通厅调研员韩清波先生向海师大馆捐赠了一批海南地方文献，其中包括极其珍贵的海南山川、水利和河港等地方文献资源。至此，社会各界的支持使海师大馆的海南地方文献收藏日渐丰富，且特色日彰。

2015年以来，海师大馆加强对海南地方文献的搜集工作，除了社会各界人士的捐赠图书外，海师大投入专项经费6万元用以购买海南地方文献。此外，海师大馆坚持对海南报刊进行装订，延续并保持了本馆地方文献收藏的专业特色。

5.2 深度挖掘的数字化建设

多年来，海师大馆不断加强地方文献数字化建设工作。自建特色数据库主要有："海南历史文献特色资源库""海南现代文学馆""海南抗癌药用植物数据库""海南日报题录索引""渡海解放海南岛战役史""海南外来有害生物数据库""南海及南海诸岛资料库"等12个。

2016年，海师大馆创建了"海南外来有害生物数据库"，下设"检疫性有害生物信息数据库"和"海南外来有害生物数字标本馆"两个子库。"检疫性有害生物信息数据库收录"有害生物523种（其中检疫性509种），有害生物图片1402张。"有害生物数字标本馆"收录有害生物579种（其中检疫性184种），馆藏标本10014号，标本特征图片2455张。疫情动态有57条新闻信息。该数据库的建设规模和馆藏有害生物标本的种类、数量均位居全国检验检疫系统前列。

"南海及南海诸岛资料数据库"是海师大馆于2013年承担的国家社会科学基金西部项目"南海及海南诸岛资料数据库构建"（项目批准号13XTQ003）的研究成果。该数据库于2018年初发布，数据库包括8个主题库：古籍、图书、档案、地图、图片、视频、年鉴、论文，数据按时期划分包括古籍、民国资料和新中国成立后资料，在内容方面涵盖了政治、法律、军事、历史、地理、经济、文化、生物、环境、安全等领域，目前数据量约为18000多条。"南海及南海诸岛资料数据库"是海师大馆对馆藏南海古籍地方文献进行数字化加工的研究成果，再生性地保护了珍贵的古籍地方文献资源。

6 资源服务情况

经过历届馆领导和海师大馆员工的数十年的艰苦努力，海师大馆依托丰富的海南历史文献和地方特色文献馆藏资源，对社会读者开展阅览服务和专题资料咨询服务，现已成为海师大馆服务特色。特别是2010年海南国际旅游岛建设以来，海师大馆坚持社会服务创新战略，利用丰富的海南历史文献和地方特色文献深度开展为海南经济、社会、文化发展和国际旅游岛建设的信息服务活动，并形成了特有的信息服务模式。

2007—2014年，海师大馆参与海南省文化遗产研究会的海口骑楼老街历史人文调研任务，为其提供海口老城区历史文献资料共100多万字，编成三大本材料，凭此材料在2009年首届“中国历史文化名街评选推介”中为海口骑楼老街荣获首批十大“中国历史文化名街”称号做出关键性的贡献。在长达七年的信息服务中，我们从文献搜集、整理、扫描、文献形式转化、信息分类重组，到编辑、设计、排版等方面为海南省文化遗产研究会提供一站式长效服务。我们与委托方共同深入老街走访、实地调研，并将调研的记录转化为双方共享的成果。2015—2017年，负责骑楼老街修复项目的工程师继续前来海师大馆进行信息咨询，并向海师大馆赠送图书。

7 学术、科研活动及成果

2013年，海师大馆承担了国家社会科学基金西部项目“南海及海南诸岛资料数据库构建”，并于2017年建成“南海及南海诸岛资料数据库”。

近年来，海师大馆逐步与地方政府及企事业单位加强合作，协助并参与海南省学术团体的各项科研课题研究。2015年以来，馆员们参与了海南省文体厅负责的《体育志》《广电志》《文化志》和《琼剧志》的编撰工作，从馆藏地方特色文献资料角度切入，根据地方政府的政策走向，为海南省政府及企事业单位提供原始的地方文献资料和最新的地方文献科研成果，承担起一定的服务职能。馆员们以此为契机，撰写了地方文献专著和学术论文，效果显著。

此外，馆员们还积极参与海南省文化宣传活动。2016年底，海师大馆参加海南省电视台《遇见海南美》栏目《海南名人系列：理学名臣丘濬》节目制作，配合省电视台查找相关资料，基于馆藏的古籍向观众介绍了丘濬一生著述成书的历史及海南历史文化名人的学术成就。2017年，海师大馆参与海口市电视台开展《美舍河文脉修复》系列宣传片的录制，海师大馆工作人员亲自参与文化专题片的策划、资料查找和节目录制，向观众揭示地方史志记载中的美舍河沿岸村庄河道的变迁历史。

8 表彰与奖励

2016年，海师大馆以《助力文化遗产保护，拓展社会服务视界——“中国历史文化名街：海口骑楼老街”系列服务案例》参加了“海南高校图书馆社会服务创新案例大赛”，获得一等奖。

海师大馆自1992年创建“海南文献中心”以来，通过加强地方文献的资源建设形成一定规模和馆藏，并提供全面细致的特色服务，在省内图书馆行业中形成明显优势，成功打造本馆的优势资源品牌，所以社会各界学者都亲切地将海师大馆称为“海南文化的瑰宝”。与此同时，在此品牌优势的作用下，海师大馆进一步加强图书馆的地方特色资源建设，在转型与发展中树立全新的图书馆形象，提升了海师大馆的创新服务价值。

广西壮族自治区桂林图书馆地方文献概述

曹旻　林艳红（广西壮族自治区桂林图书馆）

地方文献是综合反映一个地区政治、经济、文化、教育、历史、地理、风土人情、人物传记、物产资源、名胜古迹等重要内容的文献资源，是一定区域风貌的“百科全书”。地方文献的收集、整理、保存与服务是公共图书馆建设的一项重要任务。

广西壮族自治区桂林图书馆（简称广西桂林图书馆）创建于清宣统元年（1909），是广西历史最悠久的图书馆，也是广西保存和提供地方文献资源利用的重要场所。在百余年的历史发展中，积数代桂图人收藏之功，入藏了相当丰富的地方文献资料，基本上形成了馆藏特色。特别是近几年来，广西桂林图书馆与时俱进、开拓创新，突破了传统方式，打造出独具特色的地方文献建设体系，使地方文献工作又上了一个新台阶。

1　广西桂林图书馆地方文献工作沿革

广西壮族自治区桂林图书馆原名广西图书馆。作为省级公共图书馆，广西桂林图书馆肩负着收集和保存本区域地方文献资源的重任。在建馆至今的一百余年中，数代桂林馆人以高度的历史责任感和使命感，始终不渝地认真履行职责，并深入挖掘本区域内深厚的文化底蕴和区域特色，呈现广西区域历史发展进程。在长期的发展过程中，广西桂林图书馆地方文献工作经历了自发式保存、专职部门负责、专库特藏三个阶段。

1.1　地方文献工作自发式阶段

清宣统间广西图书馆建立时，就接收了原广西官方书局（即桂垣书局）和桂林的书院藏书，加以全国各书局和地方乡绅捐赠书籍，都反映在《广西图书馆暂订简明书目表》中，其中地方文献44种，有关广西方志15种。彼时，虽然并没有有意识地收集地方文献，但因自身立足桂林、涵盖广西的特点，使地方文献自发性的收集与服务成为必然趋势。进入民国时期后，愈加重视地方文献的建设工作，搜集和积累了丰富的地方文献，地方文献工作开始由专职部门负责。

1.2 地方文献工作由专职部门负责阶段

民国二十八年（1939），民国政府教育部第15054号令公布《修正图书馆规程》，规定特藏部为图书馆四部之一。次年，广西桂林图书馆便设置了特藏部。时任馆长龙兆佛在文中记载："特藏部办理关于地方文献、善本书及金石书画之保藏与整理等事宜……特藏书系指省县志书，本省先贤著述及金石书画等类。"特藏部设有专职专人负责保管。

专职部门负责地方文献工作，是地方文献重要性在图书馆的体现，也是图书馆地方文献工作日益发展的重要条件。民国三十一年（1942）编印的《广西省立桂林图书馆目录：方志目录广西著述目录》记，"方志，广西先贤时贤著述，暨广西各级行政刊物及省内外一切与广西有关之书刊皆属之；实即特藏之书目也"，"抗战期间，除西藏外各省报都有，广西各县出版的报纸系为石印旬刊，桂林市出版的各种杂志也很齐全，内地其他地方期刊亦不少"。民国三十六年（1947），特别重视地方文献收藏的时任馆长唐现之撰文，附"方志""本省文献"两节，罗列馆藏广西新旧地方文献数十种，所举有关乡贤著述珍本及抄本更数倍于龙兆佛前馆长所记。民国时期广西桂林图书馆地方文献馆藏已初具规模，逐渐形成了地方文献在藏书建设方面的独立系统，并建立了专职机构，凸显了地方文献在馆藏建设中的重要地位。

抗战桂林疏散时，广西桂林图书馆的前辈们抢运了包括特藏部图书在内的七万余册，遂有"所有本省重要文献及各种珍本善本，均获保存……于本省文化前途，厥功非小"[1]的赞誉。即使是在烽火连天的年代，广西桂林图书馆前辈亦不畏艰难、舍命护书，这种爱馆、敬业、护书的精神一直传承下来，激励和影响着一代又一代的馆员以一种历史的责任感和使命感，扎扎实实地开展地方文献的保护、传承工作，为之后地方文献管理工作的日益规范奠定了基础。

新中国成立后，人民政府对地方文献更加重视。1954年11月，广西省政府曾向各有关单位发函，要求各有关单位凡出版的政治、经济、文化、艺术等类目的书籍、画页、报纸、杂志以及除党委对内文件及国家机密文件以外的其他资料（包括科学研究宣传资料、政报、各种资料汇编等），均应检送给广西省第一图书馆（今广西壮族自治区桂林图书馆）和广西省第二图书馆（今广西壮族自治区图书馆）各两份。一般以赠送为原则。

广西桂林图书馆对地方文献工作也更加重视，除了有专职部门负责地方文献工作外，特别注重对地方文献的征集。如1957年，馆员张声智在《关于搜集古旧图书和地方文献中的一些体会》一文写道："地方文献应从史料、人物、出版三个方面来认定，而搜集方式则有征求交换、借抄、托抄和价让等。”20世纪60年代初又编印有一本广西史料及广西人著作、广西出版物目录。

1.3 地方文献专库特藏发展阶段

1989年，广西桂林图书馆设立历史文献部，下设地方库特藏，保存地方文献，并将新旧文献分别集中放置，以便保存、利用，同时加强书画、碑志、音像等形式地方文献的收集，最大限度地保证古籍资料的长久保存，使其成为广西桂林图书馆地方文献工作的又一亮点。

为更好地开展地方文献工作，发挥地方文献的社会作用，促进地方文献学学科建设，广西桂林图书馆工作人员积极对地方文献进行深度开发，加强对地方文献各领域的系列研究，如目录索引文献方面，编写有《广西桂林图书馆馆藏广西地方文献目录》《广西壮族自治区桂林图书馆馆藏中文期刊目录：1898—1949》《馆藏陈宏谋研究资料书目索引》《李任仁先生著作、诗词、题词目录索引》《桂林抗战文化与世界反法西斯文化研究资料索引》等，与其他相关单位共同编写有《桂林文化大事记（1937—1948）》《桂林游览史料汇编》《西南剧展》《广西文献名录》等。馆员们还主动参加在桂林组织的各种有影响的会议并收集相关资料编辑成帙，如《首届中国桂林山水旅游节资料汇编》《纪念“西南剧展”五十周年研讨会论文集》等。这些成果又成为地方文献研究工作的工具书，获得各界专家学者的广泛好评。

21世纪以来，广西桂林图书馆以网络为平台开发出“刘三姐文化”“广西红色历史文化”“广西抗战文化”“桂海讲坛”“桂林旧影”“桂林石刻”“桂林旧方志”“广西地方文献全文数据库”“民国广西教育期刊全文”“广西特色视频”等多媒体资源，将地方文化工作融入读者的现代信息生活中。

2 广西桂林图书馆地方文献收藏特点

广西桂林图书馆建馆已有近110年，积累了丰富的地方文献，目前地方文献馆藏已达十万多册（件），形成了独有的收藏特色。

2.1 桂垣书局图书

桂垣书局是广西最早的官方书局，由时任广西巡抚的马丕瑶于光绪十六年（1890）开设的。之后桂垣书局向江苏、浙江、广东、湖北、湖南、四川等省书局征集图书，并选择经、史、子、集善本，分类分批缮刻印刷。桂垣书局藏书楼除了藏有书局自刻的书，还有外省赠送书籍数百种。清宣统三年（1911），在广西省教育总会会长唐钟元、陈智伟等倡议募捐下创办的广西图书馆（今广西桂林图书馆前身）落成，以当时桂垣书局及体用学堂的图书移充馆藏，这也成了广西桂林图书馆的一大馆藏特色。据不完全统计，广西桂林图书馆收藏的桂垣书局版图书有：光绪十六年（1890）出版的《书经》《周易本义》《礼记》，十七年出版的《澹香斋咏史诗》《圣祖仁皇帝廷训格言》，十九年出版的《书目答问》，二十年出版的《历代帝王年表附帝王庙谥年讳谱》《桂海文澜集》，二十二年出版的《桂海文澜集二集》《庸行编》《檀弓解》，二十三年出版的《续富国策》《朱子原订近思录》，二十四年出版的《劝学篇》，二十五年出版的《普济应验良方》等。

2.2　广西地方志书

时任馆长龙兆佛在1941年在所著《广西省立桂林图书馆概况》中记："本馆所藏各省志书，有广西、广东、湖南、湖北、云南、贵州、福建、浙江、江西、山东、山西、河南、河北、甘肃、陕西、新疆、西藏、察哈尔、辽宁、吉林、黑龙江等二十一省……至本馆新藏本省各县志书计有……七十七种"。广西方志至今仅存230余种，而广西桂林图书馆即藏有200余种，是迄今为止自治区内收集本地方志最多的单位。除早期由收藏机构转藏或乡绅捐赠外，数代馆员的努力也为广西桂林图书馆地方志馆藏建设奠定了基础。自民国起至当代，即有派馆员到各地图书馆抄录一些重要地方志书的传统，由此在收藏地方文献资料方面取得了一定的成绩。在馆员的努力下，所藏广西方志已达广西现存方志的百分之八九十，成为广西桂林图书馆地方文献收藏的一大特色。

2.3　民国时期地方文献

民国时期地方文献是广西桂林图书馆馆藏的又一大特色，对研究民国时期广西的政治、经济、财政、军事、文化、教育等具有较高的参考价值。

广西桂林图书馆的发展历程跨越了整个民国时期，特别是1936年广西省会由南宁迁回桂林，翌年广西省立第一图书馆（即今广西桂林图书馆）奉令改为广西省政府图书馆。之后，很多的省政府会议纪要等公文档案也被收藏；1925年至1949年新桂系主政广西时期的文献，如李宗仁、白崇禧、黄旭初等一批政治家的有关言论集，亦成为研究新桂系的重要参考资料。

龙兆佛在《广西省立桂林图书馆概况》中记载："本馆藏书共约一十八万册，中文书约一十三万余册，外国文书三千余册，公报杂志约四万余册，各地报纸约一百余种。”民国时馆藏量已相当丰富。1944年夏季，日寇进犯桂林，除却劫后保存下7万多册文献，未能被运出桂林的文献全部损毁，损失惨重。

2.4 抗战时期出版物

抗战时期桂林出版物是广西桂林图书馆的另一大特色馆藏，也印证了桂林抗战文化名城的历史。

抗战时期，桂林作为大后方，各省文人名士云集，文化出版事业十分活跃，成就了盛况空前的抗战文化城，同时亦推动了桂林出版业的发展。在抗战期间，桂林涌现的出版机构近百家，出版的图书有2000余种，报纸18种，期刊250余种。广西桂林图书馆以不可替代的地域优势成为广西抗战文献收藏和利用的重要场所。

3 地方文献参考咨询

一百多年来，在一代代广西桂林图书馆人的不懈努力和无悔付出下，地方文献收集和整理工作不断向前推进，并在此基础上积极开展了卓有成效的地方文献参考咨询服务，为广西地方经济社会的发展和学术研究的繁荣做出了应有的贡献，也因此享有“八桂学人之家”的美誉。

3.1 地方文献参考咨询人员队伍建设

广西桂林图书馆的地方文献参考咨询工作是在全馆的统筹下，主要由历史文献部具体负责，部门内设立参考咨询组专门开展此项工作，同时设有数据组、文献组、修复组、地方文献库等小组协调辅助开展参考咨询工作。此外，在地方文献参考咨询方面还配备了阵容强大的人才队伍，基本形成了以资深研究馆员为领队、青年馆员为骨干的老中青搭配的人才梯队。

3.2 做好参考咨询前的书目索引整理

为了更便捷地进行地方文献参考咨询，收集归纳出版广西地方文献书目索引、提要。这些书目索引、提要，大多是自治区内收藏地方文献的主要单位编纂出版的，广西桂林图书馆不仅参与其中大部分的编纂，还有不少是独立编纂的。通过书目索引等形式，把广西各收藏馆的地方文献资料内容详尽地反映出来，对了解和熟悉广西地方文献具有重要的帮助，也为研究和查找广西地方文献提供了方便实用的工具。主要整理出的目录索引有《广西地方史志文献联合目录》《〈粤西文载〉篇名详目》《李宗仁先生研究资料书目索引》《广西古典文献举要》等。

3.3 地方文献参考咨询的类型

在开展广西地方文献的参考咨询服务过程中，读者咨询频率最高的主要有地方人物、地方著述、地方物产、地方名胜等四个方面的内容。

地方人物参考咨询：读者一般主要关注的是人物生平事迹和科举教育两个方面的内容。人物生平事迹资料，主要包括传记、家谱、年谱、墓志、交游、宦履等方面的资料。人物科举教育资料，主要包括课卷、乡试卷、会试卷、殿试卷、乡试录、进士录、题名录等方面的资料。

地方著述参考咨询：地方著述文献主要分为学术著作、诗词文集、总集选集。广西桂林图书馆收藏的广西地方人物别集，包括诗集、文集、词集等，各种古旧刻本、稿抄本的规模和数量都十分可观，因而也是读者查询频率较高的内容。此外，还有读者咨询一些相对来说非著名的广西地方人物的文学作品，他们往往没有单独的诗文别集传世，则从广西的诗文总集中去寻找，如《三管英灵集》《粤西三载》等。

地方物产参考咨询：查地方物产，则从广西旧方志中查找相关记载，如〔嘉庆〕《广西通志》的“舆地略·物产”和“经政略·土贡”中就记载有当时的广西物产，如桂布、荸荠、壮锦、桂面、百合粉、葛仙米、龙脊茶、三七、肉桂等。或利用《广西方志物产资料选编》一书，可以十分便利地检索广西物产资料。此外，读者也可以利用一些古旧文献的数据库来检索地方物产的资料。

地方名胜参考咨询：广西地方名胜资料，读者通常会从广西旧方志、《广西名胜志》、广西古碑刻等文献中查找相关记载。

4 广西桂林图书馆地方文献数字化建设

4.1 地方文献数字化建设的起步

广西桂林图书馆地方文献资源数字化建设始于20世纪90年代初。地方文献资源通过百余年的积累，总量已非常可观，为了提高地方文献资源的收集整理工作效率，也为了使读者能够更方快捷地检索与利用地方文献资料，1992年大胆探索进行地方文献书目数据库的建设，以采编部为主要建设部门，采用了第一代自动化集成系统（ILAS）

对馆藏的地方文献书目进行数字化录入，标志着桂林图书馆地方文献数字化工作正式起步。

4.2 地方文献数字化建设的发展

经历了摸石头过河式的探索阶段，广西桂林图书馆勇于尝试，使用当时先进的图书馆自动化集成系统开展建设工作，并取得了一定的成果。随着建设工作的逐步开展和深入，紧紧围绕地方文献资源建设框架进行选题，着重挖掘广西文化的内涵，突出地方文化特色，借助飞速发展的数字化技术，开展了全方位、多元化的地方文献数字化建设工作，同时加强与兄弟图书馆的合作，协调开展地方文献数字化工作，加强与大专院校、研究机构、档案馆、方志办、各地政协等相关部门的合作，实现地方文献数字化资源的共建共享。目前，广西桂林图书馆地方文献数字化建设形式主要包括自建、购买、联合开发等，且以统一规划、统一标准、统一管理的原则进行。

随着馆藏地方文献资源的进一步丰富和数字化技术的发展，1997年，广西桂林图书馆经过多方研究，最终采用“智能多媒体全文检索系统（Internet版）”开始了馆藏地方文献全文数据库制作。又于2002年引进了更为先进的CDICM内容管理系统，进一步提升地方文献资源数字化建设。至此，广西桂林图书馆地方文献数字资源由最初的书目型、索引型、文摘型、全文型数据库转型为集文字、图片、视频、音频等的多媒体数据库，地方文献数字化工作逐渐步入正轨。

4.3 地方文献数字化建设的飞跃

2002年，全国文化信息资源共享工程正式启动。广西桂林图书馆以此为契机，依托广西本土的地方文化特色，利用先进的技术手段，有规划地开展地方文献数字化建设，大力整合、加工与传播地方文化数字资源，建设地方文献数字资源库，进而形成不同专题的地方文献信息网，成为反映本区域文化发展动态、展现本区域文化成就的重要窗口，实现了地方文献数字资源质的飞跃。

2011年5月，文化部、财政部联合下发通知，正式实施数字图书馆推广工程。桂林图书馆在数字图书馆推广工程建设过程中，以馆藏地方文献资源为主要抓手，侧重于以地方文献为基础的电子图书、电子报刊和专题数据库的建设，以互联网、移动互联网为通道，以电脑、触屏、移动设备等终端，向公众提供多层次、多样性、专业化的地方文献数字资源服务。

共享工程与数字图书馆推广工程的启动与建设，为馆藏地方文献的数字化工作的多元化发展提供了强大助力。

一是以文化共享工程为抓手，深入挖掘历史、山水、民俗等背后的优秀文化资源，围绕广西特色文化，以地方历史文化、红色历史文化、抗战专题资源、文化旅游四个主题内容搭建地方资源建设框架，从老百姓喜闻乐见的角度，建成集图文、视频为一体的多媒体专题资源。截至目前，已建设一批优秀地方数字资源，如《八桂红旗飘》《八桂红遗行》《八桂英烈谱》《八桂将帅录》《桂林山水文化》《抗战桂林》《桂林古迹》《桂林传统村落》《广西边关文化》等系列专题片，这些专题片不但具有欣赏价值、教育价值，更具有保存价值和研究价值。由此整合建设广西红色历史文化、广西抗战文化、桂林石刻、桂林e文化等多媒体专题资源平台。

二是以数字图书馆推广工程为抓手，选取具有鲜明地域特色、较高文献和历史价值的1949年以来出版的方志、地方文史资料、珍贵少数民族语言资料等地方图书、期刊和报纸资源进行数字化加工，至2018年共累计完成地方图书数字化9万余页。还通过数字图书馆推广工程资源联建的发展，以建设政府公共信息项目为契机，整合了桂林市及所属6区11县的政府公开信息数据，建设了“桂林市政府公开信息服务平台”，至2018年累计完成地方政府公开信息8.7万余条。

至此，广西桂林图书馆地方文献数字化建设在国家两大工程的保障下进入了快速发展期。

4.4 地方文献数字化建设的成果

二十多年来，广西桂林图书馆立足于广西地方文献资源，着重挖掘地方文化特色开展地方文献数字化建设，累计建成资源总量达到100TB。目前已建成的地方文献数字资源主要分为地方文献书目数据库、地方文献全文库、地方文献多媒体数据库三个大类。

地方文献书目数据资源主要收录了广西桂林图书馆1949年以来涉及地方政治、经济、历史、地理、文化、教育、军事、边防、民族、宗教、风土人情、自然资源等各个方面的中文书刊书目信息。目前，累计自建地方文献书目数据近10万条，并正在不断更新与完善壮大。

自建的地方文献全文数据资源主要是针对地方文史资料和方志进行开发。本着合作共建共享的原则，广西桂林图书馆与自治区内兄弟馆联合建设有“广西文史资料全文数据库”和“广西方志全文数据库”；独立建设的“民国广西教育期刊全文数据库”是地方文献全文数据资源的一个重要组成部分，收集整理广西桂林图书馆馆藏民国时期广西出版的教育类期刊，并进行数字化加工入库，系统展现了民国时期广西的教育状况，进一步加强了馆藏民国文献的保护、开发与利用；“广西地方文献全文数据库”

收集整理了1989年以来关于广西及桂林等十四个城市的相关论文以及广西籍作者的论文全文，较为全面地展现了广西的学术研究成果，揭示了广西的科学发展趋势。

地方文献多媒体数据资源是具有地方特色，集图文、视频为一体的多媒体资源，桂林图书馆主要建设内容有：广西红色历史、广西抗战文化、刘三姐文化、广西地方文化特色视频、桂林旧影、广西土特产、广西农业、广西名菜等。其中多媒体数据资源中的专题视频资源，主要以共享工程为抓手，以八桂文化为主线，建设有八桂历史文化（《广西传统村落》《桂林传统村落》《桂林古迹》《北海历史文化名城》）、广西红色历史文化（《八桂红旗飘》《八桂红遗行》《八桂英烈谱》《八桂将帅录》《广西红色历史动漫》）、八桂抗战文化（《抗战访谈录》《抗战桂林》）、旅游文化（《桂林山水文化》《广西边关文化》）等内容的专题视频，至2018年共计建成视频139集。

4.5 地方文献数字资源宣传推广

随着地方文献数字资源的日益丰富，广西桂林图书馆在地方文献数字资源的宣传推广与利用方面，不断拓展思路，并付诸实践，一方面以本馆为主要阵地，通过VPN、网络发布、微信公众号、专题资源活动推广等方式进行宣传发布与推广利用；另一方面，采取多渠道、多方式、多手段、合作共建等方式，大力提升地方文献数字资源宣传推广力度，力求让地方文献数字资源覆盖更多群体，扩大了地方文献数字资源的影响力，并收到了很好的社会反响。

广西桂林图书馆逐年加大地方文献数字资源服务推广力度，利用新技术新媒体，不断拓展多方渠道开展地方文献数字资源传播，通过在图书馆网页、微信平台、移动APP开设地方文献特色资源专题栏目，不断完善新媒体移动平台的地方文献数字资源服务功能，使读者可以通过网站、微信、移动终端等多途径随时随地观看地方文献特色数字资源项目成果。此外，广西桂林图书馆还在临桂总馆、榕湖分馆、安新分馆三处馆舍的醒目位置放置了电视机、触屏设备等，循环播放地方文献数字资源项目成果，吸引了广大读者驻足观看。除了以线上方式对地方文献数字资源进行宣传推广，广西桂林图书馆还组织各类线下推广活动，在文化场馆、大型广场、社区、乡镇等人流密集场所进行宣传，如举办地方文献数字资源专题展览活动、不定期举办信息素养培训等，指导读者使用地方文献数字资源，实现线上线下多渠道共同推广，力求使地方文献数字资源为更多社会群体提供服务。

在地方文献数字资源服务推广工作中，广西桂林图书馆加强社会合作，积极与当地电视台、大专院校、政府机构等单位建立了资源建设、数字文化推广等方面的良好合作关系。广西电视台新闻频道、广西卫视、桂林电视台等新闻媒体先后播出桂林图书馆地方特色资源34集系列专题片《广西红色历史文化》、27集系列专题片《桂林山水文化》、21集系列专题片《桂林古迹》、29集系列专题片《桂林古村落》等。这些专题片还成为高校的课外教学片，获得师生的一致好评。其次，借助组织部远程教育频道、农党网等平台来展示桂林图书馆的数字资源，为桂林市人大、政协建设数字图书馆分馆。一系列举措推动了广西地方文献数字资源的优质服务能力进一步提升。

广西桂林图书馆地方文献工作在一百余年的历史中，犹如人的成长，从自发进行到有目的的推动，更充分借助科技的发展，成长为一个有追求、有干劲、有创新的“青年”，为了让地方文献工作继续成为图书馆的特色支柱之一而更加奋进。

参考文献

[1] 唐现之.广西省立桂林图书馆之今昔 [J].广西教育，1947，1（2）：89.

中国民族图书馆藏地方文献资源综述

公萍（中国民族图书馆古籍特藏部）

中国民族图书馆是一所全国性的少数民族专业中心图书馆，位于北京市西长安街，是我国少数民族文献的收藏、保护、研究、展示中心，承担着为中央国家机关民族工作和民族文化研究机构提供服务的重要职责与使命，是一所向全社会开放的公益性图书馆。中国民族图书馆多年来以藏书丰富，独具民族特色而著称。收藏古籍20余万册（件），其中汉文古籍11万余册（件），包括大量的地方志、史志、民族史志、年谱、传记，并有部分孤本。民族古籍近10万余册（件），其中不少是珍本、孤本，以及年代久远的稀世真品、菩提叶写本等。民族文字古籍种类繁多，有蒙古文、藏文、满文、维吾尔文、彝文、水语、壮文、东巴文、察合台文等13种文种古籍，另存有3千余卷民族文字古籍缩微胶片。2009年6月成功入选“全国古籍重点保护单位”；现有85部汉文、少数民族文字古籍入选《国家珍贵古籍名录》。本文主要以汉文、蒙古文、藏文、满文、察合台文古籍入手，介绍中国民族图书馆馆藏地方文献资源。

1　汉文古籍

自2010年5月，中国民族图书馆开始进行“全国古籍普查平台”数据著录工作。直到2016年2月《中国民族图书馆古籍普查登记目录》正式出版。该书是对中国民族图书馆古籍普查成果的一次全面展示，收录馆藏汉文古籍数据5530条55163册。凡清宣统三年（1911）及以前的刻本、活字本、套印本、铅印本、石印本、稿抄本等皆在收录之列。

史志类是馆藏最多的种类，2827部，占全部汉文古籍的40%，包括纪传类11种、编年类72种、纪事本末类78种、传记类299种、诏令奏议类91种、杂史类220种，等等。其中地方志和政书类是馆藏的一大特色，如：《陋巷志》明万历刻本、《真定县志》清顺治刻本、《祁门县志》清顺治十年（1653）刻本、《内政辑要》清顺治刻本、《宁海县志》清康熙十七年（1678）刻本、《汶上县志》清康熙五十六年（1717）刻本、《天柱县志》清康熙刻本、《吴江县志》[有三部，一部为康熙刻本，一部为清乾隆十二年（1747）刻本，还有一部为清光绪五年（1879）刻本]、《石屏州志》清乾隆二十四年（1759）刻本、《奉化县志》[有两部，一部为清乾隆三十八年（1773）刻本，一部为清光绪三十四年（1908）刻本]、《钦定户部军需则例》清乾隆五十三年（1788）刻本等。

值得特别介绍的汉文古籍有以下几种。

《秦安志》九卷附新补一卷，明亢世英、胡缵宗纂修。明嘉靖十四年（1535）刻本。书页为皮纸，四眼线缝，册装。版框高18厘米、宽12.7厘米，四周边栏为粗黑线单边；半版9行、18字、小字双行同，宋体字，字序自上而下，行款自右而左。版框与页边距离，上宽下窄，版心为白口，版心上端印书名及卷号，下端印页码。是书史料价值极高，所记述的史志资料，为中国历史、文化史，以及秦安今日之发展留下丰厚的文化资源。文化价值独特，它是我国西北地区的珍稀地方志。该书被收入《中国地方志联合目录》《中国古籍善本书目》。

《大明会典》二百二十八卷，明申时行、赵用贤等纂修，明万历十五年（1587）内府刻本。100册12函，是明代官修的一部断代典制体史书。这类典制体史书是以典制为对象，广罗历代或断代典章制度并记述其因革损益情况的书志，与典、志、考类似，脱胎于纪传体史书中，成为独立的史籍体裁，包括通典、会要、会典等。该书史料考证翔实、准确，是当今研究明代典章制度的重要典籍。

2　蒙古文古籍

蒙古族是一个历史悠久的民族，在几千年的历史进程中，勤劳智慧的蒙古族先人为后世留下了及其丰富的文化典籍，这些典籍反映了蒙古族文明历史和灿烂辉煌的文化，为研究蒙古族社会政治、历史文化提供了重要的资料。馆藏蒙古文古籍文献近200种1000册（函），在国内外同类文献的收藏中虽算不上首屈一指，但亦可称举足轻重。

从内容上看，馆藏蒙古文古籍涉及宗教、哲学、政治、法律、文学教育、语言文字、文学、历史地理、天文历法、医药卫生等十几类。其中宗教文献最多，占全部古籍的41%。馆藏历史地理文献共有22种182册1帙。除了《钦定外藩蒙古回部王公表传》为清乾隆六十六年（1795）刻本、《元太祖成吉思汗传略珍珠鬘》为清代末期毛笔抄本，以及《成吉思汗身世记》《先祖成吉思汗创始史》《水晶鉴》等清代抄本的影印本以外，其他大多数文献为民国时期抄本或石印本、铅印本。如《水晶鉴》为1924年抄本，《诸汗源流黄金史纲》是1927年铅印本，拉西彭索克著《大元水晶鬘》是1941年铅印本，布和贺希格译《元朝秘史》为1941年石印本。萨囊彻辰著《蒙古源流》是晒印本。这些文献虽然版本年代较晚，但从它们的内容能理解蒙古族发展历史以及清代蒙藏关系。这一部分文献是研究蒙古族历史不可或缺的重要资料。馆藏历史地理古籍还有达木林苏荣译《元史》(1943)，乌日巴图、特木格图译《金史纪事本末》等通史文献。

值得特别介绍的馆藏蒙古文古籍有以下几种。清北京刻本《莲花生大师传》七卷，该书叙述了这位佛教大师的生平事迹。还附有译者所写的27首跋诗，其中综述佛教从印度传到西藏、又从西藏传到蒙古的历史，并交代了译经的缘由。该传记对研究佛教传入西藏、西藏苯教与佛教之争等具有较好的参考价值；此外，蒙译者所写的跋诗又是蒙古佛教文学的重要组成部分，对蒙古佛教文学研究具有重要的学术价值。清中期内蒙古察哈尔查干乌拉刻本《察哈尔格西·洛桑楚臣传略》七卷，本馆存六卷（二至七卷）。察哈尔格西·洛桑楚臣（1740—1810）是蒙古族文化史上占有重要地位的佛学大师。他是18世纪初最杰出的藏学家之一，也是蒙藏互译专家，蒙古族文学、宗教、医学、历史、历法等众多学科的著名学者，他用毕生的精力编著多种佛教典籍，为后人留下了宝贵的文化遗产。

3 藏文古籍

藏文古籍文献是研究藏族文化的奠基石，内容包罗万象，既有研究佛教经典和正教史志、民间语言文字等社会文化方面，也有研究天文历算、绘画美术、医药研究等自然、人文科学方面。中国民族图书馆馆藏藏文古籍文献有3万册（件），已有34种古籍入选国家珍贵古籍名录，涵盖了各个领域方面，都具有很高的研究和学术价值。

3.1 藏文《大藏经》类

藏文《大藏经》是藏族传统文化的重要组成部分，堪称藏族百科全书。它是公元7世纪中叶，佛教传入西藏后，经历代藏族翻译家和中原、印度来的高僧大德的努力，将梵文、汉文、于阗文等文种的主要佛教经典译成藏文，后又经系统整理编辑形成。中国民族图书馆藏藏文《大藏经》主要版本有：北京版《甘珠尔》，又名嵩祝寺版，共111函1055卷。纳塘版《丹珠尔》，共225函76883叶。德格版藏文《大藏经》包括《甘珠尔》和《丹珠尔》，《甘珠尔》有83盒103函1018卷，《丹珠尔》208函62257页，其杂部之最后4函连同目录一函是后来补刻的，再加上《阿底峡小品集》一函103卷，共计214函3459卷64731叶。德格版《大藏经》是藏区认为比较好的藏文《大藏经》木刻版，中国民族图书馆保存完整。拉萨版《甘珠尔》共有100函48189页，为现存《大藏经》诸版中最优的版本之一。

3.2 文集类

文集类著作是藏文文献的主体部分，也是藏文典籍的精华。中国民族图书馆现存有历代藏族学者180余家的文集，约2万卷。这些藏文古籍由藏区比较著名的印经院印制，如纳塘寺、德格、塔尔寺、拉卜楞寺、卓尼禅定寺等。其内容包括大小五明，尤其在历史和传记方面著作颇多，有编年史、王统史、民族关系史、宗教史、教法传承史、家族史、传记等史事，圣迹志、寺志、地方志等志书。

（1）政史类有：《白史》《吐蕃王臣记》《青史》《新红史》《贤者喜宴》《汉藏史集》《安多政教史》《青海史》《西藏王统记》《西藏王统世系明鉴》等。

（2）教派发展史类有：《布顿佛教史》《噶丹教法史》《德格印经院志》《青史》《红史》《安多政教史》《黄琉璃》《噶当教法史》《珠巴教法史》《娘氏宗派源流》等。

（3）寺院志类有：《安多古刹禅定寺》《塔尔寺志》《拉卜楞寺志》《佑宁寺志》《郭玛尔寺志》《卫藏道场胜迹志》《天祝铁东寺志》《桑耶寺志》《热振寺志》《楚布寺志》等。

（4）人物传记类：《颇罗佣传》《噶伦传》《莲花生大师传》《宗喀巴大师传》《米拉日巴传》《玛尔巴译师传》《唐东杰波传》《萨班传》《布顿传》等。

4 满文古籍

满族是个勤劳、勇敢、智慧的民族，也是一个善于博收外来文化并融汇创新的民族。满族建立的清朝是中国历史上继元朝之后，又一个由少数民族建立的统一王朝，在中国历史上占有重要的历史地位。满族人民创造了自己的文字——满文。清政府将满文作为清朝的法定文字来推广和使用，形成了大量的满文古籍文献。1599年，额尔德尼和噶盖奉命创制满文后，用满文记录了大量上谕、公文、函件等档案文献，即后世所称的《满文老档》《国史院档》等历史资料。

中国民族图书馆收藏的满文古籍大多数为故宫武英殿官刻本。其他还有鸣皋阁、敬修堂、宏文阁、中和堂、文盛堂、三槐堂、鸿远堂、墨华堂、精一斋、老二酉堂、文瑞堂、英华堂、二槐堂等。这些满文图书，形式上，有著作和译著。文字上，多为满文，部分著作是满汉、满蒙汉等民族文字合璧。目前馆藏满文古籍文献有200多种3200余册（件）。内容涉及广泛，包括政治、经济、军事、外交、民族、宗教、法律、哲学、历史、文学、语言、文字、天文、地理、医学、数学等。满文古籍史部中诏令奏议类最多，其中有宣宗成皇帝之外的《九朝圣训》均为满文殿刻本。另外，纪事本末类古籍也占相当比重，如《亲征平定朔漠方略》《大清开国方略》《资治通鉴纲目》《亲征平定朔漠方略》《平定准噶尔方略前编》《平定准噶尔方略正编》《平定准噶尔方略续编》等史料价值较高，是研究清代民族史、民族关系史以及中外关系史不可或缺的第一手资料。

馆藏《八旗满洲氏族通谱》八十卷，（清）弘昼、鄂尔泰、福敏、徐元梦等奉清高宗弘历之敕而编纂，清乾隆九年（1744）武英殿刻本，26册，白口，页面28.8×18.1㎝，半叶版框20.3×14.2㎝，四周双边，10行，小字双行，版口有满文书名、单鱼尾、满文卷次、页码。书中辑录了除清代皇室爱新觉罗氏以外的满洲姓氏，详细记述了其归顺爱新觉罗氏的时间、原籍何地、官衔及勋绩情况。全书共辑录满洲姓氏1114个，并为每个姓氏立传或“附载”共7178人，无论是立传或附载者，其子孙有业绩者也附记于后，全书共辑录清乾隆以前的八旗人物达两万余人。该书不仅是一部了解满洲姓氏及八旗人物的工具书，也是一部了解清代前期历史、八旗人物、民族分布、民族关系、满族源流的重要史料。

馆藏《亲征平定朔漠方略》四十八卷目录一卷，（清）温达等撰，清康熙四十八年（1709）殿刻本，24册，白口，页面31.8×20.4㎝，半叶版框24.2×16.8㎝，四周双边7行，版口有满文书名、卷次、页码。书中重点记述康熙皇帝率军平定蒙古之噶尔丹叛乱之事。该书是研究清代民族关系、边疆历史的重要资料，具有较高的史料价值和学术价值。

馆藏《大清开国方略》三十二卷，（清）阿桂等撰，清乾隆五十一年（1786）武英殿刻本，32册，封面为黄色锦缎，白口，页面39.6×25.4㎝，半叶版框27.8×20.1㎝，四周双边8行，小字双行，版口有单鱼尾、满文书名卷次、页码。全书以编年方式撰写，内容包括满族之发祥，太祖起兵至顺治入鼎中原之事。该书对研究清代战争史、边疆史以及民族史等具有重要的史料价值。

其他馆藏重要文献还有《内政辑要》二卷，清世祖（福临）撰，清顺治十五年（1658）武英殿刻本。顺治皇帝亲政后，对后宫进行了整饬。该书收集了中国历代后妃的嘉言善行，共二十章，四十一则。清顺治十三年（1656）武英殿刻本《御制表忠录》不分卷，清世祖辑，顺治十三年（1656）武英殿刻本。该书所辑为明嘉靖年间杨继盛《请罢马市疏》《请诛贼臣疏》两篇著名奏疏的全文，劝勉官员学做忠谏之臣。《御制盛京赋》三十二卷，清高宗弘历撰，清乾隆十三年（1748）内府刻本。该书为清乾隆八年（1743）赴盛京谒陵时所作，全赋追溯满族的源流，盛赞盛京建筑之辉煌以及满族地方壮丽的山川、淳朴的民风。以不同的篆体为书写形式，每种篆体各书写一卷，共三十二卷，合成一部大书。书法精致优美，属于版本极品，具有珍贵的艺术价值和文物价值。

5　察合台古籍

中国民族图书馆先后派人三次赴新疆征集到民间散藏的西域文献、古籍近306种（件/册），各种契约425件。按照版本，有抄本、石印本和铅印本古籍。按照文种分类，有老维吾尔文（察合台维吾尔文）、波斯文、阿拉伯文古籍。内容涉及广泛，包括历史、宗教、医学、契约（土地、住宅、财产分配、证明、收据）等。极大地丰富了民族特色馆藏，为维吾尔文古籍的抢救、保护做出了贡献。

其中《和卓传》《伊玛目艾山与伊玛目玉赛音传》和《伊斯兰伦理百科》等，历史资料价值及版本价值极高。19世纪末抄本《和卓传》，穆罕默德·萨迪克·喀什噶里著，是新疆喀什噶尔和卓家族的历史传记，原书成书于1769年。本书作者曾任喀什噶尔域阿奇木伯克奥斯曼的首席书记官，出于为黑山派和卓树碑立传的目的，在书中记述了喀什噶尔和卓家族的谱系、伊斯哈克吾里在新疆的传教活动、白山派与黑山派之间的斗争、叶尔羌汗国的灭亡、和卓统治时期的内外矛盾冲突等，是了解16世纪—18世纪中叶新疆伊斯兰教历史情况的基本文献之一。《和卓传》抄写精美，用粗笔书写，字迹工整、清楚。纸张为和田桑皮纸，线装，牛皮做封面。该书具有重要的历史资料、版本价值。

清抄本《伊玛目艾山与伊玛目玉赛音传》，记述伊斯兰教创始人穆罕默德的孙子伊玛目艾山与伊玛目玉赛音的生平事迹，具有重要的学术、版本、观赏价值。

清抄本《伊斯兰伦理百科》，为伊斯兰教伦理百科知识，主要讲述社会生活中的人伦、婚姻、家庭、财产关系、待人接物、工作、经商等。

馆藏珍贵古籍还有抄本《圣人穆萨传》《伊玛目艾泽目传》《沙赫麦西来甫与阿帕克和卓传》《两个伊玛目传》，铅印本《圣人传》，石印本《伊玛目哈桑传》等。这些古籍不仅具有较高的文化、学术、史料价值，也是研究新疆地区社会、政治、哲学、宗教、历史的重要文献。

6　结语

留存至今的少数民族文字古籍是先民留给我们的一笔巨大的文化财富，是中华民族宝贵文化遗产的重要组成部分，也是研究少数民族历史文化、社会宗教、语言文字的重要资料。中国民族图书馆馆藏丰富而珍贵的少数民族文字古籍希望能够引起各方学者的关注。我们一方面要继续丰富我们的馆藏，另一方面也要进一步开发利用现有的文献资源，使其发挥作用，更好地推动民族文化事业的发展。

参考文献：

［1］黄润华.满文官刻图书述论［J］.文献，1996（4）：178-201.

［2］史金波，黄润华.少数民族古籍版本——民族文字古籍［M］.南京：江苏古籍出版社，2002.

［3］《维吾尔族简史》编写组,《维吾尔族简史》修订本编写组。维吾尔族简史［M］.北京：北京民族出版社，2009.

［4］民族图书馆.藏文典籍目录（共二册）［M］.成都：四川民族出版社，1984.

山西省图书馆地方文献工作简述

山西省图书馆

地方文献是一个地方文化发展的积淀和缩影，有着鲜明的地域性，是公共图书馆重要的特色文献资源。20世纪90年代以来，山西省图书馆一直非常重视地方文献工作，在各方的共同努力下，地方文献工作取得了长足的发展和进步。

1 山西省图书馆概况

山西省图书馆历史悠久，是国内为数不多的百年老馆之一。清宣统元年（1909），山西巡抚宝棻奏《晋省创设图书馆折》中称，晋省已在省城学务公所以西创建图书馆。以此为发端，山西省图书馆几易其名，几度兴衰：辛亥革命后曾在原址开办山西省立第一通俗图书馆；1919年10月，在文庙新址建成；1925年3月更名为山西公立图书馆；1933年10月，又易名为山西省立民众教育馆；1947年6月，成立山西省立图书馆，与民众教育馆分离；1949年秋山西省图书博物馆建馆。1957年成立山西省图书馆筹备处，正式与博物馆分离，独立建制，馆址选在迎泽公园西畔文源巷。1960年8月28日，山西省图书馆正式对外开放，文坛泰斗郭沫若题写了馆名。2013年7月1日长风新馆在长风商务区“文化岛”正式开馆。长风新馆作为山西省图书馆主馆区，建筑面积5万平方米，有各类阅览室27个，可容纳3000人同时阅览。位于文源巷的旧馆，建筑面积1.8万平方米，2014年获批改扩建为山西省少年儿童图书馆与山西省古籍保护中心。

山西省图书馆是政府设立的大型综合性公共图书馆，隶属于山西省文化厅，内设机构22个，其中业务部室10个：借阅部、报刊部、典藏部、地方文献部、读者工作部、资源建设部、自动化网络部、多媒体管理部、专家服务部、社会教育部；职能部室8个：办公室、党群科、人事科、财务科、行政科、离退休人员管理科、后勤服务中心、保卫科；副处级专业机构4个：山西省少年儿童图书馆、山西省古籍保护中心、山西省图书信息中心、山西省公共数字文化工程建设中心。全馆现有在职职工233名，其中专业技术人员218名。2015年组建山西省图书馆理事会，实施法人治理结构管理。

2 地方文献工作发展历程

改革开放之初，山西省图书馆的地方文献工作还很薄弱。1982年，着手恢复地方文献工作，运回寄存在祁县战备书库里的地方文献资料。1991年，将有关地方性文献资料集中管理，建立地方文献书库，开设了地方文献阅览室，同时组织编辑《山西省图书馆馆藏地方文献书目》，建立了相应的目录体系。1995年，抽调力量充实了地方文献组，工作人员增加到五人。2001年，成立了地方文献部，将各种类型的地方文献集中收藏，地方文献工作走上了正规发展的道路。以此为标志，山西省图书馆的地方文献工作进入了一个新的发展时期。首先，硬件环境得到了明显改善，无论是书库面积还是阅览室面积都比以前扩大了一至两倍，业务工作全部实现自动化。其次，在藏书建设上也比以前更加丰富，除了古籍地方文献、视听地方文献、地方电子文献不在收藏之列外（因为典藏环境与典藏条件当时还不成熟），其他所有山西地方文献如图书、报纸、期刊及其他各种特殊文献全在收藏之内。第三，各种目录体系健全，有卡片目录、机读目录、书本目录等，可以满足读者的多种检索需求。第四，进一步加大了对地方文献的采访征集力度，这在山西省图书馆的藏书建设方案上得到了突出反映。为了保证山西地方文献资源收藏的权威性和完整性，除了通过正常渠道采集各种正规出版物外，还投入比较大的精力积极进行非正规出版物的采访与征集，如号召社会捐赠，广泛开展征集宣传，以各基层图书馆为依托建立联络员制度，亲自到各地采访，到书摊选购等，千方百计丰富地方文献馆藏。第五，积极开展地方文献数字资源建设。山西省图书馆自建数据库基本上是围绕地方文献来进行，打造了一批特色资源库。

2013年7月，山西省图书馆新馆——长风馆开馆，实行全免费开放服务，服务方式多样，传统服务与特色服务、个性化服务并重。讲座、展览、培训、阅读推广、少儿服务、残障人士服务、文化志愿者服务等各种读者服务活动丰富多彩、有声有色，读者服务工作完全转向以人为中心。以此为契机，地方文献工作迈上一个新台阶。地方文献部工作人员增加到16人，工作以读者为中心，围绕读者需求开展。

3 地方文献资源与服务

山西省图书馆地方文献部专门负责山西地方文献的收集、整理、保存、利用。由地方文献图书阅览室、地方文献报刊阅览室、民国文献阅览室、特种文献阅览室四个阅览室提供阅览服务。

地方文献图书阅览室藏有1949年以后出版的地方志、专业志、文史资料、党史资料、家谱、年鉴等图书4万册，涉及政治、军事、经济、文化、教育、文学艺术、历史、地理、山川风物、民俗民情、科技等诸多门类，学科完备，内容丰富。地方文献图书阅览室的服务方式为开架阅览。

地方文献报刊阅览室藏有1949年以后本省出版的期刊300余种，报纸近90种，报刊合订本27000余册，为广大读者提供信息咨询与生活指导，也为广大学者提供研究资料。地方文献报刊阅览室的服务方式为现报现刊开架阅览，过报过刊闭架阅览。

民国文献阅览室主要收藏1911年辛亥革命以后至1949年中华人民共和国建立以前的图书、期刊、报纸，并储存这一时期文献的缩微胶卷，包括山西民国时期图书2000余种2500余册，民国刊物220余种近1000册。这些文献为了解山西和研究山西民国时期的政治、历史、文化生活提供了难得的第一手资料，具有较高的历史文化价值。1949年以前的山西革命根据地文献1000余册，其中根据地图书500余种700册，根据地刊物45种309册，主要是抗日战争与解放战争时期山西省境内晋绥、晋察冀、晋冀鲁豫各根据地所出版的各类文献，是研究当时根据地经济生活、党的政治思想路线与政权建设等情况的重要资料。民国文献阅览室的服务方式为闭架阅览。

特种文献阅览室是山西省图书馆近年来新开设的特色阅览室之一。山西省图书馆将1949年以前的老账簿、老地图、契约、证照、排单、布告、招贴画、祖先画、任命状、公文、路条等形制特殊、价值珍贵的特殊文献称为特种文献。特种文献阅览室收藏有清末、民国时期山西产生的各种非图书资料10000余册（件），包括各种老照片、老地图、老唱片，以及各类证照、契约、布告、招贴画、海报、手稿等。特种文献从不同层次、不同角度记录了山西当时社会的政治、经济、军事、文化、教育、民俗等情况，集知识性、记录性和物质性于一体，具有较强的信息价值和史料价值，是特殊的历史文献。长风馆开馆以来，特种文献阅览室举办了“山药蛋派作家作品展”“山西现当代作家作品展”“馆藏民国期刊创刊号展”“山西根据地解放区特种文献展”“力群先生版画展”“纸片上的历史——山西省图书馆馆藏老证照展”“特殊符号绘写的历史画卷——晋商老账簿展”等一系列展览。

近年来地方文献部年接待读者22万余人次，提供咨询2万余人次，提供阅读培训、文献检索、文献查找、代查代找、定题跟踪等服务。不定期举办各种展览活动，参与举办了山西省图书馆新馆开馆纪念展、纪念抗战胜利70周年三大根据地红色文献展等大型展览。

4　地方文献特色化建设

从地方文献部成立伊始，在地方文献资源建设方面就遵循着三个理念：

一是树立“地方文献就是馆藏最大特色”的思想。地方文献是地域文化、地域文明的载体。一地之文献，一地之图书馆自然有得天独厚之优势。坚持做到人无我有，人有我全，特色、权威，自是本职工作之所在。由于这些优势，地方文献自然成为一馆馆藏之最大特色。

二是明确地方文献征集工作是地方文献的首要工作。巧妇难为无米之炊，特色馆藏是特色服务的前提，但特色馆藏不可能凭空而来，需要靠文献征集为基础，这是地方文献资源建设的不二法门。所以开拓思路，多措并举，千方百计加大地方文献征集力度，始终是一项非常重要的工作。地方文献分正式出版物与非正式出版物，正式出版物通过正常采购渠道即可，而非正式出版物则主要依靠征集。征集的方式多种多样，山西省图书馆主要有以下几种方式：（1）坐征。即常年面向社会征集，读者可到馆捐赠等。（2）建立征集网络。即主要依靠基层图书馆、方志办、政协文史资料委等机构代为征集或提供文献信息。如2018年5月，山西省图书馆特地向全省基层图书馆下发了关于征集地方文献的函，此次让基层馆协助征集的对象主要是村志和非遗出版物，这充分发挥了基层馆优势，同时考虑到新修村志正在初步兴起、非遗保护也开展了一段时期，这方面应该有比较多的成果，所以将村志和非遗出版物确定为重点征集对象。（3）配合重大纪念活动或重要工作开展征集。如2015年配合“纪念抗日战争胜利七十周年大型文献展”开展的抗战文献征集，配合“山西文史资料数据库”建设开展的全省各市县政协文史资料的征集等。（4）特种文献征集。这是山西省图书馆文献征集工作中的最大亮点。这部分文献不只形制特殊，更重要的在于它承载着特殊的历史文化信息，是过去年代生产生活的“凭证”，极易引发人们思古之幽情。（5）注重鲜活文献的征集。作为图书馆人，一定要有敏锐的文献意识，如2003年“非典”时期，山西是重灾区，疫情刚一结束，山西省图书馆就面向社会征集与之相关的所有文献（包括实物），为这一特殊的事件留下实录。（6）有针对性的征集。这主要指大型专题性征集活动，如从南京第二历史档案馆征集的5000种山西民国文献、从国家图书馆缩微文献中心征集的93种山西民国报刊等。

三是清楚地方文献的最大价值在于利用。围绕地方文献所做的一切工作都是为了最大限度地挖掘、利用其文献价值，为社会、为读者服务。利用的方式有很多，日常的阅览服务是最基本的利用，要充分保障。其他如陈列展示、编辑出版、数字化、讲座论坛、文创开发等都是利用，真正实现地方文献价值的最大化。

正是在以上思想的指导下，山西省图书馆地方文献工作才一步步地发展，并逐渐有了自己的特色。现在馆藏地方文献已有8万余册（件）。其中特种文献、红色文献、晋商文献、非物质文化遗产等是最具特色的部分。特别是特种文献、抗战文献等是近年来倾力征集、从无到有、日渐丰富的重要馆藏。这是山西省图书馆文献征集中最重要、最有价值的成果之一。在地方文献开发方面也做了一些工作，目前，山西省图书馆地方特色资源库有“非物质文化遗产”“山西戏曲”“赵树理”“文源讲坛”“一方水土”“山西历史地名”“山西人物名录”“山西家谱”“谱牒资料库”“馆藏地方文献”“山西日报地方稿索引”“馆藏地方志书目提要”“馆藏山西文史资料篇名”“山西文献书目提要”“大寨文献题录”等数据库，涉及名人资料、家谱资料、红色革命文化、山西戏剧、山西文化旅游、山西非物质文化遗产等多个专题文献。图文并茂的数据库为广大读者打开了一扇关注山西、读览山西文化的窗口，地方特色数据库的建设仍在不断的完善与增加中。

山西省图书馆的地方文献工作与研究，始终围绕读者需求和地方文化建设发展需要，注重传统与现代的结合，注重晋文化底蕴与文化繁荣创新气息的融会贯通，大力弘扬山西优秀的历史文化和地方文化，发挥地方文献在我省政治、经济、社会及文化强省建设中的作用。

云南省图书馆地方文献工作简介

杨梅　赵发员（云南省图书馆）

1　云南省图书馆概况

云南省图书馆始建于1909年，是中国西南地区建馆最早的公共图书馆，也是全国最早建立的公共图书馆之一。经过百年发展，云南省图书馆人文积淀深厚，馆藏资源丰富浩繁。目前，馆舍位于昆明市五华区翠湖南路141号，建筑面积3.26万平方米，共设有18个阅览室以及报告厅、多功能厅、展览厅、阶梯教室等多种公共服务设施，设置采编部、历史文献部、共享工程办公室、地方文献部、网络技术部等14个内部机构，配备有先进的自动化、数字化、智能化硬件和防火、防盗、安保系统，集借阅、学习、讲座、展览、培训、会务、活动等多种功能于一体，是云南省标志性文化设施。馆藏纸质文献339万册（件）、电子文献502万册，其中，59.56万册古籍文献、10万册地方民族文献最具特色，已有130部古籍入选《国家珍贵古籍名录》。云南省图书馆被授予全国古籍重点保护单位。

2　地方文献资源建设情况

拥有百年历史的云南省图书馆一向非常重视地方文献的收藏与利用，地方文献有写刻型、印刷型、缩微型、视听型、网络型、数字型等多种形式，类型包括图书、期刊、报纸、拓片、舆图、图片、手稿、信札、档案、缩微胶片、光盘、数据库等。除汉文文献外，还有彝文、傣文、藏文、纳西东巴象形文等17种少数民族文字文献，并有英文、法文、日文、朝鲜文等外国语地方文献。馆藏云南省新旧方志齐全，地方史、年鉴、文史资料、家谱（族谱）、人物传记、会议记录、丛书、辞书、图录、目录等资料丰富，历史最悠久的馆藏地方文献可追溯到大理国时期（公元10世纪至13世纪）的佛教写经，如《护国司南抄》《灌顶药师经疏》等。

21世纪初，云南省图书馆机构改革中为更好地发挥馆藏资源优势、最大限度地满足广大读者对地方文献资源的需求，于2004年成立云南省图书馆地方文献部，文献资源以新中国成立后生成的内容与云南有关的图书为主。成立之初，地方文献部仅有图书约1万种近3万册。经过十多年的建设，目前，地方文献部藏书已达到3万多种10万多册。2013—2017年间，地方文献部年平均接待国内外读者5537人次，外借图书2159册次，其中约一半的读者是高等院校的学生和教师，体现出重点为科研服务的态势。在地方文献工作方面，我们着重做好以下几个方面：

2.1　多方搜访云南地方文献，建设好地方文献资源保障体系

云南省图书馆每年都安排专项资金用于采购地方文献，除现场采购外，还利用呈缴、征捐、交换、网购、自行采集等多种方式收集，做到本地地方志、谱牒、一般图书、报纸、期刊、本地生成内部资料均系统、完整入藏。2011年起，云南省图书馆为地方文献采访设立专项购书经费40万元/年，从2014年起翻倍，达到80万元/年，建成了体系完备、重点突出、特色鲜明的资源体系，以纸质文献为主，兼及电子、数字、网络和自建资源，成为云南省地方文献资源保障中心，为读者服务和地方文献资源的进一步开发利用打下了坚实的基础。

2.2　主要依托地方文献阅览室平台，做好文献服务

地方文献部积极为高校师生、社科自科单位研究者、媒体以及地方文化爱好者等社会各界读者服务，每年都为国家级、省级、部委级的哲学社会科学基金项目、自然科学基金项目及其他各种项目开展专题文献服务；开展讲座、阅读推广、图书展览等活动，通过编制《云南省图书馆地方文献部特色文献目录》《馆藏云南生态环境文献目录》《云南旧海关出版物综述》《云南抗战文献综述》《云南地方文献中的地方官员著作综述》等二三次文献，及《普洱茶的历史、现状与未来》《普洱茶产业发展与研究》《普洱茶科学研究及成分分析》《普洱茶相关知识及标准》等专题资料汇编，宣传、介绍馆藏资源，让地方文献以更生动直接的方式被公众认识、利用。

2.3　进行地方文献的数字化建设

为适应信息化、网络化、大数据时代的要求，地方文献部积极开展地方文献的数字化建设。地方文献部立足云南省情、历史文化特点和云南省图书馆地方文献资源特色，通过对云南地方资源的收集、整理、组织、数字化加工，努力建设满足用户信息需求、宣传馆藏资源的信息资源库、专题资源库、多媒体资源库等，用数字化形式反映云南的历史文化和发展进程，传承和发展云南地方文化，为云南政治文明、经济建设、文

化遗产保护、人民文化修养的提高提供信息资源。自2010年开始，地方文献部自建了“云南历代名人史料”“云南历代书院沿革”“明清云南进士名录”“云南省地方性法规和规范性文件”“云南老照片”“昆明历史遗址”等多个专题数据库，以及“云南省旧方志”“云南省新方志”“民国云南研究篇目”等多个信息型数据库；并通过参与共享工程资源建设项目、国家数字推广工程中的资源联合建设项目等进行地方文献专题数据库建设和纸质文献的数字化。截至2017年底，共建有21个地方文献数据库，总量达13.67TB。

2.4 进行地方文献基础理论和业务工作研究

云南省图书馆专注于云南地方文献的研究，先后出版了《云南地方文献概说》《云南藏书文化研究》《近代云南西文文献》《云南省图书馆馆藏善本书录》等多部学术专著，馆员发表论文多篇。

2.5 打造“普洱茶文化图书馆”特色服务品牌

作为充分挖掘地方特色资源、依托馆藏文献资源创新服务内容和服务方式的一个尝试，2015年12月27日，地方文献部在部门内部加挂“普洱茶文化图书馆”牌子，在国内首家成立普洱茶文化图书馆，专门进行普洱茶文献信息资源的借阅、研究、培训、讲座、阅读推广等服务，旨在打造一个“弘扬传统文化、传承历史技艺、培育人文修养和提高生活品位”的开放式平台。“普洱茶文化图书馆”整合了馆内有关茶文化的文献资料4000多册，同时，积极依靠社会力量，提供从书籍到文化体验等的全方位服务，集文化传承、学习教育、交流体验、休闲娱乐为一体，让读者能够真实地感受文化自信、文化自觉。读者除了能在这里借阅到比较齐全的关于茶文化（特别是普洱茶文化方面）的图书外，还能在这里学习专业的茶道知识，实践茶道技艺，喝到不同产地、不同风味的好茶，深入感受和体验茶文化。

2.5.1 文化传承

在历史的长河中，云南以普洱茶为中心，形成了内涵丰富、底蕴厚重、地域特色鲜明的普洱茶文化。作为云南省图书馆特色“馆中馆”，普洱茶文化图书馆始终坚守公共图书馆保存文化遗产的基本职能，在提供茶文献资料查阅、外借等基础服务的同时，通过开展茶道培训、茶艺表演、茶文化知识讲座、茶文献阅读推广、普洱茶品鉴交流等内容丰富、形式多样的读者活动，于润物无声的熏陶教化中传承普洱茶文化，展示普洱茶文化魅力。截至2017年底，普洱茶文化图书馆开展各类读者活动34次，受益读者达1300余人次，其中，茶艺培训6次，茶文化知识讲座8次，普洱茶品鉴交流活动12次，其他类型活动包括外出参观茶博馆、茶文化知识趣味游园、书画摄影、探访山泉等8次。

2.5.2 学习教育

信息化社会，终生学习、终生教育的理念伴随着学习型社会的形成影响着每一个人，普洱茶文化图书馆以其与生俱来的公益文化属性，以及丰富的馆藏、雅致的环境，成为广大读者进行终身教育、提升文化素养和生活品位的心灵港湾。在这里，无论是垂髫弱冠、而立不惑，抑或是知非花甲、古稀耄耋，都可以经翻陆羽，诗诵卢仝，茶品普洱，心悟道禅，于书香茶香中学习经典、涵养心灵。截至2017年底，普洱茶文化图书馆已累计举办包括少儿和成人在内的茶艺培训6期，受益读者达220余人次。特别是2017年，与昆明深蓝职业培训学校联合举办了两期“公益茶艺师技能培训班”，开课时间累计14天共112个课时，最终来自各行各业、各年龄段的120名茶友通过考试，获得了农业部颁发的初级茶艺师证书。

2.5.3 阅读推广

爱书读书读好书，悦茶品茶品好茶。从“爱读书”到“读好书”，从“好品茶”到“品好茶”，是从兴趣爱好到价值品味的飞越。普洱茶文化图书馆开展茶文化阅读推广活动，向广大书友茶友讲授普洱茶及相关文化知识，传递“崇尚经典阅读、健康科学品饮”的学习生活理念，追求“让书香茶香成为一种生活方式”的文化新时尚和价值坐标。自开馆以来，已邀请普洱茶界知名人士举办阅读推广活动9次，茶友书友们在增长普洱茶相关文化知识的同时，也受到阅读经典、健康品饮理念的熏陶和影响。普洱茶文化图书馆曾邀请中国国际茶文化研究会顾问、学术委员，普洱茶文化研究会常务副会长黄桂枢做《普洱茶文化知识》推介；邀请云南大学方铁教授做《历史上的云南茶与普洱茶》公益学术讲座；邀请晨光出版社编审、云南茶马古道研究会副会长杨凯讲授《状元家茶——袁嘉谷家族与普洱茶经营》，等等。另外，工作人员还深入西双版纳州图书馆宣传推广“普洱茶文化图书馆”创新服务，介绍“普洱茶文化图书馆”的品牌规划及建设、宣传方式、服务方式、社会效果等。

2.5.4 休闲娱乐

在现代公共文化服务体系建设中，普洱茶文化图书馆积极回应公众日益增长的文化休闲娱乐需求，努力打造彰显自由、民主与平等精神，供人们消遣娱乐、学习交流的城市“第三空间”。目前，已开办“周末下午茶沙龙——品鉴交流”活动14次，易武三大瑶寨、勐海传统手工茶、普洱古树茶、十里香、滇红等品鉴交流活动，让广大茶友们在轻松愉悦的环境中，不仅感受到了舌尖上的茶韵滋味，增长了普洱茶文化知识，而且还以茶为媒，借茶交友，拓宽了朋友圈，增进了新友谊。

纵观云南省图书馆的地方文献工作，我们取得了优良的成绩，但也存在着经费不足、人才匮乏、宣传面窄、研究不足等缺憾。我们将一如既往地努力克服困难，创新思维，开拓进取，为地方文献工作事业、地方文化繁荣贡献力量。

不忘初心保存龙江文化　砥砺前行传播黑土文明
——黑龙江省图书馆地方文献工作综述

刘伟华（黑龙江省图书馆）

在公共图书馆的各类馆藏文献中，地方文献是其中最重要的特色资源之一。地方文献工作的开展是衡量图书馆业务指标的重要依据。黑龙江省图书馆的地方文献工作在历任领导的高度重视下，在几代图书馆人砥砺前行中不断发展，取得了一些成绩，也时刻面临着发展中的困难和挑战。现将五十余年来我馆地方文献各项工作的发展情况做如下梳理。

1　概况

黑龙江省图书馆（以下简称“我馆”）是国内创办最早的省级公共图书馆之一，始建于1906年（清光绪三十二年），前身为黑龙江将军署学务处在齐齐哈尔市创办的图书馆。1954年原黑龙江省与原松江省合并为新的黑龙江省，省会由原来的齐齐哈尔市改设在哈尔滨市。1962年5月5日黑龙江省图书馆在哈尔滨正式开馆。2003年10月，我馆又在长江路216号建成新馆并使用至今。新馆建筑面积33000平方米。设计藏书规模350万册、日接待到馆读者3000人次。我馆现有藏书351万余册（件），其中中外文图书281万多册；古籍13万余册；报刊33万余册；缩微制品18万余件；视听资料2万余件；数字资源总量达402.96TB。

地方文献作为集中反映黑龙江地域历史和文化的重要载体，一直以来都是我馆文献建设的核心和重点。从建馆之初，我馆历届领导和主要负责人员都对地方文献及相关工作给予了充分的重视。经过五十余年的积累与几代图书馆人的共同努力，目前我馆收藏各种载体地方文献资源总量近10万册（件），文献内容所涵盖的地域范围以现行黑龙江行政区划为主，兼顾整个东北地区，内容包含社会科学和自然科学各学科门类，形成了资源总量丰富、学科体系完善、文献特色鲜明、载体形态多样的龙江地方文献资源库。馆藏以志书、年鉴、家谱、人物传记及各类特色专题文献为主体，尤以黑龙江省及东北地区新旧方志收藏较为齐全，并形成了龙江少数民族文化、哈尔滨老建筑、“满铁”资料、东北抗日文献、金史研究、冰雪文化、哈尔滨犹太人文化、北大荒文化、中东铁路历史研究、萧红作品及其研究等数十个特色专题文献系列。馆藏地方文献包括古籍、民国时期文献、当代文献在内的各时期中、日、俄、西文文献，建立了以图书为主，包括报刊、手稿、地图、信函、字画、数字资源等各载体形式的龙江地方文献体系。我馆的地方文献工作隶属于特藏部，设有地方文献组，全面负责馆藏地方文献的组织、管理、开发及服务工作，是我馆核心业务和基础服务的重要组成部分。目前，地方文献组下辖地方文献阅览室、萧红文学馆、版本图书馆及历史文献书库，提供文献阅览和服务，各项工作有较完善的管理制度和规范。多年来，我馆以馆藏文献为基础，优化服务、规范管理，在地方文献整理开发、参考咨询、阅读推广、学术研究等方面既以既有经验为指导，又突破创新，取得了不间断的发展和成绩，培养了一支具有较高学科素养和研究能力的专业队伍。我馆的目标是建设成为一个尽全收藏文献、科学揭示文献、合理开发文献、统筹全省相关工作的龙江地情信息中心，全省最大的地方文化传播中心，全省地方文献工作统筹中心以及本省地方文献学科和地方史研究中心。

2　历史沿革

对一个省级公共图书馆来说，地方文献是其特色，也是核心。因此，我馆地方文献的收藏和整理工作从1962年开馆之初即开始组织与建设。整体看来，地方文献工作的开展分为三个时期：从1962年到20世纪80年代末为起步时期；从1990年到2003年为初步发展时期；从2004年至今为蓬勃发展时期。

2.1　起步时期

1962年5月5日，黑龙江省图书馆在哈尔滨开馆。新馆在筹备期间，就对地方文献工作给予了充分的重视，曾经提出“全面地搜集与采购有关我省的政治、经济、历史、地理、文化教育等方面的书刊资料，从而保证地方文献资料的完整和本馆的藏书特点”的要求。开馆之初的80万册基础馆藏中，不乏中外文地方文献。这些当时保存下来的资料虽然还不具规模，不成体系，却成为我馆地方文献之始，为我馆接下来的地方文献藏书建设打下了基础。

1979年，我馆开始组建“五部”“二处”“十室”“一厂”，“十室”中即包括地方文献阅览室。据《黑龙江省图书馆开馆廿周年》记载，我馆的地方文献阅览室正式成立于1982年4月1日，隶属于当时的“参考咨询部”。地方文献阅览室与馆藏历史文献、基藏图书等共用一个阅览空间，阅览座位16个，文献闭架管理。当时地方文献馆藏图书3000余种，除纸本文献外，还入藏了部分缩微胶卷。3000余种图书显然离尽全收藏还差得很远，特别是对本省历史上已经成书的地方志书尚未收集齐全，但是当时我馆已经意识到，“今后应下工夫花大力气，以一定数量的经费，通过复制等多种途径，按重点藏书要求把我省地方文献资料搜集齐全”。从20世纪80年代开始，我馆开始对馆藏地方文献进行整理。1981—1986年与吉林和辽宁省图书馆共同合作，陆续完成了《东北地方文献联合目录》三辑的整理出版工作。该目录第一辑为报刊部分，第二辑为中、外文图书部分，第三辑为专题文献部分。1989年7月出版的《东北方志人物传记资料索引》（黑龙江卷）是东北地区公共图书馆协作委员会协作项目之一，也是《东北地方文献联合目录》专题书目索引的一种，我馆负责《黑龙江卷》的编辑工作，收书63种，共计12549条，约80万字，由黑龙江人民出版社出版。另外，在历史文献整理方面，分别对馆藏中文旧期刊、俄文旧期刊、《露亚时报》等进行了分类整理，编制了卡片式《东北地方文献篇目索引》3套。1982年开始，在全国出现修史编志高潮，省馆积极开发馆藏地方文献资源，编制地方文献目录、索引3种7册，卡片式专题目录6套，为省内外修史编志提供了大量文献，受到相关机构和广大读者的称赞。1985—1989年，对黑龙江电视台“在今天日历上”节目进行跟题服务，代查文献，提供图像资料，解答咨询等，成为该节目的坚强后盾。

2.2 初步发展时期

我馆地方文献工作的发展历程，大体是以1990年黑龙江省人民政府办公厅转发黑龙江省文物管理委员会（以下简称“省文管会”）《关于公共图书馆征集收藏地方文献意见的报告》（黑政办发〔1990〕10号文件）的通知为分界线。在此之后，我馆的地方文献工作进入一次较快的发展阶段，特别是地方文献征集工作取得了突破性进展，进入了大规模地征集入藏阶段。

为了进一步加强全省公共图书馆地方文献工作，进行抢救性的征集入藏，我省文管会做了一系列工作。1989年6月经省委宣传部同意，省文管会同省新闻出版局联合向各地市县委宣传部、文化局、各有关出版社下发了《关于做好地方文献和地方出版物征集和收藏工作的通知》（以下简称“通知”）。1990年1月经省政府领导同意，省政府办公厅转发了省文管会《关于公共图书馆征集收藏地方文献的报告》。1990年9月22日省文管会下发了《关于商谈地方财政部门补助征集地方文献经费的函》。1990年10月举办了地方文献学习班。1993年10月省文管会召开了全省公共图书馆地方文献工作经验交流会。这些有力的措施，促使全省公共图书馆地方文献征集工作取得了突破性的进展，不仅使地方文献成为公共图书馆重点收藏的文献，并被当作衡量其工作好坏的标准之一。作为省馆，我馆地方文献工作也大踏步向前，取得了突破性进展，特别是在地方文献征集方面，增强了征集意识，对地方文献核心资料的征集成为这一时期的主要工作，特别着重将地情信息量大、史料价值较高的地方志等核心文献全数收齐。经与《中国地方志联合目录》、《边疆图籍录》及《东北地方文献联合目录》中的"史志"部分等核对，我馆收藏率已达到100%。这些核心文献的完整级入藏，为我馆今后地方文献工作的开展奠定了较好的馆藏基础。经过这一时期的文献建设，我馆的"黑龙江研究"文献规模在省内领先，被列为我馆"研究级学科文献"，成为本省地方文献保障体系的中心。以文献为依托，服务效果也得到了提升。

然而，这一时期仍然存在问题，文献数量不足、品种不全，特别是地方出版物缺藏较为严重。外文地方文献中，俄文文献较有特色，其中有关"中东铁路"、俄侨文献、哈尔滨史料等很多文献在国内不可多得。日文文献中以"满铁资料"和"伪满洲国文献"最具特色，不仅为学者研究伪满时期的黑龙江政治、经济、文化等提供了史料依据，更是一部部有力揭露日本侵略东北的罪行书。

在文献整理方面，这一时期我馆组织整理了《馆藏地方文献目录》《馆藏地方出版物目录》《东北地方文献篇目索引》《日文地方文献书名目录》《日文地方文献排架目录》等多套卡片式目录，还编印了《馆藏汉文图书地方文献目录》《黑龙江地方文献报刊篇名索引》。此外，我馆还参与了《中国家谱总目》《中国地方志总目提要》等书的编纂。特别是《黑龙江省地方文献（汉文图书）联合目录》（机读版），获省文化厅颁发的"文献开发奖"二等奖。这些二次文献的整理为地方文献咨询服务提供了便利，查阅使用率很高，取得了较好的社会效益。

2.3 蓬勃发展时期

2004年我馆迁入新馆，从硬件设施到文献藏量，从人员配备到资金投入，都迎来了一次全新的发展机遇，地方文献工作也随之进入蓬勃发展时期。2004年新馆开馆后，成立了开架阅览的地方文献阅览室，面积380平方米，座位24个，隶属于特藏部管理。在资源建设方面，积极开展文献采购和征集工作，连续数年集中力量补藏文献，使馆藏数量大幅增加，资源建设体系日益完善。随着文献数量的成倍增长，我馆多次进行文献调整与规划，2015年初，地方文献阅览室面积增加至660平方米，并为历史文献设立恒温恒湿书库，软硬件设施得到全面提高和改善。目前，地方文献组隶属于特藏服务建设中心特藏部管理，现有专职工作人员7人，高级职称6人；设有地方文献阅览室、萧红文学馆、黑龙江省版本图书馆3个阅览室及1个历史文献书库。从2004年新馆开馆之初的馆藏当代中文图书不足4000册，到如今的近3万册（件），加上地方出版物和历史文献在内，总量接近10万册（件），并且以平均每年10%的数量稳步增长。除纸本文献以外，我馆还藏有地方文献缩微制品1500余件，音视频资料100余种。从2006年开始，我馆加强了对地方特色数据库的建设和开发，10余年间自建地方文献专题数据库20余个，录制专题视频片10余部，自行采集图片5000余幅，这些资源极大地丰富和完善了馆藏地方文献的种类和载体形式，也为读者利用文献提供了便利。近两年来，我馆还尝试开展对地方珍贵文献、志书、手稿、珍稀报刊、档案资料等进行数字化扫描，多途径提供文献利用和保护。目前，我馆已初步形成了总量丰富、载体多样、特色鲜明的地方文献资源体系，并以此为基础开展参考咨询、课题服务、学术研究等工作。1998—2006年，以馆藏满铁资料为基础，我馆参与了国家社会科学重大资助项目《中国馆藏满铁资料联合目录》30卷本的编纂，该书于2007年1月出版。2006年，我馆参与了中国边疆史研究中心立项的国家级课题《东北边疆历史资料汇编》中俄部分的编撰工作，并完成80万字书稿。除此之外，这一时期的参考咨询工作也迈上了新台阶，文献资源日益丰富，国内外各机构团体和广大学者纷至沓来，地方文献组以馆藏为依托，承接各机构及个人代查课题二百余项，提供资料总量数十万字。

在我馆地方文献蓬勃发展的这十余年间，地方文献学术研究亦呈现勃勃生机，取得了骄人成绩。在我馆积极鼓励科研，倡导学术与业务并进的方针指引下，2009年我馆立项黑龙江省艺术科学规划重点项目《图书馆地方文献资源建设研究》，项目组编制了《黑龙江省图书馆馆藏地方文献书目》，对馆藏文献进行了科学揭示。2012年，我馆立项黑龙江省艺术科学规划青年项目《图书馆地方文献工作创新研究》和《地方文献征集及其作用研究》，青年馆员结合自身工作开展地方文献业务研究。2013年，我馆获批立项文化部科技创新项目《黑龙江省图书馆馆藏资源非遗文献挖掘与数据库构建》，项目以馆藏本省非遗文献为基础构建数据库，对专题文献进行数字化整理和开发。2015年，立项黑龙江省哲学社会科学研究规划项目《东北世居少数民族历史文献整理研究》，对地方少数民族历史文献成果进行全面梳理。2017年，立项黑龙江省艺术科学规划课题《黑龙江省地方文献的整理与利用研究》，项目以全省地方文献普查工作为基础，深入开展对本省地方文献整理开发利用的相关研究。总结工作实践，思考业务发展，这一时期的地方文献学术成果硕果累累。《地方文献如何服务地方经济》《黑龙江省公共图书馆事业百年回顾》《公共图书馆地方人士著述工作的探讨》等近20篇地方文献理论成果刊登在图书馆学核心及专业期刊上。这些成果增强了我馆地方文献的学术研究能力，对业务工作的开展也起到了理论推动和学术支撑作用。

3 特色工作简介

3.1 集中优势资源，加强特色专题馆建设

为了更好地突出优势资源，近年来我馆在特色馆建设上不断突破创新，拓展思路，积极与社会各界合作，先后成立了一系列资源丰富、体系完善的专题文献馆。

3.1.1 黑龙江版本图书馆

地方出版物是地方文献的组成部分，一个地区的地方出版物的数量和质量，从一个侧面反映了本省科学文化的发展水平，集中展示了省内各学科、各领域的文化成果。为了更好地保存和利用黑龙江省地方出版物，满足广大受众的阅读需求，促进我省优秀文化成果的传播和积累，我馆与黑龙江省新闻出版局于2008年12月联合建立了“黑龙江省版本图书馆”。版本图书馆由本省的13家图书、200多家期刊、40多家报纸出版机构定期向我馆提供其出版物，我馆负责集中整理、收藏展示，满足读者阅读需求，同时保障新闻出版行政管理部门的工作需要。该馆是迄今为止全国唯一一家省级公共图书馆与出版机构合作建立的省级版本图书馆。截至2018年，我馆已较完整入藏了本省13家出版社出版的图书近50000册，期刊252种，报纸46种。其成功运行的模式和取得的社会效益受到业界的高度评价，特别是在省级公共图书馆呈缴本制度长期以来贯彻不利的情况下，有效保证了我省地方出版物入藏的完整性和系统性。

3.1.2 黑龙江省图书馆方志分馆

志书的收藏和整理是地方文献工作的重点，本着“优势互补、资源共享、互利互惠、共同发展”的原则，我馆与黑龙江省地方志办公室达成合作，于2011年12月成立“黑龙江省图书馆方志分馆”。双方在地方文献资源保存、开发与利用等方面开展深入合作，充分发挥各自优势，资源互补，学术共建。这一举措不仅进一步丰富和完善了我馆地方文献的资源体系，更开启了省地方志办公室与省图书馆携手推动我省地方文献研究与开发的进程，为双方共同组织我省地方文化研究方面专家、学者，开展省情研究，积极开发创建地方志软科学项目，不断拓宽合作与研究领域打下了良好的基础。经过馆藏多年积累，加之“方志分馆”的资源补充，我馆现已形成较为完整的方志收藏体系，对区域内的省市县（区）地方志、行业志、部门志以及省、市年鉴收藏较为完整，有效保证了读者服务和学术研究工作的顺利开展。

3.1.3 萧红文学馆

近年来，我馆地方文献工作在多元发展、对外合作等领域有了长足进步，不断探索社会化合作道路。学者章海宁是国内收藏萧红作品、研究萧红文化的代表性学者之一，数十年间积累了一大批不同时期不同版本的萧红及其研究作品。为更好地保护这些文献，传播萧红文化，章海宁先生将其收藏的近3000册（件）珍贵文献尽数捐赠我馆。经过精心筹备和策划，由著名作家、书画家冯骥才先生题写馆名，张炜、刘恒、阿来、范小青、张抗抗等国内数十位知名作家题词的萧红文学馆于2016年“4·23”世界读书日正式揭牌落户黑龙江省图书馆。我馆聘任章海宁先生为萧红文学馆执行馆长兼特约研究员，当日起向社会开放，提供参观阅览服务。文学馆成立后，为了加强对外宣传，推广本土文化，陆续举办了各类专题展览、讲座、朗诵会等数十场，对助推萧红文化传播起到了促进作用。目前萧红文学馆在国内收藏萧红作品最全，是研究萧红文化的重要机构之一。

3.1.4 拟建“龙江学人馆”和“张郁廉文献馆”

在萧红文学馆成功建设的基础上，为了更好地展示特色专题资源，2018年我馆开始策划成立“龙江学人馆”和“张郁廉文献馆”。“龙江学人馆”以黑龙江地方名人及其著述为建设主体，甄选我省在文化领域里有突出贡献和知名度的院士、地方史专家、作家、艺术家等，展现不同历史时期的龙江文化名人及其著述，集中反映地域优秀文化成果，打造龙江文化传播的新平台，助推龙江文化的大发展、大繁荣。另外，“张郁廉文献馆”经过前期的多次沟通和商议，目前也已进入筹建阶段。中国首位战地女记者张郁廉女士珍贵的历史档案，将成为我馆又一特色资源，为我馆地方文献专题馆的建设再添一笔。

3.2 重视文献采集，保障地方文献的尽全收藏

资源是开始一切工作的基础，对地方文献资源的保障一直以来都是工作重点。首先在文献采购方面，我馆给予地方文献“尽全收藏、足额保障”的优先采购权，基本保证了对正规出版物的采购。特别是近年来，随着国内历史文献整理工作的开展，一大批影印汇编类地方文献专题史料陆续出版。我馆由于在哈建馆时间较晚，馆藏历史文献较少，对此部分资料需求量较大。馆里在采购经费非常紧张的情况下，连续多年坚持购买了几乎所有已出版的涉及东北地区内容的民国影印文献130余套3000余册，这些资源使我馆的地方文献在时间上较好接续，为读者提供了充足的文献保障。

当然，采购只是地方文献采访工作的一部分，采购文献只占我馆地方文献入藏量的半壁，其余还是要依靠征集获得。从建馆之初到现今，虽几经机构和职能重组，但

从未间断过对地方文献的征集。从走访、电话、邮件、书信等各种征集方式的运用，到媒体刊登、捐赠仪式、捐赠展览、捐赠证书等多种促捐宣传工作的开展；从对重点文献产出单位的长期跟踪，到与实体和网络旧书市场的定期搜索；从面向全社会的公益性无偿征集，到主要针对民间收藏者开展有偿征集，数年来，我馆不遗余力地走访全省13个地市数百家文献产出单位，联系千余位文献捐赠者，累计征集各类地方文献近万册，占馆藏中文新书的近半数。但是，地方文献总量庞大，我馆在加强馆藏资源建设的同时，也明确认识到举一馆之力尽全收藏全省地方文献的难度。2015年、2018年我馆先后两次组织召开全省地方文献工作会议，积极呼吁我省各级公共图书馆、高校图书馆、民族图书馆、专业图书馆等加强自身地方文献建设，并增进馆际间交流与合作，开展地方文献交换、赠送、代征、复制、数字化等业务合作，全面促进和推动我省地方文献资源建设工作的更好发展。目前，我馆已与多家图书馆和科研机构建立了文献交换和代征业务，既节省了人力财力资源，又丰富了馆藏，一举多得。

依托馆藏地方文献资源和服务平台，经过数年的文献积累和工作人员的专业服务，目前我馆地方文献阅览室已经成为国内外中国东北史研究，特别是黑龙江史和相关专题学科研究的重要资料获取地，每年都有来自俄、日、韩、美等国，中国港澳台地区以及省内外各界研究学者到访查阅相关文献，并得到研究者的广泛认可和好评，为我馆创造了良好的社会效益。

3.3 开展阅读推广，加强地域优秀文化传播

为了更好地传播地域文化，增强读者的阅读兴趣和参与度，形式多样的阅读推广活动是地方文献读者服务工作的重要手段。多年来，我馆举办了地方文化专题的讲座、读书会、朗诵比赛、书画展、非遗技艺展等各种阅读推广活动。其中，“《六角街灯》地方文献系列阅读推广活动”荣获2016年度“出版界图书馆界全民阅读年会”全民阅读案例一等奖。2017年举办的“《白云飞渡》读书会”与百余名现场读者分享了中国首位战地女记者张郁廉传奇的一生，引起了良好的社会反响，并因此搭建了新加坡艺术家孙宇立先生向我馆捐赠其母张郁廉生前文献及物品的合作意向。2018年我馆在省内外陆续举办了专题讲座、朗诵比赛等5场“纪念萧红诞辰107周年系列活动”，让萧红成为黑龙江的文化名片。以萧红文学馆的建设模式和阅读推广工作为案例，2018年度我馆报送的“情满山水华章里，皆在萧萧落红间——萧红文学馆阅读推广纪实”再次摘得全民阅读优秀案例奖。在未来的发展中，我馆将继续致力于汲取更广泛的社会力量，吸引更多的民间团体、文学爱好者、研究学者、广大读者和志愿者参与到地方文化推广活动中来，为打造地方文化品牌，弘扬和繁荣优秀地域文化，提升龙江文化

软实力，全面振兴新龙江建设凝聚力量。

3.4 统筹全省地方文献工作，推动全省地方文献工作发展

作为省级公共图书馆，我馆不但重视自身地方文献建设，还担负着统筹全省地方文献工作、组织和带动本省各级各类图书馆共同发展的责任。近几年来，我馆在完善自身建设的基础上全面统筹全省工作，积极组织省内各级公共馆、高校馆、专业馆、民族馆增进联系，加强合作，共同发展。

3.4.1 组织召开全省地方文献工作会议，加强业务合作与交流

2015年和2018年，我馆先后两次组织召开了全省地方文献工作会议，组织省内各地市级公共图书馆，高校、专业、民族图书馆以及省市档案局、社会科学院、博物馆、史志研究室等多家地方文献编研单位参加。会议不但重申了地方文献工作的重要意义，还重点指出了我省地方文献工作所面临的问题和创新方式。通过两次会议的推动，陆续完成了全省地方文献普查工作、全省地方文献平台建设工作，审议通过了《黑龙江省地方文献工作条例》，启动了《黑龙江省公共图书馆地方文献联合目录》编纂等多项全省性的地方文献业务工作，成功搭建了我省地方文献主要收藏单位在征集、整理、开发等多项工作中携手并进、共同发展的合作平台。接下来，我馆将继续加强全省地方文献统筹和指导，建立健全相关机制，带领我省各级公共图书馆为传承龙江传统文化和先进文化，推动龙江全面发展提供文化支撑。

3.4.2 开展全省地方文献普查调研，摸清家底，有的放矢

为全面推动我省地方文献工作发展，了解和掌握我省地方文献生产和存藏状况，按照2015年全省地方文献工作会议精神要求，我馆特藏部于2016年开始全省地方文献普查调研工作。此次调研工作的主要内容包括两项：一是了解各图书馆和相关收藏单位地方文献的数量及文献的保存、整理、使用情况；二是全面了解本省13个地市地方文献产出机构的文献生产和呈缴情况，了解各地民间收藏家及地方文化研究学者的地方文献收藏和使用情况等，同时与之建立业务联系，全面掌握本省地方文献基本状况。调研组总共走访了28家图书馆、9家博物馆、100余家政府机构和企事业单位，拜访了数十位民间收藏家和地方文化研究学者，累计征集地方文献700余种1000余册。通过这次全省普查，我馆基本掌握了本省地方文献工作全貌，便于整体统筹工作，有的放矢地解决问题。通过业务交流，也促进了我馆地方文献工作自身业务的提高。

3.4.3 建设“黑龙江省地方文献服务平台”，实现资源共建共享

为了将省内各地区、各行业分散、异构的地方文献资源有效集中和整合，使我省地方文献资源的数字化建设和保障的整体水平得到跨越式提升，2017年以“合作共建，

合理共享”为原则，我馆开始着手搭建“黑龙江省地方文献平台”，对全省地方文献信息进行全面收集、传输、加工整合、存储、更新、维护，建设一个支持高层决策、中层控制、基层作业、终端服务的数字平台。平台建设主体为黑龙江省图书馆，负责对全省地方文献建设工作进行牵头管理与组织实施，提供标准规范支持与人员培训，主导文献的审验、加工整合，平台的管理维护；对上依托国家数字图书馆，依据国家政策指导实施本省工作，按照国家资源建设相关标准规范，建设本省地方文献资源；对下统筹管理与监督指导各地市、县级图书馆，科学规范地开展地方文献资源建设；横向联合省内研究机构和高校等，发挥省馆的组织协调作用，组建全省地方文献建设联盟。经过为期一年的建设，目前，平台已初步搭建完成，各模块功能基本实现，目前正在组织各馆数据导入工作，平台建设完成后，将成为全省地方文献资源展示平台，全省地方文献读者服务平台，全省地方文献工作交流平台。

3.4.4　启动联合目录编纂工作，全面推动龙江地方文献工作

以全省地方文献普查工作成果为基础，2018年11月，我馆开始组织编制《黑龙江省公共图书馆地方文献联合目录》，全省13家地市级公共图书馆高度重视，积极响应，迅速达成共识，并即刻开始组织本馆推进各项工作。此次《联目》工作的启动，是我馆统筹和推进全省地方文献工作发展的重要举措，《联目》的编纂出版也将全面整合和揭示我省各级公共图书馆地方文献资源，全面展示龙江传统文化和优秀文化成果，更好地为我省党、政、群机关及企事业单位的决策、科研、教学、生产等提供服务。

中共中央总书记习近平指出：历史文化是城市的灵魂，要像爱惜自己的生命一样保护好城市历史文化遗产。省级公共图书馆是地方文化保存和传播的最重要窗口。对地方优秀文化的继承和发展，有助于夯实我们文化建设的根基，奠定龙江文化自信的强大底气。全面加强我省地方文献建设，努力展示龙江文化的独特魅力，提高地域文化软实力，是深入落实文化兴省战略，积极推进文化大省建设的有力保障。黑龙江省图书馆将一直以地方文献工作为重点，尽全保存地域文献、扎实推进基础业务，不断创新工作形式，逐步建设和打造龙江地情信息存储平台，龙江地域学术研究支撑平台以及地方文献参考咨询和服务平台，全力助推龙江文化的大发展、大繁荣。

参考文献

[1] 黑龙江省图书馆.黑龙江省图书馆志：1906—2011 [M].哈尔滨：黑龙江人民出版社，2016.

[2] 刘经宇.发展中的黑龙江图书馆事业 [M].哈尔滨：黑龙江人民出版社，1996.

[3] 黑龙江省图书馆.图书馆建设：黑龙江省图书馆开馆三十周年纪念文集[J].图书馆建设，1992（增刊）.
[4] 黑龙江省图书馆.黑龙江省图书馆开馆廿周年：1962—1982纪念专刊[J].黑龙江省图书馆，1982（增刊）.

天津图书馆地方文献工作与研究

李国庆（天津图书馆）

1　综述

天津图书馆是一家省级公共图书馆。1908年，直隶省图书馆创建，1918年9月更名为直隶省立第一图书馆，1928年更名为河北省立第一图书馆。1929年天津特别市立图书馆创建，1937年更名为天津特别市立第二图书馆，1945年更名为天津市市立图书馆。1949年天津解放后，两馆逐步合并为天津市人民图书馆，1982年，天津市人民图书馆更名为天津图书馆。天津图书馆是国家一级图书馆、国家重点古籍保护单位。据图书馆官网显示，截至2016年12月，天津图书馆共有藏书726万册，拥有文化中心馆、复康路馆、海河园馆3个馆所，馆舍面积合计12万平方米，开架借阅书刊246万册，阅览座位5700多个。馆内设有14个部门，除了传统部门外，另设有音乐图书馆、文献共享工程办公室、天津市古籍保护中心等部门。

天津图书馆在历史文献部设有天津地方文献专藏和阅览室。依据馆定采购原则，凡天津地区各级出版社的出版物尽数购藏，凡各省出版社出版的天津地方文献尽量购藏。经过长期努力，天津地方文献专藏略具规模，可为读者研究提供基本地方文献。

2　历史沿革

天津图书馆的前身是创建于清光绪三十四年（1908）的直隶省图书馆，当时被誉为中国长江以北最早的近代公共图书馆，至今已有百年历史。建馆初期的藏书，以严修先生原陈列在天津教育品陈列馆的1342部书、直隶督署下发的1万余卷书和提学使司请款专购的12万卷书为基础，继之，又有多位满汉官吏捐书。当时由傅增湘先生负责编印的《直隶图书馆书目》32卷，全面反映了建馆初期馆藏情况。这些初期藏书奠定了馆藏基础。

经过百年发展，通过藏书家捐赠、政府拨交和本馆采购等渠道，本馆藏书数量不断增加，藏书质量得到提升。现藏新中国成立前历史文献74万册。其中：民国时期书报刊20万册，包括大型英文版《京津泰晤士报》、大型中文版《大公报》和《益世报》等；各级各类古籍54万册，包括宋椠元刊，名抄佳刻，琳琅满架。逐渐形成了以明清时期刊印的方志、小说、宝卷及文集等为特色的古籍藏书。

2008年我们迎来了建馆百年华诞，作为反映百年馆藏古籍情况的记录，我们编辑出版了《天津图书馆善本书目》《天津图书馆活字本书目》和《天津图书馆善本图录》等系列古籍书目。同时，为了使馆藏珍贵的历史文献化身千百，我们编辑整理出版了《天津图书馆孤本秘籍丛书》、《明抄本万历起居注》及天津《益世报》等。

3 人员

天津地方文献工作主要由天津图书馆历史文献部负责。根据工作需要，地方文献工作安排工作人员6人左右。工作人员主要负责天津地方文献的购藏、著录、上架、借阅及文献开发等工作。工作人员一般按照老中青三结合模式配备，老同志有实践经验，有服务水平，主要承担参考咨询及读者服务工作。中年员工事业心强，年富力强，主要承担文献开发与新书著录工作。年轻员工有干劲，朝气蓬勃，主要承担新书采购、登记与上架工作。这样的配备便于开展工作和队伍建设。凡国家图书馆、兄弟馆和天津地区学术机构组织的地方文献培训班、学术研讨会等，天津图书馆都积极配合，选派合适的工作人员参加。重视人员的个人发展，为促进天津图书馆地方文献工作带来了诸多益处。

4 经费

天津图书馆地方文献采购经费，一般从中文购书费这个大盘子里出。因天津图书馆每年采购的天津地方文献数量不多，使用的经费相对不多，所以完全能够满足需要。

5 资源建设情况

天津图书馆地方文献资源建设包括纸质文献和数字资源两个部分。纸质文献包括属于天津地方文献的原版及影印版民国时期书报刊，数字资源包括按照专题编制的天津地方特色资源库。

6 资源服务情况

馆藏天津地方文献的原版及影印版民国时期书报刊，天津图书馆采取库藏与阅览室专藏相结合的模式进行管理。库藏主要包括报刊部分，阅览室专藏主要包括图书部分。

由于民国时期原版的书报刊已经发黄变脆，需要加强保护，因此天津图书馆一般限制此类书报刊的阅览，给读者提供替代品，如缩微胶卷、扫描影像数据和影印版文献等。

参考咨询工作，除了一般性读者口头咨询之外，天津图书馆采取与合作单位联手的形式，共同实施已经立项的科研课题。

7 学术、科研活动及成果

近年，天津图书馆依据馆藏地方文献，编辑出版了一些历史文献汇编及专题丛书。下面介绍三部代表性成果。

7.1 《天津日本租界居留民团资料》

该书由天津图书馆编，2006年广西师范大学出版社影印出版。16开精装全13册。该书利用馆藏日本租界居留民团所编《居留民团年度报告》等资料经整理汇编而成，其中包含记载天津日本居留民团在天津活动的最翔实、完备的资料。该书为中外学者和广大读者了解中国近代历史，尤其是日本侵华历史，提供了第一手原始文献。

7.2 《益世报》

《益世报》为天津图书馆藏，2004年南开大学出版社、天津古籍出版社和天津教育出版社联合影印出版，8开精装，全136册。《益世报》是天津最有名的报纸之一，是罗马天主教教会在华出版的中文日报。该报1915年10月10日创刊于天津，罗马天主教天津教区辅助雷明远（比利时人）和中国教徒刘守荣创办并主持。抗战前夕由罗隆基任主编。1916年，《益世报》在北京创办分社，后两报各自经营。1949年北平解放前夕停刊。

7.3 《天津文献集成》

本书为天津图书馆等单位藏，2017年天津古籍出版社影印出版。全书精装16开50册，天津图书馆与天津市问津书院合作编辑，主编李国庆、王振良。冯骥才先生题签，著名文献学家杜泽逊先生作序。收录各类天津地方文献80种（各类总集、文集均按1种计算）。所有书版均经过精心修复，新版每页收录原书半叶，美观清晰，便于使用。

这套《天津文献集成》是天津地方文献丛书，旨在将天津地方各家著作汇编成集，揭示天津文化底蕴，为社会提供文献服务，便于学人研读，推动天津地方历史研究不断取得新成果。此书是继《山东文献集成》和《广东大典》等专题省级地方文献丛书之后问世的同类出版物，反映了天津图书馆在地方文化建设方面做出的努力。

天津地方文献服务工作，如今虽取得了一些成绩，但从更高层面来看，与兄弟馆相比尚有不小差距。需要在服务理念、创新发展、服务措施以及藏书建设、参考咨询等方面不断加强改进，为不断提升本馆地方文献服务水平而不懈努力。

内蒙古自治区图书馆民族地方文献工作

内蒙古自治区图书馆

1 综述

文化是历史的积淀，而文献作为记录有知识的一切载体，是其赖以保存并传承、发展的最主要的途径。内蒙古历史在不断发展中，形成了今天的多民族共同生活发展的特殊局面，同时也留下大量的珍贵遗存和文献。这些文献经过前人潜心采集、研究、编纂，汇集成一部部反映内蒙古各个历史时期的长卷，它传承着内蒙古的古老文化，具有无法替代的价值，是建设民族文化大区最宝贵的精神财富。在我们内蒙古地区，民族地方文献是有关以蒙古族为主的北方民族和内蒙古地方古往今来的一切记载及地方人士创作的所有文献，它是内蒙古自治区图书馆（简称内蒙古图书馆）馆藏建设中的重要组成部分，亦是特色图书馆的标志之一。

内蒙古图书馆地方文献中心是本馆的一个独具特色的业务部门，经过多年积累，拥有独立且相对完善的民族地方文献专藏系统，和一批经验丰富的专业人员。近年来，随着图书馆所处信息环境的变化、图书馆用户需求的变化，以战略规划的观点来发掘特色馆藏具有重要意义。为此内蒙古图书馆制定民族地方文献馆藏发展目标，以加强特色馆藏资源的建设。

1.1 馆藏发展目标

内蒙古图书馆的目标是，加强民族地方文献的收集、保护、整理及特色文献资源的深度开发，逐步地发展成为内蒙古自治区民族地方文献收藏中心和信息服务中心。具体目标如下：

（1）建立民族地方文献的收藏中心和文献研究中心，形成地方文献资源的特色服务体系。

（2）建立民族地方文献信息资源中心，形成地方文献信息资源服务体系。

1.2 馆藏发展基本原则

（1）馆藏发展必须保持历史性、连续性、系统性和稳定性。

（2）合理规划馆藏结构，调整印刷文献和电子文献之间的协调平衡发展。

（3）通过现代化技术手段合理补充馆藏。加强数字化资源的发展和整合，促进实体馆藏和虚拟馆藏的协调发展。

2 历史沿革

内蒙古图书馆民族地方文献部正式成立于2000年6月，是在原参考研究室的基础上分离出来专门设立的部门。内蒙古图书馆作为边疆和少数民族地区省级图书馆，民族地方文献工作是其重要工作内容之一，多年来，在为社会提供的服务中占有举足轻重的地位。馆领导在听取专家和多方的建议并进行充分调研后，根据地方文献收藏情况和读者对文献利用等信息成立了民族地方文献部。2017年底，又在民族地方文献部基础上成立了民族地方文献研究中心。

3 藏书建设情况

随着历史的发展，内蒙古形成了今天由多民族共同生活发展的特定局面，同时也留下了大量的相关历史遗存和文献史料，这些文献史料经过前人潜心采集、研究、编纂，汇集成一部部反映这一地区各个历史时期的长卷，传承着我区悠久的历史和文化。

3.1 藏书范围

（1）内容关于现今内蒙古自治区及国内其他蒙古民族聚居区者。

（2）内容关于历史上蒙古高原及其他蒙古盟旗地方者（如青海、甘肃、新疆、黑龙江、吉林、辽宁等地的蒙古盟旗）。

（3）内容虽与内蒙古无直接关系，但对内蒙古产生重大影响者（如党和国家的方针政策中涉及内蒙古地区的内容；发生在内蒙古以外，却对内蒙古产生重大影响的各种事件等）。

（4）内容关于蒙古民族及其先民（古代北方民族）者。

（5）内容关于达斡尔、鄂温克、鄂伦春三民族者（因我区有此三族的自治旗县）。

（6）新中国成立前问世的各种地方出版物。

（7）新中国成立后的地方出版物若内容与地方无涉，但其出版、印刷、装帧及设计等可代表一个时期最高或最低水平者，可选择入藏。

（8）蒙古民族的著述（无论出版于何地）。

（9）新中国成立前地方人士的著述。

（10）新中国成立后著名地方人物的著述（地方人物系对地方造成震动或产生相当影响的人物，无论其籍属何方或何国。著名地方籍人物的著述，无论其内容与地方是否有关，一概入藏，外籍地方人物的著述则酌情入藏）。

3.2 文献内容

内蒙古图书馆从1958年开始着手民族地方文献搜集整理和入藏工作，经过前辈和后人几十年的共同努力，形成了今天收藏相对丰富的民族地方文献收藏规模，成为内蒙古图书馆最具特色收藏之一，具体介绍如下：

第一，这些文献包括清代和民国时期的各类著述，内容反映这一地区历史、经济、文化、民俗、宗教等，是国内外学者研究蒙古学不可缺少的重要依据，多年来一直受到学术界的关注并得以充分利用。其中线装古籍入藏有400余种3千余册，旧平装书700余种1000余册。入藏的内蒙古旧志最多，国内现存的90部旧志中内蒙古图书馆已入藏80种。

第二，外文图书也占一定比率，旧日文文献居全区之首。历史上日本出于侵略和掠夺的需要，对内蒙古（主要是东部地区）进行了多方面的深入调查，编写了大量的调查报告和相关著作，这些文献的内容涉及方方面面，记载详细、图文并茂，具有较高的史料价值。现入藏旧日文图书1千余种3千余册。其他外文图书和期刊也有少量收藏，旧西文图书200余种300余册，期刊30余种200余册，俄文图书100余册，期刊100余册。

新中国成立后，随着我区政治、经济、文化等方面的发展，内蒙古图书馆的文献收藏得到了很大充实，形成一定规模，截止到目前，民族地方文献藏书建设已发展成集图书、期刊、报纸、地图、字画、音像制品、缩微胶片等为一体的综合性收藏体系。其中普通图书的入藏量达3万余种4万余册；期刊合订本2万余册；报纸合订本5000余册。参考文献《盛京时报》（影印本）141册；《中央日报》（影印本）60册；《申报》（影印本）398册。特种文献地图100余幅，字画13幅，缩微胶卷25种300余卷，磁带65

种96盘，录像带100余盘。

3.3 收集渠道

内蒙古图书馆不断加强民族地方文献入藏工作的针对性、目的性，通过采购、呈缴、捐赠、复制等手段建立多元化文献收集渠道。

3.3.1 合理利用地方文献专项采购经费，建设民族地方文献特色馆藏结构

内蒙古图书馆民族地方文献的征订、采购、数据著录由采编中心统一负责。有效保障地方文献采购的专项经费，并保持一定比例的增长幅度，以保证民族地方文献馆藏建设的正常运行。采访人员及时了解掌握民族地方文献的收藏与分布及每年文献出版发行情况，以此为据调整规划民族地方文献馆藏结构，从而保证在有限的时间与经费里采集到具有收藏、史料及借阅价值的民族地方文献，并保证适当的复本率。同时兼顾文献的史证性和时效性，尽全尽快地采购民族地方文献，形成蒙古族特色地方文献专项馆藏。

3.3.2 完善呈缴制度，提升地方文献入藏完整率

对于未公开发行的地方文献，专设呈缴人员，根据我区制定的文献呈缴制度负责与区内各发行机构联系呈缴收藏。呈缴文献载体涵盖书、刊、报、音像制品等一切与地方相关的文献。

加强与地方志办、文史馆、高校等单位和部门的联系，组建内蒙古地方文献资源建设协作网、由网内各单位代收地方文献，形成优势互补相互协作的区域地方文献资源建设体系，互通有无，使内蒙古图书馆的特色馆藏不断得到充实，从而提高民族地方文献入藏的完整度。

3.3.3 通过征集和接受捐赠，丰富地方文献入藏

宣传、鼓励社会及个人文献的捐赠，为捐赠机构（者）颁发荣誉证书。征集及捐赠文献包括：机构（个人）藏书、方志、家谱、文史照片、手稿及其他特藏文献和有地方史料价值的文献等。通过实行这一措施，让公众了解民族地方文献的重要性，增强文献的收集及保护意识，进一步丰富我馆民族地方特色馆藏。

3.3.4 通过文献的复制手段，及时补充馆藏

对于通过其他采选方式不能获得的本馆缺藏的各类文献，可采用复制（包括复印、缩微、数字化）的方法替代文献原件入藏，快速补充馆藏空缺，由此收集到一些因年代久远而难以获得原始文献的资料，达到丰富馆藏的目的。

4　岗位设置情况、工作职责及人员组成结构

4.1　岗位设置及工作职责

（1）文献研究岗。这一岗位以学术带头人为中心，重点整理和研究新中国成立前后的地方文献，并编写文献研究的专著和学术论文。同时，学术带头人还要重点培养研究方面的人员，为文献研究和服务社会提供更多人才。

（2）文献数据库加工整理岗。依托馆藏资源，将地方文献进行二、三次加工，也就是我们所说的编制各类专题文献数据库，逐步地将内蒙古图书馆地方研究中心发展成为我区最大的民族地方文献专题服务中心。

（3）文献收集岗。负责收集自治区内非公开发行的各类文献，建立与各级政府、团体、高校和各企事业单位的联系，广泛收集各类文献，填补我们收藏方面的不足。

（4）读者服务岗。负责日常的读者接待工作和咨询工作，为文献专题研究、服务提供信息汇总工作。

4.2　人员组成结构

民族地方文献部成立之初工作人员为6人，包括副研究馆员2人、馆员3人、助理馆员1人，其中大学本科学历1人、大专学历4人、中专学历1人。到2015年为止，民族地方文献部工作人员已发展到9人，包括研究馆员（3级）1人、副研究馆员4人、馆员4人，其中研究生1人、本科生1人、大专生7人。

2017年底，民族地方文献研究中心重新整合，现有工作人员7人，包括研究馆员1人、副研究馆员3人、馆员2人、助理馆员1人，其中研究生2人、本科生5人。

5　文献数据库建设和文献研究

充分利用现代技术手段不仅是地方文献特色馆藏建设的战术策略，也是未来发展的战略选择。在做好实体地方文献馆藏建设的同时，内蒙古图书馆充分利用互联网资源建设“虚拟馆藏”，将散落在不同馆内的展现同一专题的地方文献征集到一起，充实地方文献馆藏内容，增加信息资源量，从而使地方文献馆藏更具系统性、完整性。

5.1 自建数据库“内蒙古民族·地方人物资料数据库”

本数据库专门收录有关古往今来在内蒙古自治区境域内活动的人物资料，以方便学术界和读者能系统获得所需人物文献资料。数据库分索引、全文、图片三大部分，索引提供每个人物的基本信息及标引馆藏相关文献，全文是原文的完整呈献，图片提供图像资料。三者互相依存，相得益彰，能为读者提供人名检索、全文打印、电子版拷贝复制、照片母版复制等多种形式的服务。目前，具有多检索点的“内蒙古民族·地方人物资料索引数据库”已初具规模，拟将分成多个专题人物库供读者检索查阅。

5.2 民族地方自采资料建设情况

内蒙古图书馆民族地方文献特色数字资源建设主要围绕在内蒙古境内及邻近地区，以蒙古族为主的北方民族和内蒙古地方古往今来的记载文献的开发和利用。因内蒙古图书馆承担着共享工程内蒙古分中心的任务，以馆藏民族地方文献为依托的民族地方特色数字资源建设借此平台得到大量的充实。

5.3 学术研究

从服务读者深度出发，内蒙古图书馆民族地方文献专家忒莫勒老师经过多年潜心研究，不辞辛苦一家家走访查阅，经过一点一滴的资料积累，先后出版了《建国前内蒙古地方报刊考录》(后又增添部分内容，将错误重新校正后正式出版)、《建国前内蒙古方志考述》，这两部学术性著作的出版，极大地方便了研究者在日常工作中的使用，受到各界读者广泛好评，学术界也给予了高度肯定。

依托馆藏文献资源，内蒙古图书馆与相关单位合作出版了两大系列丛书“内蒙古历史文献丛书”和“内蒙古外文历史文献丛书”。“内蒙古历史文献丛书”是2007年至2016年期间由内蒙古自治区图书馆和内蒙古大学、地方志办、内蒙古高校中国北疆史地研究基地等团体合作开展的有关内蒙古地区古旧籍历史文献资料的整理成果。丛书出版主要以内蒙古图书馆馆藏地方文献古旧籍为主，汇集了大量具有史料价值与研究价值的民族地方文献，其中不乏稀缺性孤本；对地方历史文化发展及地方文献保存利用和民族学术研究起到积极推进作用，方便了社会及学者的研究、利用。“内蒙古外文历史文献丛书”在2011年至2017期间，由内蒙古自治区图书馆学会和内内蒙古大学蒙古学学院内蒙古近现代史研究所、内蒙古大学出版社合作出版，是有关内蒙古地区旧外文文献资料的整理成果。所谓“历史文献”，并非专门记述历史的文献，而是指历史上形成的各类文献（不论其内容属于何种学科），其时间下限在1949年以前。丛书以日文文献为主，其他外文文献为辅；为保存文献的基本面貌，以影印方式出版，如有因条件限制而变更开本或其他情形，则另作编辑说明。在编排上，将按内容区分系列，并适当考虑地域及时间因素。

依托馆藏旧日文文献，内蒙古图书馆地方文献研究中心副主任文宝编著了《内蒙古图书馆馆藏日文旧籍目录——内蒙古民族·地方文献卷》。此书2014年11月由内蒙古大学出版社正式出版，是对内蒙古图书馆馆藏有关内蒙古地区的旧日文文献资料进行全面研究整理后编辑出版的参考书目，系内蒙古自治区第一个外文文献馆藏目录。

6 资源服务工作

内蒙古图书馆本着"服务第一，读者至上"原则，充分发挥主观能动性，多年来民族地方文献工作利用现有的文献资源，接待了来自国外和区内外各行各业的大量读者。他们当中有区内著名的学者、教授、作家、艺术家，还有众多来自区内各单位的修志人员，有来自各大专院校的博士、硕士和一般学子，他们经过大量的文献查阅，利用内蒙古图书馆文献编辑出版了大量史志资料或撰写了论文。如内蒙古教育厅编纂的《内蒙古教育史志资料》，内蒙古大学教授曹永年教授的《蒙古民族通史》第三辑，内蒙古党史研究室的《中国共产党与少数民族地区的民主改革和社会主义改造》、《中国新时期农村的变革》(内蒙古卷)、《内蒙古改革开放二十年》，内蒙古大学牛敬忠教授的《近代绥远地区的社会变迁》等。

为了更好地服务读者，内蒙古图书馆通过召开读者座谈会，邀请来自高校、科研单位、文博系统的专家学者，在校的博士、硕士生，从事文史工作的公职人员、离退休干部等读者对民族地方文献工作提出意见和建议，以不断提升读者服务质量和文献建设水平。

7 结语

在今后的工作中，内蒙古图书馆民族地方文献工作将继续立足本地，以前瞻性的思维去充分挖掘和利用本地丰富的文献资源，打造出独具地域特色、民族特色的特色馆藏，以继承和弘扬、开发地方文化，促进地方文献的建设，推动地方的经济与文化事业的发展，为图书馆的发展建设、地方文化研究提供优质、实用、有价值的地方信息资源保障。

新疆地方文献工作与研究

徐凤翔　张军华（新疆维吾尔自治区图书馆）

1　综述

新疆维吾尔自治区图书馆始建于1930年，原名新疆省立图书馆。1949年9月新疆和平解放，改名为新疆省人民图书馆。1955年10月，新疆维吾尔自治区成立，图书馆定名为新疆维吾尔自治区图书馆，当时位于乌鲁木齐市新华南路。1986年，在乌鲁木齐市北京南路78号（原4号）破土兴建新馆大楼。经过九十年的发展，自治区图书馆已成为新疆地区公共文化服务体系建设的重要组成部分，对自治区经济社会发展具有一定文献信息支撑功能的省级中心馆和龙头馆。自治区图书馆原馆舍建筑面积24700平方米。2013年3月，自治区发改委批复自治区图书馆二期扩建工程项目立项。目前，自治区图书馆正处于二期改扩建施工阶段，建设项目总建筑面积为56355.6平方米，设计藏书量将由目前的300万册增加到500万册，阅览座位将由1500个增加到4500个。

自治区图书馆现有馆藏243万册（件），数字资源总量近80TB。其中包含汉文、维吾尔文、哈萨克文、柯尔克孜文、蒙古文、锡伯文等文种的文献。馆藏古籍11万余册，包括汉文、察合台文、阿拉伯文、波斯文等文种，形成了以新疆少数民族文献、地方文献和古籍为特色的文献资源体系。自治区图书馆有编制101个，现在编91人，其中取得正高职称者6人，副高职称者22人，中级职称者43人，初级职称者20人。

2011年自治区图书馆实行基本服务项目免费向社会大众开放。大力开展讲座、展览、读者培训、立法决策咨询等创新服务，加强对弱势群体、特殊人群的服务，形成了“月月有主题、周周有活动、天天有服务”的服务模式，打造了以“昆仑讲坛”“作家大讲堂”“书香佳苑”“书香新疆”“尚书品读”为代表的品牌服务，受到社会各界的欢迎。

新疆地方文献特藏部主要收藏反映新疆地区政治、经济、科技文化、历史地理等方面的地方史料、地方志、行业志及新疆各少数民族的汉文文献，它是自治区图书馆藏书建设中最具特色和重点藏书的一部分。收藏范围包括凡有关新疆的历史沿革、人物制度、风土人情、语言文学、名胜古迹、自然资源等书刊资料。收藏内容以有关新疆地区的历史、地理、政治、经济、文化、教育、文学艺术、自然科学等图书报刊、政府出版物、报告、册籍、档案、图片、照片、卷轴、碑志、声像资料为主；重点收藏地方志（综合性志书、专门性志书）、地方性百科全书、年鉴、地方史料、地方人物资料及地方报刊等。

目前地方文献特藏部收藏有图书、报纸、期刊、线装书、画报、电子文献等资源，其中地方图书14946种39851册；工具书13283种27916册；少数民族文字地方文献1033种2994册；少数民族文字工具书398种1172册；地方报纸78种约15000册；地方期刊202种2929册；画报约2000册；线装书128种1200册；纸质资源共计91906册。另外有地方文献数字化图书8000余种，缩微胶片资源200盒。

随着数字化时代的到来，地方文献特藏部以馆藏特色资源为基础，以服务读者为主线，在信息服务中充分发挥了信息整合、参考咨询、信息导向等作用，工作人员以真诚热情的服务态度，娴熟的专业技能，得到广大读者的充分肯定和赞誉。地方文献特藏部的信息服务所产生的社会效益和一些间接的经济效益，充分显现了馆藏特色资源所具有的社会性、史料性、地域型、研究性和科学性等特点，更好地发挥了新疆地方文献参考工具书、海外报刊为本地区各项事业发展服务的社会功能，并且逐渐形成了利用、收获、回归这样一个良性循环的发展轨迹，同时也进一步拓展了收藏与利用的绿色通道，使得社会各界更加深入地认识图书馆，走进图书馆，利用图书馆，体验知识所创造出的社会效益，这是我们图书馆工作者的最大心愿和图书馆事业的发展方向。

2 历史沿革

地方文献特藏部由最初的地方文献阅览室逐步发展，现在已成为一个收藏特色文献的综合性的部门。20世纪80年代初，自治区图书馆设立新疆地方文献阅览室，当时只有一个阅览室，派一位馆员管理。90年代，成立地方文献特藏部，收藏新疆地方图书、地方期刊、地方过报、工具书以及古籍图书、海外报刊等，工具书阅览室主要收藏各类型、各文种工具书、艺术图书等，海外报刊阅览室主要收藏有海外中文版报纸、海外中文版期刊及海外原文版期刊。2004年，单独设立古籍部，将古籍图书从地方文献特藏部资源中分出。2012年将地方文献特藏部的“海外报刊”移交报刊部。2013年将民国时期图书、期刊移交古籍部。2014年新疆图书馆进行改扩建工程，地方文献部馆藏资源被打包装箱入库。2015年，地方文献特藏部主要进行数字化图书建设、文献征集工作。2017年，地方文献特藏部新增“尚书品读”活动，开展以新疆本土作家为主的文学品读活动以及作品和手稿征集工作，开发“本土作家资源库”工作；加入全国图书馆文献缩微复制中心成员馆，开展文献缩微复制工作。2019年新疆图书馆改扩建工程竣工，资源回迁，场馆投入使用，建筑面积五万六千平方米，阅览席位3000个。

3　人员

3.1　人员设置

早期设立新疆地方文献阅览室时，仅安排一位馆员负责管理阅览室。90年代成立地方文献特藏部后，人员设置详见表1。

表1　新疆地方文献特藏部人员设置

时间阶段	部门主任	部门成员
1990—2000年	周玲华	
2000—2007年	主任：聂苏荣 副主任：丛冬梅	齐云燕　马晓凤
2008—2010年	主任：齐云燕 副主任：李黎	徐凤翔　热依拉 李　俊
2010—2012年	齐云燕	贾淑敏　李　俊 那　孜　张军华
2013—2014年	齐云燕	施天峰　高　静 张军华　陈　红
2015—2017年9月	齐云燕	张军华
2017年9月至今	徐凤翔	张军华　李　康 孟　妍

3.2　人员培训

（1）2010年齐云燕前往江苏常州参加民国时期文献的著录培训。

（2）2010年2月—2012年6月徐凤翔到东北师范大学信息管理学院研修图书馆学专业。

（3）2012年齐云燕与李俊到河南开封参加全国地方文献工作会议。

（4）2013年9月—2014年6月张军华到武汉大学信息管理学院图书馆学专业参加培训。

（5）2017年5月张军华到北京参加国家图书馆缩微中心组织的缩微拍摄技术培训。

（6）2017年11月徐凤翔、张军华到山东省威海参加国家图书馆缩微中心组织的缩微工作培训班。

（7）2018年9月，徐凤翔、孟妍到吉林省延吉市参加国家图书馆缩微中心组织的缩微工作培训班。

4 经费

截止到2019年，地方文献购书经费合计约983.75万元，详见表2。

表2 新疆地方文献特藏部历年购书经费

年　份	金额（元）
2000年	68.7
2001年	337
2002年	153.7
2003年	53.43
2004年	464732.72
2005年	12263.47
2006年	85444.98
2007年	37459.4
2008年	28189.95
2009年	54545.58
2010年	94232.56
2011年	165795.57
2012年	877941.24
2013年	2271157.91
2014年	5475675.24
2015年	124177.5
2016年	26551.6
2017年	44522.5
2018年	56386.2
2019年	17814.8
合计	9837504.05

5 资源建设情况

5.1 纸本资源

（1）地方文献特藏部收藏有图书、报纸、期刊、线装书、画报、电子文献等资源，其中地方图书14946种39851册；工具书13283种27916册；地方报纸78种约9000册；地方期刊202种2929册；画报约2000册；线装书128种1200册。

（2）纸质图书、期刊的征集：从自治区人民代表大会委员会、自治区文化厅、自治区畜牧厅等各单位征集新疆地方图书、期刊，共4000余册；读者捐赠500册；征集新疆本土居民家谱（复印本）一套。

（3）特色资源征集：征集了自2012年至2015年“新疆亚博会”各种参展资料，约2000余种。

5.2 数字资源

（1）数字化建设：新疆地方图书进行了数字化加工，现有地方文献数字图书约8000余种。

（2）特色数据库建设：已搭建“十九省市援疆”数据库，筹建“新疆民族团结”“新疆打造一带一路建设的核心区”“新疆访惠聚工作数据库”“新疆本土作家数据库”“新疆不可移动文物数据库”。

（3）光碟资源：从新疆亚欧博览会、自治区文化厅等处征集到有关新疆第一至四届亚欧博览会、“新疆文化繁荣发展”等VCD、DVD光碟400余种。

5.3 缩微胶片资源

（1）收购1937年至2005年《新疆日报》胶卷，共有胶卷140余盒；有老式胶片阅读机一台用于读者阅读胶卷。

（2）2017年，新疆图书馆加盟全国缩微复制中心成员馆，将《兵团日报》《新疆都市报》《乌鲁木齐晚报》《新疆日报》等新疆地方报纸进行整理并缩微拍摄，完成22000余拍，现已拍摄完成缩微胶卷60余盒。

6 资源服务情况

6.1 参考咨询和课题服务

早期新疆地方文献的图书查阅是通过手工分编、制作卡片目录实现；地方文献阅览室和工具书室的查阅服务采用闭架管理方式，读者填写查阅卡后，由工作人员为读者查找所需书籍。

海外报刊阅览室有22种中文版（美菲泰）报纸、23种中文版期刊、16种原文版（英俄法德）期刊，为厅局级以上领导干部、专家学者提供查阅、咨询、复印服务。

自2008年图书馆引入图创系统后，地方文献按照CNMARC格式录入系统，读者可在OPAC查询系统中查找地方文献书目。读者可登录新疆图书馆网站进行书目查询，为读者提供咨询、阅览、复印服务。

2012年起，地方文献特藏部运用微博、QQ等网络通信工具对广大读者和用户进行地方文献资源推广活动，以及开展文献传递、馆际互借、参考咨询服务。根据读者的需求为其提供阅览资源，为政府、宣传部等机关查阅文献，开展数字化文献传递和送书上门服务，为社会科学院、人民剧场等单位、企业做课题服务。

6.2 组织“尚书品读”活动，提升品牌活动服务能力

现地方文献特藏部主任徐凤翔带动部门人员组织、策划并实施“尚书品读”活动，先后在一心书店、班的书店策划了九场“尚书品读”活动，邀请新疆知名作家同广大读者做文学经典品读、新疆情结分享、民族融合共建等方面的读者活动。受邀作家分别有中国作家协会成员董立勃、刘亮程、赵光鸣，儿童文学作家刘乃亭、黄山，哈萨克著名作家阿依努尔·毛吾力提，知名作家李东海、黄毅、张映姝、李健、于文胜、郁笛等。

活动主题如下：

（1）董立勃、张映姝，“寻书记”

（2）李东海、阿依努尔·毛吾力提，“端午话诗情”

（3）刘乃亭、黄山，“探秘童心”

（4）赵光鸣，“根植于时代和大地的文学”

（5）郁笛，“高蹈的尘土与地处的火焰”

（6）李健，“生活因书香而精彩”

（7）刘亮程，“在冬天里讲‘寒风吹彻’”

（8）黄毅，“非虚构人生与非虚构写作”

（9）于文胜，“怎可不读书——作家、出版人于文胜谈书的生活”

（10）刘亮程，“把地上的事往天上聊”

（11）何英，“草原上的清风——叶尔克西”

（12）叶尔克西·胡尔曼别克，“解读王阳明”

（13）刘慧敏，“史诗《江格尔》与儿童文学创作谈”

（14）艾贝保·热合曼，“体认中华优秀传统文化——从‘四书五经’到当代文学代表性作家”

（15）王族，“话说《水浒传》”

“尚书品读”是各具特色的主题的品读经典、读者互动活动，通过微信、读者群进行预告宣传，邀请新疆作家引领阅读，带领读者踊跃参与互动环节，使越来越多的读者感受到新疆文学创作的魅力，增强爱国爱疆情怀。此活动联动读者服务中心和技术部合作完成，通过“尚书品读”活动，收集知名作家作品、手稿等资源，整理录制资源，为将来建立地方特色资源库储存资源。

6.3 加强基层辅导，带动全疆地方文献工作取得新进展

自治区图书馆发挥“龙头馆”作用，给全疆各地州、县市图书馆做业务辅导，到喀什、阿勒泰、和田等地州、县市图书馆做实地调研，了解各图书馆的地方文献馆藏特色，帮助其解决业务难题，强调了地方文献审读机制建设，共享资源，加强了各级图书馆之间的沟通和联系，带动全疆地方文献工作取得新进展。

多年来，地方文献特藏部为新疆各类型读者及科研企事业单位、党政机关提供了丰富翔实的信息资源，为各服务单位完成课题研究、撰写论文、著书修志、项目研发等提供了深层次全方位的信息服务，最大限度地满足了读者多元化的信息需求。地方文献特藏部作为为广大读者提供特色馆藏文献信息的服务窗口，以传播、收集、保存、整合本土文化和科技知识为己任，大力挖掘馆藏特色资源优势，为发展新疆、建设新疆及知识创新提供深层次的信息服务。地方文献特藏部以代查、代印、代复制、代邮寄的方式，为读者利用馆藏特色资源节约时间、精力，提供了方便快捷的优质服务。

7 学术、科研活动及成果

7.1 二次文献

（1）1994年，岳峰、周玲华主编《丝绸之路研究文献书目索引》，全书约120万字，收录的文献资料，从时间上可上溯到汉朝，从地域上横跨陕、甘、新三省份。著录的文献均具有学术性、资料性、系统性。从体例编排上力求科学；从读者使用上力求方便、简明、宜检索。岳峰和周玲华汇集了前人的研究成果，为研究“丝路学”的学者及爱好者提供了一部编撰体例科学、学科内容系统的参考工具书。

（2）2005—2008年，王天丽、徐凤翔等人编辑制作《海外报摘》，编辑海外报刊书目、索引，给读者提供了解海外报刊的门经。他们翻阅馆藏的海外报刊，结合网络

资源，编制出二次文献《海外报摘》，关注点从海外媒体关注新疆的文章扩大到能促进国内文化事业的新闻，收录求精。二次文献《海外报摘》为季刊，每年编制四期。内容真实、视角新颖，融合海外媒体对新疆的评价，做出客观的摘录，为专家研究、领导决策提供参考。

（3）2005年，由聂素荣主任、丛冬梅带领的地方文献全体工作人员联合编辑制作《新疆旅游文献书目索引》，结合新疆旅游业逐步发展壮大的趋势，汇集研究新疆旅游的文献，科学系统地编制，便于读者查阅使用。

（4）2006年，地方文献特藏部利用部室纸本资源，制作展板，举办了“党的光辉照天山”主题展览，社会各界反响热烈，各单位依次组织员工参观。

（5）2006—2007年，编辑制作《新疆地方文献小报》，主要内容为新疆地名介绍。

（6）2007年，编辑出版了《情满天山》，此书为“东风工程”图书出版项目之一，主题为反映新中国成立后三代国家领导人对新疆的关怀和支持，内容贴近生活，极具教育意义，对广大读者，尤其对青少年是一本不可多得的课外读本。书本送到各地州县青少年读者的手中，更加激发了他们的爱国主义情怀，坚定了他们努力学习的信心。此书由张君超主编，聂素荣、齐云燕、丛冬梅、徐凤翔等人共同编辑。

7.2 论文发表

馆内各时期工作人员发表与地方文献相关论文情况如下：

表3 地方文献特藏部发表论文信息登记表

序号	姓　名	论文名称	发表刊物	发表时间
1	丛冬梅	新疆维吾尔自治区图书馆地方文献工作概述	西域图书馆论坛	2004年第2期
2	徐凤翔	论西北少数民族地方文献资源的数字化建设	科技情报开发与经济	2012年第1期
3	徐凤翔	基于Web2.0环境下地方文献的保护和开发利用之研究	科技资讯	2012年35期
4	高　静	浅析新疆维吾尔自治区图书馆地方文献非公开出版物	新疆社科信息	2013年第6期
5	张军华	新形势下新疆地方文献开发的作用与意义	环球市场信息导报	2013年第8期
6	高　静	试论地方特色馆藏资源数据库的建设思路——以新疆图书馆为例	中国科技信息	2014年第6期

续表

序号	姓　名	论文名称	发表刊物	发表时间
7	李　俊	论少数民族地区图书馆地方文献的收集整理	西域图书馆论坛	2014 年第 3 期
8	丛冬梅	《新疆日报》渊源考证	新疆新闻出版	2016 年第 2 期
9	张军华	试述网络环境下公共图书馆营销策略	西域图书馆论坛	2016 年第 3 期
10	张军华	浅谈新疆地方文献数字化工作的探索	卷宗	2017 年 9 月（下）
11	张军华	浅谈图书馆未来的发展方向	社会科学	2017 年 10 月
12	张军华	对地方文献概念的认知与思考	环球市场信息导报	2017 年第 33 期
13	张军华	浅谈对地方文献概念、特征、范畴的再认识	西域图书馆论坛	2017 年第 4 期
14	李　康	从藏书票与藏书印的对比看历史文化衍生品的发展走向	西域图书馆论坛	2017 年第 2 期
15	徐凤翔	浅谈数据库与信息资源建设	中文信息	2017 年第 5 期
16	张军华	关于《兵团日报》缩微拍摄的前期准备工作	西域图书馆论坛	2018 年第 1 期

8　未来规划

新疆图书馆新馆开馆后，需要进一步加强各类信息化建设，提升新疆图书馆信息化服务能力。未来还应着重加强文献信息资源的采集，合理规划馆藏结构。紧紧围绕新疆维吾尔自治区地方文化建设要求，加大新疆地方文献和传统特色资源的收集和保存力度，通过馆藏和读者调查，有目的、有计划和系统地收集馆藏所需的文献信息资源。建设多民族特色文献资源中心，凸显多民族文化特点，保障多民族群众文献信息需求。新疆图书馆现有汉文、维吾尔文、哈萨克文、柯尔克孜文、蒙古文、锡伯文等多民族文字文献，形成了以少数民族文献及新疆地方文献为特色的藏书体系。同时，由于新疆地区多民族的特点，不同民族群众对文献信息需求的种类也大不相同，新疆图书馆将依据新疆地区多民族的文化特点，制定有针对性的文献资源建设计划，按要求采集各类文献信息资源，使馆藏纸本文献适度增长，数字资源有序发展，自建数据库规模逐渐扩大。落实中央新疆工作座谈会坚持走保护与传承相融合的成功之路，让各族群众享受到更多更好的文艺精品，推进新疆由文化资源大区向文化发展大区转变；紧紧围绕“社会稳定和长治久安”总目标，为建设团结和谐、繁荣富裕、文明进步、安居乐业的社会主义新疆提供强大动力。

新疆图书馆将围绕总目标，紧跟“一带一路”建设契机，响应“一带一路”发展倡议，发挥新疆维吾尔自治区区位优势和我国向西开放重要窗口作用，深化与中亚、南亚、西亚等国家的文化交流合作，以“和平合作、开放包容、互学互鉴、互利共赢”的丝路精神为指导，坚持相互尊重、相互理解的合作原则，梳理重点发展领域，共建共享基础设施，引进投资，扩大人文交往，联合举办交流活动，开展新疆图书馆合作项目，打造“一带一路”主题特色品牌。坚定文化自信，加强中外文化服务。在与不同国家和民族的图书馆合作过程中，将带来不同语言、不同文化的群体需求，要开展无差异的信息文化服务，完善多民族文化设施建设、人员培养、资源建设，促进服务升级、服务结构调整和图书馆发展转型，用以适应开放式多边文化需求。发挥文化交流平台功能，建设具有开放性和包容性的公共文化阵地，促进中亚、南亚、西亚各国图书馆、文化机构、学校等组织与新疆图书馆的友好往来。坚定文化自信，在加强新疆传统文化建设的同时，推行文化走出去战略，举办多种类型形式的交流活动，使各国图书馆工作人员和读者更加深入、全面地了解我国文化，推动我国文化走出国门，确保新疆维吾尔自治区乃至全国对外文化交流、传播通道的便捷性、准确性和有效性，建立中外文化走廊。

宁夏图书馆地方文献工作与研究

丁力　吕毅　王宏霞（宁夏图书馆）

1　概况

宁夏图书馆成立于1958年10月。2008年8月，宁夏图书馆新馆建成投入使用，建筑总面积3.3242万平方米，总投资2.45亿元，现有编制133人，实有编制132人，职工188人（其中非在编人员56人），研究馆员6人，副研究馆员23人，馆员和助理馆员83人，在职党员41人。宁夏图书馆是全区文献收藏与借阅中心、公共信息资源共享中心、古籍保护中心、图书馆专业技术人员培训中心和自治区级爱国主义教育基地，并获评国家一级图书馆。

2016年7月，宁夏图书馆完成提升综合服务能力项目改造（空间再造），按照大开放、一站式的便捷阅读服务理念，将读者阅览区域规划布局为11个功能服务区，面积由原1.1万平方米增至2.1万平方米，座席位由800席增至1500席。持证读者6万余人，年读者接待量达153万人次，年文献流通105万多册次。每天开放时间为8：30—20：30，全年365天对外开放，每周开放达84小时，年均举办讲座培训18场次、展览26场次、阅读推广活动70余场次。创办社科中文核心期刊《图书馆理论与实践》，近年来共编纂出版了《宁夏图书馆志》《宁夏回族自治区珍贵古籍名录图录》《宁夏图书馆馆藏精品集萃》《大数据环境下图书馆发展的机遇与挑战》《宁夏回族自治区图书馆古籍普查登记目录》等学术著作，学术研究始终保持在较高水平。馆藏总量190余万册（件），其中馆藏地方文献约4.7万册（件）、古籍35224册、民国时期文献约10万册。购有国研网、博看期刊、e线图情、新东方、清华同方CNKI、HKMO港澳博硕优秀学术全文资源库等数据库12个，共享国家图书馆数据库19个。自建有“宁夏岩画多媒体资源库”“西夏春秋多媒体资源库”“回族伊斯兰教文献多媒体资源库”“红色记忆多媒体资源库”“宁夏非物质文化遗产多媒体资源库”“《丝路宁夏》系列专题片”等地方特色资源库。

地方文献是反映一个地区的历史过程、地理沿革、人文现象、经济情况、自然环境、文化古迹等方面的发展和现状的重要载体，它对发展本地的政治、经济、文化、科技事业，发挥本地区的区位优势，弘扬地方特色优秀文化等有着重要作用，具有独特的传播、研究与收藏价值。

20世纪50年代初，国家就对公共图书馆提出了收集地方文献的要求。1982年文化部下发的《关于颁发〈省（自治区、市）图书馆工作条件〉的通知》中也明确指出：省（自治区、市）图书馆对本省、自治区、市的正式出版物和有关本地区文献、资料应尽全收集。而每一个公共图书馆更从自身服务任务、藏书特色等建设的角度考虑，将本省（区）的地方文献建设列为自己的采集和收藏重点。

2 历史沿革

宁夏图书馆作为省级公共图书馆，于1958年成立之初，即将地方文献建设列入本馆藏书建设的重点。1960年又根据地方历史发展的实际情况，将西夏文献列入地方文献的重要分支。1984年成立科研参考部，具体负责地方文献管理工作。1986年建立了“宁夏版本书库”（后改为“宁夏地方文献书库”）。1989年2月制定了《宁夏图书馆业务工作岗位规范（试行）》，正式明确了科研参考部地方文献管理职责，再次调整地方文献收藏体系，将回族伊斯兰教文献纳入地方文献范畴，同时设置西夏文献专藏和回族伊斯兰教文献专藏并将其确定为“完备级”入藏对象，从而使馆藏宁夏地方文献的范围大大外延，进一步形成了宁夏图书馆独具特色的地方文献专藏、西夏文献专藏、回族伊斯兰教文献专藏的地方文献收藏体系和收藏规模。2007年馆长办公会议讨论决定了新馆各部门的职责划分、岗位设置，科研参考部更名为参考咨询部，负责地方文献与民族文献的典藏管理。

3 人员设置及培养

地方文献作为本馆藏书建设体系的重点，一直以来都有专人负责管理。2008年新馆投入使用之后，本馆专门设立了地方文献阅览室，并配备有3名工作人员，负责地方文献和回族伊斯兰教文献的采购、服务、咨询和管理工作，以及二、三次文献的编制工作。由于地方文献工作具有一定的学术性和研究价值，故本馆地方文献工作在配备有资深馆员的同时，还在馆内选取业务熟练且具有一定研究水平的馆员来增强地方文献工作整体力量。并经常性地选派业务骨干参加全国参考咨询（地方文献）相关培训，截至2018年底历年参加培训人员共41人次。

4 经费保障

由于每年地方文献出版量较小，宁夏图书馆对此类文献实行足额经费保证的措施，全面采购本地正式出版的文献。20世纪90年代后各地自费出书量增加，且部分文献没有进入出版社外销系列，宁夏图书馆开始采取通过民间购买补充地方文献。2007年，本馆根据其文献建设构想，从200万元购书经费中划拨出60万元作为自控购书经费，并对之做详细分配，地方文献获得自控购书经费2万元。2008年，用于购买地方文献以及回族伊斯兰教文献的专项购书经费为码洋22.0588万元。自2009年起，不再单独划拨地方文献专项经费，而是合并在外文及港台书刊购书经费中。2012年起，本馆在与供书商签订购书合同中，明确规定当年提供图书中包括宁夏地方文献和回族伊斯兰教文献。经综合统计，2009—2015年本馆地方文献采购经费年均达到10万元。为了全面保存宁夏地方文献图书资源，本馆于2015年与宁夏人民出版社有限公司签订收藏意向协议，协议规定本馆在购书经费中特辟出地方文献标段，用于专门采购本年度出版的地方文献，由宁夏人民出版社供货配书。当年此标段购书经费为码洋19.1083万元，2016年为码洋18.75万元，2017年为码洋12.6582万元，2018年为码洋12.66万元。

5 资源建设

宁夏地方文献有着狭义与广义两种理解：狭义的地方文献范畴，不包括西夏文献和回族伊斯兰教文献；我们则坚持广义的地方文献范畴，这是基于宁夏特殊的历史沿革和历史发展情况而不断深化认识的结果。这个认识过程，本身也是一个学习和研讨的过程。

宁夏早在旧石器时代晚期就有人类生息繁衍。春秋战国时期，这里共同聚居着羌、戎和匈奴等民族，秦代以后，朝廷在宁夏或设郡、府，或将其归属他地。至公元11世纪，党项族建大夏国，史称西夏，以兴庆府（今银川市）为国都。成吉思汗灭西夏后，设置宁夏路，始有“宁夏”之称。历经明、清，民国初宁夏之地为朔方道，1928年又成立宁夏省，1949年9月宁夏解放，保留了宁夏建制。1954年10月宁夏省被撤销，建制分别并入甘肃和内蒙古。1958年10月成立宁夏回族自治区，系由原宁夏省的一部分及甘肃的一部分重新组建。宁夏在历史上的分分合合、时设时撤的复杂现象，决定了宁夏地方文献所涵盖的范畴的复杂性。因此，首先要对宁夏地方文献范畴进行明确界定，促成西夏文献和回族伊斯兰教文献成为文献专藏并纳入地方文献体系之内。其次，宁夏图书馆作为宁夏回族自治区省级公共图书馆，应责无旁贷地担负起建设宁夏地区性研究文献保障体系的重任，成为宁夏地区研究文献的有力保障和重要支撑。

1991年，宁夏图书馆曾组织力量对馆藏宁夏地方文献的质量和数量进行了一次翔实的评估，宁夏地方、西夏、回族伊斯兰教文献的服务保障率分别为67%、61%、56%。这个保障率，是馆藏文献与“已知文献”的比率。但实事求是地说，这里的已知文献是打引号的，因为有大量的以报刊为载体的文献以及大量非正式出版物和学术、学位论文等文献被遗漏。2008年，宁夏图书馆利用从旧馆向新馆搬迁的机会，对馆藏地方文献做了一个大致统计，总体数量约2万余册（件）。截至目前馆藏地方文献总量应在约4.7万册（件）。宁夏图书馆地方文献的搜集，主要采取采买、征集方式。特别是大量非正式出版物的地方文献资源，本馆都派专人赴实地进行采集。大约自21世纪初开始，由于与本地出版社建立了良好的合作关系，接受出版社的赠送也成为入藏地方文献的一个重要方式，这一方式持续了近十年。另外，随着网络信息多媒体技术的发展，本馆也开辟了网络抓取、自拍自建等辅助的地方文献搜集方式，先后完成“宁夏岩画多媒体资源库”“西夏春秋多媒体资源库”“宁夏非物质文化遗产多媒体资源库”等多个地方特色资源库建设，总量约为4TB。这些地方特色资源库通过系统的垂直搜索引擎，达到多途径检索，能够通过主题词、文献名、关键字、目录章节、文献内容等信息快速定位文献，方便用户使用。同时，还具有资源共享的机制，实现特色馆藏资源共建共享。

6 资源服务

宁夏地方文献的图书采购主要由采编部负责，报刊部分由期刊部负责，参考部负责提供采购目录和内部资料的采购、交换及宁版书的呈缴、交换工作。编目工作（不含报刊）则统一由采编部负责，分编时，在索书号上方居中位置标注专藏代码“NX”。分编完成后，底本留底本书库，复本及目录拨交到参考部管理。从2000年开始，地方文献底本分编完成后也全部拨交到参考部，不再划归底本书库管理。2005年3月，地方文献开始机读目录的编制，同年4月，所有本类文献全部集中到参考部进行分类和编目。由于地方文献著录，需要考虑其文献的特点与使用需求，在开始进行机读目录编制初期，本馆就制定了相应的特殊规定，如在字段内容中加入693字段，内容为DW（地方文献）、DZ（地方资料）、DB（地方版）、XX（西夏文献）、HZ（回族作者），目的是为了在统计和研究工作中便于检索利用。2007年，本馆对长期以来坚持的采购复本制度做了调整，地方文献的复本量由原来的3册增加到5册。2008年新馆开放以后，地方文献报刊部分先后由流通部、参考部负责分编，其他如图书、内部资料、呈缴本等统一交由采编部负责。分编完成后，首先保障前3本全部分配到地方文献书库，另外2本分配到普通图书外借处。

在读者服务方面，地方文献以提供阅览查询为主，仅复本书提供外借。经综合统计，截至2018年底，年均接待读者查阅人数保持在450人左右。在提供日常阅览、咨询服务的同时，宁夏图书馆历年借助本土知名人士开展专题讲座、展览等方式推广地方文献资源，截至2018年底，共举办地方文献宣传推广活动40场次左右。如1984年邀请我区著名作家张贤亮做“通俗文学与严肃文学”的专题讲座，2005年邀请历史学家、作家高嵩做题为“贺兰山岩画新解”的报告，2010年邀请著名记者唐荣尧做题为“像熟悉我们的身体一样熟悉我们的山河——宁夏人文地理”的报告，2017年举办“远古的呼唤——宁夏贺兰山岩画艺术特展”，2018年举办“宁夏图书馆特色馆藏文献推展系列”活动等。宁夏图书馆地方文献在开展针对普通读者的活动同时，也为宁夏重点科研教育单位及个人提供参考咨询和定题服务。20世纪90年代中期，本馆为自治区社会科学院、宁夏电视台、区党委宣传部门等单位编写有关宁夏的文献和各类体裁的宣传片提供了大量的参考资料。同时，本馆也组织专人参与政府机关的地方文献编纂工作，如2015年参与由自治区党委农村工作领导小组办公室组织、各厅局参与的“法律政策超市”系列丛书的编纂工作。

7　学术成果及表彰

为了缩小文献研究整体水平与文献保障目标的差距，在做好文献采集工作的同时，本馆还有意将专藏建设与文献的研究开发有机结合，以文献的研究开发促进专藏建设。如：1992年高树榆主编的《宁夏地方文献联合目录》由宁夏人民出版社出版。1993年本馆与宁夏回族古籍整理办公室合作，整理出版了《石峰堡记略》等多种回族古籍。1995年本馆陆续整理影印了《宁夏地方志丛刊》和《回族和伊斯兰教古籍丛刊》。2006—2007年，本馆组织专门力量，承担并完成了《宁夏通志》“文化卷”“社会科学卷”中图书馆事业、图书馆学、情报学部分的编修工作。2009年张欣毅主编出版了全面记录宁夏图书馆发展与进步的《宁夏图书馆志》(2018年荣获“第一届中国图书馆史志优秀图书”一等奖)。2010年丁力主编出版了《宁夏地方文献暨回族伊斯兰教文献导藏书目》等。另外，还产生了一批关于宁夏地方和回族的研究论文成果，其中不乏一些在全国及自治区获奖的优秀学术论文。如：高树榆《谈谈宁夏文献》于1989获宁夏区地方志编纂委员会颁发的“宁夏修志优秀成果”二等奖；张欣毅、张京生《〈〔道光〕隆德县续志〉所用隆德古称考辨》于2001年在宁夏社会科学第八次优秀成果评选中获论文三等奖；宋逦《民族地区图书馆馆藏地方文献结构分析》于2004年获中国图书馆学会第八次民族地区图书馆科学讨论会一等奖；宋玉军《现代公共文化服务体系下的宁夏地方文献工作》于2016年获中国图书馆学会征文一等奖。宁夏图书馆通过地方文献研究与搜集工作的有机结合，有力地促进了地方文献建设在整体上的良性循环，既为图书馆专业人员广泛收集文献创造了有利条件，也形成了较高水平的文献采集效应以及良好的学术研究氛围。

陕西省图书馆地方文献工作简况（1909—2018）

窦鹏　刘英　丁洪玲（陕西省图书馆）

陕西省图书馆成立于1909年8月，是我国成立较早的现代公共图书馆之一，也是我国西部地区成立最早的公共图书馆。自建馆以来，本馆重视地方文献收藏，目前已拥有陕西地方文献，陕西出版物，陕版期刊、报纸，以及陕西作家专藏、周秦汉唐研究文献等专题文献；文献种类涉及图书、期刊、报纸、照片、地图、手稿、民间工艺品、光盘、电子资源等，构成较为全面、系统、有特色的地方文献馆藏体系。

1　各时期工作简况

1.1　20世纪的地方文献工作

自建馆至2000年，陕西省图书馆地方文献工作虽未设专职人员，但历任馆领导重视地方文献资源建设，在地方文献征集、呈缴、出版和研究方面均取得一定的成绩。

早在1943年12月，陕西省立图书馆启动征集地方史料工作，并于《西北文化报》21日刊登信息，附征集缘起及征集条例。1956年10月，制定《陕西省图书馆征集散失图书资料办法》，提出以征集本省地方历史文献为重点范围，除利用依靠各地、县图书馆、文化馆、中学教师等外，还普遍邀请社会人士（人民代表、政协委员等）为"陕西省图书馆之友"，代为调查征集。60年代初期，陕西省图书馆逐渐形成了适应本省特色的藏书体系，设有地方文献专藏书库。1962年10月，开辟历史文献阅览室，开展包含地方文献借阅、参考、研究和书目咨询等在内的服务工作。当时，该阅览室收藏本省所辖各府、州、县志209种640部，基本齐全。

改革开放以后，1982年陕西省图书馆与陕西省社会科学院图书馆合作，调查省内外收藏有陕西地方志的单位186个，共580种方志，共同编辑了《陕西地方志联合目录》一册，其中收录陕西省图书馆藏275种。该目录曾提供给当年5月中共陕西省委有关部门主持召开的全省地方志工作会议与会代表，广受欢迎。1984年，武复兴任陕西省图书馆馆长，在经费有限的情况下，对国内重要出版物，尤其是陕西地方出版物尽力收藏，重点建设地方文献为特点的藏以致用的藏书体系。1985年，为建设陕西地方文献中心，本馆曾派出专人历时数月，深入16个地、市、县的60多个单位，查找有关目录2450多条，复制回2600余份珍贵文献资料，共收原件1697份，其中有《力报》、《华潼征训》、《秦风报》（辛亥版）等。1986年3月，由历史文献部高峰负责编辑完成《陕西省图书馆馆藏地方古籍文献目录》，共收古籍270种451部，丛书类古籍53种267部。1987年，历史文献部组织人力开展所承担的由吉林省图书馆学会发起编写《中国地方志总目提要》陕西分卷的编写任务。

1998年11月，由石惠侠、李永华、任越美、武艳华组成的课题组初步完成“省情文献全文检索系统”建设，并开始进行地方文献数据录入，为本馆第一个地方特色数据库“省情文献数据库”建设奠定基础。

1.2 21世纪第一个十年

2001—2011年，陕西省图书馆地方文献工作走上管理科学化、发展规范化的道路，设立专职专人专岗从事地方文献征集工作，地方文献馆藏数量逐年呈规模稳步增长，专设地方文献阅览室，采取开架阅览，地方特色数据库建设工作进入起步阶段。

2001年7月，本馆成立了地方文献部，设地方文献工作岗位5个。除继续完成省情文献数据库建设任务外，采用行政调拨手段，陆续从本馆相关部门抽提新中国成立后的地方文献图书、报刊，同时组建地方文献征集组，开展文献征集工作。地方文献阅览室于2002年4月对读者开放。

2003年5月，地方文献部与历史文献部合并为特藏文献部，设地方文献工作岗位4个，承担地方文献征集和阅览工作。2005年，将呈缴图书、征集工作交由地方文献征集组承担。截至2008年，共计征集、呈缴陕版图书1.3万余种3万余册。2008年，建立陕西省公共图书馆地方文献征集协作网，与全省6个市级图书馆签订《陕西省公共图书馆地方文献共建共享合作协议书》，并于10月举办了陕西省首届公共图书馆地方文献征集业务培训班，对6个市级馆进行地方文献业务培训，促进落实征集协作工作。2009年4月，再次强化与省内各出版社合作关系，正式成立陕版图书展示室，实行预约阅览，并在地方文献阅览区内设立陕西作家著作专架。

2007年全馆招聘，特藏部设立地方文献阅览兼数据库开发岗5个，地方文献征集岗4个。郎菁担任特藏部副主任，负责地方文献工作，地方文献收藏范围和原则及地方文献管理制度和办法等逐步建立、完善，并在地方特色数据库建设方面取得稳步发展。2007年陕西省图书馆作为文化共享工程地方特色资源库建设第一批试点单位之一，申报了“西安事变”“陕西帝王陵”“秦腔秦韵”“陕西文史资料”“陕西非物质文化遗产”“陕西民间美术”“陕西景观”“影视资料库”等8个数据库项目。本阶段初步建立了数据库建设流程和管理制度，采取馆内跨部门合作完成的方式进行，地方文献工作人员承担选题策划、设计大纲、筛选文献、标引入库、数据审校等工作。2010年完成项目建设，通过国家验收。

2010年12月，陕西公共图书馆服务联盟正式设立地方文献联合征集组，承担全省地方文献联合征集工作。

1.3 2011年以来的工作简况

2011—2018年，地方文献征集总量稳步增长，全省地方文献联合征集网络化且具有一定的规模，地方特色数据库建设工作进入加速发展阶段。

地方文献征集和陕版图书呈缴是陕西省图书馆地方文献资源建设的主要建设途径，另有地方文献交换、捐赠、购买等方式。陕西省图书馆每年设有地方文献征集任务1000种，地方出版物呈缴入藏量达到全年出版量的75%以上。自2010年联盟成立至2018年12月，陕西省公共图书馆地方文献联合征集工作从最初省内7家省市级公共图书馆组成的协作网，扩大到108家成员馆的联盟地方文献联合征集队伍。随着陕西公共图书馆服务联盟工作的推进，拟定了一系列地方文献联合征集工作制度，并与成员馆建立联合征集、文献交换常规工作关系，拟定《征集联盟年度奖励办法》，建立了规范的征集联盟网络化协作模式，联合征集工作运行良好。自2016年起，陕西省图书馆地方文献征集组开展按地区下基层辅导地方文献征集、交换工作，三年先后赴商洛、汉中、安康三市下辖各区县，共征集、交换当地支柱性地方文献约480余种2300余册，既补充了省馆资料，又对地县馆地方文献工作起到很大的促进作用。陕西省图书馆地方文献部同时承担陕西公共图书馆服务联盟地方文献资源建设组任务，不断加大全省地方文献资源建设培训力度。截至2018年，共举办了5期联盟地方文献资源建设培训班，培训基层馆地方文献业务骨干近二百人次，授课内容更加系统化、规范化，针对性和实用性增强，对基层图书馆业务发挥了较强的指导作用。

2011—2014年，本馆自建地方特色资源库从单一选题逐渐转向系列选题策划。2011年申报“陕甘宁边区红色记忆多媒体资源库”系列资源库的第一个子库“人物库”，2012—2014年逐年申报了“历史事件库”“延安精神库”“纪念旧址、遗址、纪念地”等子库。2014年以后，申报立项“丝绸之路”系列资源库的子库“文物古迹篇”和“文化科技篇”。

2014年5月全馆招聘，地方文献工作从原特藏部析出，独立为地方文献部，设工作岗位15个：部门主任1个，副主任兼征集组组长1个，地方文献征集岗3个，地方文献阅览岗3个，地方文献开发与数据库建设岗7个。分工更为细化，形成征集、阅览服务、文献开发及数据库建设的三位一体工作模式。地方文献部承担本馆地方资源相关项目建设任务，实施项目选题、大纲设计、文献筛选、标引入库、数据审校、联络专家、项目协调、组织召开专家评审会议等工作。

2015—2018年，“陕甘宁边区红色记忆·研究文献库”、“丝绸之路·文化科技篇”、“听遍陕西特色音频库”（第一期、第二期、第三期）、“大秦岭大文化多媒体资源库”（第一期、第二期）、“黄土高原红旗谱”（动漫）、“聆听经典：陕北民歌多媒体资源库”以及“秦娃诗域游记”（动漫）等成功立项，这意味着陕西省图书馆地方文献资源建设打开了多样化、社会化发展的新局面。2016年，国家图书馆中国记忆项目中国图书馆界重要人物专题之“武复兴口述史专题”立项，该项目由本馆自主建设完成，成片已递交验收；2017年立项中国记忆第二个项目“武德运口述史”，2018年完成第一阶段主要受访人采访拍摄工作。

截至2018年底，陕西省图书馆共完成17个地方特色专题数据库建设，总容量4.7TB；8个地方资源项目正在实施建设。

2011年以来，陕西省图书馆举办的重要活动有：2012年4月的“陕西作家书画手稿展”；2015年6月的《祝福祺祥端午节》展览，这是本馆首次自行策划和举办的传统节日文化展览，在全省地县馆以现场和线上两种形式同时展出；2017年10月的《乡关三秦——商洛·一个村庄的300多天》照片展，也在省内举办了线下和线上联展。

2018年4月，“陕图地方文献”微信公众号正式开通。由地方文献开发组负责策划、编辑和维护，部门全体人员撰稿，策划了自建数据库推介、陕西作家、陕图记忆、西安老公园、方言有声小说等栏目，实时推送地方文献工作动态，还推介全省地方特色资源并分享图书馆业界前沿信息。通过预约阅览、留言等功能，为读者提供高效、特色化服务，增强与社会各界及大众读者的直接沟通与交流。

截至2018年11月，本馆收藏陕西地方文献总计8万余册（件），包括地方文献普通图书、周秦汉唐研究文献、陕西作家专藏、陕西出版物呈缴本、地方文献期刊、地方文献报纸合订本以及光盘等。

2　地方文献学术活动及成果

1998年5月，由中国图书馆学会主办，湖南图书馆、首都图书馆、中山图书馆、甘肃图书馆协办的“地方文献理论与实践研讨会”在湖南韶山召开，陕西省图书馆员工石惠侠撰写的《角色的责任——试论地方文献研究的现代课题》获得二等奖，徐大平、陈玉桃、郎菁等所撰论文分别获三等奖。1999年11月，由石惠侠、李永华、任越美、武艳华等组成的“省情书目文献索引信息系统建设”课题组初步完成“省情文献全文检索系统”建设，并开始进行地方文献数据录入。“省情文献全文检索系统”课题组2000年4月5日参加“2000年东西贸易洽谈会”，现场进行系统演示，取得较好效果。2000年5月29日至6月4日，举办的第二届图书馆服务宣传周活动中，“省情文献全文检索系统”进行了现场演示。2000年11月19日，由陕西省文化厅社文处主办、陕西省图书馆协办的全国公共图书馆工作会议在陕西韩城召开，“关于建立陕西省公共图书馆地方文献资源共建共享网络若干问题的说明”是会议的主题之一。

2010年，陕西省图书馆申报陕西省图书馆学会课题“陕西省地方特色专题数据库建设”，结题后荣获本馆2011年度学术成果奖。据不完全统计，本馆地方文献工作人员已发表文献150余篇；发文量超过十篇以上的作者有：杨居让22篇，郎菁19篇，王亚莉15篇，窦鹏13篇，滑小莉13篇，李晓宁13篇，王萍12篇，丁洪玲10篇。其中，窦鹏撰写的论文《基于地方文献资源建设的有声读物开发》、窦鹏和李悦合著论文《共建共享视野下的红色文化资源建设调研》，先后荣获中国图书馆学会2016年度、2017年度征文一等奖，窦鹏两次受邀在中图年会分会场做专题发言。

3　人员培养

陕西省图书馆重视专业技术人员培养。尤其是2010年以后，图书馆行业更是加大人员培养力度。

1997年，徐大平参加了在南京举行的“全国公共图书馆地方志调研与著录培训班”。1999年，科研部的石惠侠、李永华前往国家图书馆、首都图书馆、天津图书馆，进行地方文献调研工作。6月10—20日，任越美、李永华前往广东省立中山图书馆、湖南图书馆进行地方文献调研工作。

2008年9月至2009年7月，窦鹏被派赴西北大学公共管理学院进修图书馆专业课程。2010年9月，成威于常州参加“地方志文献的采访、编目与服务”培训班。2011年7月，刘英于北京参加国家图书馆“地方灰色文献的采访、编目与服务”培训班。2012年5月，窦鹏参加地方文献研究与工作业务骨干研讨班；同年7月，窦鹏、成威于北京参加全国“地方志文献的采访、编目与服务”培训班。2013年，窦鹏参加全国基层文化队伍示范性培训第四期省级图书馆师资培训班。2014年7月，丁洪玲参加“2014年陕西省文化共享工程市县级支中心第一批师资培训班”。2015年7月，丁洪玲参加“2015年陕西省信息资源建设工作”培训班；9月，丁洪玲参加“文化共享工程陕西支中心主任培训班”；12月，窦鹏参加中国图书馆年会“中国记忆项目资源共建共享研讨”培训会。2016年6月，窦鹏参加陕西省图书馆“三区管理人才”高级研修班；11月，丁洪玲参加“数图推广版权管理培训”。2017年3月，丁洪玲、梁琪参加“2017全国文化干部素质能力提升工程陕西省基层图书馆馆长及省馆业务骨干培训班”；5月，梁琪参加陕西省数字图书馆推广工程“图书馆公开课”培训班；7月，窦鹏参加陕西省第六次县级以上公共图书馆评估专家组培训班；9月，窦鹏参加陕西省2017年图书馆创新服务专题研讨班；12月，丁洪玲参加中国记忆项目“国家图书馆界重要人物”专题资源共建培训班，刘英参加陕西省贫困地区公共图书馆管理与创新专题研修班。2018年4月，成威参加2018年陕西省公共图书馆公共文化服务管理与创新专题研修班；同年10月，刘英参加苏陕对口协作——公共图书馆服务创新研修班。

西藏自治区图书馆地方文献工作情况介绍

德吉白珍（西藏自治区图书馆）

西藏自治区图书馆是自治区“八五”重点建设项目之一，1996年6月建成投入使用，占地3.17万平方米，建筑面积1.1万平方米。“十二五”时期进行改扩建后，建筑面积达1.4万平方米。2002年、2011年分别增设了“全国文化信息资源共享工程西藏自治区分中心”和“西藏自治区古籍保护中心”职能。截至2018年底，馆藏图书40余万册，其中藏文古籍和藏文文献达15000函10万余册；电子图书14万余册（其中藏文电子书300多册），在线视频3000多部，有声读物2500小时；自建和外购数字资源达33TB；国图专网资源160TB；期刊收藏种类1034种，报纸246种。2018年，西藏自治区图书馆被国家文化和旅游部评定为二级公共图书馆，从三级公共图书馆顺利跃升二级公共图书馆。目前，本馆事业编制55名，其中县级领导职数5名，现有在编人员49名（含1名援藏干部），专业技术人员39人。内设8个部门，即办公室、典藏部、古籍保护部、图书采编部、阅览部、服务部（培训部）、网络部、资源部。

馆内设有期刊阅览室、开架外借阅览室、视障阅览室、少儿阅览室、电子阅览室、VR虚拟体验室、学术报告厅、藏文阅览室、红色资源展示厅等。功能布局上实现了藏、借、阅、查一体化的开放服务模式。年均接待读者10万余人次，开展“阿佳讲故事”“悦读伴爱成长”等阅读推广活动30余场，“西图讲坛”等讲座和培训40余场。已建立17个图书馆分馆，在社区、部队、学校、企业、便民警务站设立了172个图书服务点。建有西藏数字文化网（网址：www.tdcn.org.cn）、西藏自治区图书馆微信公众平台（Tibetlibrary），在移动终端上实现了文化资讯、书目检索、数字资源等公益便民服务。

西藏自治区图书馆开馆至今已经走过了近二十二个春秋，开馆不久就制定了“区内求全，区外求精”的采购原则，即关于西藏的和藏学类的汉、藏文图书要全部收藏齐全，其他类的图书以精为主的图书采购标准，目标是力争将西藏自治区图书馆建成“藏学研究信息中心”。西藏自治区图书馆建馆初期在年专项购书经费只有10万元的情况下，将有限的经费主要利用在了地方文献的搜集、整理上，其他馆藏主要是以1994年国家新闻出版总署号召全国500余家大中型出版社向西藏自治区图书馆无偿捐赠的38万册（有一定数量的复本）图书，这批图书为西藏自治区图书馆的馆藏建设奠定了坚实的基础，也为我们丰富地方文献起到了重要的作用。在当时的情况下，由于整个西藏地区落后的经济发展状况，以及地方政府对图书馆事业的理念的欠缺，西藏自治区图书馆的购书经费从1996年10万元至2007年仅仅只增加到40万元，2008年开始随着整个社会对公共文化事业的重视程度不断，提高到了100万元，从2015年起至今更达到年均200万元。

1 地方文献资源收藏现状

西藏自治区图书馆自建馆至今，地方文献相关工作主要由藏文古籍部与图书馆采编部的藏文编目组承担。1995年筹备开馆期间，西藏自治区图书馆设立了汉文编目部和藏文编目部以及报刊阅览部，藏文编目部主要将藏文古籍文献整理编目，另派两名专职工作人员进行藏文现代版新书的编目工作。开馆初期由于受到条件的限制，西藏自治区图书馆为读者提供的卡片目录是使用最传统的钢板、蜡纸刻印出来的纸质卡片，1997年以来先后使用过“文津”“丹诚”两种单机版编目软件进行编目工作，由于这两种编目软件都不支持藏文字体，所以藏文编目用北大方正“dos”命令制作目录。2007年西藏自治区图书馆使用深圳市科图自动化新技术应用公司研发的ILAS图书馆自动化系统软件，该系统支持藏文字体，解决了西藏自治区图书馆现代版本藏文图书无法实现自动化编目问题。此项工作的完成不仅为西藏自治区图书馆建立联机公共查询目录（OPAC）奠定了坚实的基础，同时为西藏自治区图书馆迈向自动化前进了一大步。2018年4月西藏自治区图书馆系统由原来的ILAS Ⅲ升级为UILAS。

西藏自治区图书馆历届馆长都高度重视西藏传统特色馆藏文献的建设，先后投入了大量的资金、人力物力。除了从西藏三大印经院等处采购，以及北京民族宫归还的典籍文献等以外，西藏自治区图书馆在购书经费极度短缺的情况下，克服种种困难，集思广益、对民间私人收藏的珍贵文献进行征集，组织专家反复论证，版本鉴定及甄别文献优劣，先后征集到文献多达10多万余种藏文古籍文献以及现代版本藏文图书3万余册。这些古籍的年代跨度是11—19世纪，古籍文献装帧除传统的梵夹装之外，缝缋装、经折装、卷轴装等丰富多彩装帧形式。典籍文献所涉及内容有传统的天文历算、工艺、语言学、史学、哲学等，几乎囊括了藏族传统的大小五明学；文献的质地成书有年代较早的珍贵桦树皮到不同的藏纸，包括蓝靛纸、金东纸、达布纸、尼木纸、不丹纸、艾纸、后藏藏纸和藏东纸等近十几种不同材质书写和印刷的典籍文献。这些典籍文献具有较高的文物价值、艺术价值和文献参考资料价值，不仅是西藏自治区图书馆特色馆藏文献，同时也是中华民族的宝贵精神财富。

2 地方文献资源建设情况

西藏自治区图书馆购买藏文现代版本新书根据图书馆“藏文和藏学求全”的采访原则，与国内8家民族出版社取得联系并签订购书合同，由出版社不定期地发出新书目录，采编部根据馆藏需要进行选订，目前西藏自治区图书馆有1949年后出版的藏文新书三万两千余册。

西藏自治区图书馆购买的地方文献期刊报纸的种类有：藏文报15种；汉文藏学报21种；藏文期刊20种；汉文藏学期刊16种。每年将这一部分期刊报纸下架后装订成册，收藏于库。

西藏自治区图书馆收藏有17世纪修建的德格印经院、甘肃拉卜楞寺印经院、青海塔尔寺印经院和18世纪布达拉宫红山脚下雪印经院等从藏地不同印经院采购的典籍文献数多达15000多函10万余种。其中包括：佛教创始人释迦牟尼所讲的佛典藏文《甘珠尔》德格版和拉萨版；龙树、法称大师等有古代印度世界六庄严之称的学者佛典诠释译著《丹珠尔》；苯教写本《大藏经》等。

从境外（拉达克）采购藏文文献300多函珍贵典籍文献，均属于利用现代科技手段问世的影印本文献，其装帧均属缝缋装。值得一提的是其中包括15世纪最著名的藏族学者《博东·却勒朗杰文集》108函等珍贵古籍文献。

1994年北京民族宫归还珍贵古籍文献近1600函，53名学者文集和杂部。这些文献现已成为西藏自治区图书馆珍贵馆藏文献，甚至部分文献是孤本，或成书年代早，内容极其珍贵，书写质地柔软，装帧十分考究，已成为西藏自治区图书馆镇馆之宝。

2011年，西藏自治区图书馆从青海省玉树州名门望族“茹娃仓”获得其收藏的古代典籍文献古籍187函。“茹娃仓”是具有近500年历史的家族，也是一个人杰辈出的家族，2008年玉树地震后部分家族成员遭遇不幸，生还的家族成员从废墟中挖出这187函珍贵的古籍文献。曾经有一些文物商人提出愿出高价购买，但家族成员还是希望把这些古籍文献卖给西藏的一处保存单位。

2016年，从拉萨民间获得私人收藏《般若波罗蜜多经一万颂》金汁蓝靛纸一函。文献缮写的质地上乘，字体优美，扉页画像精美，尤其是首叶配有上乘绸缎五层护帘使文献显得豪华。其文献材质及装帧弥足珍贵，使这一文献成为西藏自治区图书馆镇馆之宝之一。

2018年，从尼木民间获得私人收藏《般若波罗蜜多经》广论12函、《陀罗尼经》2函，共14函古籍。每函古籍配有四大装具：包经布、护经板、函头标签和经书带扣。这一文献为研究传统的藏文古籍文献梵夹装装具的形成、材质和作用提供了实物。

1994年西藏自治区文化厅将厅资料室文献全部捐赠给西藏自治区图书馆。这批文献资料主要是以地方文献为主，对西藏自治区图书馆开馆前的文献的补充起了很大的作用。另一批是原西藏自治区文化宫图书资料室的部分文献，也交由西藏自治区图书馆收藏。

2013年西藏藏医学院院长尼玛次仁领衔编纂的《中国藏医药影印古籍珍本》共30卷问世之后，编纂者为了发挥典籍文献的参考资料价值，同时为了丰富西藏自治区图书馆特色馆藏文献，给西藏自治区图书馆赠送了一套有收藏价值的豪华精装本。此书为藏民族医药学的继承创新做了重要的奠基工作，为保护不可再生的藏医药文献、发掘整理藏医药理论和临床经验做出了重大贡献，尤其是为藏医药同中医药、西医药及其他民族医药间的交流借鉴提供了最原始、最珍贵的资源与平台。

3 地方文献资源整理、分类编目及服务情况

3.1 分类编目情况

藏文现代版本新书的分类编目均按《中国图书馆分类法》及《中国文献编目规则》进行分类和编目著录。

藏文古籍文献的分类编目规则是以著名藏文文献学家东嘎·洛桑赤列先生借鉴传统的藏文古籍文献著录基础知识与结合现代古籍文献学分类知识编纂的藏文古籍19大分类法进行分类著录。

3.2 服务情况

西藏自治区图书馆地方文献的借阅服务，藏文现代版本新书与汉文地方文献均可为读者提供外借服务，期刊、报纸与藏文古籍文献只能在馆内阅览。

参考咨询服务方面，主要为学者、研究人员以及政府部门提供地方文献资料咨询。

读者活动方面，利用周末时间开设“西藏记忆”“西图讲坛”系列讲座以及利用假期时间免费举办“藏文文法”“藏文书法”培训班等，得到了广大读者的好评。

4　学术、科研活动及成果

西藏自治区图书馆自建馆至今，在地方文献搜集、整理编目、研究等方面取得的成果有：

《雪域宝典：西藏自治区入选第一、二、三批国家珍贵古籍名录古籍图录》于2011年12月由国家图书馆出版社出版。它的出版是我区古籍保护和研究工作中的一件大事和喜事，必将对推动西藏地方文献保护工作、继承和发展民族珍贵典籍文化、营造全社会参与地方文献保护事业的良好氛围起到重要作用。

《西藏自治区图书馆古籍目录》共4册，于2015年9月由国家图书馆出版社出版。它的出版为广大读者展现了西藏自治区图书馆丰富的古籍文献，提升了西藏自治区图书馆自身的业务能力和服务水平，同时对西藏自治区图书馆的馆藏文献起到了宣传作用。

《藏文古籍概论》于2013年11月由西藏人民出版社出版。此书是由西藏自治区图书馆研究员白张先生所著，是作者以前辈学者对藏文古籍文献学方面的研究成果为基础，与现代古文献学理论知识相结合，撰写的一部藏文古籍文献学方面图书。该书的出版填补了各大民族院校及全区藏文古籍文献无教材的空白。

“西藏古籍保护系列丛书”（藏、汉双语版）共6册，于2017年3月由北京民族出版社出版。分别是《西藏阿里地区藏文古籍目录》《西藏阿里地区珍贵古籍图录》《西藏那曲地区藏文古籍目录》《西藏那曲地区珍贵古籍图录》《第四批国家珍贵古籍名录图录》《藏族历代学者生卒年代谱表》。这套丛书的前五部是由西藏自治区古籍保护中心所编，它的出版为进一步宣传藏文古籍普查保护工作起到了重要的意义，充分展示了我区古籍普查、申报、保护工作取得的成绩，对推动西藏古籍普查保护工作、继承和发展民族珍贵典籍文化、营造全社会参与古籍保护事业的良好氛围起到重要作用。丛书中的《藏族历代学者生卒年代谱表》为西藏自治区图书馆已退休的古籍研究专家康珠·索朗顿珠先生所著。此书的内容涉及藏族历代著名学者生卒年代阐述，尤其是对达仓·西饶仁钦大译师的生卒考证，为研究藏文古籍文献整理、编目等提供了不可多得的参考资料。

《历代藏文古籍写本尾跋题记解读》（上、下册）于2018年5月由西藏人民出版社出版，是由西藏自治区图书馆研究员白张先生所著。此书内容主要撰写了公元9至19世纪不同地域、不同书写风格、不同内容等缮写的藏文古籍文献尾跋题记，著者从现代古文献学的角度一一解读并断代出藏文古籍文献的文物价值。《历代藏文古籍写本尾跋题记解读》的问世给整理藏文古籍文献及古籍研究人员提供了写本断代文献的一手资料，同时为传统学科带来了大量的新鲜内容。

西藏自治区图书馆藏古籍文献《四部医典医学经典集要》《因明正解藏论》《苯教经咒集要》等列入了国家级珍贵古籍名录。

5 数字地方文献资源建设发展

在国家公共文化发展中心的安排下，西藏自治区图书馆完成了地方资源建设项目“传统八大藏戏”“西藏舞蹈艺术”“格萨尔史诗”，以及“西藏红色歌舞”“藏医药文化”“藏族手工技艺大全专题资源库”“西藏抗英历史文化专题片”“西藏民主改革第一村克松村历史专题片”“藏族十明学专题讲座资源库”“珞巴族文化专题片”“十八军进藏口述史”“微观藏族饮食”等专题资源库。

6 文体创意开发工作

2018年西藏自治区图书馆启动图书馆文化创意开发工作。充分利用和发挥图书馆馆藏资源优势，以市场为导向，将图书馆特色文化资源进行开发创新，设计完成具有浓郁藏民族文化元素“梵夹U盘”“环保袋”“滴水成海咖啡杯”“天文历算晴雨伞”等8种产品，投入市场后深得广大民众和旅游爱好者的青睐，并在2018年7月在中国图书馆年会文化创意产品展览上得到国内同行界的高度评价及喜爱，并顺利加入了全国图书馆文化创意产品开发联盟。

7 表彰与奖励

2014年10月，荣获“全国古籍保护工作先进单位”荣誉称号；

2018年5月，“日喀则吉隆县贡当乡汝村古籍保护行动”荣获“中国图书馆最美故事奖”；

2018年7月，全国图书馆文创展会上西藏自治区图书馆被授予“优秀文化创意产品推介单位”荣誉称号。

8 小结

藏民族文化源远流长，承载着这些文化的地方文献更是浩如烟海。藏文古籍在我国是除汉文古籍外收藏量最多的古籍文种，具有重要的价值。西藏自治区图书馆作为西藏唯一的省级公共图书馆，肩负着传承、保护、收藏、整理这些地方文献的使命，必须从西藏地方实际出发，收藏更多特色化资源，不断加强地方文献资源建设，才能更好地服务于社会。

完善地方文献　传承巴蜀文化

——1950年以来四川省图书馆地方文献工作概况

吴红颖（四川省图书馆）

四川省图书馆始建于1912年10月，是我国最早建立的公共图书馆之一，西部重要的公益性文献信息及巴蜀文化、典籍文献的研究基地。2015年12月26日，四川省图书馆新馆在成都天府广场西侧开放。新馆占地面积1.1万平方米，总建筑面积5.2万平方米，设学术报告厅、展览厅、名人文库等综合文化服务区域，可同时接待读者6000余人。

四川省图书馆秉承“人文立馆、标准立馆、科技立馆、品牌立馆、创新立馆、人才立馆”建馆思想，以建成全民阅读指导中心、文化传承中心、文化交流和理论研究中心为愿景，积极开展全民阅读推广活动，推进三大公共数字文化工程建设，建立“智慧家庭图书馆”，实施“汉藏文化交流项目”，探索军民融合发展新模式，为弘扬传承中华优秀文化、满足读者美好生活需要、建设书香四川做出积极贡献。

四川省图书馆重视文献资源建设，现共有藏书约500万册（件），其中古籍65万册（件）、民国时期文献22万册（件），数字资源150余TB，建成了以图书、报刊、数字资源为载体的文献资源体系，能为不同类型的读者提供较为完备的文献服务。

地方文献是文献资源体系的重要组成部分，是区域文化发展的积淀和缩影，具有“存史、资政、励志、兴经、助文”的重要作用。四川省图书馆重视地方文献建设工作，通过地方文献资源建设实现馆藏特色藏书体系的构建和核心服务能力的提升，更好地服务于社会经济发展、文明进步、文化繁荣。

1　历史沿革

新中国建立后，随着文献资源建设工作的发展，四川省图书馆不断加强对地方文献的搜集整理，力求健全以图书、报刊、数字资源为载体的内容包含四川历史地理、社会人文、经济建设等各方面的地方文献体系。

1950年，设立采编部，负责文献资源建设工作。1954年，增设古书部，负责地方文献搜集整理工作。1981年，增设期刊部，负责期刊、报纸资源建设。随着地方文献资源的日益增长，为全面建设地方文献，1983—1988年，采编部下设资料组，负责收集地方文献。1988—1999年，采编部划分成了采访部和编目部，其中采访部下设资料组，主要负责收集地方文献。1999年10月，成立地方文献资料部，配有专职地方文献业务人员4人，完成非正式出版物及内部资料的地方文献的采访、征集、交换等工作。自此，四川省图书馆地方文献资源建设开始了采访部采购正式出版物，地方文献资料部采购、征集、交换非正式出版物和内部资料，报刊部采购地方报刊，信息技术部建设地方文献资源数据库相结合的地方文献建设方式，进行系统的采访、征集、交换、捐赠，逐步建成了以图书、期刊、报纸、图片、数字资源为载体的地方文献资源体系。2015年8月13日，地方文献资料部与书目参考咨询部合并为参考咨询部。2017年6月13日，成立地方文献部，与参考咨询部同地办公。配备地方文献工作人员5人，专职负责非正式出版物及内部资料等地方文献的采购、征集、交换、捐赠工作。

经费是建设地方文献资源的保障，但在四川省图书馆地方文献资源建设过程中，经费增长较为缓慢。成立地方文献资料部前，无专项经费建设，根据需要酌情采购相关文献。1999年地方文献资料部成立后，才有了专项经费并缓慢增长，尤其针对非正式出版物和内部资料的自主采购，从最初的几百元增长至2009年的6万元，2014年15万元，2016年增加到20万元，2018年40万元。正式出版物和报刊类地方文献采购量也大幅增加。经费的增加为丰富四川省图书馆地方文献资源提供了重要的支撑。

2 规范化建设

为保证地方文献工作系统化、规范化开展，四川省图书馆制定了地方文献收藏原则、采访征集、自主采购、定价、阅览区管理等制度，制定了《四川省图书馆民族文献建设规划》《四川省图书馆地方文献发展规划》，对地方文献采购、交存、交换、分编等工作环节进行了规范化管理，规划了未来发展方向。

3 资源建设

3.1 资源建设渠道

地方文献是地方自然和社会活动的百科全书，全面入藏地方文献是四川省图书馆文献资源建设工作的原则之一。通过采购、划拨、交换、受赠、交存、专题征集等多种方式全面入藏地方文献，建成了内容丰富，含图书、报刊、数字资源等多种载体的地方文献体系。据系统数据统计，现共有1950年后产生的地方文献30616种79447册。其中，图书29926种49330册；报刊690种30117册，电子资源284种395册。

3.2 特色资源建设

四川省图书馆一直重视地方志、家谱的入藏。新中国成立初期，文献总藏量4万余册，其中方志、家谱族谱约占13%。截至1991年底，藏书总量达到420万余册，其中地方志1599种2978部，涵盖省志、府志、州志、县志、乡镇志、乡土志；家谱460余种，90%为川籍家谱。大量搜集了川剧剧目、历代川人著述等古籍及民国地方文献。为系统地建成全面反映四川发展的地方志，又着重搜集了四川及周边八省一市（重庆、云南、贵州、西藏、陕西、湖南、湖北、甘肃、青海）的当代地方志，建成了特有的地方志体系。截至目前，共有1950年后地方志3337种4084册；行业志2220种2482册；家谱达到813种1202册。新馆开馆后，加强对藏族、羌族、彝族及四川其他世居少数民族文献建设，相继入藏民族文献2823种2823册。加强名人手稿征集，已有马识途、魏明伦、邓贤、张秀熟等名人手稿入藏；系统入藏四川文史资料、内部出版物等；川版图书交存工作顺利开展，近四年各出版社交存18755种36647册。地方文献资源日益丰富。

3.3 数字资源建设

随着数字技术的应用，四川省图书馆逐步加强地方文献数字化和数据库建设。2007年以来，四川省图书馆依托文化共享工程建设了“绵竹年画”“藏族唐卡”等12个关于地方特色文化、红色历史、少数民族语言等内容的资源库，《青川县5·12地震暨抗震救灾史料视频专题片》专题片1部，400小时的康巴藏语译制节目，建设总投入1124.6万元。依托数字图书馆推广工程，对《四川省志》《四川家谱》等地方文献进行数字化。

4 资源服务

4.1 整理分编

为便于读者使用地方文献，四川省图书馆科学标识地方文献、地方志、家谱、年鉴、民族文献等地方文献类型，依据《中国图书馆分类法》对地方文献进行规范化整理分编，及时入藏特部、报刊部、流通阅览部、信息技术部、地方文献部，为读者提供服务。加强学术及课题研究，成功申报各级课题多项并取得较好成效。2015和2016年整理出版《重修四川通志稿》《李一氓旧藏花间集丛刊》，其中《重修四川通志稿》获得四川省第十七次社会科学优秀成果二等奖；2018年5月，西华大学省部级科学平台开放课题人文社科重点项目《四川地方志联合目录》正式出版；等等。整理揭示特色地方文献，2014年出版《四川省图书馆馆藏四川保路运动史料书影汇编》，并获得2013—2015年四川省图书情报优秀学术研究成果一等奖。先后整理《馆藏四川地方资料目录》《四川省图书馆馆藏新编地方志目录》等数十种二三次文献。

4.2 流通服务

为了给读者提供及时服务，四川省图书馆于1965年开辟了内部资料专项服务，为四川党政领导部门提供文献信息服务；1982年开设地方志阅览室，闭架阅览。后来由于新馆建设受挫等原因，暂停地方文献阅览专区（室），流通服务分别由特藏部、流通阅览部、报刊部提供。2015年新馆投入使用，重新设立地方文献阅览区，面积1300平方米，为读者提供地方志、行业志、家谱、地方年鉴等地方文献开架服务；开辟专区，集中展示自新馆开馆以来交存的川版图书。2016及2017年地方文献阅览区共接待读者284265人次，接待读者咨询近18000人次。

4.3 参考咨询

充分利用地方文献资源做好参考咨询，为四川政治、经济、文化建设提供文献信息支撑是四川省图书馆信息服务的主要工作之一，四川省图书馆长期为政府决策、科学研究、经济建设提供及时、高效、便捷的参考咨询服务，为四川党政部门提供的《决策参考》服务多次获得省领导的亲笔批示。促进四川学术科研工作的开展，一批著名专家学者成了四川省图书馆读者，长期使用地方文献资源，如杨明照、袁珂、卿希泰、陈世松等，产生了大量的高品质的学术成果，也进一步丰富了四川省图书馆的地方文献资源。

4.4 开辟名人文库及展览

开辟四川历史文化名人文库及展览，充分展示四川文脉，打造弘扬四川人文精神的展示平台、阅读空间、研究中心。在省委宣传部的大力支持下举办“李劼人、李一氓文库暨展览”，受到社会各界的广泛关注，在开展当天，新华网、《光明日报》、《四川日报》、人民网等平面及网络媒体纷纷报道，全网阅读量超2000多万人次，被评为“是一种对先贤文化的致敬”，“彰显了成都厚积千年的文化温度，诠释了天府文化友善公益的内涵”。正在建设中的“张大千文献中心”通过传统文献与数字资源相结合的方式呈现给读者，为读者使用、研究张大千相关文献提供服务。

4.5 读者活动

为扩大四川省图书馆地方文献服务范围，提升服务质量，打造全民阅读氛围，不断丰富读者活动，2015年新馆开放后，在原有“巴蜀讲坛”系列讲座基础上，增加全民阅读、读者沙龙和外国文化周等活动宣传和弘扬巴蜀优秀传统文化。据不完全统计，仅2016、2017两年共举办讲座203场，其中关于地方文化的讲座达20场。讲座深入各市州区县，推出特色主题讲座，邀请阿来、流沙河、魏明伦、谭继和等四川文化名人及专家学者做关于巴蜀历史、文化等内容的专题讲座。引导读者和研究者关注和研究相关地方文献，促进地方文化及相关领域工作的蓬勃发展。每月举行“爱读周末分享会”“我为川版书代言”等品牌活动，与出版社、四川日报社等文化机构合作，通过线上线下传播的方式，引导和推广全民阅读，宣传和弘扬巴蜀优秀传统文化，取得了良好的社会效益。通过微信微博等线上公共平台，开展地方文献阅读推广，按月推出“川版新书”等栏目，及时向读者提供川版新书信息。

6 人员培训

为提高地方文献工作人员专业素养，提升地方文献建设质量，确保地方文献采购、分编、服务和资源开发工作的顺利进行，加强对从业人员的专业培训，通过举办培训班、考察学习等方式，先后在四川省图书馆或基层图书馆举办了地方文献采购、编目、服务及数字资源建设等内容的培训班，组织员工到上海、广州、湖南等大型图书馆考察学习，全省公共图书馆及本馆人员培训达220余人次。

7 愿景

地方文献服务于四川社会、经济、文化的建设，是图书馆文献建设的重点及特色。四川省图书馆将坚持地方文献全面入藏的原则，不断丰富地方文献；开发利用地方文献资源，通过学术研究、二三次文献编辑、讲座、展览、名人文库、数字化建设等方式，为扩大地方文献的社会影响力，传承和弘扬巴蜀优秀文献，提供便捷、及时高效的文献信息服务。加强与市县级图书馆的交流合作，建立地方文献沟通协作联盟，不断丰富全省公共图书馆地方文献工作的内容，加强对地方文献工作人员的业务培训，提升全省公共图书馆地方文献服务水平，促进全省地方文献事业进步。

贵州省图书馆地方文献工作概述

田晓华（贵州省图书馆）

1 综述

地方文献是对特定区域群体活动方式的真实记录，是涉及区域所有相关因素的信息载体。贵州省图书馆自建馆以来，一直把地方文献纳入重点打造的文献资源建设体系，经过数十年的建设与发展，形成了独具特色的涵盖贵州省地方志、史料、统计资料、年鉴、文集、名录、资料汇编等各种类型的地方文献收藏体系。贵州地方文献客观地记载了贵州的发展轨迹，综合反映了贵州的天文地理、物产资源、风土人情和名胜古迹等自然和社会现象及人的全体活动，是贵州发展变化的客观缩影与文化底蕴的智慧结晶。

从发展历程上看，可以将新中国成立以来贵州省地方文献的收集、整理、开发利用历程按时间展示，为两个阶段：第一阶段从1949—1979年，这一时期是贵州省地方文献发展初期阶段，通过接收、购买、接受捐赠、调拨和征集获得大量方志、黔人、黔宦遗著，这些资源成为贵州省图书馆地方文献宝贵财富；第二阶段从1980年至今，这一时期是改革提升阶段，随着信息时代的来临，数字图书馆应运而生，它通过对文献信息资源进行加工整合，形成海量资源库群，贵州省图书馆在这一阶段利用缩微技术将珍藏的地方志和地方出版的报纸进行了缩微拍摄，并自建地方志数据库和特色专题数据库。服务方式从文献借阅服务到个性化、专业化信息服务，从阅读学习场所到文化交流空间，为贵州文化的发展与传承做出应有贡献。

2 历史沿革

1907年7月，贵州学务公所在其图书科附设了图书纵览室，标志着贵州省最早的省级公共图书馆机构的出现。1913年6月9日，贵州图书馆在梦草公园（现贵阳市中山西路）内紫泉阁开馆。1937年5月5日，贵州省立图书馆正式成立、开馆。1949年，贵阳市军管会宣布接管贵州省立图书馆，机构沿旧。经几度更名，1956年11月，正式定名为贵州省图书馆。

20世纪50、60年代，是贵州省图书馆改旧立新阶段。明确了“为工农兵服务”“为经济建设服务”的办馆方针，对藏书内容、服务对象、服务方式方面都有重大改变。1951年1月，原馆长杨毓华参加学习，其馆长一职由文教部主任教育处处长张叔成兼任，所有馆务由原采编部主任沈子英暂时负责。内部机构沿用总务部、采编部、特藏部（包括金石、舆图、善本珍本、地方文献征藏与发展等）、研究辅导部。经费来源由文教厅拨发。1952年，贵州省图书馆将原有参考室和特藏室合并设立地方文献特藏室，着重方志和史料的汇集和整理。1962年，为了更好地为科研、生产服务，成立科技文献检索室。1965年，省图书馆机构调整为：阅览、采编、参考辅导、旧籍图书、秘书5个组。馆内设儿童、报纸、杂志、普通、科技图书等5个阅览室。“文化大革命”期间，贵州省图书馆的各项业务工作被打乱，地方文献建设基本上处于停顿状态。

20世纪70年代末，党的十一届三中全会以后，全党工作重心转移到经济建设上来，各行各业生机勃勃。为适应“四化”需要，贵州省图书馆于1979年将原有体制的组改为部，分设采编部、社会科学部、科学技术部、研究辅导部、历史文献部和办公室。历史文献部下设古籍阅览室和内部资料室（收藏民国时期书刊报纸、贵州省地方文献、报刊及港澳台书刊报纸等）。

90年代初，历史文献部领导提出重建地方文献阅览室。1992年，因馆舍建设，部门搬离本馆至贵州师大图书馆内办公。因场地有限，已经收集的部分地方文献书刊先做装箱处理。后来，因刊物的时效性强，历史文献部向馆里提出把地方期刊移交给报刊部管理，得到馆领导及报刊部的支持。

2004年，新馆落成，历史文献部的地方文献阅览室终于挂牌正式接待读者。该室收藏新中国成立以来各时期的黔版书籍、黔人著述、少量外省出版社、外省人士有关贵州的书籍，还有部分黔籍读者藏书捐赠专架以及地方文献的缩微胶片。并以此为基础开展地方文献对外服务工作及咨询服务工作。

3　人员设置

地方文献阅览室建设之初设有工作人员3—4名，在读者不多的情况下，部门要求工作人员加强学习，参与本省地方文献的征集和非正式出版物呈缴工作，接受读者捐赠，经验收登记后交采编部分编加工。现在贵州省图书馆历史文献部有工作人员6名，其中设置一个地方文献阅览室，工作人员除了广泛收集地方文献资料外，还需建立馆藏地方文献书目数据库和专题全文数据库，参与地方文献学术研究。

4 经费

历史文献部没有专门的经费，但可以提出书目供采编部采购。同时设专人到旧书市场收集地方文献，购书经费以发票报账。

5 资源建设

5.1 1949—1979年地方文献资源建设

1949年11月，新中国成立初，贵州省图书馆继承贵州省立图书馆图书共有藏书52277册，其中特藏品（包括书画、照片、碑拓等）1586种。之后接管贵州省文献馆3万多册藏书，大多数为本省地方文献，如《贵州通志》(民国)、《黔南丛书》、《贵州文献季刊》等。1952年，贵州省图书馆将原有参考室和特藏室合并设立地方文献特藏室，着重方志和史料的汇集和整理。自宋至民国，贵州纂修地方志共385种，国内外有线索可寻的215种。新中国成立前，贵州省图书馆地方志有30余种，而本省方志仅24种。1956年贵州省人民政府将省文献征集馆的方志50余种拨交省馆，内有本省方志40余种，加之广泛搜集、复制，省馆藏有本省方志200多种。就连国内缺藏流传到日本的明万历《贵州通志》也于1989年由日本尊经阁图书馆复印一套入藏，花费23万日元(折合人民币7000元)，弥补了这一版本省志收藏的空白，使贵州省地方志书更趋完善。

1953年，朱启钤先生将多年所藏图书捐献给北京图书馆，其中黔人文献著录、黔人文献有400余种。1962年，北京图书馆（今国家图书馆）遵朱先生之意愿将贵州地方文献304部转拨给贵州省图书馆，其中包括有刻书《黔南丛书》别集8种、《李仲明营造法式》、《存素堂丝绣录》、《贵州碑传集》等。朱启钤先生藏书涉及范围广、门类多，反映了其在学术领域的广度和深度，尤其在贵州地方文献方面收藏较齐全，给贵州留下了一笔宝贵财富。另外，北京图书馆留下的这批文献的精善孤本已制成胶卷存贵州省图书馆，通过缩微阅读机可供利用。贵州省图书馆现存朱氏藏书，多为清嘉庆以后刻本，其中有13部被列为省级善本，还有12部抄本，其中《开州志》一函五册，便是朱老亲笔抄写的。

与朱启钤先生一起编撰《黔南丛书》的贵州同乡邢端，长期搜集各种书籍和碑帖，尤其为搜集贵州的典籍不遗余力，希望对家乡文化贡献力量。临终前，他将自己全部收藏的图书、碑帖数十箱，约1万余册，捐赠给贵州省图书馆和贵州省博物馆。现贵州省图书馆入藏邢氏捐赠的书籍共1134种8569册，其中有不少地方文献，如《蛰庐丛稿》《清代黔人馆选提名》《巢经巢诗文集》。除此之外，黔籍地方文献收藏爱好者纷纷将所藏图书捐赠给贵州省图书馆，为贵州省图书馆地方文献收藏做出贡献，如李俶元、凌惕安等。

5.2 现有地方文献统计

贵州省图书馆馆藏地方志文献以纸质、缩微及电子多种载体形式保存。其中纸本文献18066种19793册；缩微品文献269种663卷。

图书：贵州省图书馆馆藏贵州本地五家出版社出版的图书。除贵州人民出版社每年呈缴该社出版的图书外，共计9474册。其他四家出版社（贵州民族出版社、贵州科技出版社、贵州教育出版社、贵州大学出版社）每年出版的图书本馆均购买入藏，贵州省图书馆馆藏的全省各地市县的文史资料，从1962—2015年连续性入藏共612册，贵州省图书馆馆藏的各机构资料，涵盖了政府机关、企事业单位、社会团体等出版、编印的具有资料价值的内部资料共计139册。贵州省图书馆馆藏政府机关、学会、协会、民间社团的会议资料、会议记录等共计49册。

表1 贵州本地出版社出版图书馆藏数量表

出版社名称	馆藏数量（册）
贵州人民出版社	5886
贵州民族出版社	1569
贵州科技出版社	1016
贵州教育出版社	526
贵州大学出版社	477
合计	9474

连续出版物：贵州省图书馆馆藏本地连续出版物，涵盖了贵州9个市（州）出版的期刊84种，报纸32种。通过邮局订购和与编辑部直接订购的方式进行采购。

特色文献：贵州省图书馆存有抗战时期文澜阁《四库全书》秘藏贵阳纪实档案资料。收藏贵州省老照片百余张。馆藏谱牒78部。手稿收集，有覃雨甘先生手稿1814页；

陈履安先生手稿739页；易同文先生摘抄剪报518张；信件90封，复印件96篇。贵州茶文化专家罗庆芳先生等著的《中国茶典》手稿5000余页。收集有本省名家、歌曲、舞蹈、少数民族世居生活等地方音视频光盘234张。

5.3 地方文献数字资源建设

贵州省图书馆从2010年开始建设地方文献数据库，至今共建成总容量达52.48TB的多个数据库。其中“贵州省人民政府公报数据库”可达到每月更新；“贵州地方特色文化视频数据库”达到每年更新；“贵州视频公开课数据库”“贵州省地方文献数据库”“贵州省政府公开信息数据库”“网事典藏数据库”按年更新；“贵州地方志索引数据库”“贵州地方志全文数据库”为古旧地方志文献扫描加工数据库，因此类文献无新增，所以数据库也无更新；“贵州农民画数据库”根据收集情况不定期更新。

表2 贵州省图书馆地方文献数字资源库

<table>
<tr><th>资源名称</th><th>建设方式</th><th>本地存储量（TB）</th><th>建设时间</th><th>本地镜像访问入口及存储路径</th></tr>
<tr><td>贵州地方志（索引）数据库</td><td rowspan="3">自建</td><td rowspan="3">0.6</td><td rowspan="3">2010—2013</td><td rowspan="3">http：//192.168.1.242/tpi/sysasp/include/index.asp</td></tr>
<tr><td>贵州地方志（全文）数据库</td></tr>
<tr><td>农民画数据库</td></tr>
<tr><td>贵州地方特色文化视频资源数据库</td><td>自建</td><td>31.68</td><td>2010—2013</td><td>http：//222.85.138.59：81/node_6/index.html</td></tr>
<tr><td>政府公报数据库</td><td>自建</td><td>0.2</td><td>2013至今</td><td>http：//192.168.1.210：81/Index.aspx</td></tr>
<tr><td>地方文献</td><td rowspan="4">自建</td><td rowspan="4">20</td><td rowspan="4">2013至今</td><td>http：//192.168.1.213：8015/bookList.aspx</td></tr>
<tr><td>政府公开信息</td><td>http：//192.168.1.214：8019/index.htm</td></tr>
<tr><td>网事典藏数据库</td><td>http：//192.168.1.213：8016/index.html</td></tr>
<tr><td>贵州省公开课数据库</td><td>http：//192.168.1.213：8015/openClassList.aspx</td></tr>
<tr><td>合计</td><td colspan="4">52.48TB</td></tr>
</table>

5.3.1 贵州省人民政府公报数据库（2013—2018年）

该数据库是贵州省人民政府公报全文检索系统。政府公报是政府机关出版发行的以登载法令、方针、政策、宣言、声明、人事任免信息等各类政府文件为主要内容的连续出版物，该数据库按月更新。

5.3.2 贵州地方志数据库：由全文和索引数据库组成

2010年，贵州省图书馆将馆藏149部262册地方志进行数字化，建成“地方志全文数据库”和“地方志索引数据库”，容量共500GB。贵州地方志数据库由贵州省图书馆根据馆藏地方志的情况提供底本和索引目录馆技术部拍摄加工，包括通志（存目）、府县志、乡镇志、山水志等，编纂年代截止到1949年。数据库内信息包含书名、作者、年代、内容简介、版本、来源等项目。以图片的形式详尽地反映了贵州全省各地数百年间政治、经济、军事、文化、地理、人物、谣谚、方言等各领域的民生省情，是了解贵州各府县彼时建置沿革、历史地理方面典故的重要参考资料。其中对西南边陲少数民族相关迁徙、发展史实、民俗、语言文字（如水书、苗语、布依语）诸方面的记载，对读者是非常珍贵的资料。

5.3.3 贵州农民画数据库（2010—2013年）

农民自己创作和自我欣赏的画叫农民画。贵州是有着十七个世居少数民族的多民族省份，因此贵州农民画具有鲜明的民族特色，独树一帜。近年来贵州省农民画创作队伍日益壮大，创作水平日益提高，对外影响力日益扩大，成为贵州民族民间文化的响亮招牌。该库收录贵州省农民画60余幅。

5.3.4 贵州政府公开信息数据库

该库收录所在区域地方政府网站上的政府信息公开专栏下的信息和其他栏目下的公文信息。目前已收录贵州政府公开信息超过100万条。

5.3.5 网事典藏数据库（2013—2018年）

该数据库主要采集反映贵州省行政区域的政治、经济、文化发展等信息的网站，并将采集到的网站进行编目和发布。目前已收录600余家网站信息。

5.3.6 贵州省公开课数据库（2013年至今）

邀请贵州省内知名专家学者，就贵州省历史、文化、民族特色等内容进行讲座的视频数据库，目前已收录120余部讲座。

5.3.7 贵州地方特色文化视频数据库（2010—2013年）

建有“贵州府县志”“民国图书”“贵州农民画”“侗族大歌视频专题片”“锦鸡舞视频专题篇”“苗族蜡染视频专题片”“水书习俗”“堂安侗寨”和“苗绣多媒体数据库”等特色数据库；编辑制作“安顺地戏”“玉屏箫笛”“台江反排木鼓舞”等22个具有地方特色的多媒体资源库和《彝族铃铛舞》《德江傩戏》《布依族布依戏》等20个具有地方特色的高清专题片。

6 资源服务

贵州省图书馆专设地方文献阅览室，开展地方文献对外服务工作及咨询服务工作。提供1949年以来的地方版图书、新版地方志及部分本省人士捐赠图书给读者阅览。该阅览室收藏新中国成立以来反映贵州地区经济、政治、文化、历史、地理、教育、卫生等方面的文献资料，主要有新编地方年鉴、地方志、地方史、地方概览、家谱、地图、政协文史资料、各种专题汇编、各种报纸和期刊缩微胶卷等。

贵州省图书馆的参考咨询工作，于1956年全国图书馆工作会议提出省级图书馆要为科研、生产服务的方针以后开始起步，贵州省图书馆根据实际情况和读者需要，编制了各种参考书目。据不完全统计，从1956年到1965年贵州省图书馆编制有关科研课题和工农业生产的各种书目索引共180多种，为促进本省工农业生产发展做出了贡献。1963年参考咨询部门挖掘馆藏内部资料潜力，为工业部门编辑了12种内部发行图书资料目录，为农业部门编有11种书目索引。1978—1987年，贵州省图书馆为80多个科研生产课题（单位）提供了专题情报服务。撰写印发了《贵州野生猕猴桃资源的开发与加工利用》《贵州猕猴桃资源优势及开发前景评价》《贵州刺梨与刺梨研究史》《加快金沙矿泉水的开发、促进贵州软饮料工业的进一步发展》等专题情报调研报告、专题论文、综述等20余篇，10万余字，为各级领导提供了科学决策依据。

近年来，贵州省图书馆地方文献参考咨询工作，为全国各地专家、学者提供课题咨询，其中主要有：为“民国时期贵州地方报纸研究”课题提供有关民国时期本地报纸方面的有关文献资料。为麻江县教育局查找《贵州省志》《独山州志》等，为编纂《麻江教育志》提供资料；为中国共产党环江毛南族自治县委员会党校人员查找关于布依族将军卢涛民国时期在贵州的资料，为编写《卢涛研究》一书提供资料；为重庆市社会科学规划课题“国家化的地方：西南近代报刊的政治憧憬与文化想象”提供相关资料和图书拍摄服务等。

7 学术、科研活动及成果

贵州省图书馆自建馆以来，图书馆人十分注重对地方文献的收集整理及开发利用，勇于承担保护和抢救历史文献的优良传统，为地方文献的收藏和整理研究打下坚实的基础。从20世纪60年代收集、刊刻省内外几十种地方志书，80、90年代编印各类图书目录、年表，到新时期各种地方文献图书的出版，一代代的图书馆人前仆后继，砥砺前行，在学术上取得了一定的成果。

值得一提的是1963—1966年间，贵州省图书馆请准使用社会劳动力，有计划、分阶段大规模收集、校勘、刻写、油印本馆缺藏地方志书七十余种。每部印数十至数百部不等，除本馆收藏外并对外销售。该项事业虽然因为“文革”发生而中断，但所搜集志书仅数种未及刊刻。三年时间，共计有68种383册地方志得以新增入藏，使贵州省图书馆地方志特色馆藏基本告成。该项事业不但对实现地方志书馆藏的完整有决定性意义，对贵州全省地方文献抢救、保护的贡献也是巨大的。

1979年4月，贵州省图书馆学会成立。此后学会创立《贵图学刊》，配置专职干部负责编辑，并举办两年一次的学术年会，日益成为图书馆界交流与合作的桥梁和纽带。由贵州省图书馆学会牵头编撰的《贵州古籍联合目录》，从1990年开始，经过10多年的努力，于2007年正式出版。该目录共收录古籍文献目录3万多条，内容涉及经、史、子、集、丛5大部，凝聚了我省老一辈古籍整理工作者的心血。该目录较完整地揭示了我省古籍文献的收藏状况，为馆际互借、资源共享提供基础。

20世纪80年代，由康恒基主编的《贵州历代自然灾害年表》出版。该书是从数百种地方志中系统地汇集出一千九百多年来，有关贵州历史上所发生过的各种自然灾害的资料，分为地震、水灾、雹灾、旱灾和虫灾等专题，对修建铁路、桥梁、电站、厂房，以及研究农业气象、洪水、地震等都具有一定参考价值。贵州省图书馆副馆长沈子英先后主编《贵阳地区矿物工程、冶金工程图示联合目录》《贵阳地区医学图书联合目录》《贵阳地区农业图书联合目录》。《贵州省地方文献目录》等多种书目资料出版发行，得到省气象、电力、地质等部门的重视和利用。1991年4月，省历史文献会召开《贵州古旧文献提要目录》（以下简称《提要目录》）编辑会议，成立了编撰组以领导开展工作，对原有古旧地方文献目录作进一步的揭示工作，并形成联合目录。经过几年的努力，周鼎任主编、陈琳任副主编的《贵州古旧文献提要目录》出版，并荣获贵州省第四次社会科学优秀科研成果三等奖。这本《提要目录》共收录贵州古旧文献1154种，就当时存藏情况来看，应该收集到90%的汉文古旧地方文献。2018年起，贵州省图书馆加强对本区域名人作品的收集整理工作，出版有《贵州乡贤年谱：宫傅杨果勇侯自编年谱》《贵州乡贤年谱：郑子尹年谱》《贵州省第一至五批国家珍贵古籍名录图录》《贵州省图书馆古籍普查登记目录》等，贵州省古籍保护中心与三都水族自治县档案史志局合编有《水书·六十龙备要》《水书·吉星卷》。

贵州省图书馆的缩微拍摄工作始于1986年，从1987至1989年先后拍摄了《贵州公报》《铎报》《黔报》《达德周刊》等地方文献。贵州省图书馆拍摄缩微胶卷的母片优质品率自1992年起逐年上升，到1995年已达65.4%，为当年全国各拍摄成员馆的第一名，1996年优质品率达70%以上。1996年12月获文化部图书馆司表彰被评为全国公共图书馆文献抢救“先进集体”。

2015年，贵州省图书馆为《遵义丛书》提供底本58部。2017年12月贵州省重大出版工程《贵州文库》首批10种53册图书正式出版发行，贵州省图书馆为文库收集所需的贵州古籍文献各种原本复印件或扫描件，在已出版的第一辑中提供《贵州苗夷社会研究》底本，该书对研究贵州少数民族的社会经济、文化教育、风俗习惯具有很高的学术价值。《花溪闲笔·贵州民政十讲》是研究贵州民国时期行政管理的重要文献。《大定府志》对大定做了精确的考证和论述，对于地方史志的研究，很有价值。2018年第二批《贵州文库》图书由贵州人民出版社出版，共出版发行28种91册，贵州省图书馆提供包括〔乾隆〕《贵州通志》、《苗族调查报告》等珍贵文献底本。

贵州省图书馆的自建数字资源有：“中国少数民族村寨——堂安侗寨”获多媒体资源库获优秀项目；专题篇《水书习俗》成功入围2017中国广州（国际）纪录片节“金红棉”评优单元复评环节。

8　结语

地方文献工作是省级公共图书馆的重要工作。贵州省图书馆自建馆以来，通过几代人的努力收藏了大量地方文献资源。作为全省地方文献资源中心，贵州省图书馆应加强自身的责任感和使命感，系统地开展贵州地方文献的收集整理工作，促进地方文献相关研究和开发利用，服务贵州经济建设，为传承和弘扬贵州文化做出贡献。

河南省图书馆地方文献工作概述

苏萦 （河南省图书馆）

1 综述

1.1 图书馆概况

河南省图书馆是我国建馆最早的公共图书馆之一。1908年7月6日，河南提学使孔祥霖呈奏抚院请创建“河南图书馆”，7月13日获准。孔祥霖自任总理（馆长），搜罗大梁、明道书院及学务公所旧藏共计1600种43000余卷，以开封龙湖南岸二曾祠侧之许公祠为馆址，于1909年2月27日（宣统元年农历二月初八）开馆，定名为“河南图书馆”。1915年，以北洋政府教育部颁布的《图书馆规程》改为河南省立图书馆。1928年，奉省政府令改为河南省图书馆。抗日战争期间河南省图书馆曾迁至南阳、析川等地，1946年迁回开封。1949年3月，河南省图书馆临时归并到中原大学（即河南大学）图书馆。1950年元月，恢复建制，同年10月，改名为“河南省立图书馆”。1953年，又改名为“河南省图书馆”。1957年5月20日，河南省图书馆由开封迁往省会郑州纬二路省人民委员会礼堂。同年10月在优胜北路建设新馆舍，次年7月建成迁入，建筑面积5000余平方米。1985年在嵩山南路与伊河路交叉口西北选址建设新馆，1989年建成并交付使用，新馆总建筑面积2.95万平方米。

河南省图书馆经历了百年风雨沧桑，几多反复，曲折发展。新中国成立后，特别是改革开放以来，河南省图书馆得到了快速发展，已初步建成为综合性、多功能的现代化图书馆。

河南省图书馆始终秉承“读者至上　服务第一”的办馆宗旨，积极开展丰富多彩的读者活动和培训活动。馆内设有17个对外服务窗口，阅览座席1200多个，年到馆读者达百万人次。还在全省开设30余处外借点，进行图书流通服务。随着远程访问系统的开通，全省各市、县（市、区）图书馆均可共享省馆数字化资源。2002年全国文化信息资源共享工程起步建设，9月建成河南省分中心平台，拥有数字化资源15TB，以IPTV传输、接收模式为主，服务范围覆盖全省4.8万个行政村，形成了基层文化信息资源服务网络。业务窗口365天开放。积极开发馆藏资源，先后编写了《港澳台报刊文摘》《经济文摘》《决策参考》《省长专递》等二三次文献。邀请国内、省内著名专家、学者举办“世纪论坛”公益讲座报告会。2011年5月，河南省图书馆将公益讲座制度化，更名为“豫图讲坛”，在每周日上午定期举办。截止到2013年底，“豫图讲坛”已连续举办153期。多种延伸服务活动深入开展，公共文化服务能力与水平不断提高。

注重自身业务研究和队伍建设，学术成果不断涌现。《河南图书馆学刊》已编辑出版160多期，成为国内图书馆学术交流的重要阵地。从2002年开始，先后编纂出版了“图书馆治学文集”等系列丛书。2009年是河南省图书馆建馆100周年，编纂出版了《河南省图书馆志》《河南省图书馆百年》《河南省图书馆同仁文集》《河南省市、县图书馆古籍善本联合目录》《河南省图书馆古籍善本书目》《旧时河南县级图书馆寻踪》《文献遗产保护技术理论与实践》《加拿大国家图书档案馆珍藏》等。

积极参与文明单位创建活动，先后被上级部门授予“社科联系统先进单位”“‘三树一讲’活动先进单位”“社会科学知识普及活动周先进组织单位”“五好党总支”“先进基层工会”“读者喜爱的图书馆”“郑州市文明单位标兵”等称号。2004年、2009年两次被文化部评为一级图书馆。2008年3月被国务院公布为全国古籍重点保护单位。2009年，被河南省文化强省建设和文化体制改革工作领导小组评为文化事业发展先进单位。2013年8月，被评为“全国人文社会科学普及基地”和首批“河南省社会科学普及基地”。

截至2013年底，河南省图书馆累计藏书总量达到329多万册（件），其中古籍50万多册。设有借阅部、报刊部、古籍部等10个业务部门，以及综合办公室等5个职能部门。

1.2 涉及地方文献工作的方针政策、目标导向

征集是河南省图书馆收集地方文献的主要方式之一，通过有目的地向省内各级党政部门征集内部资料、技术资料、河南地方文献、革命史料和各名人手稿等资料，补充馆藏文献。

2002年颁布实施的《河南省公共图书馆管理办法》第21条对呈缴本制度进行了规定，但是由于种种原因，呈缴本制度未能实施。不过，河南省图书馆还是接受了大批社会捐赠图书。

1989年以来，我馆重点加大了非书资料、地方文献和地方出版物的收集。2005年，为进一步加强地方文献工作，在恢复地方文献建制后不久，召开地方文献工作座谈会，邀请省人大、省文联、省新闻出版局、省文化厅等领导及社会各界知名专家学者参加，

就地方文献工作如何为河南经济建设与社会发展服务、地方文献的征集方法与工作重点、征集网络的建立、如何推行呈缴本制度等问题进行探讨。翌年，在媒体公开发布《河南省图书馆征集地方文献启事》，并与多家单位建立了内部出版物呈缴关系。随后，河南省图书馆地方文献建设走向征集与采购并重之路。

2007年5月26日，《大河报》以“你家有这些‘宝贝’吗？”为题，报道了河南省图书馆面向全省征集家谱、地方史志、革命历史文献、统计资料等历史资料的消息。消息一出，引起社会各界强烈反响。郑州、济源、平顶山、安阳、开封、新乡等地的许多读者或打电话，或直接找到河南省图书馆，捐赠家谱、地方史志、行志史志等文献。省建设厅的李彤先生将自己收藏的1000余册《河南省志》《河南近代建筑志》《郑州市房地志》等资料无偿捐献给河南省图书馆。他表示，自己是图书馆的老朋友了，喜欢读书，也喜欢收藏图书，与书打了一辈子交道。这次听说河南省图书馆征集地方文献，就把自己的收藏悉数拿了出来。还有一位叫赵成彬的老先生将自己收藏的《郑州市市政工程志》的手写本100卷捐献给图书馆收藏。据统计，此次社会各界共捐赠图书2300余种3100余册。这批图书主要包括家谱族谱、地方史志、个人著述等。

2 历史沿革与人员情况

河南省图书馆历来重视地方文献建设。1917年仿济南图书馆的做法，广泛与各机关单位联系，征集各种地方文献资料，对未出版者，也设法征集、购买或借抄收藏。此举使河南省图书馆藏书陆续增至3360种100451卷。1920年，藏书增至4310余种138460余卷。20世纪30年代，河南省图书馆进一步重视地方文献的收集工作，制定《河南省图书馆征求本省书籍例程》。其中明确规定：（一）自明清至今，凡本省先贤遗著、稿本、副本或流布未广之刊本，或曾经批校之古书，不论何部何类，一律征求。（二）自汉以来，本省先贤遗书之刊本，不论本省人刊外省人刊，一律征求，其在汇集刻本之内者，单送全送均可。（三）本省人刊行或印行书籍，不论单行汇刻，凡未习见者，一律征求。其征求的具体办法有：代为保存、收买、录副、代为刊印等。

除了访抄、征购地方文献外，河南省图书馆还参与重大考古发现、征集书版、购置金石文物等。

中华人民共和国成立后，河南省图书馆的地方文献工作得到发展，但刚开始恢复的地方文献工作即遭遇十年“文革”而处于停滞状态。

1982年10月，为了发挥河南地方文献在科研中的作用，为修志人员服务，河南省图书馆设置了地方文献资料室，主要进行地方文献的收集和整理。1987年，正式设立地方文献部，负责地方文献的采购、加工、典藏和阅览工作。1994年，河南省图书馆对内设机构进行了调整，地方文献部与古籍部合并为历史文献部，但地方文献部仍单独设有采购、分编、典藏、阅览等岗位。在2000年的聘任工作中，地方文献的采购、分编工作划归采编部。2005年，为突出馆藏的特色化，河南省图书馆又重新设立了地方文献部，编制人员5人，除原有的典藏、阅览岗位外，增设了地方文献非正式出版物的征集岗位，地方文献中正规出版物的编目加工及正式出版物的采访工作仍由采编部承担。2016年，地方文献部开设“中原文献馆”和“中原方志馆”，人员增加到10人。

3　经费与资源建设情况

3.1　各个时期有关地方文献资源（实体、数字）的数量统计

1982年，地方文献资料室恢复后，向全省发出400余封征集资料的函件，并向河南省文化局呈报《省图书馆征集地方文献的报告》。

1984年，又为地方文献室增派2名具有大专学历的年轻同志，并拨给一定的经费，用于订购和征集资料。

1985年，征集地方文献图书190余种近500册，期刊180多种，订购报纸40种，加工图书资料800种。

1987年，制定《河南省图书馆文献交换（赠送）暂行规定》，规定“本省的非公开发行报刊交给地方文献部加工整理、上架并提供给读者使用”。全年征集购买图书414种945册，征集内部发行的刊物、党史资料、史志通讯81种，内部报纸19种，全年经费3760元。

1988年，制定完善了《河南地方文献采购原则》，全年购书经费7254元，征购图书983种1725册，期刊193种，分编图书2550种5407册。

1992年，根据豫文化厅〔91〕第36号《关于在全省公共图书馆开展文献资源调查的通知》，对河南省地方文献资源进行了逐一统计，调查结果为，报纸86种1079册，期刊294种1260册，图书3662种9318册，合计为11657册，多为1980年以来河南省非正式出版物或公开发行的图书和报刊。

1993年，地方文献部广开渠道，无偿征集到70多种报刊和部分市、县政协编辑的

文史资料。

1997年，组织10多名工作人员，历时3个月，对中华人民共和国成立后的河南地方报纸100余种1800余册进行整理上架，不仅查清了馆藏，也为这部分报纸的抢救拍摄奠定了基础。

2005年重新设立地方文献部后，加强了对地方文献特别是非正式出版物的征集工作，截至2007年底，共征集各类地方文献7800余册。10月，召开地方文献工作座谈会，邀请省人大、省文联、省新闻出版局、省文化厅的领导及地方史志、图书馆、档案馆等各界知名专家学者20余人出席，就地方文献的征集方法、重点及征集网络的建立，地方文献工作如何为河南省经济建设、社会发展服务，如何推行呈缴本制度等问题进行研讨，《河南日报》《大河报》等媒体进行了报道。

12月，河南省委宣传部向河南省图书馆赠送1985年以来的河南哲学社会科学规划成果2000余件，省相关部门领导出席了专题图书展阅室的揭牌仪式。

2006年，河南省图书馆面向社会发布了《河南省图书馆征集地方文献的启事》，明确了省馆地方文献接受捐赠的范围、方式、捐赠者的权利以及表彰办法等。同年，河南省社科联一次性向省馆赠送社科成果1000余种，从省文物考古研究所征集考古文献53种约200册，从省党史研究室征集党史资料100余册。

2007年，地方文献部与采编部合作，通过《大河报》向全省范围内征集家谱、地方史志、革命历史文献、统计资料等。此次活动共征集各类地方文献2300余种3100余册。是年，地方文献部进行固定资产清查工作。通过清产核资，摸清了家底，入藏数量为地方文献图书19926册，期刊合订本4164册，报纸合订本13002册。

3.2 特色收藏

2016年以前，地方文献资源主要集中在书、报、刊三个品种。2017年增设三个档案柜，存放地方图片、地方音视频资料和地方档案资料，增加专柜后，优先整合本馆相关资源，如数字资源部的照片、音视频资料，少儿部的少儿版画作品等资源，并提出申请逐步采购相关资源。

3.3 地方文献专藏

地方文献部设立了两个阅览室进行专藏管理：中原文献馆主要收藏和管理河南出版的书报刊等资源；中原方志馆主要收藏和管理地方志、年鉴、地方史料、家谱等资源。

4 资源服务情况

4.1 整理分编概述

（1）中原文献馆图书和期刊按照“中图法”分类号排架；报纸按照地区和年代排架；现刊按照主题陈列提供读者阅览。

（2）中原方志馆图书按照河南省行政区划排架，每一个行政区设为一个独立架位号，图书按照架位号+层次号排架，同一架位号的图书，按照综合志、行业志、综合年鉴、行业年鉴、地方史料、其他地情资料的顺序排架。存放于中原方志馆的家谱文献按照姓氏笔画，由少到多的次序排架。

（3）地方文献书库管理制度，参照《河南省图书馆规章制度汇编》中文基藏书库管理规则执行。

4.2 借阅服务与参考咨询服务

中原文献馆和中原方志馆是开展地方文献对外服务的主要窗口，全年365天开放，每天开放9.5小时，每周开放66.5小时。2015年地方文献部接待读者4452人，解答咨询7205条，提供文献阅览2549册，提供报纸阅览3127种，提供杂志阅览2430种；2016年地方文献部接待读者6006人，解答咨询7322条，提供文献阅览2831册，提供报纸阅览3036种，提供杂志阅览2679种；截止到2017年5月，地方文献部接待读者1525人，解答咨询7830条，提供文献阅览1942册，提供报纸阅览1693种，提供杂志阅览1982种。

4.3 读者活动

围绕河南方志、家谱及传统文化举办展览，2016年举办展览7次，2017年截止到5月举办展览3次，其间新华网转载3次，《大河报》报道3篇，《河南日报》1篇，《河南商报》1篇。在馆内网站发布12篇，微信平台发布15条，通过微博实时报道460条。

（1）迎新春新版方志展，由河南省图书馆主办，时间是2016年2月1日至2月26日，为期一个月，地点在地方文献部中原文献馆，参加者有65人次。

（2）新版河南地方出版物展，由河南省图书馆主办，时间是2016年4月20日至4月25日，为期一周，地点在地方文献部中原文献馆，参加者有22人次。

（3）新版家谱展，由河南省图书馆主办，时间是2016年5月23日至5月29日，为期一周，地点在地方文献部中原文献馆，参加者有18人次。

（4）河南书画作品集专题书展，由河南省图书馆主办，时间是2016年11月1日至11月30日，为期一个月，地点在地方文献部中原文献馆，参加者有600人次。

（5）中原方志馆家谱展，由河南省图书馆主办，时间是2016年11月8日至11月30日，为期一个月，地点在地方文献部中原方志馆，参加者有600人次。

（6）河南地方志及家谱有奖征集活动，由河南省图书馆主办，时间是2016年12月1日至今，地点在地方文献部中原方志馆，参加者有148人次。

（7）河南地契实物展，由河南省图书馆主办，名秀传媒公司协办，时间是2016年12月1日至12月30日，为期一个月，地点在地方文献部中原文献馆，参加者有600人次。

（8）“婚约无价”旧式婚书回顾展，名秀传媒公司协办，由河南省图书馆主办，时间是2017年1月1日至2月15日，为期一个半月，地点在地方文献部中原文献馆，参加者有250人次。

（9）印花税票实物展，由河南省图书馆主办，河南省老干部集邮协会协办，时间是2017年2月20日至3月30日，为期40天，地点在地方文献部中原文献馆，参加者有205人次。

（10）图书馆文创产品展之书籍古字画复制品联展，由河南省图书馆主办，河南省家谱研究会协办，时间是2017年4月22日至5月20日，为期一个月，地点在地方文献部中原文献馆，参加者有160人次。

5 学术、科研活动及成果

1932年，井俊起任馆长后，注重整理馆藏地方文献。为表彰中州先贤，广泛搜求他们的遗著，汇集整理后发行。专门设书版室，刊印“中州先贤丛刊”。雇5名刻工，约开封名书家陈玉璋仿宋精写，刻成《石田野语》《臆见随笔》《隐山鄙事》等。

1980年，河南省图书馆栾星经过多年研究，整理出版馆藏抄本清代长篇小说《歧路灯》。栾星以馆藏乾隆抄本《歧路灯》（存1—46回）为第一底本，以叶县旧抄本（存1—14，46—58回）及安定小斋抄本补缺，参稽他本，择善而从，合为全璧。《歧路灯》著者李绿园为河南宝丰人。该书系首次整理出版，在国内外引起较大影响。

1995年，申畅对馆藏《中州艺文录》进行校补，出版《中州艺文录校补》。《中州艺文录》系河南汲县人、清末民初著名学者李时灿编撰，著录有清一代作者1893人著作4215部。申畅据部分河南省、府、县志，以及《中国方志大辞典》《河南方志研究》《河南历代名人辞典》诸书，进行补遗，补入人物336名，图书741种，加按语30处，并完善了目录，增加了人名笔画索引。

始于1985年的缩微复制工作，也整理了大批馆藏地方文献。截至2008年底，已整理拍摄33种1911—1949年间河南出版的报纸。现择其主要者简介如下：

《河声日报》，1912年12月20日创刊于开封，1921年6月13日停刊。是河南创刊较早的报纸之一，为统一党河南支部机关报，内容以维护袁世凯及其在河南代理人张镇芳利益为主。缩微拍摄17843拍。

《河南民报》，1927年7月1日创刊于开封，1948年9月停刊，为国民党河南省政府机关报，也是1949年前河南省出版时间最长、发行量最大、社会影响力较大的报纸。缩微拍摄19103拍。

《中国时报》，1945年12月1日创刊于开封，1948年6月19日停刊。是抗战胜利后在中共地下党和进步人士的支持下创办的一份报纸。省内外著名人士，如嵇文甫、吕叔湘、李蕤、苏金伞、姚雪垠、牛汉、路翎、曾卓、邹狄帆、绿原等常为之撰写诗文、社论，深受广大知识界和青年学生欢迎。馆藏较为完整，缩微拍摄1468拍。

《前锋报》，1942年1月1日创刊于南阳，1947年11月17日停刊。《前锋报》是一份具有进步倾向的报纸，抗战期间宣传民主进步，主张团结抗日，反对妥协投降，解放战争时期，反对内战，反对独裁，赞成联合政府。馆藏较为完整，缩微拍摄2430拍。

2011年，河南省图书馆地方文献部工作人员以本部室所藏96种台湾成文出版社再版的明清地方志影印本为蓝本，同时参考国家图书馆古籍数字库中的大量文献，编纂了百万余字的《河南风俗志》（全四册）。这是一部全面系统地记录了河南省民间社会风土民情的专志，填补了明清时期河南各州府县风俗方面的一项空白。

6 表彰与奖励

2014年由地方文献部工作人员主持的课题“河南方志民俗研究”荣获了河南省社会科学界联合会、河南省经济学团体联合会优秀调研成果一等奖。

7 总结

河南地处中原，作为中华文明的发源地和中心，河南地方文献不仅仅是我们了解河南的助手和向导，也是开启中原文化、传承中国传统文化的一把钥匙。搜集、研究和揭示河南地方文献及其价值对于更好地研究总结历史与促进新时期文化事业建设都有着不可忽视的重要作用。

近年来，河南省图书馆十分重视地方文献工作，增加了人员和场地，设立了非公开出版物专项采购经费，大力支持建设地方文献主题收藏，打造特色馆藏服务品牌。在2015年底开始筹备将地方文献阅览室一分为二，按照读者对地方文献资料的阅读需求进行服务细分，于2016年11月8日正式设立“中原方志馆”和“中原文献馆”，使读者更加方便查阅资料，也使地方文献收集、保存和服务工作更加精准。

为了提升读者对地方文献阅览的兴趣，从2016年11月—2019年1月，连续开展地方文献普及活动22次，基本做到月月有活动。其中，最受读者欢迎的是“老档案系列展”。“老档案系列展”主要展出过“旧婚约”“旧黄历”“旧照片”“旧证件”“税花”“地契”“木版年画”等经典老物件，多次被《大河报》《河南商报》等主流媒体采访报道，引起社会关注，获得读者好评。

近年来河南省图书馆长期开展家谱以奖促征活动，带动家谱文献的收藏，自2016年中原方志馆开放后，家谱收藏从300多种扩充至1500多种。2018年2月23日，《大河报》刊登《修谱热中原　愿有岁月可回首》，2月27日，刊登《老家谱留住家族的根，新家谱有了家风家训的魂》，等等。各界新闻媒体对河南省图书馆家谱征集工作的连续报道，引起社会对家谱文献的重视。

河南省图书馆地方文献工作尚处于成长发展初期，还需要进一步增强做好地方文献工作的责任感、使命感，进一步创新工作形式，推出更多更加特色服务产品，为弘扬优秀传统文化、服务读者、服务社会和建设文化强省再立新功。

安徽省图书馆地方文献工作与研究

安徽省图书馆

1 综述

安徽省是中国史前文明的重要发祥地，地跨长江、淮河南北，拥有徽州文化、淮河文化、皖江文化、中原文化、吴越文化等多元文化。安徽自古以来人杰地灵，皖籍名人灿若星河，先后涌现出老子、庄子、管子、曹操、华佗、包拯、朱元璋、李鸿章、胡适等一批著名历史人物。

安徽省图书馆于1913年2月创立于安庆，前身是安徽省立图书馆。1974年和1998年两次在合肥市芜湖路馆舍原址上进行了扩建，总建筑面积达到3.69万平方米，现馆舍于2003年11月全面对外开放。安徽省图书馆在百年的办馆历程中，收集了大量珍贵的历史文化典籍，尤其在1949年以后的安徽地方文献收藏方面独树一帜，形成了具有浓厚地域文化特色的藏书体系。

为全面、系统、完整地保存安徽地方文献，安徽省政府办公厅于1985年印发了《关于做好地方文献资料征集和收藏工作的通知》、1995年印发了《关于支持省图书馆做好征集和收藏地方志书的通知》，安徽省委宣传部于2006年印发了《关于呈缴出版物的通知》，为安徽省地方文献工作建设提供了政策依据。

安徽省图书馆也于2001年制定了《安徽省图书馆安徽地方文献征集工作条例》，落实省委省政府的要求，规定地方文献征集的范围和重点，明确开展地方文献工作应当遵循的基本原则：（1）地方文献的范围以皖人、皖事为核心，覆盖范围适当延伸；（2）追求地方文献的真实性、多样性；（3）以利用为目标，建设有层次的资源体系。

2 机构人员

安徽省图书馆16个内设机构中，由典藏部、采编部、数字资源部和历史文献部等

4个部门共25位工作人员具体负责安徽省图书馆1949年至今地方文献的采访、征集、保存、管理、外借以及开发、利用等工作。

在数字资源方面，安徽省图书馆立足实际，以数字资源部员工为主导，聘请安徽电影制片厂、安徽省电视台、安徽省广播电台、安徽黄梅戏剧院等单位专业技术人员参与到项目建设中来，通过以老带新、逐步培养的方式，加快人才队伍的成长。目前，安徽省图书馆拥有一批计算机、数字媒体、广播电视编导、摄制等专业的人才，具有对文献资源进行深加工的能力以及独立完成视频资源库摄、录、编的技术力量和多媒体资源库、图文资源库加工制作的专业能力。选派了多名员工到中国传媒大学、合肥新华计算机学院等院校学习摄像、剪辑、数字媒体等视频专业技术，为专业人才的储备和工作水平的提升打下了良好的基础。

3 经费投入

地方文献资源建设是一个长期的过程，安徽省在地方文献的采访与征集过程中，本着全面、系统、完整的原则，优先安排采购经费，每年用于地方文献资源建设的纸本经费保持在总购书经费的10%左右，随着年文献购置费的增加，2017年用于地方文献采购的经费达50万元。

在数字资源建设方面，2007年，安徽省图书馆开始开展共享工程地方资源建设。截至2017年，共33个项目获得文化部立项，补助资金3278万元，用于文化专题片拍摄等安徽地方特色资源建设。

2013年，安徽省图书馆开始开展数字图书馆推广工程资源联合建设工作，该项目着力于安徽地方文献的数字化。截至2017年，共计立项11个，获得建设经费257.1万元。开展了政府公开信息整合、地方文献数字化、图书馆公开课等项目建设。

4 资源建设

目前安徽省图书馆地方文献建设的工作重点是文献征集与开发利用并举。征集方面以征集工作条例为基础，向各地市图书馆与民间征集各类地方文献，建立覆盖全省各级图书馆的地方文献征集渠道。在开发利用方面，依托数据库与网络技术，形成以地方文献书目数据库为主、各专题数据库为辅的数据资源，并依此为基础，开发专题纸版书目或网络版书目，对重要或有特色的资源，建立全文数据库。

安徽省图书馆多年以来一直承担着接收并保存本省各地新修家谱的工作，自2010年初至2017年底，共计接收新家谱捐赠364部近4000册。

安徽省图书馆对本省方志的征集始于1918年。1930年，对安徽方志存佚情况进行了首次系统的调查。至1982年底，馆藏安徽省地方志的收集占现有省地方志的90%，初步形成了自己的特色。

自2003年开始，专门设立地方文献征集岗位，重点征集省内各种年鉴、地方志、统计资料和本省各出版社的公开出版物，2003年至2017年，共入藏安徽地方文献48744册。

安徽省图书馆注重利用现代信息技术，开展地方文献数据库建设工作。通过对馆藏地方文献进行标识与建库，建立更为详尽、完备的地方文献数据库，包括皖籍著名作家、地方戏曲、安徽文史资料等特色数据库，方便读者查阅与使用。

同时，安徽省图书馆结合地方特色文化资源，坚持以物质文化遗产、非物质文化遗产、历史文化和红色文化为主线，立足原创、打造精品，制作了一批低成本、高质量的安徽地方特色资源。截至2017年，已完成制作《徽州建筑》等电视专题片24部，274集，专题资源库1个，文化视频讲座166讲，开展微视频征集与推广活动1项。建设资源存储容量48.1TB。

5　资源服务

安徽省图书馆充分挖掘馆藏地方文献资源，为读者利用馆藏地方文献做了大量工作。

5.1　编制书目索引

安徽省图书馆先后编制《安徽地方文献书目》《安徽地方志综合目录》《安徽水产养殖专题书目》等书目索引，为读者提供检索服务。

5.2　为全省修志工作提供地方文献资料

1981年安徽省编修新方志工作全面开展，安徽省图书馆为各级各类修志人员调阅地方文献资料，延长开放时间，帮助组织力量代查代抄。

5.3　展示馆藏地方文献

安徽省图书馆为了更好地为读者服务，通过举办展览、陈列、推介等方式来发挥馆藏优势，扩大图书馆功能。如2013年举办了“安徽图书馆地方文献精品特藏展”“安徽省图书馆古籍出版成果展”，2014年，在抗日战争胜利69周年之际，利用馆藏举办了“伟大胜利——抗日战争安徽历史图片展”。

5.4 设置地方文献研究室，为读者提供阅读、研究服务

研究室存有安徽主题的文献共6500多册，安徽方志与年鉴1600多册，这些文献是安徽省图书馆从1949年后出版的100多万册馆藏保存本图书中精选出的。阅览室的研究型读者，除了撰写论文查阅统计年鉴的学生，也有从事专题研究的学者。他们研究的课题范围涉及安徽本地的方方面面，如连续多年的经济数据、地方名人的生平史料、特定历史时期的文史资料等。地方文献研究室中的文献为他们的学术研究提供了有力的支持。

5.5 设置地方文献专题书架

安徽省图书馆地方文献专题书架包括安徽名人及著述专架、徽州文化专架、皖籍名人捐书专架。

安徽名人专架主要展示不同时期安徽名人及其研究者的著作，共计900多册（包括李鸿章、张恨水、朱光潜、胡适与桐城派研究专著等）。

徽州文化是历史上的徽州（前称新安郡）人民在长期的社会实践中所创造的物质财富和精神财富的总和。徽州文化专架有新安理学、新安画派、徽州工艺、徽派建筑、徽商文化等徽文化及其相关的研究著作200余册，从各个方面展示一个历史的、人文的徽州。

皖籍名人专架也是安徽省图书馆地方文献的重要组成部分。该专架主要捐赠者有谢蔚明（安徽枞阳人，上海市文史馆原馆员、《文汇报》高级记者）捐书3200册，卞国福（安徽肥西人，省委党史研究室原主任，教授）赠书1600多册，吴慰慈（安徽枞阳人，北京大学信息管理系教授、博士生导师）捐书1200多册。

5.6 通过网络媒介为读者提供地方文献数字资源服务

安徽省图书馆把自建的文化专题片成果通过文化网络电视、安徽电信网络电视IPTV平台（安徽省委组织部党员远程教育平台）、安徽高校资源共享服务平台、安徽省图书馆网站以及公共电子阅览室等渠道实现点播放映；通过配送光盘到市、县公共图书馆和部分乡镇（街道）文化站等共享工程基础服务点，使更多的群众享受到数字资源服务。

5.7 积极寻求对外合作，加大服务推广力度

自2007年开始，与安徽省委农村党员干部现代远程教育工作领导小组办公室合作，为农村党员远程教育平台提供资源。该平台拥有27874个农村党员远程教育站点，覆盖群体达2.8万户，使老百姓足不出户就能够享受到省图书馆建设的数字资源。自2013年起，安徽省文化厅与安徽省教育厅建立了资源共享合作关系，并与安徽高校共建资源共享服务平台，将安徽省图书馆资源上传到该平台，使这些资源走入安徽各大高校。安徽省图书馆还建立了安徽建筑工程大学“徽派建筑”、安徽省委党校“新四军文库”等分馆，为分馆提供特色文化数字资源服务，拓宽了数字资源服务的覆盖面。

6 科研活动

作为一家拥有丰富地方文献资源的省级图书馆，安徽省图书馆非常注重地方文献的理论研究以及对地方文献的整理与开发。

6.1 整理开发馆藏地方文献资源

自1949年至今，安徽省图书馆利用馆藏地方文献编纂出版的学术著作主要有如下几种:《安徽文献书目》(安徽人民出版社，1961年)、《安徽省馆藏皖人书目》(黄山书社，2003年)、《包公故里遗踪》(中华书局，2008年)、《新安画派精品选》(中华书局，2008年)、《徽派版画菁华》(中华书局，2009年)、《安徽省图书馆馆藏章伯钧书志》(黄山书社，2013年)、《安徽省图书馆馆藏桐城派书目解题》(安徽教育出版社，2015年)。

6.2 整理开发安徽省茶文献资料

2017年，在中图学会的统一发起和组织下，安徽省图书馆启动《中国茶文化资料集成・安徽卷》资料收集整理工作，为国茶复兴提供原始参考资料。在深度挖掘自身馆藏文献的同时，组织并协调全省各市、县图书馆，针对各自区域内部分茶叶企业、茶师与茶馆茶庄展开调查与资料收集工作。截至2018年7月，《中国茶文化资料集成・安徽卷》首批出版所需的原始资料基本收集完毕。

7 表彰与奖励

安徽省图书馆自主建设的数字资源多次获得文化部全国公共文化发展中心的高度赞扬，建设质量和数量位列全国图书馆行业前列。自建的电视专题片《徽州建筑》被文化部推荐作为共享工程示范片；省级分中心“安徽徽派数字资源建设”案例入选第二批全国基层文化队伍培训教材《公共数字文化创新服务案例》；创作的《水墨宏村》作品获得“文化中国”2015年全国文化信息资源共享工程微视频征集评选活动的最佳摄影奖；在“大年小戏闹新春”视频征集大赛中获“优秀组织奖”，报送的太湖县《我给朴老当导游》获“十佳曲艺”奖、《做爱老敬老的好宝宝》获“观众最喜爱的十部小戏”奖、凤台县《家庭面试》获“观众最喜爱的十个曲艺”奖。

安徽省图书馆通过对地方文献资源的征集、开发和利用，形成了丰富的地方文献收藏体系，成为安徽地域文化研究和创新的重要场所，为传承、弘扬安徽地域文化提供了资源保障，为促进安徽经济社会发展提供了文化支撑。

南京图书馆地方文献工作与研究

黄海　夏雪　黄然（南京图书馆）

1　综述

南京图书馆是江苏省省级公共图书馆，国家一级图书馆。其前身是1907年清两江总督端方创办的江南图书馆。截至2017年底，南京图书馆藏书总量超过1200万册，仅次于国家图书馆和上海图书馆，位居全国第三。其中古籍160万册，包括善本14万册；民国文献70万册。馆藏古籍中有524种入选国家珍贵古籍名录。目前南京图书馆读者证总量超过100万张，日均到馆读者达8000人次。

南京图书馆作为全省文献资源建设与服务中心，承担着全省地方文献收集、保存及资源建设的重任。为保障文献入藏的系统性与完整性，在合理分配和使用文献购置费、提高馆藏资源质量的基础上，建立并强化呈缴本制度，充分利用交换、呈缴、赠送等非购入方式补充文献。南京图书馆地方文献收藏工作以江苏省产业和经济建设发展需求为依据、突出江苏区域性文献资源特点，形成了涵盖江苏地方文化、轻纺、民国文献、国学等多种特色主题的地方文献资源建设体系。

1.1　建设目标

南京图书馆地方文献建设以“江苏地方史料”“江苏地方人物与著述”“江苏地方出版物”为主题，开展了征集、整理、收藏、借阅、研究等工作。以实体文献资源为主，兼有CD、VCD等电子资源、江苏地方文献网络资源及江苏地方文献数据库，以建立门类齐全、覆盖全面、系列完整的江苏地方文献馆藏体系为建设目标，同时建设基于全省资源共享的地方文献特色数据库。

1.2　方针政策

南京图书馆地方文献工作以《南京图书馆馆藏发展政策》《江苏省公共图书馆管理办法》《江苏省公共数字文化系统建设标准》为指导，以《南京图书馆地方文献征集管理工作细则》《南京图书馆地方文献建设条例》《南京图书馆地方文献捐赠（征集）工作管理办法》为执行依据。

南京图书馆呈缴工作按照各项行政法规和政策文件进行，其催缴程序、催缴方式和催缴原则均按相关文件执行。文件及法规政策有：《有关江苏省出版物呈缴制度立法情况的说明》（江苏省人民政府法制办公室制）、《关于重申样书送缴有关规定的通知》（江苏省新闻出版局制）、《江苏省公共图书馆管理办法》、《南京图书馆呈缴本制度》、《南京图书馆呈缴本催缴规定》。

2 历史沿革

南京图书馆地方文献工作的征集及购买工作一直归口采编部管理，初为一人负责，后由多人负责，现已成立地方文献小组，专职从事地方文献征集、捐赠和呈缴等工作。采编部所有采访工作人员均了解地方文献工作的重要性和相关制度，同步进行地方文献的书目收集与书籍购买。

2007年南京图书馆建新馆后，将地方文献资源数字化建设纳入馆藏发展。地方文献数字资源建设工作由信息资源开发部负责。下设视频组、网站组和资源组。信息资源开发部拍摄制作了地方博物馆、传统表演艺术、民间技艺、地方名人及故居、地方非物质文化遗产等专题片；以网上抓取、整理、扫描、标引等方式开展江苏地方特色纸质文献资源数字化工作。采编部和信息资源开发部各自发挥职能，既分工合作，又优势互补，有效拓宽了地方文献资源的征集范围，提高了地方文献资源的品种、数量和质量。

3 资源建设情况

地方文献资源的建设一直被视为图书馆重要工作之一。百余年来，南京图书馆先后入藏了大量的地方志、家族谱、地情书、期刊资料等地方文献资源，涉及历史、地理、政治、经济、民俗风情等各方面。南京图书馆地方文献资源建设方面致力于加强地方文献资源整合效果，保持地方文献的江苏特色。

3.1 实体地方文献资源

为保证地方出版物数量与质量，南京图书馆对于江苏本省出版的图书，呈缴制度与本版图书采购并行。全省18家出版社出版的图书，只要符合我馆文献采选条例规定的范围，无论是否呈缴，均全品种购买。2013—2016年，南京图书馆呈缴本征集的品种和数量均达到地方正式出版物的70%以上，其中，2013年江苏地方出版社图书呈缴率为75.79%；2014年江苏地方出版社图书呈缴率为75.63%；2015年江苏地方出版社图书呈缴率为79.41%；2016年江苏地方出版社图书呈缴率为79.08%。

全品种采购江苏版期刊，收藏江苏省省、市、县级党报及重点报。2013—2016年，南京图书馆共征集江苏地方文献图书1024种2307册；征集江苏版合订本期刊150种，单册期刊1297册。其中，可供阅览的地方版内刊达到88种。

加强征集和捐赠工作，向社会全面征集地方文献。南京图书馆制作有捐赠荣誉证书、地方文献征集函、地方文献征集宣传册等；采取多种方式和本省行政主管部门合作，宣传和征集地方文献，如召开交流会、公共网站宣传、加入部分机关（如档案局等）QQ工作群等；与档案馆、省方志馆等签订合作协议，互相补充稀缺文献。

实体地方文献资源中，方志类、谱牒类入藏为南京图书馆地方文献收藏工作重点。以2013—2016年为例，四年间南京图书馆共入藏方志1497种，其中购买1237种，征集方志260种；谱牒类收藏以征集为主，共入藏283种1687册。同时，全面、系统地征集本地生成的内部资料，包括各种交换资料、各机构资料、会议资料、手稿、音视频文件、档案文件等。

近年来，在南京图书馆和省内各出版社的共同努力下，江苏省18家出版社的呈缴工作不断得到发展，已形成常态化。南京图书馆设有江苏出版物呈缴库，地方文献除上架供读者借阅外，专题阅览室还收藏1.5万余册江苏地方文献，用于读者参考服务及江苏省政府公开信息资料的阅览服务。

江苏作家作品馆陈列古今千余位江苏作家的作品，藏书量约5700册，分为先贤典籍、名家杰作、群芳竞妍及地方志、港澳台文献、江苏丛书、研究类书籍，另收藏《雨花》《钟山》《扬子江诗刊》《江苏作家》等江苏省省级文学期刊，所有馆藏书籍仅供在室阅览。

3.2 数字资源建设

地方文献资源数字化，于21世纪初纳入南京图书馆资源建设体系，现已建有各类型地方文献数据库如下：

3.2.1 专题片制作

2009年至2012年，《何处忆江南——江苏国家级非物质文化遗产》专题片20集和《江苏红色之旅》专题片20集，并上交共享工程国家中心。另外，完成《雪泥屐痕——

寻访江苏名人印迹》专题片20集的拍摄制作，并上交国家数字图书馆。

其中，江苏非物质文化遗产专题片每集45分钟，DVD格式每集约3.5GB，共约70GB；江苏红色之旅专题片每集40分钟，DVD格式每集约3GB，共约60GB；江苏名人故居专题片每集25分钟，mpg格式每集约1.5GB，共约30GB，wmv格式每集约0.25GB，共约5GB。

2013年，《岁月屐痕——江苏近现代名人寻踪》专题片25集，并上交国家图书馆，wmv格式共9.2GB、mp4格式共16.4GB、mpg格式共130GB。

2014年，《吴韵汉风——江苏特色博物馆揽胜》专题片27集，并上交共享工程国家中心，wmv格式共11.9GB、mpg格式共88.5GB。另外，上交视频及图片素材共3.15TB。

2016年，《江苏省不可移动文物掠影》专题片202集，并上交共享工程国家中心，wmv格式共21.9GB。另外，上交拍摄素材共1.73TB。

2016年至2018年，《中国记忆项目图书馆界重要人物专题》记录了沈燮元、卢子博先生口述史，并上交国家图书馆，两部成片共计520分钟，mpg格式共约58GB。

2013年至2018年3月，累计拍摄馆内活动134场，存储视频及图片资源共1.17TB。

2017年，拍摄制作《南京图书馆宣传片》，时长13分钟，mpg格式共1.5GB。

3.2.3　数据库

“南京图书馆馆藏稀见方志丛刊”数据库于2008年起，采用PS5000C不拆档案书刊扫描仪，对馆藏珍本文献自行扫描复制。其间利用与出版社合作出版《南京图书馆藏稀见方志丛刊》的扫描图像，建成“南京图书馆藏稀见江苏方志全文数据库”。每书撰有提要，逐卷标引，数据达15种2987拍。

江苏文化大型全文数据库于2003年起，利用南京图书馆收藏的大量相关地方文献，发挥电子资源便于浏览和检索的优势，从馆藏江苏地方文献中大量选取文献全文，制作成江苏文化类专题数据库。包括江苏的文学和艺术作品库、旅游文化资源库、文化名人库等系列数据库12个。截至2012年中期，江苏文化数据库制作和发布江苏文化数据资源约40000条，戏剧等视频节目244部，主要包括旅游文化、文化名人、舞台艺术、地方文学、政策法规、江苏五星工程数据库以及讲座等内容。

江苏省不可移动文物数据库通过对江苏境内2万余处不可移动文物的类型、年代、文保级别等数据属性的揭示，以及每一件文物本体信息的著录，形成系统、全面、完整的数据库体系。资源类型构成主要有文字、图片、视频等。完成南京、镇江、扬州、无锡、常州等5个地区的8750多个不可移动文物的数据资源建设，形成631万文字、26672幅图片、1000分钟（含180多个视频）的数据库，目前数据库文本类条目8768条，占存储容量12MB，图片库占存储容量8.3GB，视频库占存储容量69.5GB。

江苏作家作品数据库作为江苏作家作品馆建设的组成部分，主要以江苏当代作家为主，收录作家2461位及其代表作品15007部，相关研究15篇，内容较为完善。

江苏省政府公开信息查询服务平台数据库对江苏省人民政府等65个各级政府网站的数据资源及政府公报进行收集、整理、保存、开发、利用并服务于公众。该平台目前共采集江苏省人民政府等65个政府网站的数据资源及政府公报，内容分为21个大类，2013年至今共计发文195280条，占存储容量450GB。

江苏地方网络资源典藏数据库以江苏的政府网站、门户网站和一些热点网站等作为主要的信息源，进行选择性的采集、分类、保存，其内容以网站发布、保留原始链接等方式来变现。该数据库从2013年至2016年已收集网络资源439983条，约占存储容量69.4GB。

江苏地区老报纸数据库收录了新中国成立以后至20世纪60年代中期这段时期内的馆藏江苏省县级以上地区发行的报纸，通过专业扫描仪将老报纸扫描成清晰图片，每版报纸配有详细的标题目录，读者通过数据库检索便可查找到所需资料。数据库已完成《新华日报》《南京日报》《无锡日报》《扬州市报》《常州日报》《新苏州报》《新海连日报》《南通市报》《镇江日报》《新徐日报》《盐阜大众》等共56种报纸的制作加工，目前可用数据13.57万条，容量1.8TB。

4 资源服务情况

南京图书馆地方文献的收集与利用是对江苏省地方文献资源的保存和发扬。所有实体文献均经由采编部进行分类编目后录入总书目库。结合南京图书馆地方资源特点，读者利用馆藏地方文献主要集中在江苏出版物呈缴库、江苏作家作品馆、江苏地方文献专架、国学馆（新建）和南京图书馆官网数字资源“地方文献”。其中江苏作家作品馆每年不定期接收江苏省作家协会寄送作家新书、新入会员代表作等，按作家姓氏首字母排列整理上架。截至2018年4月，江苏作家作品馆共接待读者42155人次，文献查阅37023次，整理上架图书85597册，接待读者咨询28225次。除日常正常开放外，为适应广大读者不同层次的需求，馆内策划、组织了一系列形式多样、内容丰富的主题活动。活动原则为“四个面向”：“面向高校文学青年、广大文学爱好者；面向作家；面向少年儿童；面向广大群众”，层次分明、定位准确。活动形式有：（1）文学讲座。针对广大读者需求，依托江苏省作家协会资源举办诗歌、儿童、网络、专题、访谈等多重形式文学活动。（2）新书分享。作家新书分享、推荐，作家签赠、作品介绍等。

（3）主题书展。围绕特定主题，汇聚精品图书集中展示、展览等。（4）文艺沙龙。适应特定读者需求，举办对名作经典的阅读探究以及诗歌创作分享活动。

截至2018年4月，江苏作家作品馆共组织讲座33场，2611人次参与；举办书展16场共2584人次阅览；文艺沙龙60场共549人次参与，接待参观4543人次。江苏作家作品馆的独特功能在于为读者和作家近距离交流提供平台，让创作与阅读活动形成良性互动的局面。

2017年，专题阅览室地方文献阅览区读者总人次为7500人次。

2016年开始，南京图书馆大力开展“国学馆”建设，现已全面建成开放。“国学馆”新设地方文献专题区，集中展示现代江苏省内各类地方文献，包括《江苏历代方志丛书》《金陵全书》《无锡文库》等各地文丛。

5 学术、科研活动和成果

2017年，南京图书馆向OCLC提交了江苏作家作品馆所有馆藏书目记录，实现了馆藏近4000条江苏作家作品书目信息的全球共享，使用OCLC WorldShare ILL馆际互借服务的任何图书馆，都可以经由查找南京图书馆馆藏而向南京图书馆发起对江苏作家作品的借阅和文献传递请求，为江苏作家作品的海外传播创造了必要而优质的条件，也从实际操作层面进一步实现了江苏文学的全球传播。为此，江苏省作家协会特地致函南京图书馆表示祝贺与感谢。

6 表彰与奖励

《南京图书馆藏稀见方志丛刊》荣获江苏省政府颁发的“江苏省第十三届哲学社会科学优秀成果奖”一等奖。

江苏作家作品馆荣获2013—2014年度江苏省省级机关青年文明号。

湖北省图书馆地方文献建设情况

张雅俐（湖北省图书馆）

湖北省图书馆始建于1904年，是中国近代最早成立的省级公共图书馆之一。历经百余年文化积累与传承，现馆藏总量达800余万册（件）。湖北省图书馆的地方文献工作，自新中国成立以来便常抓不懈，无论于文献的积累，目录的编制，信息的开发利用等，都做了卓有成效的工作。所收藏的地方文献以新中国建立为界线，分为两部分：新中国成立前的地方文献，包括线装古籍，晚清及民国时期图书、期刊、报纸等，约6万册，其中核心文献古旧地方志约657部，现已成为珍贵历史资料，收藏在特藏与地方文献部；新中国成立后的文献，约70万册，分别收藏在特藏与地方文献部、中文借阅部、中文报刊部等。湖北省图书馆在地方文献的管理上采取"分散典藏，集中揭示，协调开发"的方式进行管理，建立了一套完整的地方文献典藏目录体系。

1 早期的地方文献建设工作（20世纪80年代—2000年）

20世纪80年代末，湖北省图书馆开始安排专人开展地方文献的收集工作，作为特藏部工作的一部分。考虑到历史原因，对地方文献采取了集中揭示，分散收藏的方式，即地方文献不设专库，按其语种、类型、载体分别归入相关书库，但需在文献上加特殊标志，以便保存和检索。

1995年湖北省图书馆实现自动化管理后，做了专门规定，凡属地方文献，在著录时必须在693字段著录"地"，提供了地方文献检索途径。

此时期，地方文献工作重点是按专题或专类，先易后难，逐步编制回溯性馆藏湖北地方文献目录，并与兄弟馆合作，编制地方文献联合目录。

2 中期的地方文献建设工作（2000—2011年）

2000年10月，湖北省图书馆成立了地方文献部，有效地开展了湖北地方文献资料的征集、收藏和阅览服务等工作。地方文献部收藏的文献包括本省公开出版物和非公开出版的各种图书、期刊、报纸和视听资料等，其中地方志、年鉴等核心地方文献资源已逐渐形成馆藏书特色之一，还设有以下专藏体系：

2.1 湖北省博士后研究成果报告

收集了1992年以来我省2000余名出站博士后在各学科、各专业最前沿的科研成果。

2.2 湖北作家文献专藏

云集了大批优秀作家的湖北省作家协会，拥有会员2000多名，蕴藏着丰富的作家作品资源，湖北省图书馆与省作家协会合作，将这些优秀的作家文献资源进行收集、整理，于2005年成立了湖北作家文献专柜。截至2011年，收集作家作品2000余种，并以举办专题展览、报告会和在网上发布信息等多种形式，广泛向读者宣传作家及其作品。

2.3 湖北文史资料专藏

收集了湖北文史资料400余种，其中辛亥革命史料近百余种。

2.4 湖北将军文献专藏

收集湖北籍将军文献500余种。

2.5 湖北地区所在大学学报68种

这部分文献具有较高的学术参考价值，为各高校及科研机构进行科研信息服务提供了保障。

此外，家谱征集工作也是湖北省图书馆地方文献工作发展的重点。湖北省图书馆积极参与2000年6月上海图书馆牵头立项的《中国家谱总目》的编纂，摸清了湖北省家谱的藏存情况，并为湖北省图书馆鄂籍家谱文献资源建设提供了信息保障。2009年4月由湖北省图书馆牵头，向湖北省炎黄文化研究会申请成立“湖北省炎黄文化研究会谱牒文化分会”，并获得批准。设立于湖北省图书馆的分会积极参与省内各个姓氏的修谱工作，并于每年农历六月六日举办“晒谱节”活动，吸引读者参与，获取大量家谱信息，至今湖北晒谱节已连续举办了九届，从第五届开始在湖北省图书馆举行。

在近十年的发展中，征集了一批独具湖北地方特色的文献资源，初步形成了以方志、年鉴为主，兼顾人文学科、交叉学科文献资料的馆藏体系，开设了湖北作家、湖北美术、湖北文史资料、湖北将军等特色文献专柜6个，自建“湖北人物”“湖北作家”“博士后论文”等特色数据库3个。截至2011年底，全馆馆藏地方文献近80万册。这些文献具有独特的地域性和史料性，为湖北地方文献的资源整合创造了良好的基础条件，给湖北省图书馆地方文献工作注入了新的活力与生机。

值得注意的是，《湖北省公共图书馆条例》于2001年颁布实施，条例明确规定“省内各出版社、报社、杂志社等出版单位，应当在出版物出版30日内，向省图书馆及出版单位所在地的市、州公共图书馆缴送两册（套）样本；鼓励省内出版内部出版物的单位和个人以及在省外出版作品的个人自愿呈缴”。条例颁布以来，公开出版物的呈缴执行良好，内部出版物却不容乐观。

3 新时期的地方文献建设工作（2012年至今）

2012年初，地方文献部与特藏部合并为特藏与地方文献部。2012年底，新馆建成开放，地方文献阅览区占地5000平方米，充足的场地面积为我馆建设地方文献大馆提供了良好环境。经过人员招聘和调整，地方文献工作目前在岗5人，其中研究生学历2人，大学本科学历3人。这些给地方文献工作做大做强提供了坚实的基础。

湖北省图书馆在原有馆藏基础上，设立了湖北省博士后研究成果报告专区、湖北作家文献专区以及地方志、年鉴专区，且与湖北省政协合作，设立了湖北政协文史资料阅览专区，该区域收藏有近10万册各类文史资料图书、期刊、报纸等，读者可查阅由省政协文史和学习委员会长期收集、全国各级政协组织征集和整理的各种文史资料。如贺觉非等撰写的《辛亥首义回忆录》手稿，冯天瑜、章开沅等著名专家学者撰写的文史资料手稿，全国各省区市政协文史资料图书和电子图书目录、有关文史期刊、省档案馆部分珍品复制件和台湾地区《湖北文献》杂志等。此举是整合政协文史资源优势与公共图书馆的平台优势、服务人民群众的探索创新，较好地发挥了文史资料“存史、资政、团结、育人”的社会功能，具有领先和开创意义。

徐行可纪念图书馆的建成也是湖北省图书馆地方文献工作的一大亮点，这是落实习近平总书记关于“让书写在古籍里的文字活起来”指示精神的具体实践，也是“文明湖北”建设的重要举措。徐恕（1890—1959），字行可，号彊誃，以字行，湖北现代著名藏书家。他绝意仕宦名利，以读书聚书为乐。其毕生收藏，悉数由后人徐孝宓等捐赠国家，实现了他“不为一家之蓄，俟诸三代之英”的藏书理念，体现了他对保护、传承祖国文化遗产的高度自觉和收藏家的最高人生价值。近年来，在省委、省政府关怀下，湖北省图书馆坚持改革创新，着力打造特色服务品牌，在珍藏守护徐氏旧藏10万册古籍的同时，建300平方米纪念图书馆，编徐氏藏书目录，搭网络服务平台，集文献展示、资源发布、学术研究于一体，为社会公众提供良好条件和优质服务，在“特色亮馆”道路上迈出新的步伐。

湖北省图书馆继续开展家谱收集整理工作，馆藏家谱数量由原200余部增加到2000多部（其中纸质家谱1500余部、数字资源600余部、家谱缩微胶片100余部），并且以每年新增200余部的速度增加。2017年，经湖北省文化厅批准，设立了湖北家谱收藏中心，主要负责湖北省家谱文献的征集、收藏和利用。在全省范围内开展湖北地区家（族）谱的抢救性征集活动，建立湖北地区家谱收藏特色体系；利用现代化手段，建立具有地方特色的湖北地区家谱影像全文数据库，使湖北省图书馆成为湖北地区家谱信息资料中心，为寻根认祖提供信息资料，为湖北的经济、文化建设服务。

此外，湖北省图书馆也极为重视文献资源数字化建设，近年来选择了极具地方特色的文献资源开始数字化建设工作。分阶段、分步骤地建立了多个专题数据库，总容量约5TB，包括湖北通志专题库、荆楚名胜专题库、辛亥革命专题数据库、三国文化数据库、红色历史文化专题库、问道武当专题库、湖北省戏曲专题库、汉水文化专题库、黄石矿冶工业遗产多媒体数据库、湖北获奖少儿文艺作品专题库、湖北地域舞蹈专题库、黄梅天下禅专题片5部、千年黄州专题片12部、楚地拾遗专题片19部。其中湖北通志专题库，是据民国《湖北通志》原版逐字录入，是1949年以前出版的卷数和字数最多、记事最为详尽、读者使用最为广泛的一部旧湖北省志。荆楚名胜专题库中，《荆楚名胜》系列专题片在聚焦湖北名胜的自然环境、旖旎风光、地域文化与风土人情的同时，通过专家访谈的形式展现湖北独特的人文景观。视频专题片采取一集一景点、一集一故事的方式揭示荆楚文化的博大精深。

4　未来发展规划

4.1　开展地方文献学术交流与合作

湖北省图书馆将继续重视地方文献的理论研究，培养和造就一批湖北地方文献研究者和学术带头人。要增强本馆和外界在地方文献工作与研究上的联系与合作，促进地方文献研究及学术活动在全省范围内的开展。积极开展学术交流活动，推动自主创新，深化双边与多边对外交流与合作，拓宽渠道，使地方文献成为我省文化交流的重要宝库。

4.2 大力发展特色馆藏

湖北省图书馆计划设立荆楚名人馆，以荆楚名人为核心特色，向广大读者展示新时期荆楚人才的别样风采。布局功能分区为两大区域：名人作品成果展示区和名人书屋。名人作品成果展示区可容纳50位名人（作家）的图书文献，每位名人（作家）名下设3—4个书柜（单面），每人名下可收藏500册书籍。书架侧边张贴图文并茂的名人简介，方便读者了解名人及其作品成果的基本情况。名人书屋则不定期流动展示相关名人的书房实景，通过对名人书屋实景的还原搭建，让读者身临其境地体验名人大家创作研究时的环境和氛围。该区域可举办研讨会、观摩会、专题展览等系列活动。

计划设立湖北版本图书馆，根据相关的版本呈缴制度，利用政府行为保证地方文献采集的完整性和系统性。进一步完善我馆目前的版本收藏形式，在现在版本藏书基础上，将省内出版物尽量收集齐全，设立湖北版本图书馆。此举将弥补长期以来呈缴本制度贯彻不力的缺憾，极大地满足广大受众的阅读需求，延伸和扩大省内报刊的公共服务功能，同时也成为积累全省文化史料的重要方式。

计划设立旅游文献阅览室。湖北的旅游资源丰富，其中有以三峡、神农架为代表的山水文化；有以武当山古建筑群、钟祥明显陵为代表的世界文化遗产；有以武汉盘龙城、江陵纪南城、随州擂鼓墩、大冶铜录山古矿冶为代表的四大古文化遗址；有以炎帝神农文化、三国文化等为特色的历史文化，以辛亥首义和一批老区、苏区为代表的革命文化；还有武汉、荆州、襄阳、随州、钟祥等五座国家历史文化名城和52处全国重点文物保护单位。可谓是内容丰富，琳琅满目。可以依托两圈一带（武汉城市圈和鄂西生态文化旅游圈以及长江经济带）建设，设立湖北旅游文献阅览室。

4.3 积极建设地方文献数字资源

重点建设一些有较大政治影响和经济效益好的专题地方文献数据库。如湖北文史资料数据库、荆楚文化数据库等。逐步实现湖北地方经典文献的数字化，并实现在线浏览和全文检索。打造独具特色的湖北文献数字资源中心，让读者能得其所需，为其所用。

回顾与展望
——浙江图书馆地方文献工作综述

刘杭（浙江图书馆）

浙江素有“人文渊薮”“文献名邦”的美誉，地方文献的产生源远流长，历代积累的文献数量浩繁。地方文献工作作为公共图书馆事业的重要组成部分，在浙江省具有深厚的传统和基础。

1　浙江图书馆概况

浙江图书馆是国内创办最早的省级公共图书馆之一。总馆位于浙江省杭州市西湖区，是全国公共图书馆一级馆，第一批全国古籍重点保护单位。前身为创建于1900年的杭州藏书楼，1903年杭州藏书楼扩充改建为浙江藏书楼，1909年浙江官书局并入，成立浙江图书馆。1911年接收管理文澜阁及《四库全书》。1912年孤山路馆舍白楼落成，为我国最早的公共图书馆专用建筑之一，1913年作为总馆开放。1931年大学路馆舍落成，1932年正式开放并定为总馆。1937年抗战爆发，总馆迁至南田镇（今属温州市文成县），文澜阁《四库全书》迁至贵州地母洞等地。1945年底迁回复馆，以孤山馆舍为总馆。1951年接收著名藏书家刘承幹捐赠的南浔嘉业堂藏书楼（今湖州市南浔区）及藏书。馆名几经变更，1953年确定使用“浙江图书馆”为馆名。1998年曙光路馆舍总馆开放至今。浙江图书馆现有馆舍5处，以曙光路馆区为总馆，另有孤山路馆区、大学路馆区、嘉业藏书楼及德清书库馆区，馆舍总建筑面积5.51万平方米。

浙江图书馆秉承公益原则、平等理念，致力于全民阅读推广服务。实行全年免费开放，设置阅览座位1500席。截至2017年，浙江图书馆馆藏文献690.6万册（件），以珍贵古籍丰富、地方文献齐全为特色。馆藏雕版18.7万件。馆藏电子图书254.5万册，发布数据库170余个，其中包括以浙江家谱、地方志等特色资源为主题的自建库30个。注重外文文献入藏，与美国、日本、澳大利亚等国家和地区的12个图书馆保持书刊交换关系。2017年开架中外文书刊140.4余万册，日均接待读者7600余人次；累计发放读者证38.8余万张；年网站点击量1956.3余万人次。整合全省公共图书馆资源开通“浙江网络图书馆”，提供覆盖全省的公益性数字阅读服务，年访问量1257.2万人次。推出浙江省公共数字文化移动服务平台“浙江文化通”，利用微信公众号和支付宝服务窗，在移动终端上实现文化讯息查询、书目检索、办证、数字阅读等公益便民服务。形成“文澜讲坛”“文澜展窗”“文澜读书”“文澜社会大课堂”等多个读者活动服务品牌。

2 地方文献工作发展历程

作为国内创办最早的公共图书馆之一，浙江图书馆历来重视地方文献事业的建设。民国初期，在由传统的浙江藏书楼转型为浙江图书馆并经初步整合发展后，地方文献业务就已纳入图书馆的重要职责范围。1917年，由浙江图书馆制订、经浙江省省长公署审定颁发的《浙江公立图书馆办事细则》中首次明文规定：“对本省乡土艺文及名人手写本亦应随时注意访购。”1916年11月、1934年7月，经浙江图书馆提议，浙江行政当局先后两次通令全省各县向浙江图书馆缴送当地碑碣石刻拓片、新编地方志及新编地图。这两次集中缴送行动收获颇丰，至1937年底，浙江图书馆已收到本省总计70余个市、县的上述各类文献，极大地丰富了浙江图书馆地方文献的收藏。1936年11月浙江省文献展览会在杭州举办，展出浙江图书文物6000余种2万余册（件），在全国影响空前。此次展览会是为征集、检阅、宣传浙江地方文献之盛举，也开创了一种展示、弘扬乡土文献与区域文明的良好形式。

由于历史原因和条件所限，在新中国成立后的二三十年间，浙江图书馆的地方文献工作少有作为，直至20世纪70年代末才进入艰难的恢复和发展阶段。此后，随着浙江省经济的高速发展，经济实力不断增强，浙江省的公共图书馆事业也有了显著的发展。互联网兴起，计算机技术在图书馆的广泛应用，加上浙江图书馆的条件与实力的大幅度提高，为地方文献工作的切实开展提供了有利条件。以1996年浙江图书馆正式设立全省历史上第一个地方文献专职职能部门——地方文献部为标志，浙江省的地方文献工作进入了坚实推进与不断创新的时代。地方文献专职职能部门的设立，不仅对省馆的地方文献工作提供了重要的组织保障，也为联络协调、宣传、指导全省的地方文献工作落实了对口的专业部门。其后，在上级主管部门和馆部的支持下，浙江图书馆地方文献工作无论是发展速度还是拓展深度广度均发生了显著变化。

1998年4月全省公共图书馆地方文献研讨会在义乌市召开，会议通过了《浙江省公共图书馆地方文献协作网方案》和《浙江省公共图书馆新编地方志联合目录编制方案》两个文件。11月，浙江省委、省政府办公厅又联合颁发了《关于加强地方文献工作和征集地方文献的通知》，明确提出“各地、各部门要充分认识做好地方文献工作的重要性、必要性……努力把这件功在当代、泽及子孙的事情做好，并使之成为一项经常化、制度化的工作”。这是浙江省历史上首次由省级重要领导机构颁发的关于图书馆地方文献工作的文件。2003年8月《浙江省公共图书馆管理办法》正式颁布，从地方法例的角度明确了建立地方文献资料呈缴制度，并规定了应呈缴的文献范围、呈缴方式、时间、数量以及对未能履行文献呈缴义务的相关单位、出版机构及责任人的具体处罚办法。这些地方性文件及法规的出台，为浙江图书馆地方文献工作的开展奠定了坚实的基础。

2005年5月，为推进全省各级公共馆地方文献工作的规范化、科学化和均衡协调发展，浙江省文化厅主持制订了《浙江省公共图书馆地方文献资源建设实施意见（草案）》和《浙江省公共图书馆地方文献资源建设考核细则（草案）》，对省市县3级公共馆的地方文献建设分别提出了明确的目标与要求，规定了详细的可操作的考核评估规则。浙江省文化厅于2010年12月正式发布了《浙江省公共图书馆地方文献资源建设规范（试行）》。此后，2012年6月至9月，浙江省实施并完成了历史上首次全省公共图书馆地方文献工作考评。无论是《规范》的颁布实施还是地方文献工作考评，在全国范围内都属开先河的探索之举。这是浙江省公共图书馆地方文献工作中的一个创举，属于全国首例，对我国其他地区公共图书馆的地方文献评估工作具有范本和借鉴意义。

3 地方文献资源建设与服务

3.1 部门设置与人员配置

1996年，浙江图书馆正式设立地方文献部，全员7人，配备有独立的阅览室和地方报刊库。地方文献部是开展浙江地方文献征集、整理、保护、提供利用、开发和研究，并承担对全省公共图书馆地方文献工作的组织、协调、指导和业务培训等工作的业务部门，其职责范围主要有文献征集、文献典藏、读者服务、开发与研究等。2014年，部门人员增加到9人。

3.2 经费保障与资源分布

浙江图书馆以建成浙江省地方文献中心为目标，全面采集浙江产生的（包括出版、书写等）以及浙江以外产生的涉及浙江内容的包括数字文献在内的各类型文献。地方文献资源建设以省级为主，面向全省，重要文献与特色文献齐抓，文献覆盖面与文献专深度兼顾。由于地方文献资源建设的经费投入得到了充分保障，浙江图书馆已基本建立起门类齐全、系列完整、覆盖全面、内容厚重、彰显特色和影响显著的省级地方文献体系。地方文献部以无偿征集实体文献资源为主，自2014年至2017年共征集地方文献10635种15322册，年均2659种3831册，文献总价值90.58万元。采编部负责地方文献的采购及地方出版物的分编入藏，近5年累计投入购书经费111.54万元，年均22.31万元。2015年起设立原始文献采购专项经费，累计投入441.78万元。2004年，根据《浙江省公共图书馆管理办法》的规定与浙江人民出版社等13家省内图书出版社，浙江电子音像出版社等4家省内音像出版社签订了图书资料呈缴协议，协议规定浙江图书馆设立浙版图书样本书库。至今已入藏浙版图书85396种，浙版音像资料3803种。数字资源中心负责地方文献的数字化制作及网络地方文献资源采集，2003年至今，已投入经费约3600万元，自建地方特色数据库（数字平台）30个，资源总量35.05TB。

新中国成立以来，地方文献在馆藏中一直占有十分重要的地位，历六十年之辛勤搜访、积累，馆藏1949年后地方文献已基本形成较为完备的系列，它们包括方志、年鉴、地图、家谱、专题资料汇编、地方概览、名录、文史资料、地方丛书、文献汇编、影像集及地方报纸、期刊等。如方志系列，已收藏省内新编地方志2959种，包括省市县（区）乡（镇）村5级综合志、各类专业志以及重要的山水名胜志等。年鉴系列4635种（册），省市县（区）各级综合年鉴及统计、经济年鉴等大都入藏。新编家谱系列共975种，各类地图1112种。资料汇编系列中，民间文学集成、人口普查资料及中共组织史资料等基本成套。地方报纸合订本90种12000余册，《浙江日报》《杭州日报》等主要报纸自1949年5月迄今完整保存并有回溯数字报，“文化大革命”时期浙江主要的报纸、资料也基本齐全。地方期刊合订本787种9959册。

浙江图书馆历来重视地方文献数据库建设，依托本馆丰富的馆藏地方文献，联合全省市县公共图书馆共建共享，有规划分阶段分步骤地将馆藏珍贵文献资料数字化提供读者用户使用。在馆藏方面，根据《浙江图书馆特色馆藏资源数字化建设计划》，分步骤有计划地将珍贵古籍、家谱、雕版、地方志等特色馆藏进行数字化。在地方特色数字资源建设中，选题注重反映浙江的地方特色，以浙江记忆为主线，选取读者喜闻乐见的题材，并抢救一批重要的历史文献。2006年，启动了浙江省新编地方志全文数字化工作。建成“风景浙江”“浙江藏书史”“越剧资料库”“浙江家谱总目提要数据库”等数据库。2009年自建数据库15个，存储总量超过1TB，是2004年的20倍。这些自建的地方特色数据库，包含了地方戏曲、家谱、民俗文化、历史人物、新农村建设、非物质文化遗产、传统食品等方面的内容，逐步形成了内容丰富、结构完善的浙江省地方文化资源库。在将馆藏资源数字化的同时，浙江图书馆也进行了社会资源馆藏化的工作，就是将社会上已经数字化的信息资源进行收集、整合和利用，通过对信息的搜索、跟踪和过滤，将有关资源分门别类地加以组织，供读者使用。2010年确定《浙江人文数字地图资源库建设方案》为全省特色资源建设的总体框架，以集中展示全省各地的人文信息，为各级政府、广大市场主体和科研机构研究、决策、规划提供翔实的人文信息。2015年建成“网事典藏：最美浙江专题”资源库。

3.3 资源服务与宣传推广

地方文献部辟有专门的地方文献阅览室为读者提供阅览服务。阅览室藏有1949年以后出版的地方志、文史资料、党史资料、家谱、年鉴等图书与地方期刊合订本5万余册，涉及政治、军事、经济、文化、教育、文学、艺术、历史、地理、山川风物、民俗民情、科技等诸多门类，学科完备，内容丰富。服务方式为开架阅览。报刊文献服务部藏有1949年以后本省出版报纸90种，报纸合订本12000余册。图书文献服务部设有专门的浙江省出版物样本收藏中心，庋藏浙江省内出版社呈缴图书8万余种。数字资源中心负责提供浙江地方特色数字资源的阅览服务。地方文献部年均接待读者5000余人次，提供有记录的参考咨询服务年均120人次。

为发挥和显扬图书馆地方文献工作的影响，展示自身存在价值、赢得社会效益与声誉，地方文献部不定期举办各种展览活动。其中较有影响的有：（1）为配合新中国成立60周年庆典，2009年举办了“换了人间——地图上的浙江六十年”大型展览，在广泛搜集、精心筛选的基础上，展出浙江省并各市县（区）珍贵的有代表性的地图200余幅，展出版面180块。该展览是对地方文献资源（包括馆藏的、社会的珍贵地图资源）进行有效整合、适时推出、服务于形势需要与推广社会利用的很好举措。（2）为纪念中国抗日战争暨世界反法西斯战争胜利70周年，2015年举办“惊涛：烽火抗战中的浙江文化”主题特展，受到广泛关注好评。（3）为纪念抗日战争全面爆发80周年，2017年举办“老兵不死——民间收藏抗战文献文物展”“雏鹰飞将——杭州笕桥空战80周年纪念展”，《浙江日报》、浙江卫视、浙江在线、中国新闻网等众多媒体报道了此次展览。

4 地方文献特色化建设

地方文献是开展地域性研究最具有价值的文献基础，工作服务面不断拓宽，服务项目不断增多，文献规模也在不断地扩大与宽泛化，网络信息技术的迅速发展更要求改变目前传统的工作模式。我们的未来目标是：建立完善的地方文献资源体系，形成人有我全、我强、我优的地方文献资源独特优势，建立起以本馆作为关键节点的长效联络机制，重点进行地方文献的开发与研究，以期开创新的局面。

4.1 建构地方文献征集新途径

地方文献征集工作是图书馆地方文献工作的前提与基础。构建地方文献征集网络，能有效地采集与保护本地区地方特色文献资源；而丰富的地方文献资源，又为开发与利用地方文献信息提供了物质基础。新形势下，完整的地方文献征集网络，不仅要注重纵向省市县三级图书馆共建共享资源协作，也应加强横向本地区政府及部门层面的联系拓展。通过纵深更广地拓宽征集渠道，挖掘地方文献潜藏资源，实现全省地文献征集网络全覆盖。2015年，建立浙江省公共图书馆地方文献联合征集网，参与者有杭州、宁波、温州等90家图书馆。2018年完成省级横向征集网络的建设，重点联络省文联、省作协、省社科联、省科协、省党史办及省方志办等大宗地方文献出品单位。

4.2 拓展地方文献资源新面向

采取多种形式的地方文献征集方式，基本形成民间历史文献、网络地方文献、口述史料地方文献资源体系。2016年全面启动民间历史文献的征集工作，建立鉴定专家团队。征集原浙江省政协主席毛齐华档案资料48份，老照片1213幅。征集庆元当地及福建契约文书1230份。2017年与数字资源中心联合筹建“揽越”地方文献联合征集平台，并发布《浙江图书馆地方文献资源建设规划（2016年—2020年）》。征集民国时期蒋介石父子及国民政府高级将领、官员相关照片与原始底片，包括抗战时期老照片540张、民国时期至败逃台湾时期底片855张、翻洗老照片444张。完成中国记忆项目林祖藻口述史专题工作，共拍摄7天，成片素材15小时。收录林祖藻档案资料影印件、照片等1537页（张），电子版文字材料514份。

4.3 创建地方文献利用新模式

2016年牵头组建浙江省文化资源组织与建设团队，入围浙江省文化创新团队，并以此为契机开展《浙江省舆图资源调查与研究》。舆图资源的搜集和整理工作，看似简单，却是开展浙江优秀传统文化研究的重要基础和组成部分，正如中国地图史先驱、原北京图书馆研究员兼舆图组组长王庸所说：“真正研究中国学术，最好是脚踏实地从基本工作下手，做了以后可以不必再做——随之补正的工作自然是不免的。”我们的预期目标是：通过利用数字化手段构建数据库展示浙江舆图资源，以方便研究者浏览使用；通过出版浙江省舆图资源集，查漏补缺，填补目前相关工作的不足之处；通过举办展览传播舆图知识，扩大影响力，让更多人了解浙江丰富的地方文化。

4.4 开发优质资源，引领研究新方向

近廿年来，浙江图书馆在地方文献的整理与学术研究方面涌现出了一批有分量有影响的成果。1999年5月，由全省77家公共图书馆共同参与的《浙江省公共图书馆新编地方志联合目录》正式出版，该书收录了改革开放以来浙江各地编印的各级各类新方志1400余种。2005年10月省内各图书馆、博物馆、档案馆、文保所等数百人参与编纂的《浙江家谱总目提要》正式出版，收录浙江现存家谱13287种（其中提要6606种，存目6681种），被列入《浙江文化研究工程成果文库》。2012年承揽了《浙江通志·艺文志（下）》的编撰工作，于2018年6月完成终审稿，共收录民国以来书目数据60481条，合计字数262万。2014年至2017年，艺文志编辑部连续4年获评《浙江通志》创优工程编撰工作先进单位。2017年承接《中国茶文化资料集成·浙江卷》编撰工作，2019年8月完成编撰任务。

地方文献工作是区域文化传承发展的重要事业，更是公共图书馆特色建设、品牌建设的重点选择。为了努力建设文化浙江，为经济社会发展凝聚强大精神力量、提供丰润文化滋养，浙江图书馆将努力构建地方文献征集、管理、编研、开发体系，建设地域性、公共性、综合性的地方文献专藏体系，传承、弘扬浙江历史文化。

打造区域特色　服务广西经济社会发展

——广西壮族自治区图书馆地方文献工作概述

廖晓云　（广西壮族自治区图书馆）

1　积极争取政策支持，成立专门机构全力保障地方文献收集、整理

广西壮族自治区图书馆（以下简称广西图书馆）自1931年建馆以来就十分重视地方文献工作，积极争取自治区党委和政府的政策支持。1960年、1973年、1980年、1993年自治区先后颁发《关于印发征集地方文献资料办法的通知》《关于做好地方文献资料征集工作的通知》《关于进一步做好地方文献资料征集工作的报告》《关于重申做好地方文献资料征集工作的意见》等文件，为地方文献的征集提供了有力的行政支持和政策保障。20世纪60年代初期，通过采取核查馆藏目录和实地调查藏书相结合的方法，广西图书馆有计划、有组织地把分散于各书库中的地方文献提取出来，设立了地方文献专库，进行集中管理。

地方文献书库设立初期，由书目参考组管理。为了加强地方文献的管理，1978年，成立了特藏组专门管理地方文献书库。1984年又将保管组、特藏组合并为历史文献部，1989年更名为地方文献部，2017年又更名为地方民族文献中心，岗位增加到27人。经费上，广西图书馆对地方文献采取全额保障的策略，即凡是需要购置的地方文献，经费上全额保障，这有力地促进了地方文献的收集工作。

2　坚持全面入藏，构建区域特色的地方文献藏书体系

建馆以来，经过坚持不懈的努力，广西图书馆的地方文献藏书体系已颇具规模，计有新中国成立前文献3237种10382册，新中国成立后书刊约8万多种14万余册，并形成了特色体系：

2.1 区域文献

主要包括地方志、地方年鉴、大事记、地情书等。1954年重新开馆时，馆藏广西方志不过十余种，通过三十多年的努力，已将广西存世的方志基本收齐。一、二轮新修志书，各市县年鉴统计资料、地情书，北部湾经济区、西江经济带等广西区域研究资料是地方文献馆藏体系的重点。

2.2 广西民族、民俗研究资料

馆藏《桂海虞衡志》《岭外代答》《赤雅》等对了解、研究古代广西少数民族弥足珍贵，古壮字抄本《送五海壹科》《鲁班唱》《入□（坛）初开唱》入选国家珍贵古籍。而新中国成立以来广西民族和民俗方面的研究资料更是品种丰富，入藏全面，成为地方文献馆藏体系的亮点。

2.3 广西地方史料

广西在中国历史发展进程中有重要的地位，特别是近现代时期，太平天国运动、镇南关大捷、黑旗军、新旧桂系等，在中国近现代史上写下了浓墨重彩的一笔。馆藏广西历史文献别具特色，岑毓英、刘永福、苏元春、陈宏谋等历史名人资料和李宗仁、白崇禧等新桂系资料尤为集中，是研究近现代地方史的资料中心。

2.4 广西地方人士著述

广西地方人士（含桂籍客居和客籍桂居）著述丰富，如（清）陈宏谋的《陈榕门先生遗书》、（清）王鹏运的《半塘定稿》、（清）郑献甫的《郑小谷全集》等，近年来还入藏了《桂学文库·广西历代文献集成》《广西社会科学专家文集》等大型丛书。

3 以服务为抓手，加强地方文献的整理、开发与利用

3.1 充分利用馆藏为社会服务

（1）开展阵地服务。设立图书和报刊两个阅览室，实行开架、半开架和闭架阅览相结合的服务方式，全年开放时间达345天以上。以2013—2017年为例，共服务读者46355人次，66947册次，接待日常咨询12912人次，电话咨询1526人次。

（2）开展课题、专题检索等服务。一是做好事实型咨询服务，及时了解并解答读

者的各种疑难问题；二是做好导引型咨询服务，主动指导读者使用地方文献检索工具，掌握地方文献检索方法；三是开展上门服务和跟踪服务，如主动为自治区文化厅申遗工作服务，先后提供《壮族民间文学概观》《花山壁画》《崇左文化述要》《广西考古文集》《岭外壮族汇考》等121种（册）文献，编制了广西左江壁画研究专题资料，为花山申遗提供了重要的文献支撑；四是开展专题信息服务，为读者全面收集、整理和加工某一专题地方文献信息，如1994年为广西消防局提供有文字记录的1949年以前广西火灾资料，使其顺利完成《中国火灾大典》广西部分的编纂工作。

（3）积极开展各种形式的阅读推广活动。例如结合抗战胜利70周年、长征胜利80周年纪念活动，先后利用馆藏文献资料，组织了“不容忘却的历史——馆藏文献中的广西抗战”“广西纪念中国工农红军长征胜利80周年图片展”“古籍中的广西山水”等展览活动。每月还坚持组织一次地方特色专题资源的推介，每周通过微信向读者推介一本地方文献。

（4）为广西党政机关决策提供历史依据。多年来，广西图书馆向广西党政机关提供了大量史料，解决了多种问题，充分体现了地方文献的收藏价值和使用价值。如20世纪80年代初期，广西全州县与湖南省东安县之间，因山林土地纠纷而发生群众械斗，广西图书馆先后向全州县人民政府和自治区民政厅提供了清《全州志》《广西省舆图》《广西内府舆图》等资料，协助有关部门妥善地解决了这一纠纷。

（5）为科研、设计部门研究提供参考。地方文献中有关本地区的矿藏、物产、畜牧业、农业、冶金工业、气候、水利等资料的原始记录和官方统计资料，翔实可靠，可为发展地域经济提供决策参考。如为自治区水电设计院提供了《迁江县志》《那马县地草略》《都安县志》等方志中记载的历史上红水河水位上涨低落变化的资料，为大化水电站的设计和选址提供了参考数据。

（6）为编史修志提供史料。如为自治区地方志编纂委员会编修《广西通志·照片志》提供了《八桂旧事》《八桂记忆》《广西一览》《桂游半月记》《广西文化发展历程》《广西城市防洪》等数百种书籍，2013年成书的《广西通志·照片志》获广西第十三次社会科学优秀成果奖二等奖，对于广西图书馆的热心和专业的服务，编委会给予了充分的肯定，并在该书的后记专门致谢。

3.2 健全馆藏地方文献目录体系，编制全区性地方文献联合目录

在计算机广泛应用前，广西图书馆编制了卡片式的地方文献书名目录、分类目录、公务目录，此外还编辑出版了多种印刷型书目，如《馆藏有关太平天国书目》《馆藏广西地方志目录》《馆藏广西抗战出版物目录》等。计算机编目普及后，完成了馆藏地方

文献的计算机编目工作，实现了检索的自动化。

为了把分散在各图书馆的广西地方文献整合起来，全面揭示广西公共图书馆地方文献的收藏情况，便于读者查询和利用，2016年，广西图书馆牵头，联合区内17家公共图书馆共同编制《广西地方文献联合目录》。该目录文献收集的时间跨度为1949年10月至2016年12月，共收到书目信息14万多条，从题名、著者、出版者、出版时间、馆藏地等项目进行全方位的揭示，于2018年正式出版。

3.3 编制《广西文献资料索引》《广西文献名录》等二、三次文献

为进一步揭示地方文献，广西图书馆独立或与其他单位合作编制了多种二、三次文献，先后编制了《清实录·广西资料辑录》《申报·广西资料索引》《馆藏广西新民主主义时期党的历史资料索引》《桂系军阀资料索引》《广西文献资料索引》《广西文献名录》《八桂旧事》《广西民国人物》《陆荣廷年谱》《八桂记忆：1949—1957年的广西》《民国童谣》等二、三次文献五十多种。其中《清实录·广西资料辑录》《申报·广西资料索引》《广西文献资料索引》《广西文献名录》《八桂旧事》《广西民国人物》《陆荣廷年谱》《民国童谣》先后正式出版发行，成为研究广西在1949年前政治、经济、文化等发展不可或缺的重要工具书。2010年出版的《广西文献名录》和2012年出版的《八桂记忆：1949—1957年的广西》还分获广西第十一次、十三次社会科学优秀成果奖著作类三等奖。

3.4 建立广西地方文献全文数据库

为充分发挥地方文献为社会发展服务的作用，广西图书馆积极探索全文数据库的建设工作。早在1998年，广西图书馆就购置了TRS全文发布检索系统，自行制作了“馆藏太平天国研究”“广西地方志”“广西少数民族民俗”等全文数据库。2002年后，依托全国文化信息资源共享工程和数字图书馆推广工程又建成了“广西文物精品”“八桂诗词”“广西民国人物”“广西民国照片”“广西非物质文化遗产保护”“广西游记”“广西文坛”“广西戏剧”“广西音乐”等一批具有广西特色的全文数据库，通过互联网推介和展示广西地方的特色资源。

海南省图书馆地方文献工作与研究

王冬梅　殷小静　符秋眉（海南省图书馆）

1　综述

1950年5月1日，海南岛解放后，中央设置海南行政区，隶属广东省。1988年4月13日，海南建省办经济特区，当时未设立省级图书馆，读者有阅读、查阅需求只能前往当地市县图书馆及省里的高校图书馆。直至2003年12月13日，海南省图书馆开始动工兴建，主体建筑四层，建筑面积2.5万平方米，于2005年建成。2007年10月28日，海南省图书馆正式开放。建省十九年后，海南省终于迎来自己的省级图书馆，它也是全国最年轻的省级公共图书馆。从此，海南省图书馆事业掀开新的发展篇章。

在省委省政府、省文体厅的领导和支持下，在海南省图书馆全体干部职工的共同努力下，海南省图书馆十余年间发展成效显著。海南省图书馆服务读者的区域由开馆初期的普通图书借阅室、报刊阅览室、电子阅览室、视障阅览室、少儿阅览室、地方文献阅览室发展至今天的社会科学图书阅览区、自然科学图书阅览区、文学图书阅览区、少儿中小学图书阅览区、低幼阅览区、少儿情景体验区、少儿环保DIY室、少儿艺术培训活动室、政府公开信息查询中心、古籍阅览区、地方文献区、阅读空间、24小时自助图书馆、音乐视听阅览室、中华优秀传统文化传承基地等服务区，并配有报告厅、自习室、展览厅、读者餐厅、大型停车场等辅助设施，设施完备，功能齐全，全面实现零门槛免费开放，读者量逐年增长。在国家构建公共文化服务体系及建设现代公共服务文化体系的要求下，海南省图书馆作为海南省构建公共文化服务体系的重要阵地及文化宣传窗口，立足新起点，当好排头兵，积极响应国家及海南省文件精神，在坚定文化自信中加强文化建设，推广全民阅读。同时，长期致力于弘扬、传承海南地方优秀传统文化，着力于挖掘、开发、利用海南地方文献，研究海南地方文化。

地方文献工作一直以来是海南省图书馆的重点工作之一。历经十余年的发展，海南省图书馆地方文献工作逐步走上正轨，文献藏量越发丰富，服务读者的能力愈加增强，发展势头良好。目前，海南省图书馆地方文献类图书、报刊种数及新增藏量为全省最多，为读者开展海南政治、经济、历史文化等方面的研究做好文献提供服务。同时，海南省图书馆在全省范围内组织开展市县公共图书馆地方文献工作的培训及业务指导工作。

2 历史沿革

2.1 行政机构演变

2007年1月，海南省机构编制委员会办公室批复海南省文化广电出版体育厅《关于正式成立海南省图书馆的请示》（琼文发〔2005〕25号），海南省图书馆机构建制正式设立，下设9个部门机构，其中之一是地方文献与古籍部。2007年10月28日，海南省图书馆正式开馆，地方文献与古籍部挂牌成立，部门服务区域有地方文献阅览室、古籍书库。工作人员共5名，主要工作内容是地方文献征集、整理、开发与古籍保护。2016年1月，因当时的工作实际需要，地方文献与古籍部分为地方文献中心与古籍保护中心；2018年11月，为更好地推进地方文献和古籍工作的综合管理与协调，地方文献中心与古籍保护中心重新合并，恢复地方文献与古籍部，有利于提高政策协同力度和工作效率，进一步加快地方文献工作的发展步伐。

2.2 馆舍区域演变

2007年10月—2010年6月，地方文献与古籍部仅有25平方米的古籍书库和200平方米的地方文献阅览室向读者开放，阅览席位紧张。2010年6月，地方文献阅览室与参考阅览室合并，图书开架及阅览面积增至600平方米，基本满足阅览需要，但功能区不足。2012年，为了完善地方文献与古籍服务功能区，提升服务能力，满足读者多样化的文化需求和阅览体验，海南省图书馆开始为期一年的升级改造工程。新区域于2013年1月14日重新开放，地方文献与古籍部自此拥有古籍区和地方文献区2个区域，服务面积大幅增加。古籍区新增古籍阅览室和符合国家行业建设标准的2间古籍特藏书库，并设有字画间、展览展示区；地方文献区功能区扩大，由地方文献阅览区、个性阅览室、新书展示区、黎族文化展示区、地方文献书库等部分组成，功能齐全，阅览席位满足读者要求。

3 部门人员及培养情况

地方文献中心自2007年以来的人员流动情况见下表。

表1　部分主任名单

序　号	部门主任	任　期	岗　位	备　注
1	冯锦福	2007 年 7 月—2009 年 7 月	副主任	主持工作
2	乔红霞	2009 年 7 月—2011 年 5 月	主任	
3	冯锦福	2011 年 5 月—2013 年 1 月	副主任	主持工作
4	王冬梅	2011 年 5 月—2013 年 1 月	副主任	
5	冯锦福	2013 年 1 月—2013 年 3 月	主任	
6	王冬梅	2013 年 3 月—2013 年 7 月	副主任	主持工作
7	乔红霞	2013 年 7 月—2016 年 1 月	主任	
8	王冬梅	2016 年 1 月—2019 年 2 月	负责人	主持工作
9	王冬梅	2019 年 2 月至今	主任	

表2　工作人员名单

序　号	工作人员	工作阶段	岗　位	备　注
1	殷小静	2007 年 8 月至今	阅览岗	
2	杨洁	2007 年 8 月—2008 年 8 月	阅览岗	
3	谭栩栩	2007 年 8 月—2008 年 12 月	阅览岗	
4	陈静怡	2010 年 11 月—2014 年	阅览岗	
5	李俊燕	2009 年 5 月—2010 年 6 月	阅览岗	
6	马丽萍	2010 年 11 月—2018 年 8 月	阅览岗	
7	陆志欣	2009 年 7 月—2017 年 3 月	文献征集岗	
8	符秋眉	2017 年 5 月至今	文献征集岗	

地方文献工作人员在岗期间，参与本馆组织及外出的图书馆业务及地方文献业务的学习、培训，每年人均不少于3次。经过业务学习及工作中的学习、实践成长，地方文献工作人员业务素质与工作水平取得长足进步。目前，地方文献中心在岗3名工作人员，3人具有中级职称，1人具有副高职称。主要工作内容有：地方文献阅览服务、课题咨询服务、二三次文献开发、地方文化的挖掘与利用；另外还有组织地方文献宣传与推广活动，外出征集地方文献，下基层开展图书馆业务指导等工作。

4　经费

海南省图书馆未设置地方文献采购专项经费，年度文献资源采购经费优先用于地方文献采购，不设限、不封顶。2007—2018年纸质图书地方文献经费约106万元（含征集文献），投入地方文献自建数字资源建设经费335万元。文献资源购置经费中重点采购地方文献，在地方文献征集、业务培训方面也有不定期的专项经费，经费均来源于政府财政投入资金。

5 资源建设情况

海南省图书馆地方文献资源主要有纸质资源和电子资源。2007—2017年间共收藏除地方报刊以外的地方文献10121种20285册（件）。纸质资源主要来源于书商批量采购、出版社呈缴、社会捐赠、零星订购及每年前往全省各市县各级机关企事业单位开展实地征集等途径。海南1988年建省，建省之前的一部分地方文献资源收藏于广东省立中山图书馆，一部分收藏在省内高校图书馆及各市县图书馆。海南省是华侨大省，在东南亚等地及我国香港、澳门、台湾地区，也多有出版及收藏海南地方文献，对以上这些地方文献，主要以交流、交换、扫描、赠送的方式进行征集。本省出版发行及收藏的地方文献资源，主要采取呈缴、零购及捐赠等方式进行征集。

本馆自建的地方文献数字资源主要有“历年政府公开信息”“海南地方志”“一带一路资源库”“博鳌亚洲论坛数据库”“海南地方报纸”“海南网事典藏”等资源库，以海南地方特色文化为目标，选取具有鲜明地域特色、具有较高文献和历史价值的文史资料和信息资源进行数字化加工及整理，通过信息抓取、数字化扫描、视频拍摄等方式进行建设。主要收藏特色有海南黎族文献、海南家谱、海南琼剧、南海文化等文献资料。此外，在地方文献数字化资源素材收集方面，通过开展实地拍摄、网上收集、业界交流等方式进行收集。

6 资源服务情况

6.1 阅览与典藏工作

在阅览服务方面，2007年发展至今，地方文献图书及音像资料由采编部整理分编入藏地方文献阅览室，地方文献报刊合订本由报刊部征订整理分编入藏地方文献阅览室。现在地方文献阅览室采取开架阅览服务方式，可按相关规定复印、拍照及扫描，不提供文献外借。

在数字服务方面，2007—2015年间，地方文献数字化工作由地方文献与古籍部和共享工程办公室共同协作完成；2015年起，地方文献的数字化建设、视频资源存储、数字化采集工作由共享工程中心办公室负责，数字化成果提供在海南省图书馆网站链接供读者使用。

6.2 参考咨询工作

地方文献中心主要向读者提供地方文献及地方文化方面的专题咨询服务，为读者的论文、学习报告、调研报告、课题成果、专著等方面的研究提供文献信息参考服务；在海南黎族文化、海南家谱、海南琼剧、南海文献等特色馆藏方面提供深层次课题服务。

6.3 读者活动工作

举办地方文献主题文献展，如解放海南图片展、海南红色文献展、博鳌论坛文献展、海南黎族文化系列文化展、海南琼剧文献展、海南琼剧舞台美术作品展等；举办网上海南书画名家展览，为纪金锋先生、翁应权先生等举办个人书法、国画作品网上展览；组织暑期亲近海南文化活动，组织中小学生参观地方文献区及黎族文化区，同时，组织大学生志愿者暑期整理海南地方文化专题资料，引导青少年学生走进图书馆，亲近海南文化，加深对海南省图书馆及海南文化的了解。总之，利用各类节庆、纪念日等特殊时期举办相关活动，进行宣传推广地方文献资源。

7 学术、科研活动及成果

长期以来，地方文献岗位的工作人员积极参加历年中国图书馆学会举办的年会及地方文献专题会议；2014年，开展海南省公共图书馆地方文献普查，对全省18个县市20家公共图书馆馆藏地方文献进行普查及业务指导；每年度不定期对基层图书馆开展地方文献业务指导。部门工作人员发表地方文献领域的研究文章38篇，出版著作3部，主持并参与省级课题3项。

下 篇

地方文献工作与研究征文选

微信公众平台在公共图书馆地方文献工作中的创新探索
——以北京市通州区图书馆“北运通州”微信公众号为例

单毅（北京市通州区图书馆）

北京市通州区图书馆地方文献部“运河文库”（以下简称“运河文库”）建立于2000年8月，致力于通州地方文献的收集、整理、典藏和开发工作，以其丰富的文献资源为地方各项建设事业提供专业服务。为进一步发挥地方文献服务功能及服务效能，2016年6月，运河文库推出“北运通州”微信公众号，开启微信公众平台在公共图书馆地方文献工作的创新探索。

1 “北运通州”微信公众平台建设背景

地方文献工作是信息时代赋予公共图书馆的责任和机遇，也是网络高速发展的时代下公共图书馆仍能充满生机与活力的有力保证。然而，技术革新使得读者的阅读方式、阅读观念发生较大转变，而公共图书馆尚未及时转换工作思路，对地方文献工作的宣传力度不足，从而引发地方文献资源利用率不高、社会影响力有限等一系列问题。

《中国互联网络发展状况统计报告》显示，基于无线通信的移动阅读已成为当今的主流阅读方式。以2016年为例，中国手机网民规模达6.95亿，网民中使用手机上网人群占比由2015年的90.1%提升至95.1%，高达79.6%的网民最常使用的APP是微信[1]。为此，2016年，运河文库适时推出“北运通州”微信公众号，以期在阅读方式、阅读观念双重转变的大背景下，用读者更易认同和接受的方式，将束之高阁的地方文献资源以简洁高效的方式呈现出来，帮助读者更好地了解和利用通州地方文献，提升通州地方文献的社会影响力。

2 “北运通州”微信公众号运营模式

“北运通州”微信公众号以通州区图书馆藏地方文献资源和地方智力资源为基础，

以社会需求为契机，以通州历史文化为主线，以真实反映通州发展变迁为原则，每周发布1至2期图文消息。两年来，在不断实践探索中，形成了符合自身定位和工作实际的运营模式。

2.1 功能定位及栏目设置

“北运通州”微信公众号设立之初，运河文库对国内部分公共图书馆微信公众号进行搜集、调研、分析、论证，结合工作实际和读者需求，最终确立了其功能定位，即提供馆藏查询、通知公告、特色推荐、网上展览、活动实况、互动交流等服务。基于此功能定位，设置了相应栏目，详情参见表1。

表1 “北运通州”微信公众号功能定位与栏目设置一览表

功能定位	对应栏目	栏目描述	实现形式
馆藏查询	馆藏查询	在子菜单中设置“馆藏查询”，链入“北京市公共图书馆馆藏目录”链接，读者可通过微信公众号查询馆藏信息	跳转链接
通知公告	公告	发布活动信息、征稿启事、节假日放假安排等消息	自动推送
特色推荐	史海钩沉	推送通州文史相关内容	自动推送
	荐好书	推荐运河文库编辑出版的文献、其他馆藏地方文献书目	自动推送
	地名谈	从通州地名入手，窥探变迁发展	自动推送
	名人传	展示通州古今名人风采	自动推送
	投稿	读者笔下的通州文史	自动推送
	影像	读者镜头下的今日通州	自动推送
	古书之美	历史文献阅览室部分文献	自动推送
	文学作品中的大运河	通州作家笔下的大运河	自动推送
	人文通州	每月举办一期“人文通州”摄影讲座，及时上传讲座视频	自动推送
网上展览	人文通州	组建“人文通州”摄影志愿者团队，举办优秀摄影作品系列展览	自动推送
	百年通图　风华正茂	“百年通图　风华正茂——纪念北京市通州区图书馆建馆100周年”展览	自动推送
	老照片	“1860—1960年历史镜头里的通州”大型图片展	自动推送

续表

功能定位	对应栏目	栏目描述	实现形式
活动实况	回顾	发布通州区图书馆承办地方文献相关大型活动资讯	自动推送
互动交流	互动	收集读者反馈，集中解答读者疑问。讲解地方文献相关知识，如运河文库职能定位、业务范围、特色馆藏等内容	自动推送

“北运通州”微信公众号的功能定位和栏目设置并非一成不变，而是结合地方文献工作实际、读者反馈不断进行调整改进。例如在日常读者接待中，总会被问及“什么是地方文献？运河文库和地方文献是什么关系？”等相关问题，为此我们开设“互动”栏目，发布了《一个严肃的问题丨关于通州区图书馆、地方文献、运河文库、北运通州的那些事儿》一文，对四者之间的关系进行深入浅出的讲解。在“互动”栏目中，集中解答读者关注度较高的问题，并为读者讲解什么是地方文献、运河文库的职能定位、业务范围、特色馆藏等方面的内容，使得读者对地方文献有更深一步的了解和认识，从而提升地方文献资源利用率。

2.2　内容风格及版式设计

如果说地方文献是时间的证人，记录着一个地区的发展变迁，那么微信公众平台便是互联网时代下应运而生的新生事物。如何将历史与科技完美交融，在微信公众平台上高效展现地方文献资源、开展地方文献工作，便是现代公共文化发展体系下公共图书馆地方文献人员的新课题新挑战。为此，“北运通州”微信公众号积极探索内容风格和版式设计的创新，走出一条传承通州历史文化的特色之路。

2.2.1　内容风格

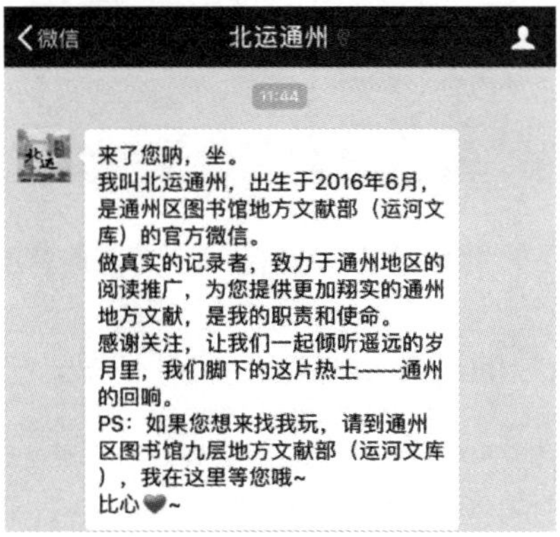

图 1　“北运通州”微信公众号欢迎语

为打破公众以往对地方文献的刻板印象，“北运通州”微信公众号采用亲切平实的语言风格与读者对话。如图1所示，轻松活泼的欢迎语向读者表示热烈欢迎的同时，也对自身定位、功能特征、联络渠道等做了简要介绍，力争赢得良好的第一印象，从而吸引读者的关注。

在制作微信内容时，结合馆藏资源、读者需求以及工作实际，在现有功能定位和栏目设置基础上，科学制订选题方案。目前读者对通州地名、通州民俗、通州名人、图书馆及地方文献工作兴趣度较高，我们在设立地名谈、互动、投稿、名人传等栏目之后，对馆藏地方文献资源和读者稿件进行搜集，筛选出符合要求的文献及稿件作为内容素材库。如图2所示，编写微信文案时，在保留文献及稿件作者观点及语言风格的基础上进行适当改编，酌情使用表情包和网络流行语，增加文章的趣味性和可读性。

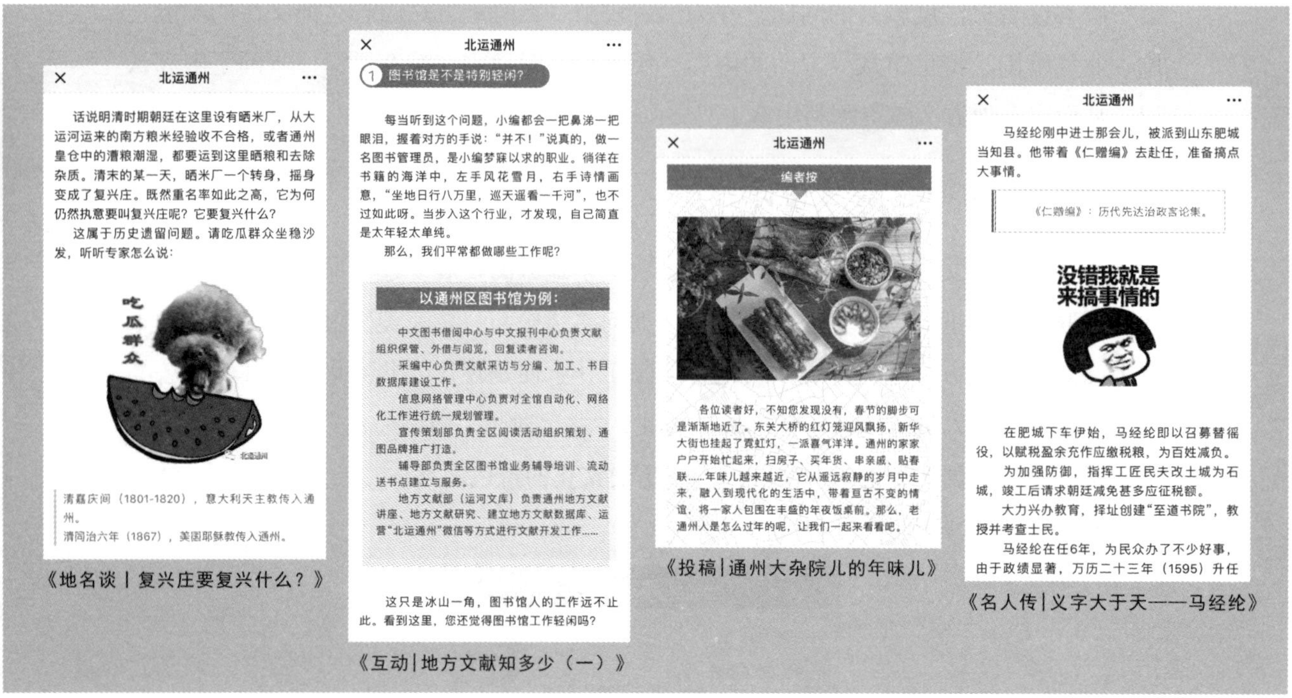

图2 “北运通州”微信公众号部分内容展示

“北运通州”微信公众号的图文消息均为原创作品，并于2016年8月成功申请原创保护功能。在声明原创的基础上，对第一责任者、配图责任者、引用文献来源等知识产权信息做了明确标注，切实保障创作者的合法权益，鼓励其创作更多的优质原创作品。

2.2.2 版式设计

图 3 “北运通州”微信公众号部分版式展示

为更好地展现微信内容，为读者提供良好的阅读体验，“北运通州”微信公众号以栏目为单位设计模板，确保版式布局的统一性。在每篇图文信息里，也适当引入卡片、分割线、小图标等元素，力图做到图文并茂、简洁大方、实用与美观兼具。同时，考虑到“北运通州”微信公众号老年读者较多的特点，对字体字号、行间距、图片布局等进行适当调整。如图3所示，《回顾丨 19位专家齐聚通图　把脉运河文献资源中心》一文中，在将19位专家的观点进行罗列、分类的基础上，选择适当模板，将专家的个人简介、会议照片、观点提要进行直观展示。《史海钩沉丨之一：通州的前世今生》中，因“史海钩沉”为展示通州文史栏目，引入燃灯塔、鼓楼、协和书院（今潞河中学）等通州地标性建筑元素。《文学作品中的大运河丨之一：龙头凤尾北运河》中，将通州知名作家姓名以随机分布的形式展现，令读者一目了然。《影像丨通州大运河风光》选择蜻蜓和水的动态模板，以此呼应大运河的主题，并在模板下方注明稿件征集方式，明晰栏目定位。

2.3 发布流程及后续维护

在运营维护中，“北运通州”微信公众号形成了一套相对流畅高效的发布流程，并在图文消息发布之后进行一系列的后续维护工作，以确保工作实效。

2.3.1 发布流程

“北运通州”微信公众号的发布流程为选题规划、组稿、排版、审校、发布。详情见表2。

表2 “北运通州”微信公众号发布流程详情一览表

序号	流程名称	流程内容
1	选题规划	结合时事热点、读者需求、馆藏资源等因素，确定本期选题。选题内容应积极向上、紧扣主题，以传承通州文脉、传播通州文史为主线，且具有可实现性、易被读者认可和接受
2	组稿	通过查阅馆藏资源、筛选读者稿件、采访通州文史专家等方式搜集文字、图片、视频等相关素材编写稿件
3	排版	根据稿件内容及框架，使用第三方排版工具对稿件进行版式设计。排版风格应兼顾实用性、美观性，能够清晰明了地反映作者观点，便于读者阅览，切忌喧宾夺主、使用过多无用元素
4	审校	制作完毕后，以生成预览链接的方式进行审校。审校人员由两名工作人员、部门主任、作者组成。审校内容包括对文字、图片、音视频、版式等信息的审核和校对
5	发布	审校无误后，将微信内容进行发布。一般发布时间为每周三下午

2.3.2 宣传推广

良好的阅读推广效果，离不开优质内容和版式设计，适当的宣传推广方式也至关重要。“北运通州”微信公众号采用朋友圈、好友转发的方式对微信内容进行二次传播，其中好友转发包括将原文链接发送至作者、读者群，发动作者和读者对文章进行转发传播。

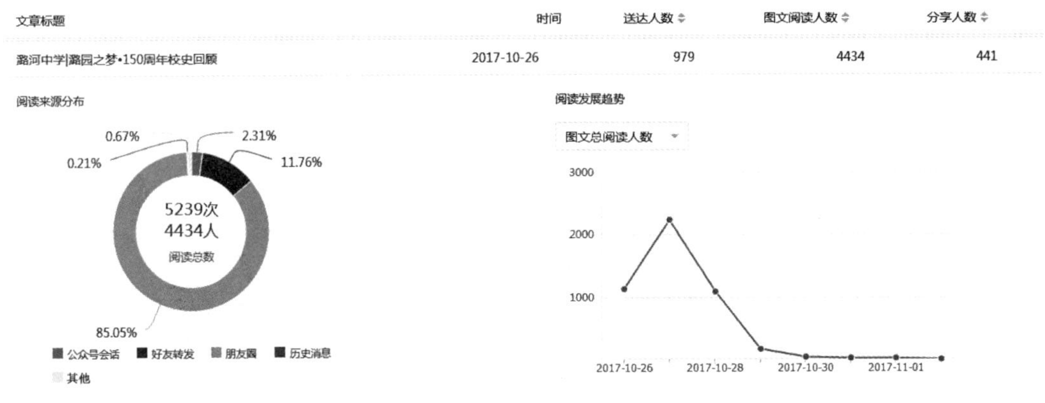

图4 《潞河中学 | 潞园之梦 · 150周年校史回顾》阅读来源分布及阅读发展趋势统计图

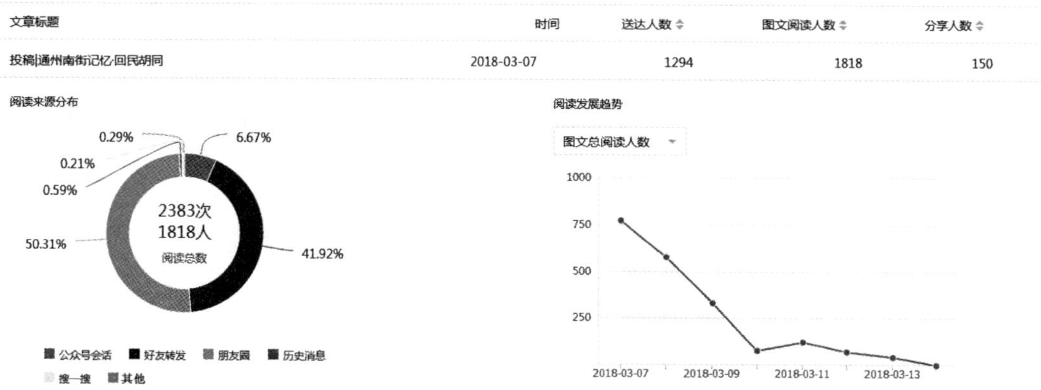

图5 《投稿 | 通州南街记忆 · 回民胡同》阅读来源分布及阅读发展趋势统计图

如图4所示，《潞河中学|潞园之梦 · 150周年校史回顾》阅读来源分布中，“公众号会话”仅为2.31%，“好友转发”为11.76%，而“朋友圈”高达85.05%。图5所示《投稿|通州南街记忆 · 回民胡同》阅读来源分布中，通过“公众号会话”仅为6.67%，而通过“好友转发”为41.92%，“朋友圈”为50.31%。究其原因，是因为潞河中学和回民胡同都是颇具通州特色、社会知名度较高的元素，且与通州人生活息息相关，至今仍发挥重要的现实作用，自然吸引读者的阅览，促使他们自发进行二次传播。

2.3.3 关注反馈

微信内容发布后，我们密切关注读者反馈并及时回复。针对一些具有建设性的意见和建议，在做好记录工作的同时，结合当前工作实际进行适当的调整和改进。例如：读者提出“希望能够多推送通州文史相关内容”，适时开设“史海钩沉”一栏；有读者指出没有文献查询的渠道，我们在子菜单中链入相应链接；有读者建议多开展地方文献相关活动，我们推出了每月一期的“人文通州”摄影讲座，并实时在微信上发布讲座通知、讲座视频、讲座展览……在近期发布的《地名谈|四员厅有四大员》一文中，我们引用了周庆良先生的观点，即四员厅形成于清朝。而北京物资学院陈喜波教授在留言中提出“四员厅在明朝已形成”的观点，为此，我们将陈喜波教授的意见进行汇总，发布了《地名谈 | 再议四员厅》，旨在畅通留言渠道，营造讨论通州文史的良好环境。

2.4 引入共建共享模式

2018年，“北运通州”微信公众号运营步入第二个年头，积累了一定的读者资源。在此契机下，我们尝试共建共享模式，开通“投稿”一栏，面向全社会征集通州文史稿件，并择优在“北运通州”微信公众号发布。这一模式赢得读者热烈响应，稿件纷至沓来。而后，又推出“影像”一栏，征集反映通州当下变化的摄影作品，记录镜头下的今日通州。共建共享模式的创建，使得“北运通州”微信公众号的创作者团队由以往的地方文献工作人员单一输出扩充为地方文献工作人员、通州文史专家、读者三者共同创作，为通州地方文献工作的开展提供了坚实的力量。

3 “北运通州”微信公众号建设思考

“北运通州”微信公众号建立两年以来，我们对其运营工作不断进行回顾、反思，总结经验和不足之处，并将其作为今后工作的改进方向，由此形成了一系列的建设思考。

3.1 拓宽读者受众群体

“北运通州”微信公众号读者群体集中在40岁至70岁，有着年轻读者较少的特征。做历史忠实的记录者，传承通州历史文脉，是我们义不容辞的责任和使命，而传承的接力棒，理应交给年轻一代。唯有如此，通州的历史文脉才能薪火相传、生生不息。今后，我们将继续汲取业内优质微信公众号运营的宝贵经验，积极探索内容和形式的创新，认真倾听读者意见建议，提升内容选题质量。同时，也要紧密联系时事热点，运用年轻读者喜闻乐见的语言和方式阐述通州文史，让世人知长城也知运河、知运河也知通州，提升通州地方文献资源的利用率。

3.2 完善共建共享机制

“北运通州”微信公众号开通共建共享模式以来，得到读者的大力支持，同时也为地方文献工作的开展提供了良好途径。例如，在《深化党和国家机构改革方案》发布之际，我们认真研读方案，对通州区涉及改革的机构进行梳理，列出清单，在清明节小长假前夕发布《公告|“改革”特别约稿了解一下》，号召读者参与到机构名牌拍摄活动中来，通过此方式记录通州区的变革，并将其作为地方文献形象资料保存下来。今后，我们将尝试通过各种途径和渠道充分调动社会力量的积极性和无穷潜力，鼓励读者参与到通州地方文献的建设工作中来，增进读者与图书馆、地方文献的互动交流。

4 结语

“北运通州”微信公众号创建以来，始终坚持运河文库“有典有册、文脉不绝”的工作理念，依托通州区图书馆的地方文献资源，对自身功能定位及栏目设置、内容风格及版式设计、发布流程及后续维护进行了规划，并引入了共建共享模式。今后的工作中，我们将着重从拓宽读者受众范围、完善共建共享机制入手，进一步改进工作方式、提高工作成效，创造更多优质微信内容，积极探索公共图书馆开展地方文献工作的创新之路，为通州地方文献、通州区图书馆的建设增砖添瓦。

参考文献：

[1] 中国互联网络发展状况统计报告 [EB/OL]. [2017-01-22].http://www.cnnic.net.cn/hlwfzyj/hlwxzbg/hlwtjbg/201701/P020170123364672657408.pdf.

开发龙江地方文献　助力“一带一路”建设*

王文娟（黑龙江省图书馆）

习近平总书记在2013年出访中亚和东南亚期间，分别提出共同建设“丝绸之路经济带”和“21世纪海上丝绸之路”的合作倡议，两者简称“一带一路”。黑龙江作为东北亚核心区域，主动对接“一带一路”倡议，融入“中蒙俄经济走廊”建设，提出了构建“黑龙江陆海丝绸之路经济带”（简称“龙江丝路带”）的总体设想，打造向北开放的重要窗口。习近平同志指出：“一项没有文化支撑的事业难以持续长久”，可见文化已成为“一带一路”建设的重要组成部分。黑龙江是边疆文化资源大省，历史文化、地域文化、少数民族文化等特色鲜明。黑龙江省图书馆作为黑龙江省地方文献汇集重镇，是弘扬龙江文化的主要窗口，应把握机遇积极发挥公共文化阵地作用，以传承中华优秀传统文化为己任，整理开发好地方文献资源，推动中外文化交流，助力“一带一路”建设。

1　“一带一路”影响下黑龙江省地方文献现状

黑龙江省图书馆为落实《“十三五”期间古籍普查计划》和《文化部“一带一路”文化发展行动计划》的实施，自2016年8月起至2017年底开展了全省性的特藏文献普查与调研工作，其中对各地市公共图书馆、高校图书馆等的地方文献存藏与利用普查是该项工作的重中之重。地方文献调查小组先后走访了省、市、区（县）公共图书馆19家，高校图书馆7家，民族、行业等图书馆7家。其中公共图书馆所存地方文献1000种以上的有7家，存有历史（古籍、民国时期）地方文献的6家，有独立电子文献数据库的3家，尤其以黑龙江省图书馆、哈尔滨市图书馆、齐齐哈尔市图书馆、佳木斯市图书馆、大庆市图书馆等馆的综合存藏及管理表现良好。高校图书馆方面各具特

---

* 本文系2017年黑龙江省艺术科学规划青年项目“黑龙江省地方文献的整理与利用研究”（编号：2017C012）阶段性成果之一。

色，例如：佳木斯大学图书馆建有专题“三江区域文献展馆”，该馆是以三江地区地方文献收藏和研究对象的主题展馆，以赫哲族研究、东北小延安、北大荒文献、东北书店出版物、三江方志等极具地方特色的专题文献构成，同时建有三江区域历史文化数据库、专家学者数据库等多个自建数据库。黑龙江八一农垦大学图书馆特别结合黑龙江垦区的农业生产特点，在藏书体系建设上成为农垦系统地区专业性文献的代表，且成为联合国粮食及农业组织定点赠书收藏馆，面对黑龙江农垦总局正式开启的集团化改革，该馆收藏的农垦系列文献将成为“北大荒”兴盛变革的见证，历史价值弥足珍贵。其他民族、行业等性质图书馆地方文献建设相对薄弱，但都有特色馆藏。如：大庆石油图书馆以铁人精神为核心，收集地方文献1000余种；牡丹江市朝鲜民族图书馆以收藏朝鲜语文献为主，针对牡丹江市及周边市县朝鲜族群众提供文化服务，并定期开展与朝鲜半岛国家的文献交流活动。

除公立图书馆外，一些民间收藏家和地方文化研究者也建设了个人专题展馆，收藏特色地方文献。如东北民俗博物馆馆长、鸡西市收藏协会会长韩基成，个人出资收藏30余载，收集并整理了鸡西百余年来的档案史料、珍贵文献、历史老照片等纸质地方文献及东北地区使用的生产工具、服装鞋帽、民间工艺品等实体地方文献3万余件。又如鄂伦春族文化研究学者、黑龙江省级非物质文化遗产鄂伦春刺绣的传承人关小云，为抢救和弘扬鄂伦春文化，把自己收藏几十年的300多册鄂伦春族各类书籍和百余件桦树皮、兽皮全部捐献出来，在塔河县委宣传部的帮助下，成立了黑龙江省民间文化研究基地，并设关小云鄂伦春文化展厅。

由此可见，黑龙江省有着包含历史、自然、少数民族、边疆、非物质文化等丰富的地方文献资源和地方文献收藏机构。我们要做的就是抓住机遇搜集整理、提炼精髓、开发和利用好这些优势文献资源，为龙江发展提供文献储备和信息支持，推动“一带一路”文化交流合作。

2　地方文献在“一带一路”倡议中的作用

2.1　鉴古通今

地方文献记载着前人在开发和经营“丝绸之路”和“海上丝绸之路”的大量内容信息，记录着翔实的时间要素和历史事件，为“一带一路”的研究提供了重要的文献资源支持，对现代文化传承、对外交流、旅游开发等具有积极作用。

2.2 文化自信的载体

地方文化作为继承和弘扬中华民族优秀传统文化的主要内容，已成为坚持文化自信的重要组成部分。地方文献则是地方文化的重要载体，它记载了不同的语言文字、民族文化和历史印记。开发利用地方文献资源为“一带一路”建设服务，推动地方文化研究向纵深发展，展示研究成果，可以提高广大群众的民族自豪感和自信心，推进中华民族的伟大复兴。

2.3 无界限交流

地方文献承载着多元知识与文化，它的使用不受国籍、地理位置、民族和宗教等限制。特别是电子地方文献资源的传输和利用，真正地打破了时空界限，缩短了“一带一路”国家和地区人民的距离，增进了彼此之间的了解与对话，共同享受“一带一路”倡议带给人们的利益。

3 开发地方文献，服务于“一带一路”面临的困难

首先，有关“一带一路”地方文献认知、存藏欠缺。在之前的特藏文献普查和调研中，我们发现很多图书馆对地方文献概念模糊，对文献的收集片面单一，地方文献藏量明显不足。甚至有些单位没有对地方文献做专门的整理和分类，无专门的阅览室或专架。这都为“一带一路”文献的检索和使用带来了很大的难度。

其次，各文献存藏单位地方文献的收集整理没有统一标准，覆盖范围凌乱，没有体现各自的地方优势，信息和资源重复、断裂现象严重，缺少文献利用的联动性。

第三，缺乏地方文献对“一带一路”作用的宣传和推广，缺少对此的系统介绍和学术研讨。

第四，地方文献工作组缺乏对“一带一路”的专门研究人才。黑龙江地处欧亚大陆要地，是连接欧洲及太平洋地区的重要通道，具有地域、民族、旅游等方面的地方文化优势，但图书馆却缺少专门的语言、民俗、历史等方面的学科馆员。

第五，由于“一带一路”涉及地方文献方面的资料非常广泛，形式也十分多样，尤其还有一些珍贵历史文献，因此需要大量的经费作为支持。普查调研中我们发现绝大多数图书馆地方文献采购经费有限，甚至没有专项经费，极大地限制了文献的收集。

除此之外地方文献的开发和利用还受基础设施陈旧、制度不完善、创新性不足等制约。想要真正参与到“一带一路”的建设中来，必须突破以上壁垒，主动利用先进技术，创新工作思路，整合“龙江丝路带”资源。

4 开发利用龙江地方文献服务“一带一路”建设的对策

4.1 政府驱动，加强宣传

以政府为主导，建立健全地方文献保护与开发的相关制度，保证“一带一路”文献的有效征集；加大专项资金投入，重视历史文献和专项文献的搜集，确保地方文献的尽全保存收藏；完善硬件设施，利用先进技术，使文献利用便捷现代化，阅读无障碍化；借助主流媒体宣传地方文献的重要性，传承“丝路精神”，弘扬地域文化。

4.2 专题服务，打造精品

黑龙江作为多民族边疆文化大省，要利用好各种优势资源开展专题服务，展现地域文化。可以打造如下特色专题：

①少数民族专题：黑龙江省有少数民族成分54个，其中有满、朝鲜、蒙古、回、达斡尔、锡伯、赫哲、鄂伦春、鄂温克和柯尔克孜10个世居少数民族[1]，在“一带一路”倡议中具有较强的民族优势。学术界认为黑龙江的赫哲族和俄罗斯的那乃族为同源民族。赫哲族又与日本的阿依努族有着相似的风俗，且贸易往来频繁。“著名的‘山丹贸易’就是黑龙江赫哲族开辟通往库页岛、北海道的贸易通道，因此从某种意义上可以说是黑龙江下游少数民族最早的‘一带一路’的历史。”[2]黑龙江的鄂伦春、鄂温克、蒙古、锡伯等民族与蒙古的布里亚特、杜尔伯特族渊源深厚[3]。因此要利用沿线各民族的亲密关系，搜集和整理少数民族专题地方文献，进一步夯实“一带一路”沿线国家和地区民心相通和文化交流的基础。

②特色旅游专题：黑龙江地处祖国的最北、最东端，四季分明，自然资源丰富，是我国特色旅游省份之一，拥有“哈尔滨国际冰雪节”“北国之春·畅爽龙江”等多个旅游品牌。近年在“一带一路”倡议的指引下边境旅游合作成果显著，目前已经成功举办了中俄蒙国际旅游节、中俄青少年文化旅游节等活动。加强对旅游专题文献的搜集有利于文化与旅游深度地融合，更好地提升“一带一路”旅游资源的内涵，拓宽“一带一路”的建设途径。

③城市印记专题：19世纪末，随着“中东铁路”的修建，黑龙江先后吸引了俄罗斯、

日本、朝鲜、犹太等许多国家和地区的移民。同时形成了俄侨文化、犹太人文化等独特的历史文化。随着“一带一路”倡议的深入，中西文化的交融密切了沿线侨民及其后裔的往来，形成了哥特式、巴洛克式等建筑保护与研究，中医药文化合作等共同话题。此类城市记忆方面地方文献的整理和开发，不但可以挖掘城市底蕴，更能够吸引各地“故乡”人才来华建设投资，凸显“龙江丝路带”在“一带一路”中的竞争优势。根据黑龙江地域特点，还应建立农垦专题、森林专题、石油专题、知青专题、油画音乐艺术专题等等。搜集整理文献的同时，更要注意开发其中蕴含的人文精神，弘扬黑土文化，为“一带一路”倡议提供精神力量。

4.3 建立图书馆联盟

经过调研，我们发现黑龙江省内各图书馆及文献收藏机构受各种因素局限，要想独立完成地方文献对“一带一路”的服务并不现实。各图书馆须突破传统壁垒，探索合作模式，成立黑龙江省图书馆联盟，合作建设“黑龙江省地情文化中心”，根据各自地区特色、行业优势，分类收集，有针对性地进行文献建设。联盟成员可以共享文献资源、情报信息、技术设施、人才服务等。同时利用先进的技术建设“黑龙江省地方文献情报网站”，编纂《黑龙江省地方文献联合目录》，定期开展地方文献学术交流会议，以促进科技、文化、人文等领域文献的整合，紧跟“一带一路”的步伐。

4.4 多方协作

图书馆是文献的存藏机构，既不生产文献，也不经营产业。要想融入“一带一路”倡议中来，就要形成多方协作体系，联合政府企事业单位、民间团体、地方人士开展互动，深入开发地方文献资源。例如：与各级党委宣传部、档案局、民政局等密切联系，第一时间了解地方动态、把握时事要点，主动征集地方文献，增加文献存量；与科研教育等机构合作，传递科学情报，保存科技成果，开展社会教育；与文化展览等企业对接，为其提供客观真实的地域文化信息，提升诸如“中俄博览会”“哈尔滨国际冰雪节”“中俄文化大集”“黑龙江绿色食品产业博览会”等品牌产业的知名度和影响力，等等。

4.5 国际交流合作共建

加强丝路沿线国家各图书馆之间的交流合作，紧扣“‘龙江丝路带’建设立足实际、放眼国际，统筹规划、形成合力，创造性地开展工作”[4]的思想。目前，黑龙江省图书馆已与俄罗斯远东国家图书馆、哈巴罗夫斯克国际图书馆、阿穆尔穆拉维耶夫科学图书馆建立了文献互赠、人员互访等机制，增进了馆际友谊。初步实现“跨国别、跨制度、跨种族的资源共建共享”，接下来还要进一步加强省内各图书馆与沿线各国同业在文献传递、技术合作、人员交流等方面的合作，“推进联盟国家的人民产生共同语言、增进友谊”[5]，助力“一带一路”建设。

4.6 人才队伍建设

要服务好“一带一路”，需要提高地方文献工作人员的整体素质，组建学科馆员团队，培养创新型人才。要加强情报图书专业知识、龙江文化、“一带一路”等方面的培训学习。定期开展与沿线各国图书馆地方文献管理人才的互访交流，逐步与国际接轨，培养智慧型馆员团队，提供优质服务。

4.7 建立地方人才库

在做地方文献工作的同时，管理人员会结识很多研究地方史的专家学者、文献收藏爱好人士、方志的撰写者等，要注意汇集这些人才资源，建立起黑龙江省地方文献的“思想库”和“智囊团”。利用我们的文献优势，搭建智力平台，整合人力资源，提升服务“一带一路”的品质。

5 结语

在中华民族伟大复兴的时代背景下，整理和开发龙江地方文献不仅可以展示地方文化和学术成果，更为“一带一路”倡议提供了理论支撑。通过搭建地方文献使用平台，促进与“一带一路”沿线各国加强交流与合作，把龙江文化推向世界，为提升国家文化影响力发挥地方文献的独特作用。

参考文献：

[1] 黑龙江省地方志办公室.黑龙江年鉴：2016 [M].哈尔滨：黑龙江年鉴社，2017：41–42.

[2] 杨光，任平，王河江.黑龙江省推进“一带一路”战略机遇的民族文化优势 [J].中国经贸导刊，2016 (3)：31–33.

[3] 同 [2].

[4] 张效廉.贯彻“一带一路”战略推进“龙江丝路带”建设 [J].学习与探索，2015 (11)：1–3.

[5] 田丽梅.谈“一带一路”战略下的图书馆发展 [J].图书馆学刊，2017 (2)：1–3.

谈包头市图书馆地方文献工作现状及优化构想

张俊萍（包头市图书馆）

地方文献就是内容上具有地方特征的区域性文献，是某地地方文化的积累和沉淀，起着存史、资政、育人的作用。对于公共图书馆来说，搜集、整理、存储、开发、利用当地的地方文献是图书馆工作中的一项重要任务，也是执行“保存文化遗产”职能的需要。

1 地方文献工作发展及国内现状

1982年，文化部颁布了《省（自治区、市）图书馆工作条例》，第一章总则的第二条明确列出“省级馆要搜集、整理与保存文化典籍与地方文献”；要“通过多种途径，有计划、有重点地补充馆藏，同时形成具有地方特色，适合当地读者需求的藏书体系”；还规定“本省（自治区）的正式出版物和地方文献资料应尽量收集”。从此，公共图书馆的地方文献工作被提上了重要的日程。随着我国图书馆事业的蓬勃发展，公共图书馆的服务功能日益创新发展，特色数字资源建设及参考咨询等新技术服务手段成为趋势。地方文献作为某一地区知识的记录载体，是区域文化发展的积淀，鲜明的地域性和史料价值使得地方文献在各馆数字资源建设中成为具有代表性的特色资源。

目前，国内省级公共图书馆基本都设立了地方文献的专门工作机构，并配备专职工作人员。对于大部分的市级馆和一小部分县级馆来说，限于人力和物力的制约，多采取地方文献和古籍工作联合展开的工作方式[1]。近年来，全国公共图书馆评估将地方文献工作及参考咨询工作纳入评估体系，在很大程度上促进了各地公共图书馆地方文献工作的开展。加之我国首部图书馆法《中华人民共和国公共图书馆法》中“呈缴本制度”的规定，以及各省市公共图书馆、多个地方人大、各级政府及主管部门发布的地方文献征集、呈缴办法、条例的纷纷出台，可以看出，当代我国的地方文献建设呈现着良好的发展态势。

2 包头市图书馆地方文献建设的现状及问题

包头市图书馆现设参考和民族地方文献部，分设地方文献区、工具书区、特藏区、古籍区和外文区。主要为读者提供本区域馆藏文献资源的查阅服务和参考咨询服务。

2.1 发展及现状

包头市图书馆地方文献室成立于20世纪80年代末期，工作人员3名，以文献征集为主。2000年左右，随着工作发展的需要，人员增加至5名。2012年搬迁至现馆址后，本馆更加重视地方文献工作，在全市召开了地方文献征缴大会，为地方文献的征集广开渠道。

地方文献区主要收藏的是有关包头地区的政治、经济、文化、教育等大类的地方图书、杂志、报纸、零散资料和音像资料等。现有地方现报30种，地方现刊70种，地方图书4000余种，还收藏有零散资料2万余份，音像资料266种，以及一些清朝以来的账本、地契，等等。家谱藏量甚少，仅有山西旧时几个望族后人的捐赠，如《新路连氏族谱》《米氏世家》《双堡部氏象贤门家事》[2]等。

经过地方文献工作人员近30年的努力，文献征集成绩尚佳。但同时也存在着较大的发展难题。

2.2 存在问题

2.2.1 地方文献的概念问题

在1982年文化部颁布的《省（自治区、市）图书馆工作条例》中，指出“本省（自治区）的正式出版物和地方文献资料应尽量收集”。在全国公共图书馆评估体系中，也分别设有“地方文献”和“地方出版物”两个专项。可见，“地方文献”和“地方出版物”是属于两个文献概念范畴[3]。“地方文献”指内容上具有地方特征的区域性文献。而“地方出版物”指某一地域范围出版的图书、报纸、期刊、音像制品等，涉及各个领域和学科。可见，地方出版物涵盖更广，多数地方出版物在内容上并不具备地方特色。由于工作人员在实际工作中对基本概念认识不清，导致很多文献资料在征集过程中和到馆后的整理中出现资料良莠不齐、界别不清、分类不一致的情况，造成地方文献在集藏、分类、保存方面的困难，为后续的研发工作增加了难度。

2.2.2 地方文献的征集问题

包头地域广大，单位繁多，而征集人员太少，仅有的少数人员可以说是“跑断腿，磨破嘴”。加之各单位联系人员流动性较大，地方文献工作意识淡漠，经常发生联系人调离而无任何交接的情况，征集人员必须再与新任重新建立联系，无形中加大了文献征集的难度。1999年，包头市人民政府下发了《包头市人民政府办公厅关于印发包头市地方出版印刷书刊向市图书馆缴送样本实施意见》的通知。2006年中共包头市委宣传部、包头市精神文明办公室、包头市财政局、包头市文化局、包头市广播电视局、包头日报社联合下发了《关于在全市开展向市图书馆捐赠图书活动的通知》。这些政策虽然在一定程度上给地方文献的征集带来帮助，但也只是浮光掠影，作用微乎其微。地方文献征集人员最常态的工作方式还是靠联系社会各界捐赠或与相关单位交换资料，珍贵的资料会以购买的方式入藏。资料来源渠道单一，导致容易遗漏一部分形式零散的历史性地方文献或民间藏书。而且由于没有专项的征集经费，导致大量有价值文献无力购买。

2.2.3 地方文献开发利用和人才队伍建设的问题

2002年，在台湾地区召开的地方文献学术研讨会上，有台湾学者认为：“地方文献工作，既是一项文化事业又是一种学术事业，涵盖多种层级的学术文化工程，包括地方文献的调查、征集、采集、整理、保存、管理、理论探索与学术研究；既需要踏实的田野工作（指具体的地方文献业务工作），也需要理论框架的建构，以经验结合理论，记录该地区的发展轨迹和历史演变，提供日后地方建设和行政单位施政的参考和依据。”[4] 充分说明地方文献工作不仅止于收集、整理、保存，其更重要的意义在于深层次的开发和利用。

在包头市图书馆地方文献建设工作中，缺乏具有学科背景和丰富工作经验的专业人员。现有的工作人员中，仅有2人具备图书情报专业学历（其中1人为临时聘用人员），1人从事地方文献工作超过15年。其他工作人员缺少进修机会，个人提升的空间不大，往往难以全情投入到枯燥乏味的地方文献整理工作中。有经验的老馆员运用现代化技术手段的能力差，在工作传承和衔接中效率低下。

这种情况导致文献资料征集到馆后，加工和整理相当耗费时间和人力。虽然也开展了一些参考咨询工作，但咨询的深度和广度都未能满足用户的需求和期待，对地方文献的开发和利用尚处于被动和消极的状态，未能发掘出本馆馆藏的价值。

2.2.4 地方文献数字化的问题

目前我国公共图书馆地方文献数字化工程已经具备了一定的规模。包头市图书馆的地方文献数字化工作也初见成效。譬如建立“地方文献书目数据库”，录制“二人台戏曲库”等。数字化建设可实现资源共享，能更好地发挥地方文献的优势。但是限于人力和物力的原因，技术条件无法完全达到，全部地方文献资料数字化的工作进度缓慢，对于非物质文化遗产的保护、口述历史的影像留存等还未能及时开展。

3 包头市图书馆地方文献建设的未来构想

地方文献具有重要的历史价值和使用价值，不仅为当地政府的政治经济决策提供重要的依据，而且在弘扬本地历史文化、追根溯源方面有着重要的参考价值[5]。公共图书馆不仅要做好地方文献的保存工作，更要做好地方文献的整理和开发利用工作。

3.1 制定地方文献整体发展规划，保证地方文献建设工作切实有效、有序地开展

“工欲善其事，必先利其器”。地方文献建设是涉及多层面的学术及文化工程，一定要有理论框架的支撑。首要的是制定一套完善的发展规划，具备全局性，具有宏观的指导作用，同时结合图书馆的信息组织技术及宣传推广活动，整合本地区地方文献的资源优势。如包头市有内蒙古第一机械集团公司的兵工特色，包钢的稀土特色等，可以特色专题的形式将它们分门别类并加以归纳、融合，集众家之长，避免重复建设，专力打造优质的地方特色资源。持之以恒地做下去，必能扩大包头市图书馆地方文献工作的知名度及影响力，筑巢引凤。

3.2 拓宽地方文献征集渠道，保证必要的征集经费，寻求政策法制的保障

建立呈缴样本制度，通过政府行为保证地方文献收集的完整性与系统性。我国首部《中华人民共和国公共图书馆法》专门规定了呈缴本制度，这是关于地方文献工作的国家层面的法规。必须加强与各地方机构（包括政府和企事业单位、科研学术部门）和市档案馆的合作，并与相关部门及兄弟图书馆建立资料交换关系，互通有无。发挥包头地区地方文献联盟的作用，成立采访委员会，构建本地区地方文献资源体系。同时，变被动等捐赠为主动采访。具有征集难度的资料是个人手中以及民间的零散资料，文献征集人员最好定期走访旧书店、书摊等与地方文献的生产、流通、集散密切相关的地点及单位，发掘隐性文献。要与本市各行各业“术业有专攻”的人士建立良好的联系，有针对性地利用本地的各种地域文化资源，如志史、家谱、区志等。包头市图书馆一直与包头地方志史办合作，设立了“包头地方志史专架”，供有需要的读者随时查询。今后应以此为范式，加强同其他组织的合作，保证文献征集的及时性、连续性、系统性。

如2006年，连续剧《乔家大院》一经播出之后，《内蒙古晨报》就对包头市图书

馆地方文献区收藏的“山西乔家”在包头发展的历史资料进行了独家报道，引起社会强烈反响。不仅引来了几家名人捐赠家谱，而且多次接待相关研究人员查阅及复印。

又如，2017年，有热心读者捐赠日文书《黄河のほとり　包頭》(《黄河岸边的包头》)，经过微信平台报道后，引来了包头市历史学教授张贵老师的珍藏——《包头概况》。该书为日文书复印版，揭示了20世纪30年代期间老包头的历史发展轨迹，是一部很有价值的地方史料。

3.3　保证基础业务标准化，做到整理文献资料时分类、编目准确规范，能够全方位揭示文献的特征

收集到馆的地方文献往往是零乱无序的，需要工作人员依据一定的分类编目标准对其进行归类整理。在对地方文献进行编目著录时，加工人员应对每一条信息的处理都力求准确、规范，按照国家标准去做。建立一个全面的地方文献书目数据库，既可通过检索点快速满足用户的检索需求，又能在主题字段清晰准确的基础上，为开发专题文献数据库提供方便。

3.4　注重传统服务、参考咨询服务，开拓创新服务

3.4.1　注重传统服务

地方文献服务工作想要做好，应该本着文化公平共享的原则，让每一位读者都能找到自己需要的书。如能采用“分众阅读”理论[6]，根据用户目的去细分读者，在开展地方参考咨询服务时就能够有针对性地去分门别类各种地方文献，明确满足读者需求，就可提高文献的利用率。如本地的“二人台”，是一项传统的地方戏曲，“二人台”艺术的原乡为包头市土默特右旗，所以关于“二人台戏曲”艺术的研究与推广在土默特右旗就有着得天独厚的优势。

3.4.2　强化参考咨询服务

“以史为鉴，可以知兴替。”地方史料中留给后人的理念和经验，经过研究和分析，辅以科学发展观，借助完善的地方文献数据库和先进的数据分析处理能力，就可成为政府决策的“智囊”，起到“资政”的作用[7]。但这是一项有难度的研发工作，首先要定位明确，依托地方社会及经济的发展，为地方党委和政府决策服务；其次，必须配备具有相关专业素养的研究人员，并要进行跟踪服务，才能确保其正确发挥服务政府的作用。

3.4.3　开拓创新服务

包头市图书馆民族地方文献部从2014年开始举办“真人图书”借阅活动。作为阅

读的一种新形式，真人图书馆的概念受到关注并开始传播是始于2008年12月，上海交通大学进行的首次尝试。读者可以从图书馆中借一个“人”，通过与他进行交谈或者聆听他的专业分享而获得更多的见识。之后，各大高校成为真人图书馆的实践主体。这种阅读体验，因其即时、双向的现场交流而具有真实性、鲜活性，是图书馆文化服务的一大创新[8]。包头市图书馆将真人图书的采选范围圈定在地方名人或行业内杰出人士，正好契合地方文化特点。首期邀请了包头历史文献研究员张贵教授，讲述包头老城的建筑，让读者了解了包头历史，增强了保护包头历史文化的责任感，社会反响非常好。今后要注重“真人图书”的选材，并尽量制作成数字资源，建立小型“地方真人数据库”。

3.5 注重人才队伍的建设，培养一支加工整理、收集研发地方文献资源的专业技术队伍

要重视培训现有人员，提高他们的专业素养。有条件的情况下，引进具有多学科背景的人才，特别是具有历史学背景的人才。地方文献的研究工作是一项枯燥而艰苦的学术工作，需要的是能够有“埋首于故纸堆”中做文章的精神的技术人员，既要有专业的知识和信息提炼能力，又要有敏锐的信息意识和较强的文献鉴别能力。地方文献工作者应该扮演多元化角色，无论是服务型的馆员，还是研究型的馆员，或是咨询型的馆员等[9]，都离不开对馆藏地方文献的熟悉和钻研，都植根于“热爱和专业”的土壤。

3.6 强调地方特色

地方特色怎么体现？凡是与本地区关系密切的主题图书，都要重点收集。从本地区经济文化建设特点和社会发展整体趋势出发，以地方经济文化发展所需的各类信息资源为收藏重点，逐步建立起符合本馆资源优势、展示地域特点的地方特色文献资源数据库。在包头市地方文献发展整体规划的平台上，本着共建共享的原则，积极鼓励相关单位（乃至用户）共同参与特色资源数据库建设。但是在建设的同时，要注重对知识产权的保护[10]。

4 结语

地方文献资源建设是公共图书馆文献资源建设的重要内容，也是各馆馆藏特色所

在，积极研究地方文献，是加强区域文化建设，实现文化自信不可缺少的工作之一。在今后的工作中，我们依然应当加强地方文献的集藏工作，依托地方文献藏书保障体系，充分发挥地域特色、文化特色，尽力开发利用地方文献的各种价值，满足用户需求，为包头地区的文化建设及经济建设做出贡献。

参考文献：

［1］许志云.公共图书馆地方文献建设的现状与变革［J］.图书馆，2016（4）：97–100.

［2］李龙海.包头市图书馆地方文献的收集和利用［J］.科技情报开发与经济，2008（23）：39–40.

［3］易雪梅.地方文献工作中值得思考的几个问题［J］.国家图书馆学刊，2005（1）：28–31.

［4］邹华享.地方文献学术研讨会在台北召开［J］.图书馆，2002（6）：27–28.

［5］肖小娟.内蒙古地方文献的集藏与整理利用研究［D］.哈尔滨：黑龙江大学，2016.

［6］刘芸，刘嫦娥.图书馆地方文献推广工作的读者细分策略研究［J］.图书馆研究，2014（5）：66–68.

［7］王秋林.地方图书情报机构的智库功能挖掘［J］.图书馆研究，2018（2）：84–88.

［8］周一苗，曾芬钰.基于文化传承与创新功能的真人图书馆模式研究［J］.新世纪图书馆，2018（4）：40–45.

［9］王彬.蜕变的尴尬：地方文献研究定位与服务的再探索——基于CNKI核心期刊文献计量及可视化分析［J］.图书馆理论与实践，2018（6）：46–49.

［10］周铭蓉.法制保障在公共图书馆地方文献工作中的作用［J］.图书馆，2014（5）：92–94.

新时代新疆公共图书馆地方文献资源建设工作的思考

李黎　闫永胜（新疆维吾尔自治区图书馆）

1　新疆公共图书馆地方文献资源建设的现状

1.1　人才队伍及组织现状

目前新疆公共图书馆建有1个省级馆、14个地级馆、92个县级馆[1]。从地方文献工作管理制度情况来看，全疆图书馆地方文献工作人员队伍长期处于人才短缺、人力不足情况。目前，新疆维吾尔自治区图书馆地方文献部4人、少数民族文献部3人在从事地方文献信息管理和服务工作。地方文献资料包括：馆藏纸质图书175738册，其中维吾尔文105998册，哈萨克文26115册，柯尔克孜文677册，蒙古文345册；数字资源60万册约100TB；线装古籍1200册（2018年）。现有人员要做好文献征集采访与采购、加工与整理、缩微复制和对外服务等，工作压力显得十分巨大，因此，需要进一步加强公共图书馆服务人才队伍建设。

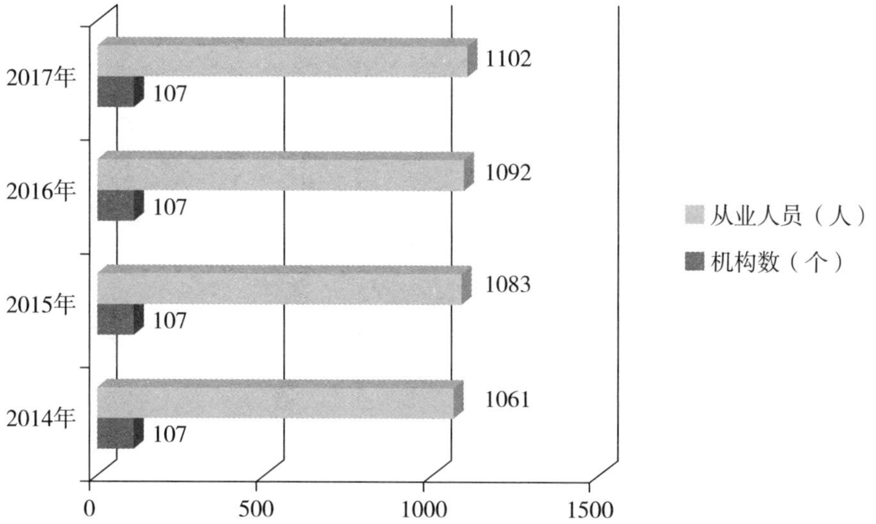

图1　2014—2017年新疆公共图书馆人员、机构数量[2-6]

另外，调查发现，全疆地州（市）县图书馆，在地方文献人员队伍建设上，重视力度不够，全疆县市图书馆基本没有设置“在岗在编”专职人员，地方文献无专藏专设，与相关学科图书混放一起面向读者服务，导致地方文献利用率明显偏低。

1.2 对外服务基本情况

新疆公共图书馆对外服务工作通过多年的探索研究，不断加强组织机构建设、地方文献资源建设、服务管理信息化建设，基本形成了以自治区图书馆为中心、地州馆为骨干、县级馆（总分馆制）为基础的三级公共服务网络体系。目前，新疆公共图书馆服务从省、市到农村，基本做到了城市有图书馆，乡村（镇）有图书阅览中心（室）。随着社会的需求变化，通过发挥自治区图书馆学会机制优势建立起了新疆公共图书馆联盟，同时，借助于图书馆知识信息共享服务平台、全国图书馆参考咨询服务联盟、图书馆地方文献特色数据库等，基本实现了我区文献信息资源服务全覆盖。

1.3 馆藏资源建设情况

新疆省级、地州（市）级图书馆，按照中央和地方政府对地方文献资源建设的各项法规要求和标准，基本上建立起分类齐全的地方特色馆藏文献。但受各方面条件的限制，县级图书馆入藏选择有限，目前仅有少数县级以上范围的图书馆收藏了地方文献信息资源。

就图书馆地方文献信息资源收藏情况而言，实际地方文献与各馆图书总藏量相比，藏书量普遍偏低。除自治区图书馆以外，地州（市）县图书馆地方文献藏书文种、册数相对较少。

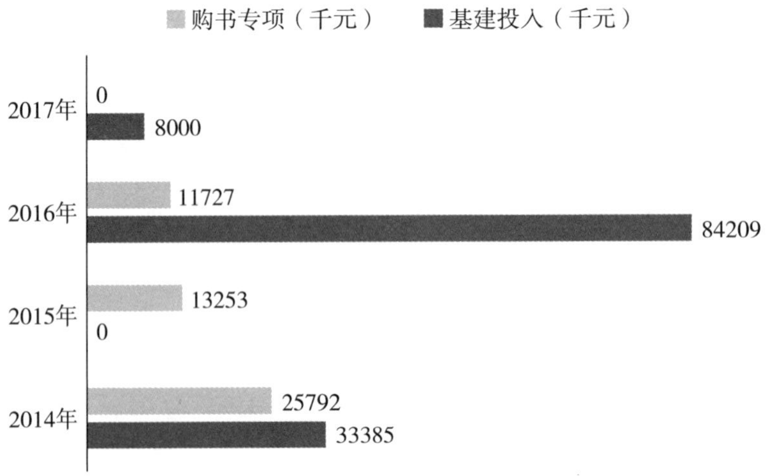

图 2　新疆公共图书馆建设经费投入情况[2-6]

1.4 建设经费保障方面

新疆省级、地州（市）级图书馆，目前基本实现了免费开放，加入了全国文化信息资源共享工程。但是，在建设经费投入上，还需不断地加大政府财政投入，同时，争取多方位社会关注与企业团体的赞助和合作。在当地政府主导下，大力组织倡导社会团体广泛参与，促进新疆公共图书馆的事业可持续发展。目前，总体来看，新疆省级、地州（市）级图书馆尚无企业或个人参与资金投入到公共图书馆基础建设之中。

1.5 不断拓展创新服务

随着社会科学技术的不断发展，读者和用户的需求呈现多样化，拓展创新服务迫在眉睫。新疆公共图书馆在地方文献特色馆藏建设与利用上下功夫，大力推广“全国文化信息资源共享工程”，不断打破纸本文献服务之瓶颈。通过全文数字化，构建与完善地方文献特色资源数据库，以自建、联建、外包、购买等形式，积极打造独具特色的地方文献服务项目。如近几年开展的新疆少数民族资源语言译制工作、新疆名人口述史工作、新疆印象资源库、新疆古籍联合目录查询库、云端多媒体资源库、新疆农牧区实用技术资源库、新疆少数民族少儿“双语”及基础教育资源库、新疆非物质文化遗产资源库、新疆影视资源库等，用户通过新疆图书馆网“一站式查询服务”可以便捷地使用[7]。

1.6 信息安全机制亟须加强

新疆地处东西方文化交汇处，是国家“一带一路”建设的对外衔接点，有桥头堡之称。新疆地域性文化在中华传统文化漫长历史的潜移默化中传承与发展，已经形成了独具民族特色的新疆地方文献信息资源。然而，自我国改革开放以来，新疆地域性文化发展在不断遭受西方文化的侵蚀和渗透。因此，对新疆图书馆地方文献资源信息安全建设提出了新的课题。而新疆地方文献资源信息内容把控难度大，文献语种复杂多样，文献获取渠道管控、审读与排查工作显得尤为重要。文献信息安全对于新疆图书馆来说是一项长期而艰巨的历史任务。党的十九大报告指出，“意识形态决定文化前进方向和发展道路”，“要牢牢掌握意识形态工作领导权”，为我们做好新形势下意识形态工作提供了根本遵循。图书馆作为公共文化资源信息服务窗口，文献资源信息的安全问题是首要问题，绝不允许马虎大意。

2 新疆图书馆地方文献资源建设的重要性

新疆地方文献反映了整个新疆地区的历史、地理、自然资源、人文资源、社会资源、信息资源，以及当地的政治、经济、军事国防、科教文卫等方面信息。新疆著名历史学家、经济学家陈华指出“新疆的历史是独特的”，新疆的地方文献体现出的民族特征是由于新疆独特的历史因素所决定的[8]。新疆是一个多民族聚居的地区，共有55个民族成分，其中世居民族有13个。截至2016年末，新疆总人口2398.08万人，其中少数民族约占60%。因此，从长期的历史文化研究角度观察，新疆多元文化、民族融合的历史发展虽然呈现着鲜明的少数民族地域性文化特色，但是，中华优秀文化传承的历史脉络清晰可见[9]。“新疆地方特色文化信息资源”，习惯上简称为新疆地方文献。主要包括新疆政治、经济、历史、文化信息资源，新疆民俗文化信息资源，新疆谱牒人物信息资源，新疆自然环境信息资源，新疆物产信息资源，等等。新疆公共图书馆在地方文献信息特藏资源建设方面，努力实现“人无我有，人有我精”和差异化服务管理，在全域信息化服务和信息知识共享方面为中国新疆的文化传承、民族团结、反分裂斗争教育、建疆稳疆、和谐发展等做出了应有贡献。

进入新时代，伴随我国经济实力增强和科学技术发展，以及国家提出构建和谐社会、倡导学习型社会等多方面要求，公共图书馆的发展日益受到重视，地方文献资源建设服务社会需求迫切。新疆公共图书馆依据公共图书馆法采取新规划、新措施，积极地开展新疆地方文献信息资源的收集、整理、保存、利用等工作，正在完善新疆地方文献资源的体系化建设。进入2000年以后，现代信息技术运用在图书馆得到了普及，信息资源数字化成为地方文献资源建设的重要手段。新疆公共图书馆采用先进的数字化网络化技术、智慧化管理方式，在地方文献馆藏建设基础上，部分地州级以上图书馆基本实现了地方文献纸本服务和地方文献信息资源网络化、智慧化管理服务相结合模式，如新疆维吾尔自治区图书馆、克拉玛依市公共图书馆等。

3 新疆公共图书馆地方文献资源建设存在的问题

3.1 对馆藏特色资源建设认识不明确

从全疆公共图书馆开展馆藏资源建设上看，依然存在着重藏轻用的现象。虽然新疆公共图书馆在不断加强地方文献资源开发，注重宣传社会利用，但是封闭化的惯性思维始终使我们走不出“收、藏”的怪圈。什么是本地特色文献，如何建设和利用好新疆地方文献信息资源，是我们应该在实际工作中长期深入探讨和研究的问题。

3.2 地方文献开发和利用缺乏全局性和体系化建设思路

由于长期受传统观念管理束缚，全疆公共图书馆在地方文献信息资源建设工作方面，各馆都在建设本馆地方文献信息资源，而没有形成联建共享体系，导致重复性建设投入加剧[10]。从全疆地方文献资源建设整体上观察，长期以来，全疆各级公共图书馆各行其道、标准不统一，仅按本馆需求来开展对各种地方文献的收藏，没有形成统一的、独具特色的公共图书馆地方文献信息资源建设总体规划和收藏标准，导致联建共享规范化建设目标难以实现[11]。

3.3 对地方文献资源采购、征集工作力度重视不够

中央与地方政府投入在不断增加，但仍满足不了社会需求和读者需求。例如新疆维吾尔自治区图书馆在地方文献特色资源建设方面投入的精力、物力、财力不断加大，馆藏资源日趋丰富、种类扩大、采访形成制度化，同全疆其他馆比较来看，地方文献资源建设独具特色。但是，全疆各地州（市）图书馆在地方文献资源建设投入这部分，和公共图书馆整体投入相比增长较少，采访征集人员力量单薄，资金短缺。征集工作无固定的征集经费，没有形成制度化管理。

3.4 地方文献呈缴制度宣传引导力度不足

究其原因，主要是因为重视收藏只流于表面形式，没有完善的呈缴制度和人员队伍机构，采访人员缺乏专业情报素质，洞察信息的感知力弱。同时，对公共图书馆法、政府“地方文献征集工作两办文件”精神没有吃透，不能充分利用法规和政策，导致所征集文献的范围窄、收集难[12]。

3.5 地方文献资源数字化建设力度尚需完善

各项指标任务未能达到全国图书馆第六次评估达标的要求，提供服务无法让读者用户满意。如新疆维吾尔自治区图书馆按照本馆总体规划建设，目前已基本完成了地方文献图书类的全文数字化工作，但报刊缩微复制工作才刚刚起步，新疆地方特色资源数据库建设正在完善中。虽然通过采用一站式查询服务实现多语种目录查询，同时开展音视频资料宣传教育推广，但是还不能最大限度地满足读者、服务社会。地州（市）图书馆也应加强这方面的工作，通过联建方式达到共建共享目标。

3.6 新疆文献普查和审读工作难度大

新疆公共图书馆地方文献信息语种复杂多样，相关语种专业人员有限，针对各语种的审阅无合适人员，不能做到各语种逐一审阅、审定，导致信息资源质量良莠难以把控。需要加强图书馆采访工作的审读筛选环节。

3.7 古籍文献保护和修复工作有待加强

截至2017年，新疆已经查明的古籍文献总计12.456万册，其中确定的善本共有0.279万册。目前古籍统计总数基本确定，已形成新疆区域的古籍联合目录，待征集的民间古籍数据未定。据专家组调研论证后现存古籍多为个人收藏。新疆的古籍修复队伍处于起步阶段，因虫蛀、腐粉、污秽、散册、缺页等需要修复的古籍文献较多。同时，古籍文献利用率也相对较低。

3.8 公共图书馆法宣传力度和推广不足

自2000年以来，国家通过长期的论证和研究，对图书馆的地方文献资源建设调整和制定了相关的政策、法律法规。例如2017年7月7日文化部印发的《"十三五"时期全国公共图书馆事业发展规划》，为我国图书馆建设与服务指明方向、明确目标。2017年11月4日由中华人民共和国第十二届全国人民代表大会常务委员会第三十次会议通过的《中华人民共和国公共图书馆法》，自2018年1月1日颁布施行[13]。这是党的十九大之后通过的第一部文化方面的法律，对促进公共图书馆事业发展、保障公民基本文化权益、坚定文化自信、推动社会主义文化繁荣兴盛，具有重要意义。从此图书馆建设步入了规范化、法制化管理轨道，图书馆发展有法可依。特别是对边疆少数民族地区的地方文献建设工作起到了积极的推动作用，提出了新目标、新要求。

公共图书馆法的推动，目前在新疆还只局限在图书馆内部学习阶段，馆员对其了解程度不够，对外宣传推广力度不够，还需进一步面对读者、社会、企业扩大宣传影响，以便更好地完成呈缴制度。

4 新疆公共图书馆地方文献资源建设服务策略

做好新疆地方文献信息资源建设工作，应该从加大投入建设馆藏特色数据库的角度去研究和考虑问题。特别是体系化、特色定位、联合协作、文献呈缴、信息安全等方面，应做好研究与探讨工作。

4.1 依照图书馆法和“十三五”规划，明确馆藏文献特色定位

做好此项工作，图书馆员首先要在熟悉馆藏上下功夫，并且做到时时跟踪、详细了解地方文献出版状态、去向问题等，然后依据事先拟定的采访计划、经费保障和用户需求，方向明确地开展多渠道和有特色的文献征集、采购、深加工服务研究。同时，要做到系统地、完整地、连续地开展文献采访征集工作，最终用制度规范工作行为。地方特色资源建设往往涉及社会的各个方面，散落在地方名人、政府机关、科研机构、企事业单位、档案馆、博物馆等处的信函、口述、文字记录、图表、照片、手稿、研究成果、音视频资料、实物和新发现的文献等，这都是图书馆需要征集收藏的对象。通过不断研究和探讨，挖掘有参考价值的文献。完善图书馆“藏”与“用”，达到“藏”为“用”，“用”促“藏”的目的。

4.2 应注重图书馆地方文献资源体系化建设，发挥其最大效能

加强图书馆地方文献资源体系化建设能有效地整合资源，节省空间、时间，达到资源优势互补，避免重复无效的建设。在发展初期阶段，可以采取就近原则，以图书馆联盟、分区域联建形式，大馆带动小馆、强馆扶持弱馆、大家共同进步。也可以采取快进模式，集中优势资源，馆际之间强强联合，实施完善总分馆制，不断扩大馆际互借成果，总结经验，最终实现全疆图书馆事业跨时代前进。在统一的模式下，形式多样化，形成特色资源优势，让地方文献体系化服务优势充分发挥出来。图书馆只有不断寻求突破，在认清和明确自身资源建设特色的基础上，融合和发挥图书馆体系化建设优势，才能为社会做好地方文献馆藏资源服务工作。

4.3 做好馆外联合、协作是地方文献信息资源建设补充经费的必经之路

在中央和地方政府支持下，多方借助社会力量参与联建，积极参与其他地区图书馆的地方文献资源共建活动，从而实现地方文献资源共享，弥补本馆建设经费不足的窘况。如自治区图书馆开展的少数民族语言的资源译制工作，与云端服务数据商、CNKI中国知网、龙源期刊网、天山网、新闻媒体网络、大专院校、新华书店等合作，采取资源优势互补，共建联建新疆地方特色资源数据库提供用户服务。共建项目通过发挥服务平台优势、互联互通和资源共享，采取外包与内建结合模式，让双方资源有效整合、相互融合利用，把各自的优势充分发挥，让地方特色资源项目建设硕果累累。

如“云端多媒体数据库”“新疆少数民族少儿‘双语’及基础教育资源库”“新疆名人口述史”“新疆记忆”“地方名人库”和新疆少数民族文化可视化互动地图等一批新增信息数据库。克拉玛依市图书馆积极打造新疆油田地方文献资源库建设，通过不断挖掘图书馆、电视台、博物馆、政府机关、学校和厂矿企业等文献资料，先后建成了“石油师人——在新疆油田纪实”“天山石油魂”“共和国的血脉”“放飞的风筝”“灯火隔岸”“克拉玛依人”“怀念杨拯陆”等一大批数字资源库。

4.4　加强地方文献呈缴制度化，不断地增强征集工作意识

在公共图书馆法的有力保障下，大力开展地方文献征集工作，使得征集地方文献有法可依。在地方文献征集工作中不断地提高宣传力度，使征集单位、作者和读者了解其权利和义务，同时加强馆员队伍的学习和培养、提高专业信息素质，加强法律意识和其他专业知识学习。利用“地方文献征集工作两办文件”和公共图书馆法，做好地方文献征集工作。“积极沟通，借机宣传，用情打动，主动发现”是做好图书馆文献征集工作的要诀。

4.5　不断加强地方文献信息资源数字化工作和信息安全工作

除了纸本阅读外，数字化阅读新体验已经走进人们的日常生活，从信息数字化发展来看，人们离不开电子阅读。因而，馆藏文献全文数字化工作迫在眉睫，特别是地方文献特色资源库建设。可以依据本馆馆藏建设，采取自建或联建形式，如参与联建共享，能有效地开展本地特色资源数据库服务。当然，地缘不同、经济基础发展不平衡，也会给图书馆地方文献资源建设带来一定的困难。要实现全疆基层图书馆地方文献资源库共建共享，必须不断探索一条可行之路。

新疆公共图书馆地方文献特色资源肩负着传播中华地方优秀文化的历史使命。同时，要坚持正确的意识形态，构建新型文化业态的建设保障服务机制，不断地满足各族人民群众的文化美好需求，教育和引导各族人民树立正确的核心理念，坚决抵制非法宗教极端思想和暴力恐怖思想的渗透。因此，保障文献信息安全工作是图书馆今后一项长期而艰巨的政治历史任务。积极地实践线上线下、上下联动、分组配合入基层，督促和指导文献排查工作，努力确保图书馆地方文献特色资源服务安全利用。

5　结语

新疆地方文献资源建设在新时代中国特色社会主义公共文化建设中有着重要的意

义和使命，在树立文化自信方面任重而道远。文献信息来源与利用的把控依赖于政府主导、上下齐力配合，政治意识强是做好文献资源建设工作的第一要务。提高图书馆地方文献信息服务质量，主要取决于文献资源体系化建设情况。“发挥最大服务效能、实现资源最大化利用”是图书馆界努力奋斗的目标。

参考文献：

［1］中华人民共和国文化部.中国文化文物统计年鉴［M］.北京：中国统计出版社，2017：50–110.

［2］新疆维吾尔自治区文化厅.新疆维吾尔自治区文化文物产业统计年鉴2014年［M］.乌鲁木齐：新疆维吾尔自治区文化厅，2015：70－109.

［3］新疆维吾尔自治区文化厅.新疆维吾尔自治区文化文物产业统计年鉴2015年［M］.乌鲁木齐：新疆维吾尔自治区文化厅，2016: 77－137.

［4］新疆维吾尔自治区文化厅.新疆维吾尔自治区文化文物产业统计年鉴2016年［M］.乌鲁木齐：新疆维吾尔自治区文化厅，2017: 69－131.

［5］新疆维吾尔自治区文化厅.新疆维吾尔自治区文化文物产业统计年鉴2017年［M］.乌鲁木齐：新疆维吾尔自治区文化厅，2018: 83－163.

［6］新疆维吾尔自治区文化厅.新疆维吾尔自治区文化文物统计分析报告［R］.乌鲁木齐：新疆维吾尔自治区文化厅，2017：1–13.

［7］热娜·乌斯曼.新疆图书馆地方文献特色资源库建设现状与思考［J］.西域图书馆论坛，2016（3）：32–36.

［8］香翠真.新疆地方文献工作概述.图书馆理论与实践［J］，2002（1）：62–67.

［9］王天丽.新疆多元文化背景下的公共图书馆文献信息资源建设［J］.图书馆理论与实践，2013（10）：61–63.

［10］蒋岩波，生修雯.地方高校重点学科区域性文献资源保障体系建设问题研究——以江西省昌北高校图书馆联盟为例［J］.图书情报工作，2015,（11）：89–93.

［11］姜新，孙玲玲.地方文献特色数据库建设思考［J］.边疆经济与文化，2018（1）：110–111.

［12］谢平.对加强民族地区图书馆地方文献资源建设的思考［J］.攀登（双月刊），2009（2）：129–132.

［13］中华人民共和国公共图书馆法［M］.北京：中国民主法制出版社，2017（11）：1–13.

民国《乌苏县志》的结构及其资料价值

苗慧（新疆维吾尔自治区图书馆）

方志的体例，决定着方志“怎么写”的问题。如果说内容是方志的肌肉，那体例就是方志的骨骼。体例对方志来说，至关重要。通过对民国年间乌苏知县邓缵先编纂的《乌苏县志》的研究，可以看出其体例表现了编纂者的独具匠心。

1 结构特色

1.1 纲目体，各章节关系紧密

清末数十种新疆乡土志的编纂体例，绝大多数是按照清政府颁布的《乡土志例目》15目编纂的，有的类下有细分，但总体看多数为平目体。宣统《新疆图志》是清代新疆最后一部通志，体例完备，平目分列29门类，下无小目，亦可见清末仍用平目体编纂新疆方志，这与其他省区纲目体占主要局面有所不同[1]。

而民国十年（1921）成书的《乌苏县志》则为纲目体。共七大类四十八小类（目录统计为四十七项，存疑），分卷上卷下：卷上偏重行政管理，卷下偏重文化民俗。以下细看章节设置，尤其是卷上的设置，每大类都包含几个相互联系的“小块”，乍看归入同一类有些牵强，细想则逻辑严密，内容丰富却毫不杂乱，体现了纲目体在展示总分关系，以及同一总目下各分目之间的平列或递进关系上的优势。

建制类。由城说起，继而追溯乌苏的历史沿革，最后详记当前的行政管理机构——衙署、卡伦，并配以沿革表、县图、县城图，由城到地区、由古到今、略古详今，条理清晰。

地理类。分别记述自然山水、社会设施的占地及方位。先述本县区域，再详述牧界划分（在记牧界之前，先追溯“牧界产生”的藩部世系），最后分述山川河流、道路、桥梁、村庄、街市、寺庙。

食货类，与民生息息相关。先介绍户口情况、租税标准、已有及新垦田亩，再详述沟渠（因沟渠直接关系田亩灌溉），最后概述各业发展（田、牧、商、雇工等）及物产、矿产。

职官类。包括职官表，政绩，兵事，营防，俸薪。

教育类。包括学校（学款），风俗，节义，宗教，方言，养育。

交通类。包括驿站，邮递，电报。

杂录类。包括古迹，金石，灾异，琐记。

民国三十五年（1946）成书的《镇西县乡土志》，对其有极大的继承。编者林岳玉、易升骏合写的序文，对《乌苏县志》大加推崇，几乎将邓缵先写的序文全部抄录，连七大类的结构也完全照用，足见《乌苏县志》结构的影响力。

1.2 因事设目，“乡土志”与“事宜类方志”有机结合

清末乡土志多数是按标准的15类目编纂的，且设置的前后顺序亦相对固定。多为历史、政绩、兵事、耆旧、人类、户口、氏族、宗教、实业、地理、山、水、道路、物产、商务。

除“乡土志”外，还有一类特殊的方志——“事宜类方志”。“始于乾嘉时期的新疆，为新疆方志所独有，是新疆方志发展中的一大特色，也是中国方志史上的一种独特类型……事宜即机宜，指对当时事务的安排和处理……因时制宜是核心和原则，虽然名称与方志不同，但与传统方志教化资治的功能是一脉相承的，包括事宜、汇览、政略、辑略、集载、略志、志略等。”[2]关于“政略”的独特性，章学诚有言：“夫以治绩为重，其余行业为轻，较之州中人物，要其始末，品其瑕瑜，草木区分，条编类次者，其例本不相侔。”[3]

纵观《乌苏县志》的类目设置，既有牧界划分、垦辟沟渠等分水分地的规章，以及卡伦驿站、营房俸薪等政事治绩，体现以“当时事物处理、治绩规章”为主的“事宜类志书”的特点，又大体继承了《乡土志例目》的15个类目，形成将“乡土志”和“事宜类志书”创造性地融为一体的特色。并且在此基础上“因事设目”，设置了“藩部”“牧界”“桥梁”“垦辟”“沟渠”“金石”“矿业”“方言”“养育”“邮政”“电报”等新门类。

以“桥梁”“垦辟”“沟渠”类，记述农业、交通发展情况；立“矿业”于“矿产”之外，单独记述采矿业的史事变迁；“方言”“养育”单独设目，表现了邓缵先对各民族语言沟通、弱势群体社会救济事业的关注；“金石”类记县境的大炮、界碑，是该地历史的实物记录；“邮政”“电报”目，展现了通讯事业的发展情况。以上因时、因事而设的类目，较好地配合了内容的记述，保证了《乌苏县志》对当时该县社会状况的全面反映。

1.3 配以图表，图文相符

1.3.1 两图（县域图、县城图）

据新疆大学高健统计：“历代新疆方志，仅发现17部方志中收录有舆图，其中清代最多，达13部，图幅数量近260幅，舆图绘制方式多样，图例不统一，舆图质量参差不齐。且绘制方法多为绘画、写意、计里画方。自《新疆图志》《乌苏县志·县图》为经纬度晕滃法，《乌苏县志·县城图》为平面图，到《新疆史地大纲》《新疆概观》则已完全是现代绘制方法的插图了。”“除了日本所编方志外，新疆方志中收录城图的非常少见，民国方志中更属罕见。”[4]可见，《乌苏县志》中两幅图的特殊性：“县图”展现了舆图绘制方式从绘画到插图转变的中间状态——经纬度晕滃法，“县城图”则为新疆方志中极少见者，且为平面图。

乌苏县图，配有图说。以清末乌苏乡土志舆图为基础，参照了宣统三年（1919）《新疆全省舆地图》的绘制，图幅基本符号化。除了河流仍用双线外，其他同宣统地图。但无经纬坐标，只是在左面空白处标注了县署坐标，有图例。另一幅为乌苏县城图，为白描平面图。不仅标出位置，而且连面向方位、占地形状都表示得非常直观。“县图”和“县城图”与书中文字相互印证，使乌苏的疆域道里、山川形胜、道路桥梁的方位一目了然。

1.3.2 两表（沿革表、职官表）

“职官表”也为《乌苏县志》的一个特色。关于“职官表”，章学诚认为：“至于嗜古之人，掇辑品令，联缀姓名，职官故事之书，六朝以还，于斯为盛。然而中朝掌故，不及方州……前史不得不职其咎也。夫百职卿尹，中朝叙官；方州守令，外史纪载。《周官》卿史数从政之士，则外史所掌四方之志，不徒山川土俗，凡所谓分职受事，必有其书……唐人文集……文存而名不可考……未尝勒为专书之故也。”[5]强调了编纂“方州职官表”是史家之职。

新疆乡土志中列有“职官表”的有：钟方《道光哈密志》中有“职官志”，分记文职、武职职官设置，却不载官员姓名[6]。《光绪新平县乡土志》于“政绩”类列自光绪二十五年至三十二年知县、典吏、游击、千总的姓名[7]。《婼羌县乡土志》于“政绩”类亦列光绪二十五年至宣统二年知县的姓名[8]。

《乌苏县志·职官表》在以上《乡土志》所记职官的基础上，更加详细地记载了自光绪五年到民国七年的文职（同知、造磨）、武职（游击、守备）职官的姓名、里籍、到任及卸任时间。条分缕析，简洁明了，突出反映了《乌苏县志》在编纂上重沿革的态度，也是《乌苏县志》较一般方志更为完善之处。

1.4 篇章结构，重视沿革

如乾嘉著名学者洪亮吉所说：“一方之志，沿革最要”[9]。《乌苏县志》中城垣、衙署、牧界、户口、租税、田亩、矿业、邮递、电报均以沿革布局，并另增沿革表。

尤其是“藩部”和“租税”两类。“藩部类”，先据《蒙古游牧记》记此地受封的起始：乾隆二十年（1755）准部平，地属乌鲁木齐统辖（应受伊犁将军管辖），三十六年（1771）赐为东部土尔扈特牧地。根据光绪十三年（1887）十月的档案，叙述各时期的管理沿革：乾隆间设领队大臣，管理土尔扈特游牧及屯田事宜；光绪十三年裁撤领队大臣，将抚民同知加理事衔，管理户籍、田赋、刑案，兼管土尔扈特游牧诸事宜。土尔扈特等蒙众向隶办事领队管辖者，改归地方官管理。将乌苏县受封的“藩部”郡王、贝子谱系、管理沿革记载得详尽而清晰。

“户口”类记“前清光咸间，户口颇盛，军兴，闾户衰减。光绪十二年（1886）设厅后，土客渐臻，岁有加增”，“迨民国成立，赢于光绪初年之数倍，通计八庄，约有四百九十余家，汉民十之六，缠民十之三，回民十之一。至于田亩之户，旧仅八十户有奇，今亦倍之，全属丁口，汉民……缠民……回民……蒙民……统计丁口八千六百二十有奇”。不仅详记现在人口状况，而且对自晚清至民国六年（1917）人口发展的波动，也详加描述。

“租税”类先记军兴以前，北路地亩的上、中、下地的征粮；原额垦地、新垦地的户数及科粮。再叙述地基属于公家、民间请领修盖房屋者的征税。最后叙述自光绪十五年至民国六年牲畜牧场税款，以及油税、酒税、官盐等年收银数。

除了“藩部”“租税”“户口”类外，“宗教”类的记述，也鲜明地反映出重沿革的特色。

“宗教”类，《乌苏县志》并没有仅仅停留在《库尔喀喇乌苏直隶厅乡土志》中只记黄教喇嘛寺的位置、喇嘛人数的写法，而是进一步追溯了乌苏县内两大宗教——“回教”（即伊斯兰教）、“黄教”（即佛教）源流及其传入中国的过程。这种追本溯源的精神，当是来自对清末伽师、沙雅、拜城、新平县乡土志中“宗教”类写法的继承。然以上四处乡土志不仅只写“回教”，而且写得较为简略。《乌苏县志》则在此基础上有进一步的发展，尤其是“回教源流”的记述，具有强烈的追根溯源意识，凸显了《乌苏县志》篇章结构重沿革的特色。

1.5 教育文化，独具特色

《乌苏县志·学校类》记：“光绪十四年，城内及西湖庄设立义塾两所，二十二年改为蒙养学堂、师范各一。至三十三年，改设初等小学堂。宣统二年，建筑校舍（共十六间）。民国七年，城内为高等小学校，西湖庄为国民学校……”由此记载可见，除新增“社会教育”（光绪三十二年，设宣读所，在县城北关）与“自治研究所”（光绪三十年设在城内）外，民国初年乌苏县的学校基本维持光绪十四年建立时的状况。

《乌苏县志》“教育”大类下，于“学校”类之后，增设“学款”类，注明：“教育费原有捐款五百两，发商生息，月收银七两五钱。民国六年起，西湖第二国民学校经费就地筹款，每年草场捐款银七十二两，所有学款不敷之数，请由公家发给”，即为乌苏县在教育经费保证上所做的努力。

在学校教育发展缓慢的情况下，宗教、民间信仰的传播在很大程度上承担了基层文化传播的功能。其中，汉文化的传播以祀典、会馆为中心。《乌苏县志》“宗教类”“寺庙类”及“县图”“县城图”中，反映了众多的宗教、民间信仰场所：文庙、武庙、文昌宫、龙王庙、城隍庙、火神方神庙、先农坛、社稷神祇坛、老君庙（2座）、承化寺、娘娘庙、昭忠祠、定湘王庙、财神庙、普照寺、礼拜寺（2座）、喇嘛庙（3座）、会馆（甘肃、陕西）。有学者认为，“正是众多庙宇和其承载的民间信仰促进了汉民社区土著社会的形成”[10]。其中对“城隍庙”的记载为：自光绪二十八年设盂兰会，每年七月十四日，筑坛迎神，十六日送回。“这一与内地大同小异的仪式，意味着历任执政者对民间信仰的塑造，培养统一的国家认同与价值观、行为模式，较之刻板的宣喻教化，更有影响力，具有重大的意义。”[11]

综上，民国初年新疆教育体系中，除“学校”外，还有“社会教育”与“自治研究所”、方言沟通、民间信仰、蒙回宗教的参与，且对弱势群体的社会救济事业开始起步（如“养育”类中所记的养济院、牛痘局、栖流所、社仓的设置）。邓缵先将“学校、风俗、宗教、方言、养育”均归入“教育”大类，写出它们共同构成乌苏地区文化教育体系的实际状况。

1.6 宗教寺庙，分开记述

《乌苏县志》将“宗教”归入“教育类”，而“寺庙”归入“地理类”。“宗教”记黄教——喇嘛庙（3座，包括承化寺）、回教——礼拜寺（3座）。“寺庙”记文庙、武庙、文昌宫、龙王庙、城隍庙、火神方神庙、先农坛、社稷神祇坛、老君庙（2座）、娘娘庙、昭忠祠、定湘王庙、财神庙。

这种将宗教和寺庙分开记述的方式，源于邓缵先对民间信仰和宗教信仰加以区分的思考。观早于《乌苏县志》成书的乾隆间《伊江汇览·坛庙》、咸丰间《伊江集载·坛庙祠宇》《镇西厅乡土志》等，均将喇嘛寺、清真寺与关帝庙、龙王庙等一同列入“坛庙”类可知，将宗教与寺庙区分开记述，是邓缵先的独创。

2 资料来源及其处理方式

邓缵先于序文中，已说明《乌苏县志》的资料来源：“因举乡土志，察验今昔形势，证以见闻，复检前清档案，抄录原文并纪其年月。”

《库尔喀喇乌苏直隶厅乡土志》(以下简称《乡土志》)，为清末奉京师编书局饬令采辑乡土志之命，编纂的44种新疆各地乡土志之一，全书约一万字，列历史、政绩、兵事、耆旧、人类、户口、氏族、宗教、实业、地理、山、水、道路、物产、商务15目。其中，“耆旧”类无内容，“氏族”“宗教”“实业”类内容极其简略。邓缵先的《乌苏县志》(以下简称《县志》)，在继承《乡土志》内容的基础上，改变山水夹杂的叙述旧貌，广泛地运用档案资料、史书记载，并结合实地考察，将原本仅有八千余字、“按类填空”式的《乡土志》，改造成拥有二万五千余字、体例完备、内容充实的县志。

2.1 改造旧志，推陈出新

山水夹杂。由于水多发源于山，故《乡土志》在记述山时，将中间夹杂水道、水源走势，一并叙述，颇为杂乱。《县志》则分述南山、额布图达巴、额林哈毕尔噶鄂拉，条分缕析，且将水一并去除，留到下个子目专论。

水渠夹杂。《乡土志》在记叙“水”时，分“有源委全在本境者”和“有源委均不在本境者”，且将水与“分水的”渠道混在一起叙述。而《县志》则不分源委，并将“渠流分注”后加自注：“另详见沟渠”，将水与渠道分开。除奎屯河外，记库尔郭勒、济尔噶朗河、固尔图河、额布图郭勒及小水源，条分缕析，无枝蔓庞杂之弊。

干支路混杂。《乡土志》将干路和支路混合叙述，不免混杂。《县志》则条理化：干路（三条）：东、西、北；支路（四条）：县境支路、城东支路、城西支路、城南支路（其中，前两条支路是由东干路下分出，后两条是由西干路下分出）。

《乌苏县志》改变了《乡土志》山水夹杂、水渠夹杂、干支路夹杂的叙述旧貌，推陈出新，将山、水、渠道分章叙述，条分缕析。

2.2 使用档案，权威有力

档案奏折的使用，多在“藩部”“牧界”类。因为这两类的内容涉及“蒙汉耕牧地界”划分，而地界划分在很大程度上属于“历史问题”，档案具有权威性质，故需在对原有档案尊重和承认的基础上，根据现在情况，凭借历史档案，将每一处可能造成争议的田地和水源进行细化，以协商的方式解决纠纷。《县志》中引用的档案有：

光绪十三年档案。划分了三驿地、墩木达驿、固尔驿料地、甘河子相连地界、谢家地、冯家地的地界四至，议定："蒙民有耕种汉地者，照例完粮，汉民有种蒙地者，仍纳水租，现在勘拨界内地亩均属荒芜俟招人开垦，再行办理，以上勘定各处地界，以及用水条约，恐后无凭，特立清界字约二纸，合同一样，并缮翻汉蒙文字分盖印信，各执一纸存案，以垂久远，而免争端云。"

光绪十八年、光绪十五年、光绪十三年二月、光绪十三年九月、光绪十八年正月、民国六年一月档案。分别记光绪十三年巴郡王移厅蒙汉耕牧地界、有四户报垦谢家地、将军沟有两户半民地划分耕牧地方交界、甘河子蒙汉二民耕种之地、八音沟处添拨牧场区域、谢家地用水规定等。

除了以上"藩部""牧界"类外，《职官表》、"节义"、"养育"、"驲站"、"邮递"、"租税"、"户口"、"田亩"、"学款"等类中所记沿革问题，也都录自档案。其中，事关"学校"正常开展的经费来源——"学款"，于"学校"类后，另设专类，收录于新设档案中，记曰："民国六年起，西湖第二国民学校经费就地筹款，每年草场捐款银七十二两，所有学款不敷之数，请由公家发给。"

由以上档案奏折材料在《县志》各门类中的运用情况可看出，档案奏折主要是作为订立规章制度的依据、保障。

2.3 剪裁旧史，古为今用

"风俗类"在《乡土志》的基础上，剪裁《北史・突厥传》《西域图志・风俗》《新疆要略・厄鲁特旧俗纪闻》后录入。其中，于《乡土志》记载外，单独加入介绍蒙古人"穹庐毡帐，逐水草而居"的生活："其俗被发左衽，穹庐毡帐，随逐水草，迁徙以畜牧、射猎为事，食肉饮酪，身衣裘褐……牙帐东开，盖敬日之所出也。"[12]大概是出于自身处境——"离粤进疆"、历任五县知事，足迹遍及天山南北，不免有人生若寄的感慨。观其自号毳庐居士，将三部诗集取名都冠以"毳庐"，即可见出一些消息。

还有，较《乡土志》，添加"俗最重黄教，凡决疑定谋，必咨于喇嘛而后行……病则先延喇嘛诵经，然后服药……人生六七岁，即令识喇嘛字诵喇嘛经……饮食用碗用匕，而不用箸……每岁元旦、四月初八、五月望日、十月二十五日为四大节，礼佛讽经，不杀生……"[13]，"相见时屈一膝……寻常鞠躬而已"[14]，"悬葫芦于树，盛油其中，点以为灯，油尽灯落，遂踏破之，以为破除一切殃咎云"[15]，则表现出邓缵先对蒙回节庆、婚丧风俗、纪年方式的关注。

2.4　实地考察，真实可信

“垦辟”类，细碎全面地统计了民国四年以来乌苏各地新垦荒地的亩数，并详细记载了需征科粮的时间，如：“车排子东……前因垅口不固，年需修补，奉准于民国八年起征”，“六十户庄于民国六年冬间，开渠垦复，渠二由户民开挖，至民国七年春工竣，奉准以八十亩为一户，每亩照中地科粮四升，现认垦新户有四十四户，随呈请拨给部照，俾资管业，按照年限，完纳额粮”，犹如一篇地方官呈报事务的公文，事无巨细。

与“垦辟”息息相关的是“沟渠”类，它记载了乌苏的干渠九道、支渠三十五道的位置、长度、溉地面积，总计渠水溉地二万二千六百九十二亩。

“牧界”类虽然多数引自档案，实际上也是其前任实地考察计入档案的结果。但因为不断垦荒修渠，当时划定的地界四至的参照物必然会有所变更，所以需要邓缵先去实地考察后，才能对档案有所取舍，标注清楚。

《乌苏县志》中“垦辟”“沟渠”“牧界”这几个较《乡土志》新增或有所发展的小类的资料来源，均为实地考察，真实可信。

3　资料的独特价值

正是由于《乌苏县志》的史料，来源于剪裁乡土志、征引与摘录史志文献、档案记录、实地调查，故其所记细微之处为其他文献所不及，具有独特的价值。

3.1　户口、物产、水泉、地震资料

“户口”类详记民国成立后乌苏县的汉、缠、回、蒙民人口，可以看出当时该县人口比例。“琐记”类记“县地水泉畅旺，西湖庄挖土一二尺水即涌出。惟奎屯东四十里井子地势似平坦，店侧凿井深四十丈，汲绠长度今仍二十四丈也。固尔图花树林一带，周年无雨雪，闻之精河县地亦然”，写出乌苏县不同于新疆别处的“干旱”，而是“水泉畅旺”，仅有极个别地方水少、终年无雨雪。“灾异”中记“光绪十五年二月某夜，嗷木达地方，虎伤驿卒，衔入山内。十八年六月二十七日戊四刻地震，自西北动来”，详细记录了清末地震以及虎伤人的事件。

“物产”类描绘野豕、豺狼的伤稼害人、害牛马的过程，细致生动：“从前各庄晚间有野豕、豺狼，害禾稼或伤人，最凶猛。豕出成群，食谷稻，以喙掘根，利如犁，返而啖之，须臾辄尽，蹂躏不堪，若携火枪隐击之，害稍已。然或击不中，迎药烟而

上，速如风，支解人马，害弥裂。”“南山虎狼，时出为害，而狼尤甚，食牛马必两狼，一伏草际，一出扰牛马，使之奔驰，伏者猝起，以爪洞其腹，倒而后食之，畏铳手，闻火药即远避，闻铃声则惊逃，故牛马颈下必系铃。”生动记录了民国初年乌苏地区野豕豺狼常常出没的社会状况。

3.2 经济、军事、基层教育、社会救济资料

“田业”类讲产量，“牧业”讲羊毛、羊皮及副产物酥油、酸乳的产量及销路，“租税”类记光绪十五年至民国六年的科粮、牧场、油等税收情况，“佣率”类写了农、牧、木工、匠师各业雇佣费用。这些记录为研究当时社会的经济状况提供了史料。

“兵事”类记乌苏的重要战事：乾隆间定边副将军兆惠平定巴雅尔、尼玛等叛乱，同治间击退妥得璘等分裂割据势力；光绪初年，清军收复乌鲁木齐地区后，金顺将军率部驻扎乌苏，进行收复伊犁的准备。突出了乌苏作为乌鲁木齐通往伊犁的必经之路，历来为兵家必争之地，在控制新疆局势上有着重要的地位。

“卡伦”即清代的哨所，该类是新疆“事宜类方志”的常设款目。嘉庆《西陲总统事略》中记库尔喀喇乌苏境内的卡伦有八处，但具体名称和方位都无记录[16]。道光《新疆识略》中记库尔喀喇乌苏境内的卡伦有两处：“车排子卡伦（城西北一百三十里）、五里泉子卡伦（城西北二百七十五里库尔喀喇乌苏所管）”[17]，光绪《新疆四道志》中关于“伊塔道·乌苏”卡伦的记载，有目却无内容[18]。《新疆图志》无乌苏卡伦的记载。成书于民国二十五年（1936）吴廷燮《新疆大记补编》对乌苏县的户口田赋、沟渠、村屯、道路、郡县建制都记得尤为详细，但也无卡伦的记载。《乌苏县志》中乌苏卡伦的资料，就显得极为珍贵。“卡伦”类记民国六年（1917）所修七座卡伦后，追述卡伦在库尔喀喇乌苏设置的沿革——“光绪六年设卡置兵，续设为八驿”，“光绪二十九年（1903）裁撤卡兵，民国元年（1912）七月，裁撤驿站，文件俱用邮递”。

“养育类”记载了养济院、斗痘局、栖流所（设侨民会）、社仓的设置及月支衣食的份额。“教育类”除“学校”外，另记“社会教育”（光绪三十二年，设宣读所，在县城北关）与“自治研究所”（光绪三十年设在城内）。这些机构的设置，具有鲜明的时代性，为研究民国初期基层教育、救济制度提供了珍贵的史料。

3.3 民俗与宗教资料

《乌苏县志》对新疆乌苏县庙宇及其占地问题的详细记载，保留了民俗与宗教资料，其资料价值，已为人们认识，《中国地方志佛道教文献汇纂·寺观卷》就将“宗教”“寺庙”类文字完全摘录[19]。

在《乌苏县志》所记的众多寺庙中，方神庙尤其值得注意：除乌苏外，库车、温宿、拜城、焉耆等县乡土志中，对方神也有提及，经考证，新疆方神，本是戍边爱国之士，他是一位道光初年由湖南充军到甘肃，后换防新疆喀什噶尔的普通戍卒，是在维护祖国统一的战斗中壮烈牺牲，尔后被神化了的英雄[20]。此神为新疆本土真实存在的历史人物神，将其立庙祭祀，形成民间信仰。

“物产”中，写石莲：“闪烁不定，茎空。高一二丈，百里外见之，极近则隐，取者须以一人持火镜照视，一人以木筏度雪往，始得之。”将石莲写得极富“民俗”色彩。

另外，《乌苏县志》记了两次蝗灾，但都未放在“灾异”中。一次放在“政绩”中：光绪十八年任同知的陈纯治，“性宽厚慈爱，不尚严刑，民有诉讼，虽钱债细故，随讼随批，传讯速结，无从积压，亦无枉屈。时蝗虫为灾，即下乡，会派兵勇扑捕，愚民以为神虫则痛斥其妄，斋戒默祷于神一二日，蝗飞入苇湖，不伤稼，人以为德感云”。另一次放在“琐记”中：“光绪十九年二十年甘河子、车排子等处蝗灾，派勇往捕，有乌形如鹳鸽，首尾皆黑，翅上项下黄白色，千数成群，飞啄食之立尽，村民呼为神兵。”

这两则关于消除蝗灾的方法，源于当时人们的认识水平。在古代，蝗虫为农作物之大敌。人们疾之既深，又无力抗拒其害，遂寄希望于神灵。“明清各地多信仰刘猛将军，谓其驱蝗有神效”，至雍正朝，遂正式列入祀典[21]。《伊江汇览·坛庙》记“八蜡庙，在惠远城布营大厅之侧……殿中供设先穑神农、司穑后稷……猫、虎、昆虫等神位八……其西为刘猛将军庙”，《乌苏县志·寺庙》记“火神方神庙在城内东南，光绪十七年建，北向，附祀刘猛将军”，都是这种立庙斋戒，默祷于神，祈求飞鸟啄食之的驱虫方法传入新疆地区的有力证明，为民俗研究提供了资料。

参考文献：

[1] 高健.新疆方志文献研究[D].南京：南京师范大学，2014：36.

[2] 同[1]：175-176.

[3]（清）章学诚.文史通义·和州志略序例[M].叶英，校注.北京：中华书局，1994：664.

[4] 同[1]：246，202.

[5]（清）章学诚.文史通义·和州志官师表序例[M].叶英，校注.北京：中华书局，1994：613.

[6]（清）钟方.哈密志[M]//中国地方志集成·新疆府县志辑：第11册.南京：凤凰出版社.2012：139-150.

[7]（清）周芳煦.新平县乡土志[M]//中国地方志集成·新疆府县志辑：第12册.南京：凤凰

出版社，2012：8–10.
[8] 新疆乡土志稿二十九种 [M]//中国地方志集成·新疆府县志辑：第12册.南京：凤凰出版社，2012：543.
[9]（清）洪亮吉.洪亮吉集·跋新修庐州府志后一寄张太守祥云：第3册 [M].刘德权，点校.北京：中华书局，2001：1019.
[10] 王鹏辉.清末民初库尔喀喇乌苏的庙宇与汉民社会 [M].伊犁师范学院学报，2013（4）：68–70.
[11] 王梓.邓缵先边政思想研究——以《乌苏县志》为中心的考察 [C] //苏全贵.光到天山影独圆：邓缵先精神研讨会学术论文集.北京：社会科学文献出版社，2014：218.
[12]（唐）李延寿.北史·突厥传 [M] //商务印书馆四库全书出版工作委员会.文津阁四库全书：第264册.北京：商务印书馆，2008：172–173.
[13]（清）祁韵士.新疆要略·厄鲁特旧俗纪闻 [M] //边疆行政建制资料初编编委会.边疆行政建制资料初编·西北及西南边疆建制（第3册）.北京：知识产权出版社，2011：474—477.
[14]（清）傅恒.西域图志·风俗·相见 [M] //中国地方志集成·省志辑·新疆、青海、西藏：第1册.南京：凤凰出版社，2012：690.
[15] 同 [14]：692.
[16]（清）汪廷楷，祁韵士.西陲总统事略 [M]// 中国地方志集成·新疆府县志辑：第3册.南京：凤凰出版社，2012：89.
[17]（清）徐松.新疆识略 [M] //中国地方志集成·新疆府县志辑：第1册.南京：凤凰出版社，2012：103.
[18]（清）佚名.新疆四道志 [M] //中国地方志集成·新疆府县志辑：第8册.南京：凤凰出版社2012：237.
[19] 何建明.中国地方志佛道教文献汇纂：第406册 [M].北京：国家图书馆出版社，2013：49–54.
[20] 陈国光.新疆“方神”本是戍边爱国之士——清末新疆方神志文辨析 [J].西域研究，2004（4）：82.
[21] 吕宗力，栾保群.中国民间诸神 [M].石家庄：河北教育出版社，2000：378.

传承刘国钧先生办馆先进思想，开拓图书馆参考服务工作新思路

——甘肃省图书馆西北地方文献参考工作实践探索

张丽玲　李芬林（甘肃省图书馆）

2018年是刘国钧馆长创建甘肃省图书馆“西北地方文献”专藏70周年。回顾刘国钧馆长在国立西北图书馆8年的工作历程，重温他的办馆思想，总结他的先进的服务理念对我国图书馆事业发展的重大影响，对重塑图书馆服务新形象、开拓图书馆参考服务新领域，具有重大的现实意义和历史意义。

刘国钧先生（1899—1980），字衡如，1898年生于南京，是我国著名图书馆学家，中国近现代图书馆事业的开拓者、中国图书馆学理论研究者及图书馆学应用的践行者，在图书馆学的基础理论、图书馆目录、图书分类、图书馆现代化、新技术的应用、图书馆服务、中国书史、图书馆学教育等方面研究成果卓著。曾经于1944年起担任国立西北图书馆馆长、国立兰州图书馆馆长、兰州人民图书馆副馆长、兰州大学哲学系兼职教授等职务，1951年7月离开兰州回北大任职。在兰州工作的8年时间，刘国钧先生致力于国立西北图书馆建设，提出了一系列全新的建馆思想，并努力将其建成西北地区的文献资源中心、参考事业服务中心、西北图书教育的辅导中心，发挥了国家第三图书馆和西北地区中心图书馆的作用，由此奠定了甘肃省图书馆在西北乃至全国图书馆界的事业基础，推动着整个西北地区图书馆事业的发展。他的先进办馆思想在中国近代图书馆事业发展史上留下了光辉灿烂的业绩。

图书馆参考服务工作在我国已走过了将近一个世纪的历程，刘国钧馆长在国立西北图书馆（以下简称“我馆”）倡导实践的参考服务工作为国内图书馆提供了较早的实践经验借鉴，也为甘肃省图书馆参考服务工作奠定了基础，在刘国钧先生离开兰州后的60多年中，我馆参考服务工作不断发展和完善，在文献收藏、参考服务、地方文献建设、现代化技术、数据库建设、地区协作协调等方面做了大量的工作，在西北地区公共图书馆参考服务工作中成绩突出，这些成绩的取得得益于先生早年的理论思想指引和在我馆实践活动的积累。今天，重温他的服务理念与实践，重读他的图书馆建设

理论创新思想，对于推动我馆参考服务工作的开展，依然具有指导意义。

1　在国立西北图书馆倡导开展参考服务工作，推动了国内公共图书馆参考事业的发展

1.1　编制参考书目索引，建立西北地方文献书目参考体系

1925年，刘国钧先生获得博士学位回国后，发表了多篇论著，提倡学习西方先进新式图书馆办馆方针，并把这些新理念引入我国图书馆实际工作。参考服务工作是他首先积极在公共图书馆推行倡导的工作，他在《图书馆内之参考事业》[1]一文中指出了中国图书馆参考事业不发达的问题，并从美国图书馆的先进经验、我国经济和图书馆事业发展的需要和读者咨询、参考书目、学术研究等方面提出了图书馆设立参考部的必要性。他认为参考工作最能"表现出新图书馆的服务精神"[2]。其次，他尝试把索引工作与图书馆学术研究、工具书编纂相结合，并很好地应用于国立西北图书馆西北地方文献书目索引编辑工作中。

他在1943年《筹备国立西北图书馆计划书》中明确指出："国立兰州图书馆（即国立西北图书馆）的目的，要做到西北文化问题的研究中心；西北建设事业的参考中心；西北图书教育的辅导中心"，并提出"国立兰州图书馆应当注意编纂西北问题参考书目、西北问题论文索引、西北乡贤著述目录及西北学者著述年表"[3]。在他的"创建西北三个中心"思想的倡导下，1948年成立了"西北资料专室"，开展了一系列参考书目编辑工作，先后编辑了《西北问题论文索引》《西北书目提要》《西北乡贤著述目录》等，并致力于建设"西北建设事业的参考中心"，这就是甘肃省图书馆地方文献参考服务工作的开始。在之后的70年中，甘肃省图书馆沿袭了他的建设理念，结合不同历史时期的需求以及西北地方文献的长远规划，编制了大量具有使用价值和学术研究参考价值的书目、索引、文摘、馆藏目录、联合目录等，内容涉及西北地区的政治经济、历史地理、民族宗教、文化教育、自然科学、物产资源等多方面。截至2016年，累计编制各种书目、文摘、索引题录143种，其中综合性书目34种，专题书目34种，地方志目录7种，报刊索引23种，地方出版物目录4种，地区联合目录3种。此外，还编辑了内部连续出版物《西北研究通讯》38期，内容涵盖西北地方文献重点专题。经过多年的积累，甘肃省图书馆已经建立了一个基本完备的西北文献书目参考体系，成为读者查阅西北问题需要参考的检索工具，这些工具服务于本地区的经济建设和文化建设，满足了不同读者的查阅需求，收到了较好的社会效果，提高了图书馆

地方文献的利用率，由此成为研究西北问题的参考服务中心，正像刘国钧先生形容的那样，“参考书目仿佛是夜间走路的灯光，引导我们走研究的路的”[4]。

1.2 开展多种参考服务，满足不同读者的需求，提升图书馆服务效能

刘国钧先生非常重视图书馆参考基础服务工作，强调“图书馆设置参考部的任务就是答复读者之询问、编制参考书目、管理参考书籍”[5]。他认为：“参考部中最寻常而又最多的事务便是答复读者的询问。这种询问的范围极广，所提出的问题的性质极不一定。有的立时予以答复；有的非翻阅很多的书籍，难得相当的解决。因此参考部所做的工作，有时不过翻一翻字典，或百科全书；有时竟须编成冗长的书目，或摘抄重要的篇章。”[6]他对于参考阅览室位置的设置、开放时间、借阅方式、管理员资格都做了具体要求：“参考室的位置，最好一方接近书库，一方接近普通阅览室，这样阅览人容易从阅览室到参考室内寻材料，或检查图书，同时参考部员也容易从书库内取他所需要的书。假使不能双方并顾之时，我们当求参考室和阅览室及安放目录的地方接近。”[7]依据他的设想，国立西北图书馆在1948年成立“西北地方文献专室”，阅览室的设置依照他的建设思路，集文献藏借阅于一室，多年来坚持开展咨询、阅览、检索等工作，采用了当面咨询、电话咨询、书信咨询、委托咨询、文献复制等服务方式，接待咨询读者数十万余次。地方文献咨询服务成为我馆咨询工作的一大亮点，由此积累了多年的读者咨询档案，成为我馆编制参考目录和专题资料的主要依据。

1.3 以新技术为引领，推进图书馆发展新领域，为我馆技术发展打下良好基础

刘国钧先生受海外思想影响，特别关注各类先进技术的发展，并努力把新技术应用于图书馆建设。国立西北图书馆开馆不久，为配合国民政府推行国防科学运动，他把引进新科学、新技术作为高层次文献服务的一项工作。1943年建馆筹备期间，刘国钧先生就向教育部申请，争取到了国际文化资料供应委员会赠送的国外新出版的学术杂志缩微胶卷，利用英国科技史专家李约瑟博士来兰州考察带来的54部国外科技影片及2台缩微阅读机，在图书馆开设杂志影片室，向学术界开放，这是我国西北地区图书馆界与世界先进文化技术的首次交流，从此开启了西北图书馆现代化之先河，推动了西北地区图书馆现代技术的发展。此外，还与各个专业技术协会合作，开设了工程技术参考阅览室，如1947年与中国土木工程协会合作成立的“工程参考资料室”，与中国合作事业协会甘肃分会合办的“合作参考室”，专门为当时工程建设提供技术文献服务。同时根据本地区建设的需求，积极在外省搜集科学、工农业生产等领域的新科

学新技术方面的著作。新中国成立后，我馆以科学技术服务为主的服务思想始终没有间断过。1956年，响应党中央发出“向科学进军”的号召，加强补充科技书刊和外文书刊（以俄文、西文为主），制定科学技术人员借书办法，增设科技阅览室，设立辅导书库，开设研究室，购置缩微阅读设备，编制了《科技图书专题目录》和《馆藏中文新旧期刊目录》等，借助丰富的馆藏文献资源为科学研究服务，为我馆技术发展打下良好基础。

1.4 收集各类地方文献，开展区域内图书馆协作协调，提升地区图书馆整体服务水平

1.4.1 创建“西北地方文献”特色的藏书体系

国立西北图书馆作为当时政府开发西北、文化战略转移需求而建立的西北大后方的中心图书馆。它的藏书必须以配合西北的一切建设事业为原则，使图书馆的工作切合西北五省的发展实际。刘国钧先生在《筹备国立西北图书馆计划书》中指出“国立西北图书馆为国家兼具地方性之图书馆”[8]，“国立西北图书馆工作之三大方针，一是搜罗有关开发西北之文献资料，以供有关人士之参考，而有利事业之推进；二是搜集并保存各省地方文献资料，以为研究西北文化之佐证，而表彰西北在我国文化史上之地位；三是帮助西北各省及地方图书馆，以及其他社教机关，推进其原有工作，以求图书教育之普遍开展、俾文化建设得以迅速完成”[9]。为国立西北图书馆确立了收集西北文献、编制西北问题参考书目及论文索引、宣传西北文化、帮助协调西北图书馆发展的办馆方针，并首次提出了跨区域收集了“西北地方文献”的思路。1944年5月，设立了“西北文物研究室”，1948年8月成立了“西北资料专室”，搜集有关西北地理方志、报纸、杂志、善本、乡贤著述等资料，编制西北资料目录，创建了以“西北地方文献”为特色的藏书体系，使其发展成为西北地方文献的收藏中心。

1.4.2 创办学术刊物，宣传地方文化，繁荣学术研究

1925年4月中华图书馆协会成立，刘国钧担任该协会下设的出版委员会主任和《图书馆学季刊》编辑主任，在刊物上发表了大量的学术文章，宣传图书馆学理论，他后来也把这种学术传统融入国立西北图书馆的建设之中。1944年10月，国立西北图书馆与《西北日报》合作出版的《西北文化周刊》正式创刊，他在发刊词上说：“这小小的刊物……是我们与社会大众研究西北文化的场所，其内容有短论、专著、图书介评、文献纪述与文化动态和特写等。”[10]从1944年10月至1945年7月，周刊共出36期，发表文章75篇，主要涉及西北文化研究、西北资料介绍、西北文献书目、西北文化动态、西北地区图书馆概况和国外图书馆发展动态等，利用《西北文化周刊》的影响，

向社会推介宣传西北研究文献。1947年又在《甘肃民国日报》上开辟《图书》半月刊专栏，联合地方贤达名士，共同开展西北文化的研究，并亲自撰文介绍国立西北图书馆馆藏。

刘国钧先生在国立西北图书馆供职的8年间，在极其困难的条件下两度创办学术刊物，在省级报刊上创辟专栏，开展西北文化研究，宣传图书馆和地方文化，难能可贵，反映出刘国钧先生重视学术研究、敢于创新、勇于实践的治馆理念。

1.4.3 举办图书展览，宣传馆藏文献资源，收集地方文献资料

刘国钧先生经常结合社会需求和国内外政治形势举办各种类型的图书展览会，及时向读者介绍馆藏。1947年甘肃省立兰州图书馆举办“馆藏方志展览”，刘国钧在《我们的图书展览会》一文中说：“此次图书展览会是以西北文化为中心，因图书馆的宗旨是在配合西北建设、阐扬西北文化，所以对于西北各省方志、乡贤名著、碑帖、语文以及有关西北问题之书籍，莫不尽量搜集，从这些图籍中可以认识西北文化之珍贵。”[11]为了让读者了解最新国防知识，还举办了国防科学图书展览、国防知识展览等。

图书馆的展览活动在当时受到很高评价：“图书展览是社会教育中之观摩措施，他是运用科学方法，将各类图籍作为系统之陈列，提供社会人士之观摩。此社会教育活动，非但在西北尚属创举，即在国内亦不多见，际此社教扩大运动热烈之时，国立西北图书馆图书展览会以新姿态出现于兰州，颇值得社会之重视。”[12]

1.4.4 成立兰州图书馆协会，开展地区图书馆之间交流合作，共同推进本地区图书馆事业发展

1925年中华图书馆协会的设立对于国内图书馆事业的发展起到了推动作用。全面抗战爆发以后，沦陷区各地图书馆协会工作相继停顿，为了推动西北地区图书馆事业发展，刘国钧先生就在兰州倡导建立了图书馆协会。国立西北图书馆馆员周枫对成立协会的紧迫性和必要性做了阐述：“西北边疆，文化落后，如何群策群力，共同研讨，计划地域在图书馆教育上求改进，求发展，斯为建议成立兰州市图书馆协会之立意。本周五月，中华图书馆协会第六次年会会议中，亦曰有促进各地方图书馆协会之设立或回复，以加强联系推继事业之共识，兰州为西北文化建设之中心，如何复兴图书馆事业以加强西北之文化建设，亦为成立图书馆协会之要图。至图书馆本身，关于行政、设备、管理设施、训练亦需密切合作。”[13]1945年4月，国立西北图书馆与省立兰州图书馆、兰州大学图书馆、西北师范学院图书馆及甘肃省科学教育馆联合发起成立了兰州市图书馆协会，有团体会员30余家，个人会员80多人，刘国钧任理事长。协会成立的宗旨是：以研究图书馆学术、发展图书馆事业，并谋兰州市各图书馆之协助为宗

旨。新中国成立后，随着市县、机关、科研、厂矿、工会、学校等系统图书（室）的兴起，甘肃省图书馆作为全省图书馆事业的中心，继续承担起省市区各级各类图书馆业务辅导和协作协调工作。此外，国立西北图书馆与其他机构联合举办学术讲演、文化讲演、文化晚会等活动，并提倡学术研究，推广社会教育，宣传本土文化，陶冶市民情操，丰富文化生活。

刘国钧先生在到任不到一年的时间里，领导国立西北图书馆在参考服务、图书展览、成立兰州市图书馆协会等方面取得了辉煌的成就。这些创新理念对甘肃图书馆事业的影响力长达70年之久，也是刘国钧先生对我国图书馆事业理论与实践做出的贡献。

2 传承刘国钧创新服务理念，大力推进新时期图书馆地方文献参考服务工作

经过70多年的发展积累，我馆“西北地方文献”工作以资源丰富、体系完备、服务优良在全国公共图书馆界享有盛名，其西北地方文献特色服务、专题信息检索服务、网上综合参考咨询服务等富有成效。时至今日，刘国钧的三个中心思想依然应用于图书馆建设，刘国钧先生倡导的图书宣传、讲座展览、西北地方文化传承与开发至今依然是我馆开展延伸服务的核心工作，我馆在新时期开展了一系列地方文献参考服务工作，实现三个中心的服务延伸，成为西北地区公共图书馆的地方文献信息服务中心。

为了进一步推动全省公共图书馆地方文献工作，2013年12月23日，甘肃省图书馆学会成立甘肃省图书馆学会地方文献专业委员会，这是我省图书馆发展史上第一个地方文献专业委员会。专业委员会建立以后，开展了一系列地方文献宣传、指导、文献开发等工作，推动了我省图书馆地方文献工作的开展，这是刘国钧地方文献工作创新思想的又一延伸和拓展。

2.1 建立全省地方文献数字资源共享联盟平台“甘肃知识文化服务平台”[14]，拓展全省地方文献数字资源新领域

长期以来，甘肃省县区公共图书馆购书经费严重不足，地方文献资源缺乏整合宣传，影响了这些图书馆的服务能力。2015年1月我馆与同方知网（北京）技术有限公司达成共识，以“中国知网”数据资源为主要资源，与我馆合作研发建立“甘肃知识文化服务平台”，为全省84个县区图书馆整合“中国知网”资源中各县区地方数据，

统一搭建数字图书馆共享平台，平台收录地方政治、经济、历史、文化、地理、旅游、民俗、宗教、人物等资源，既满足了县区图书馆数字资源需求，又宣传了地方文化，也服务了地方政府机关学校，受到了地方图书馆的称赞。该平台获得了2018年中国图书馆学会“第一届公共图书馆创新创意征集推广活动”最佳创新奖。

2.2 建立地方文献特色数据库，宣传图书馆特色馆藏，提高我馆服务效率

随着计算机技术在图书馆的应用，特色数据库建设成为公共图书馆数字化建设服务的重要业务，2002年我馆实施了网络技术改造工程，引进了清华同方公司TPI全文数字加工发布系统软件，结合我省经济发展的具体需求和我馆特色馆藏，创建了特色数据库，2003年开始陆续建立了“西北地方文献资源数据库”[15]，数据库内容以我馆特色专题文献为主，涵盖政治经济、文化艺术、历史地理、民族宗教及特色文献。数据库包括书目、提要、全文、图片、视频等形式，书目提要库包括“西北地方文献书目提要数据库”44467条、“西北地方文献报刊索引数据库”27499条，图片库有“西北地方文献图片数据库”4200幅。文摘库有“西北民族宗教史料文摘数据库”525篇150余万字。题录库有“西北地方文献报纸题录数据库”2556条、“西北地方文献期刊题录数据库”6484条、“丝绸之路文献叙录”（1909—1949年）。全文库有“西北地方文献古籍善本全文数据库”1500条、“西北地方文献研究研究文库”600余条、“西北地方戏曲剧本全文数据库”1200条等。视频库有“甘肃红色历史文化多媒体资源库”“红色记忆哈达铺多媒体资源库”“兰州鼓子传承人专辑”等，自建数据库达57个，容量55588.6GB。自建特色数据库是我馆数字图书馆建设的重要组成部分，既方便了国内外读者网上检索馆藏文献资源，又提高了我馆文献的使用率。

2.3 以网络服务为手段，开拓图书馆信息服务新视野

刘国钧早年就指出“图书馆仿佛是被动的，同时图书馆遇有相当的机会，应当主动去指导人”[16]，他所说的“被动”，就是说图书馆不去关注用户需求，不主动了解用户，只是坐等读者上门。他所说的“相当的机会”，就是说图书馆是一个生长不息、机遇不断的机构，每个不同时代的发展都会赋予图书馆新的机遇和使命，在这种机遇下，如何利用机遇去“主动指导人”，这是刘国钧馆长留给我们的思考。

近几年来，我馆持续开展读者座谈会和发放读者调查表活动，通过调查得知，读者对网上地方文献的需求量不断增大，为了满足馆外读者的需求，我馆改进了服务方式。一方面依靠参考馆员阵地服务满足到馆读者对电子资源、纸质资源的利用需求；

另一方面，通过虚拟在线及文献传递服务满足网上读者的信息需求；此外，以课题咨询、决策服务、专题服务等高端咨询服务方式，满足研究人员及政府科研部门信息需求。我馆还将内部参考资料《西北研究通讯》采取纸质与数字版并行的服务模式，提高了服务效率，获得了省内外读者的好评。正如刘国钧先生所期待的那样，“图书馆是社会的书房，他应当协助我们解决读书研究时所遇到的各种困难”[17]。

2.4 联合全省公共、高校图书馆，举办地方文献工作整理研究，宣传全省图书馆地方文献工作

地方文献专业委员会于2014年9月起至12月底，对全省公共图书馆的地方文献工作进行全面的摸底调查，调查内容涉及资源建设、购书经费、从业人员、研究成果、特色馆藏、数据库建设、员工专业培训等，从调查中我们了解到，在我省的一些市县区图书馆，有着丰富的地方文献藏书，其内容具有独特性、唯一性。由于缺乏宣传，这些丰富的馆藏“养在深闺无人知”。为了宣传这些图书馆的地方文献，2016年5—8月，专业委员会联合全省公共、高校图书馆，举办地方文献工作征文活动，编辑出版《甘肃图书馆地方文献工作述论》[18]，收录图片300余幅，30余万字，该书回顾和总结了甘肃图书馆地方文献事业发展历程，介绍了基层图书馆的特色馆藏，展示了甘肃各级图书馆地方文献工作现状和取得的成绩。该书出版后，已经有几家基层图书馆与出版社合作开展整理地方名人著述出版工作。

2.5 研究开发地方特色专藏，为传承本土传统文化做出努力

2001年3月，我馆接受了甘肃省文化艺术研究所移交的戏曲抄本近1000册，包括清代、民国传统剧目抄本522册；复印本72册，其中有清代抄本175册，160种剧目；民国抄本468册。经专家鉴定，这批剧本非常珍贵，几乎囊括了甘肃早期曲子戏、皮影戏、高山戏以及秦腔等剧种的初级形态与舞台演出的剧目原貌，为读者提供了甘肃地方戏曲剧种形成、发展、传播的清晰的历史脉络。为了抢救这批剧本，我馆划拨专项经费，组织经验丰富的修复专家进行修复。为了让更多的研究人员了解这些剧本内容，2017年4月，我馆和浙江古籍出版社联合，精选我馆（80种）和甘肃省文化艺术研究所（20种）不同剧种（秦腔、曲子戏、影子腔等）的清代戏曲抄本共100种，定名为《西北稀见戏曲丛刊》[19]，共10册，丛刊每种详细著录了每一抄本的版本信息，介绍了剧目内容、本事源流、艺术特色等，为读者研究利用戏曲文献提供了方便。2018年8月29日，在中国出版协会古籍工作委员会主办的2017年度优秀古籍图书评审会上，《西北稀见戏曲丛刊》第一辑获得2017年度全国“优秀古籍图书奖”二等奖，

该书的出版填补了西北戏剧文献研究的空白。

刘国钧先生对中国近代图书馆的工作提出了“公立、自由阅览、自由出入书库、儿童阅览部之特设、与学校协作、科学的管理”[20]等创新思想，渴望建立一个具有近代图书馆学之精神，适合于一切使用图书馆者，以书籍为公有而公用之的图书馆。他在国立西北图书馆所做的实践探索活动，是他把世界先进图书馆办馆思想与中国图书馆实践融合发展的结晶，也是他图书馆学理论思想在甘肃省图书馆实践工作的完美体现，其思想对中国图书馆事业发展产生的影响力至今不衰，甘肃省图书馆将继承他的图书馆学思想，为中国图书馆事业发展做出贡献。

参考文献：

[1] 史永元，张树华.图书馆学论文选集［G］.北京：书目文献出版社，1983：63.

[2] 同［1］.

[3] 刘国钧.筹备国立西北图书馆计划书［N］.西北日报，1943-09-23（3）.

[4] 同［1］：67.

[5] 同［1］：65.

[6] 同［1］：65.

[7] 同［1］：69.

[8] 同［3］.

[9] 刘国钧.西北文化创刊辞［N］.西北日报，1944-10-17（1）.

[10] 同［9］.

[11] 刘国钧.我们的图书展览会［N］.西北日报，1944-11-17（3）.

[12] 陈公素.图书展览与社会教育［N］.西北日报，1944-11-17（3）.

[13] 周枫.成立兰州图书馆协会之商榷［N］.西北日报，1945-01-02（4）.

[14] 西北地方文献资源数据库［EB/OL］.［2007-09-20］. http：//www.gslib.com.cn/xdwx/xdwx.htm.

[15] 甘肃知识文化服务平台［EB/OL］.［2015-10-30］.http：//dbase2.gslib.com.cn/gss/.

[16] 同［1］：67.

[17] 同［1］：64.

[18] 郭向东，李芬林.甘肃图书馆地方文献工作述论［M］.兰州：甘肃人民出版社，2017：3.

[19] 同［18］：4.

[20] 同［1］：2.

县级公共图书馆地方文献工作之我见

——陕西省岐山县图书馆地方文献工作纪实

赵冬利（陕西省宝鸡市岐山县图书馆）

地方文献是综合反映一个地区政治、经济、文化、教育、历史、地理、风土民情、人物传记、物产资源、名胜古迹等方面重要内容的文献资料，是记录本地区知识的一切载体。地方文献具有很强的使用价值和保存价值，具有“一地之百科”的丰富内涵和“原汁原味”不可替代的独有特色，同时还具有“资政、励志、存史”的重要作用。因此，地方文献工作也就成了公共图书馆一项日常性的重要的工作。笔者以岐山县图书馆（简称“我馆”）在日常工作中的实际情况为例，简单谈谈自己在地方文献工作的收获及问题。

1　地方文献工作开展情况

1.1　明确任务，夯实责任

岐山县图书馆于2011年第三批加入陕西省公共图书馆地方文献征集协作网委员会。为了把地方文献征集工作落到实处，确保此项工作深入、有效地开展，我馆从自身实际情况出发，成立了以馆领导为组长的地方文献征集工作领导小组，制定了任务明确、措施得力的征集计划，并将具体的征集工作落实到具体的个人，确保了征集地方文献工作的顺利开展。

1.2　广泛宣传，扩大影响

我们以“科技宣传日”“世界图书日”“党员活动日”等特殊节日宣传活动为契机，大力向群众宣传地方文献征集工作的意义及作用。给史志办、统计局、档案局等涉及地方文献资料出版的单位，统一发送地方文献征集公告，与他们协商将新出版的文献及时呈缴图书馆。在广大读者中充分宣传，使更多的当地群众深刻理解向图书馆捐赠图书的意义，并自发地向图书馆捐赠图书。在岐山县图书馆网站上设立地方文献专栏，内容有地方文献简介和地方文献目录，及时更新征集到的地方文献，在广大读者中产生较大影响。

1.3 加强管理，主动征集

为了让地方文献服务于广大读者，我馆设置两个专架，专门用于存放地方文献，并制定了地方文献管理及借阅制度。在征集工作中，我们采取各种灵活多样的方式开展工作，如:（1）自己上门征集。了解到本地有新书出版，立即联系作者本人或出版单位，尽可能抽空上门征集。（2）从读者中征集。了解读者的个人信息，对于读者中有收藏或自己出版的地方文献，动员读者给图书馆捐赠。因为读者的人数多，交往的圈子更广阔，平时多与读者交流，传递征集意愿，有些读者一旦了解到圈子里有人出版新书，就会提供可靠信息，时常会有群众自发来到图书馆捐赠，有些甚至委托朋友或是采取邮寄的方式向我馆捐赠自己的作品。（3）上街宣传征集。合理、有效地利用每次上街宣传的机会，向广大读者宣传地方文献征集的重要意义和作用，通过上街宣传，有作者了解到这一情况后，就会及时和图书馆联系捐赠事宜。（4）积极参与地方文化研讨及新书发行会。岐山县文化底蕴浓厚，作家众多，到今年为止，进入中国作家协会的岐山籍作家就有24位。因此，本地时常会有地方文化研讨活动，我们抓住机会，积极参与，为我馆征集到不少优秀作品。目前我馆共征集到各类地方文献457种2889册（张），其中图书437种2579册，期刊、报纸12种278册（张），光碟8种32张。

2 地方文献工作遇到的问题

2.1 地方文献管理空间不足

由于我馆工作人员严重不足，地方文献没有开辟专门的科室，只能和借阅室、采编室混在一起，设置地方文献专架由馆员兼职管理。随着图书馆免费开放的要求，现在本馆实行开架借阅，有些不自觉的读者在阅读、选书的过程中，只顾自己方便，随手将图书乱取乱放，以至于地方文献和非地方文献混杂在一起，时常有读者借书时，明明借阅系统里面能查到图书，但是在架子上却找不到，给读者带来极大的不便。

2.2 地方文献征集工作人员缺乏

由于地方文献的特殊性，征集工作需要逐一上门联系征集，但是由于工作人员太少并且是兼职管理，能抽出时间上门征集的次数并不多，大多数时候是靠作者自己或委托朋友捐赠。岐山作家众多，优秀作品不少，但是由于工作人员太少，虽然有地方文献工作小组，却腾不出专门人员负责，和作家们没有很好地保持沟通，好多文献都不知道去哪里征集，即使知道哪里有新出地方文献，也不能及时联系征集。对于个人作品和一些会议记录、文件汇编、科技论文等，更让人感觉无从下手。

2.3 地方文献工作专业技术人员匮乏

地方文献工作不只是简单的文献征集，而是要对征集到的文献进行二次加工，即：将收集到的地方文献通过加工和提炼，挖掘出其潜在价值，并用一定的手段发散到社会中去，为当地党政领导和地方经济建设提供决策参考，这才是地方文献工作的重要意义[1]。但是本馆兼职管理地方文献的两名工作人员，都没有经过正规专业的地方文献工作培训，甚至有一名是从社会上临时聘用的人员，业务能力比较薄弱，所以只能做一些简单的收集工作。每次涉及地方文献的再加工、整理等需要二次开发利用的工作，他们就只能默默放弃，更不要说为当地党政领导和地方经济建设提供决策参考了。他们虽然感觉在努力的工作，但好像起不到多大的作用，看不到工作的成绩，这会让他们产生挫败感，失去工作积极性。

2.4 地方文献工作得不到政府的大力支持

由于公共图书馆地方文献工作还没能得到社会各界的足够关注和各级地方政府、有关部门的足够重视，就拿我馆来说，政府每年只给图书馆15万元的购书经费和共享工程运行经费，连办公经费都没有预算，就更不要说地方文献工作经费了，所以在平时的地方文献工作中只能挤占其他经费。但这些钱也只是用于购买文献，而地方文献工作的开发和利用等一些相对需要资金支持的工作，根本就无从谈起，更不要说业务外包。

地方文献工作的实质是为本地政府工作提供决策参考，但是由于政府不支持，就连呈缴制度也只是停留在文件上而已，而广大群众普遍对地方文献的认识还比较模糊，虽然我馆做了大量的宣传工作，但对图书馆收集地方文献知之者甚少，因此给地方文献的征集工作造成了一定难度。

3 地方文献工作的应对策略

3.1 提高各级领导和社会各界对地方文献工作重要性的认识

图书馆应该争取主动，采取多种方式加强宣传（如媒体宣传，参加会议、报告等），提高各级领导和社会各界对地方文献工作重要性的认识，特别是增强县委、县政府对本县图书馆地方文献工作的关注和重视程度。要让政府部门清楚地认识到，地方文献产生于本地区的历史与现实之中，本地区图书馆通过开展地方文献工作，为本地区经济、政治、文化、社会发展提供重要的信息服务资源，其开发利用对本地区的现代化建设起着巨大的指导与促进作用。因此，要搞好县级图书馆的地方文献工作，就必须依靠市县政府及其职能部门的大力支持。尽快确立地方文献工作在本地区发展中的重要地位，并制定相应的政策和法规，以确保地方文献建设逐步走上良性循环轨道。首先，建立地方文献呈缴制度，明确规定县属各部门、各单位的出版物都应向县图书馆呈缴一定数量的图书样本，然后由县政府通过行政渠道下达正式文件，以便使地方文献的征集、收藏做到有法规可依。其次，力争本县财政尽可能多地拨款支持，尤其是应为地方文献工作的开展设立专项经费。同时也不能忽视争取社会各方面的资助。再次，充实地方文献工作专业队伍。向上级主管部门争取一定的专业编制，招聘或培训专业的地方文献工作人员，充实地方文献工作队伍。

3.2 加强图书馆自身对地方文献工作的专业化管理

3.2.1 专业人才是地方文献工作胜利进行的保障

由于地方文献工作是一项围绕地方事物所进行的科学研究和艺术创作的复杂工作，例如对地方信息的采访、编辑、制作、出版、播放等工作都专业性极强，因此，地方文献工作需要一支高素质的专业化队伍来承担。于是，地方文献工作人员的文化素质以及思想与职业道德修养等，都将对地方文献工作的质量与效率产生重要的影响。所以，地方文献工作人员，必须具备一定的文化程度，对自然科学和社会科学有一定了解，对工作认真负责，有工作责任心和奉献精神，还要掌握一定的地域历史和现状知识，掌握相关工具书的内容和使用方法，具有熟练运用检索工具书的技能和较强的计算机技能等。只有具备这些素质，才能切实做好地方文献工作。

3.2.2 数据库建设是地方文献工作顺应社会发展的手段

在第六次全国公共图书馆评估定级中，明确要求县级图书馆应该有地方文献数据库。现在已经进入网络社会，在这个大环境下，仅仅做好实体地方文献馆藏建设，已经远远不能适应信息发展的需要了。地方文献数据库能为读者或用户提供快速便捷、更深更广的服务途径，因此应当是我们所有公共图书馆地方文献工作的发展方向。

岐山是周文化的发祥地，自古以来，就有“周礼之乡”的美誉，后又陆续被誉为中国的“青铜器之乡”“转鼓之乡”“陕菜之乡”等。悠久的西周文化使得岐山这块土地钟灵毓秀、人杰地灵。历朝各代的文人墨客、仕宦名流曾吟诗作赋，畅抒胸怀，流传下许多关于描写岐山人文历史、地形地貌的佳作。这些诗文集锦的流传通过一大批优秀文化工作者的搜集、整理、挖掘和编纂，以数百篇珍贵作品留存于世，为后世研究和弘扬富有地域特色的周文化、民俗文化、饮食文化提供了丰富的文化精品。这些内容如果都通过建成数据库流传下去，那将对人们研究了解西周文化提供大量的资源，因此，地方文献数据库建设工作是本馆的一项迫在眉睫的工作[2]。

4 结语

地方文献的内容直接反映本地区的经济发展、风物人情，经过加工整理后又直接为本地区所利用，它所具有的这种特殊价值和独特功能，正是地方文献工作的意义所在。所以，地方文献作为一个地区的信息宝库，对于本地区以至全社会的发展有着无可替代的价值。因此，抓好地方文献工作是图书馆的重要使命。我们馆员要充分认识到开发利用地方文献的重要性和必要性，不断克服各种困难，积极改进服务方式，加大对地方文献资源的建设与开发力度，把蕴涵在地方文献中静态的丰富宝藏变成动态的情报信息，从而最大限度地满足改革开放和社会发展的需要，充分发挥公共图书馆在经济建设、政治文明、文化进步和社会转型中的积极作用[3]。

参考文献：

[1] 骆伟.关于地方文献工作若干问题思考 [J].图书馆论坛，2008（6）：16–17.

[2] 刘晓云.县级公共图书馆地方文献征集与阅读推广策略之我见 [J].当代图书馆，2017（3）：48–50.

[3] 李晓宁.陕西省市县级公共图书馆地方文献工作的问题与对策 [J].当代图书馆，2015（2）：49–51.

抗日战争时期陕甘宁边区图书馆的发展与红色文化的传播

华礼娴（四川大学图书馆）

1 引言

1937年7月7日，抗日战争全面爆发，全国文化教育事业遭受重创，损失惨重。图书馆或被日军炸毁，或因为战火被迫停业；古籍珍本在沦陷区被大肆掠夺，文献或在内迁途中散失，或毁于战火。据档案资料记载，抗战一年，全国就损失图书馆2166所；以每馆平均藏书4万册计算，图书损失多达866.4万册[1]。而且图书损失多的，大部分是战前馆藏丰富的图书馆[2]。尽管国统区图书馆界通过抢救、转移珍贵文献，收购散落的民间藏书以及坚持开馆等举措为抗战做出了很大贡献，但仍然是杯水车薪[3]。

2 抗战时期陕甘宁边区图书馆事业发展概述

2.1 边区图书馆的建设

图书馆事业在国统区濒临灭顶之灾的同时，在共产党领导下的陕甘宁边区却呈现勃勃生机。国共两党达成抗日民族统一战线的政治主张，携手第二次合作。相对稳定与和平的环境为以延安为中心的陕甘宁边区建立民主政权，发展经济、文化教育事业提供了有利条件。在短短的八年时间里，边区图书馆从无到有，先后恢复、建立了鲁迅图书馆、中山图书馆等公共图书馆，中共中央图书馆等机关图书馆，中央研究院（原马列学院）、中央党校、抗大、鲁艺学院等科研与院校图书馆，儿童图书馆，医药卫生图书馆，民教馆、资料室以及分布于解放区农村、工厂、连队的各基层图书馆等合计90余所。这些图书馆在宣传马列主义、教育干部群众、培养下一代等方面做出了不可磨灭的贡献，使当时的陕甘宁边区成为红色文化的根据地。“其数量之多，分布之广，发展之迅速，工作之活跃，堪称抗战时期中国图书馆事业之楷模”[4]。

这一时期，边区图书馆的发展主要涉及以下五方面内容：

一、充实、扩建战前建立的以中山图书馆、鲁迅图书馆为代表性的公共图书馆；二、秉承“干部教育第一、国民教育第二”的宗旨，重视干部教育，配合抗战形势发展的需要，新建干部学校图书馆；三、普及社会教育，建立民众图书馆与民教馆；四、深入基层、因地制宜，创办小型图书馆（室）；五、合理化调整图书馆类型，完善服务体系。

边区图书馆根据实际需要，或扩建、或新建、或整合，其目的就是使图书馆的分布更为合理、文献利用更为广泛、图书馆类型更为多样化与专业化。在一些经济文化落后地区设立新的民教馆，或基层单位因地制宜自己动手创建图书馆、阅览室等。这些大大小小、数量众多、类型各异的图书馆分布在陕甘宁边区各地，服务于各行各业的读者，初步形成了我党领导下的图书馆服务体系。

2.2 边区图书出版业的发展

红军初到陕北之时，物质条件极为贫乏、文化相当落后。陕甘宁边区的“财产”中，除了小米、步枪，就当属陆续出版的书刊了。这些无声的文献是八年抗战中的“功臣”，它们既是边区军民的精神寄托，也是指引党政机关领导人制定正确方针路线的“参谋”，亦是让世人了解边区的桥梁。

党中央对边区出版事业十分重视，在1937年迁入延安之初，就成立了中央党报委员会，主要负责党中央的机关报刊，马列主义、毛泽东思想等革命文献的出版发行与印刷。1939年3月，党中央在党报委员会基础上成立中央出版发行部；1943年3月，又设立中央宣传委员会，负责全国解放区的图书出版与宣传工作。毛泽东在《论政策》中提出，“每个根据地都要建立印刷厂，出版书报，组织发行和输送的机关”[5]。

抗战八年间，解放区出版期刊60余种，《新中华报》《解放日报》等机关报，各种地方报纸、部队报纸计近百种[6]。据统计，边区1944年10月报纸发行量约21500份，每70人就有1份报纸；为报纸撰稿的通讯员有1952人，平均770人中就有1个通讯员[7]。这体现了边区军民报刊阅读普及度高、参与性强的特点。

同时，解放区出版的图书也形式多样、色彩纷呈。从大型革命回忆录、马列著作到各类丛书、通俗读物，不仅满足了广大军民的文化教育需求，也为边区图书馆的发展积累了丰富的文献基础。据统计，这一时期，仅解放社与新华书店发行的图书就有300种，约百万册[8]。“边区印刷厂月出书报190万字。”[9]

1938年，袁同礼设立北平图书馆昆明办事处，与西南联大组建战争史料会，积极收集各类抗战资料。1939年7月，周恩来应袁同礼的委托，托人转交“1938—1939年解放区出版的书刊文献，至是珍贵”[10]。此后，北平图书馆昆明、重庆两办事处直接与延安的解放社、新中华报出版社、新华书店以及重庆新华日报社建立了长期业务关系。“北平图书馆开始公开入藏中国共产党早期出版的书刊文献。”[11]

这些书刊，从解放区散播到全国各地，对世人了解陕甘宁边区的抗战思想、政治路线、发展建设情况等提供了宝贵的材料。

2.3 延安图书馆协会成为连接边区各馆间的桥梁

延安图书馆协会是中国共产党领导下的第一个图书馆学术组织。于1941年7月20日成立，会址设在中山图书馆。在此前的7月4日，《解放日报》就刊登了《延安图书馆协会筹备会启事》，说明该协会成立的目的是为了“加强延安各图书馆之联系及改善图书馆之工作”[12]。协会成立后，立即开展了一系列行之有效的工作。包括：制定统一的图书流通办法；编制统一的图书分类法；对延安主要图书馆的馆藏进行普查摸底；推动馆际互借与书刊交流；组织召开“图书馆的经营和管理”研讨会；发起为边区各县“集募图书万册”[13]运动以及出版《延安图书馆协会汇刊》[14]。这些举措，对团结延安广大图书馆工作者，解决图书馆工作中的实际问题，满足革命事业需要等发挥了极大的作用。

3 红色文化之革命思想的传播

“革命文化，对于人民大众，是革命的有力武器。革命文化，在革命前，是革命的思想准备；在革命中，是革命总战线中的一条必要和重要的战线”[15]。边区各类型图书馆都是为满足抗战需要以及根据地民主政权建设而设立的。

3.1 围绕党的中心任务开展工作

边区的许多图书馆就是以服务于革命工作、革命同志为目的建立的。如延安的鲁迅图书馆、中山图书馆等公共馆，中共中央图书馆等机关图书馆，主要为党中央、中央军委、边区领导以及各机关工作人员服务。鲁迅图书馆在创立之时，就明确办馆宗旨是为“革命工作的参考需要”，以及“提高革命同志的文化水平”[16]。这些图书馆在文献搜集上，多以马列经典著作以及中共各时期历史文献为收藏对象。中山图书馆曾把从新华书店购得的马列精装本，“一麻袋、一麻袋地从北门外背回大砭沟”[17]。

为了提高官兵辨别敌我的能力，中央党校、马列学院等院校的图书馆还费尽周折，搜集国统区的报刊资料作为反面材料供大家使用。这些无声的文献成了宣传革命思想的有力载体，同时，对中央领导人了解国内外时局动态、掌握各根据地民主经济建设与民众生活，制定实际有效的方针、政策起到了很好的参考作用。1942年春，延安开展整风运动。鲁迅图书馆在这项运动中的主要任务是“帮助边区一级的在职干部学习”，让他们了解“中国革命的基本问题，特别是边区的各种政策”[18]。

3.2 开展文化拥军活动

中山图书馆在配合战事、对我军前线将士开展文化拥军活动中表现突出。1938年夏，朱德总司令在视察晋察冀等根据地后，提出前方战士缺乏精神食粮，呼吁后方给予书刊和文化干事支援。中山图书馆率先响应，协同陕甘宁边区其他单位向前线将士捐赠各种书报7000多册[19]；1940年，一二〇师取得晋西北大捷，中山图书馆又派员赴前线向三五九旅赠送200本战地读物表示慰问[20]；1941年，又通过边区政府向八路军关中警备团保安队的官兵“赠送书籍杂志及本馆所出版的时事资料百余份”[21]。

此外，国际友人在拥军活动中也贡献颇多。美国女记者史沫特莱在延安担任鲁迅图书馆外文部管理员之时，把一部分国际友人寄赠的进步书籍分给前线的红军战士作为精神补给；随后在1937年9月，又身带成捆的报纸、杂志，随战地服务团从延安赴山西慰问[22]。

文化拥军，不仅是对浴血奋战的前线将士的精神慰藉，也是传递边区广大人民群众敬意的途径。

3.3 结合实际做好读者服务工作

中山图书馆鉴于馆内马列著作所占比例大，而当时又没有适合该类书籍的编目说明，因此，就自己制作了一个分类简表，为马列著作设置了专门的类目，开创了我国图书分类法中突出马列主义的新分类原则的先河。科学的管理方法，使图书馆井然有序[23]。为协助延安各界研究宪政问题，中山图书馆设立宪政问题材料室，“搜罗各种宪政材料供给研究与参考，并着手编辑宪政论文选集，宪政论文索引”[24]，深受延安机关、学校读者的好评。绥德子洲图书馆“为了使读者能从书报中吸收正确的知识，将《抗战日报》重要消息都用红笔圈出，以便于读者阅读”[25]。此外，马列学院、中央研究院等单位的资料室分门别类收藏了大量专题简报与卡片，为研究者提供了极大方便。

4 解救文盲、普及教育

在陕甘宁边区，除了公共图书馆、机关学校图书馆，还建有许多民教馆和基层图书馆。这正是响应了毛泽东在《论政策》一文中提出的文化教育政策“应以提高和普及人民大众的抗日的知识技能和民族自尊心为中心”的号召[26]。1938年，陕甘宁边区教育厅印发《社会教育工作提纲》，其中要求“每县、区、乡、村，都要有图书馆或红角的设立”，且购置的图书要意识端正、通俗易懂，能激发群众的阅读兴趣[27]。自此以后，陆续将乡村图书馆工作安排到每年的教育计划中。

各县的民教馆经常把黑板报、阅报栏搬到大街上，方便群众阅读。针对居住在偏远地方的农民群众和随军战士，边区还组建了巡回书摊、流动读报组等小型基层图书馆，使农民群众在不影响生产、战士不影响训练的同时，依然可以读书看报。同时，各基层图书馆还开设各类型识字班、宣传课，教授生产技能，普及卫生常识[28]，让人民群众在边区新文化运动中享受文化，在边区的经济文化建设中切身体会到自己主人翁的地位。

5 共产主义接班人的培养

边区政府重视文教事业的发展，特别关注对儿童的培养与教育，通过设立保育院、普及小学教育，解除了前线抗敌战士子女无人照顾的后顾之忧。在此背景下，学校图书馆也积极配合地区政府，开展扫盲识字活动，开辟儿童阅读场所，利用进步健康的报刊读物提高民众，特别是青少年一代的革命觉悟和文化水平，为培养具有共产主义思想的接班人做出了贡献。

5.1 诞生于逆境中的小图书管理员

为了培养儿童追求真理、关心他人、热爱劳动、遵纪守法的品德，以八路军抗属子弟学校（简称抗小）为首，率先在边区成立了学生会组织，让孩子们在这个群体中，逐渐建立良好的学习和生活习惯。学生会让学生们自己动手，从事学校图书馆建设与图书管理。从图书馆馆长、黑板报编辑，到日常的服务馆员，他们分工明确，各司其职，尽心尽责。他们自己修补破旧书刊、修缮书架，在窑洞中布置桌椅板凳，在墙壁上贴地图和宣传抗日的标语，并制定了行之有效的图书借阅规则[29]。

5.2 “造书”

值得一提的是，为了丰富馆藏图书，抗小图书馆的小管理员们还经常自己动手“造书”。他们把《解放日报》《新华日报》等报刊上的科学文化常识、政治时事知识，儿童喜爱的诗歌、故事、图画等剪切下来，分门别类装订成小册子，既节约了成本，又丰富了馆藏，深受小读者们的喜爱。这些小图书管理员，通过对图书馆的管理与服务，提升了自身的革命教养、锻炼了工作能力[30]。

6 结语

陕甘宁边区的图书馆事业诞生于中国共产党的直接领导下，是无产阶级文化教育事业的重要组成部分。其贡献不仅在于保存有形的文献资料，更多的是在无形的红色文化传播中发挥的作用。红色文化，实质上蕴含了取得抗战胜利的坚定信念，树立人民群众主人翁意识以及培养社会主义接班人的责任。这些红色基因奠定了中国特色社会主义图书馆事业的基础，值得当今图书馆界借鉴与传承。

参考文献：

[1] 中国第二历史档案馆.中华民国史档案资料汇编：第五辑第二编：教育（一）[M].南京：江苏古籍出版社，1994：367-369.

[2] 张树华，张久珍.20世纪以来中国的图书馆事业[M].北京：北京大学出版社，2008：118.

[3] 赖伯年.陕甘宁边区的图书馆事业[M].西安：西安出版社，1998：309-311.

[4] 同[3]：7.

[5] 毛泽东选集：第二卷[M].北京：人民出版社，1991：769.

[6] 谢灼华.中国图书和图书馆史[M].武汉：武汉大学出版社，2005：429.

[7] 同[3]：229.

[8] 同[6]：427.

[9] 边区印刷厂产量增加，月初书报百九十万字[N].新中华报，1940-08-23（3）.

[10] 阳宝华，韩德昌.中国省市图书馆概况（1919—1949）[M].北京：书目文献出版社，1985：24.

[11] 同[6]：382.

[12] 延安图书馆协会筹备会启事[N].解放日报，1941-07-04（2）.

［13］延安图书馆协会等发起集募图书万册［N］.解放日报，1941-10-23（4）.
［14］同［3］：248.
［15］同［5］：708.
［16］中央图书馆启示［N］.红色中华，1932-11-28（2-3中缝）.
［17］同［3］：36.
［18］王巨才.延安文艺档案·延安美术：第51册［M］.西安：太白文艺出版社，2015：356.
［19］同［3］：40.
［20］必须奖罚严明［N］.新中华报，1940-05-17（1）.
［21］慰劳关中将士，中山图书馆首先响应［N］.新中华报，1941-04-13（3）.
［22］同［3］：27.
［23］同［3］：37.
［24］延安中山图书馆正积极筹备中［N］.新中华报，1940-02-28（3）.
［25］子洲图书馆热心社教，文化补习学校办得好［N］.解放日报，1945-10-20（2）.
［26］论政策［M］//中共中央文献编辑委员会.毛泽东著作选读（上册）.北京：人民出版社，1986：418.
［27］同［3］：324.
［28］同［3］：188-203.
［29］同［3］：169-175.
［30］同［3］：169-172.

地方文献建设原则探析

——以成都图书馆地方文献工作发展为例

涂樱鸽（成都图书馆）

2017年6月2日，《人民日报》第5版“声音”栏目发表了中共四川省委常委、市委书记范锐平的署名文章《让城市闪耀人文光辉》，其中有一段是这样说的：“传承历史文脉，固城市之根。深度挖掘成都作为全国十大古都和历史文化名城的独特魅力，大力弘扬古蜀文化、三国文化、大熊猫文化等特有文化，加强古蜀文化遗址、工业文明遗址、历史文化街区、名人故里、古镇、古村落、古建筑等自然遗产和非物质文化遗产的保护利用，传承成都故事和民风民俗，留住天府文化的根脉和记忆……”[1]

成都图书馆地方文献的责任与使命被范书记一语道出。

多年以来，关于地方文献该如何发展的讨论就层出不穷，有执着于地方纸本类文献收藏的，有拓展到多载体文献征集的，有创新型全面发展数字化的，服务形式多种多样。笔者以为，无论每家图书馆以什么样的形式开展地方文献工作，都是以保护地方资料、弘扬地方文化、传承地方历史为宗旨的，其根本目的就是尽可能多地保存跟当地相关的一切资料，并在保存的基础上加以利用，最终弘扬。

成都作为有着3000多年历史文化底蕴的天府之国，古蜀文明发祥之地，中国十大古都之一，关于这座城市的相关记载无以计数，如何尽可能多地收集这些资料并加以利用呢？成都图书馆地方文献部在其工作发展中秉承了以下6个原则。

1　狭义和广义地方文献兼顾的入藏原则

关于地方文献收录范围的界定，自1957年开始就各方争论不断，总的来说，无非是就狭义论和广义论两种观点展开的讨论。狭义论的观点为只要是有关一个地区的政治、经济、历史、地理、社会、文教、卫生等的各种资料，无论出版地在哪里，只要文献内容涉及本地，都视为地方文献。而广义论的观点为除了内容以外，只要是记录地方信息的一切载体，尤指地方人士的著作以及本地出版物，均应收入地方文献。成都图书馆地方文献部的收录标准恰恰介于两种论点之间，可谓“狭义中的广义，广义中的狭义”。除了将文献内容涉及本地的资料收录为地方文献外，会根据文献相关的作者及内容信息，酌情收录其他看似非地方文献的文献，而除本地名人著作以外的本地出版物，则只会收录内容跟本地相关的文献。

1.1　非本地名人曾到过成都并对成都有一定影响力的，应该收录

李白是江油人，但是至少有三次到过成都，所以关于李白到访成都的事迹、记录、考证、文集等均可作为成都地方文献收录。如刘友竹先生的《丹梯幽意——关于李白、苏轼与青城山的研究》一书就收录在成都图书馆地方文献部中。

1.2　本地名人在外地的事迹以及文献所反映的内容是在外地的，应该收录

中国文学大师李劼人是土生土长的成都人，但是他在1941年担任了乐山嘉乐纸厂的董事长兼总经理，直到1943年才返回成都，发生在乐山的事迹虽与成都无关，但鉴于李劼人对于成都而言具有特别的意义和影响，所以关于他一生的所有事迹都值得作为成都地方文献收录。

1.3　对本地产生了很大的影响的相关记录，应该收录

2008年的“5·12”汶川大地震，虽然发生地点在汶川，但是地震发生后成都各界都参与了抗震救灾活动，每年也有大量相关图录、大事记、摄影作品等文献产生，所以均作为成都地方文献被收录。

2　坚持以整合资源作为地方文献区域共享的原则

每年关于成都的文献资料层出不穷，数不胜数，只凭借地方文献部的几个工作人员，是没办法做到一本不漏的，公开出版物尚可通过各出版社书目筛选及各大购书网站采选得到，但对于非公开出版物的征集，难度就大大增加了。成都图书馆地方文献部坚持加强与系统内外各单位及本地名家的紧密合作，先后与成都市档案馆建立了两馆馆藏文献的共享机制，与成都博物馆签订了出版物交流协议，与成都市考古研究院、都江堰市作协、成都市地志办、各区市县地志办、市河研会、市民俗文化研究会、市川剧院著名川剧艺术家、本地名作家、文化名人等单位或机构或个人保持紧密

联系，保证了对市内大部分主要机构非公开出版物及本地名人新著出版信息的及时获取，确保该类地方文献的征集到位。

2.1 拓展跨界共享

成都图书馆在2018年与成都市档案馆签订了关于建立馆藏图书资料共享机制的协议：协议约定双方将现存的馆藏图书资料目录数据库转换成通用格式交给对方，作为数据分库，实现共享；双方在查阅大厅共享对方的相关查阅指南、标识，方便各自用户知晓图书资料的共享机制，为更广大范围的利用者提供图书资料目录信息的查阅服务。此次跨界也为图书馆和档案馆建立了合作的纽带，希望未来两馆能有更多的合作。

2.2 鼓励名人捐赠

袁庭栋是著名的巴蜀文化研究学者，近年来最具影响力的巴蜀文化名家之一。就在2019年2月26日，他将其私人藏书6400余册、数十年间用剪报方式收集的文化研究资料以及他早期的全部个人手稿，一并永久性捐赠给成都图书馆。所捐藏书全部为有关中国传统文化的专业书籍（含和专业有关的各种工具书），其中又以巴蜀文化、成都文化的书籍最有特色。经调查，后一部分的新平装书种类在成都公、私藏书界中位居第一。更难能可贵的是，袁庭栋在数十年间用剪报方式收集的文化研究资料，数量巨大，在四川省当属第一，这对研究地方文化而言是极其珍贵且成系统的宝贵“财富”。此举将极大地丰富地方文献馆藏资源，使成都图书馆跻身成为省内研究巴蜀文化、成都文化的最具权威的图书馆。

3 发挥名人效应，助力地方文献阅读推广

党的十九大之后出台的第一部文化方面的法律，也是继《中华人民共和国公共文化服务保障法》之后文化领域出台的又一部重要的法律——《中华人民共和国公共图书馆法》已经于2018年1月1施行了。公共图书馆法强化了公共图书馆的公益属性，把推动、引导、服务全民阅读作为重要任务，要求通过开展阅读指导、图书互换共享等活动，培养公众阅读兴趣和习惯[2]。

3.1 名人带动推广阅读

成都图书馆通过开展“真人图书馆”讲座的形式，邀请了本地文化名人，作家与

读者面对面交流成都文化，推荐他们心中的好书，通过指引阅读导向、培养阅读兴趣，改良阅读习惯等举措提升服务质量。

成都图书馆在地方文献部开展了以“读城”为主题的成都城市文化再发现系列讲座，以小众、定制的方式，让市民通过阅读，对成都城市文化进行再发现。听讲的市民可以一边品着现磨的咖啡，吃着小甜点，一边与文化名家谈天说地，在惬意的文化下午茶中，感受文化的魅力。这种私人定制的讲座形式与传统的讲座有所差异，也受到了很多读者的欢迎。在成都图书馆锦城讲堂、道德讲堂等品牌讲座持续举办的同时，通过这样具有差异化形式的讲座，能够更好地丰富图书馆的服务功能，满足读者不同的需求。

3.2 好书领读，互动分享

2018年，成都图书馆市民下午茶之“目·录”——他们心中的好书系列讲座在地方文献部如期开展，活动邀请了成都市文化、艺术界人士，就某个主题，结合自身的阅读和审美趣味，进行书单的推荐。讲座举办期间，在地方文献阅览室内中进行专题陈列，将嘉宾所推荐的书籍进行展示，引导读者进行借阅。同时，在成都图书馆的大厅电子屏上可以滚动播出活动中所推荐的书单。现场参与者还可以组建阅读小组，在活动结束后持续进行书单中书籍的阅读和分享。

4 以馆藏资源作为地方文献数字化建设的主要内容

在现代信息社会里，信息就是财富，信息是国家、单位、个人竞争力的标志。随着现代技术的迅速发展，Internet的广泛应用，通过统一的Web界面，给用户提供信息服务，是图书馆发展的必然趋势。提供智能化、专业化、个性化的知识、信息服务，也是用户对图书馆特色资源数据库的期待[3]。

目前，各地公共图书馆的数据库建设都在如火如荼地进行中。各大数据商也推出了五花八门、形式多样的数据库，主流的几类如报刊类、电子书类、学术资源类、少儿类、艺术类等数据库都已成为各大图书馆的标配。唯有打造具有地方特色的数据库或依托自身馆藏资源建设的数据库才能称其为有特色。地方文献的使命，除了长期保存和传承地方文化遗产外，还应利用新技术和手段，收集、保存、整合以地方历史资料、地方特色文献资源为主的文化遗产，建立地方特色数据库。

4.1 以“天府文化”为主线打造资源数据库

为开展天府文化记忆保留展示工作，成都图书馆地方文献部正在建设“成都老照片数据库”，目前已经征集到成都老照片3000余张，正在进行整理，已完成2500张老照片的鉴定及上传工作。目前该数据库已初具规模，计划在2020年5月将已上传照片全部展示在成都图书馆的网站上，供广大读者浏览，也可供社会各方面人士研究及使用。其中很多照片是首次在国内面世，不仅可以弥补历史文献的不足，还可以进一步丰富我馆馆藏种类和数量。除此之外，各区（市）县图书馆目前也在积极收集本地具有地方特色的老照片，并进行数字化，全市同类资源将共建共享[4]。

4.2 已建数据库实现检索与定位双引擎功效

成都图书馆地方文献部将库内部分有特色及有研究价值的地方文献图书数字化后，分类收录在自建的锦绣成都专题数据库中，日积月累，形成了极具特色的地方文献全文检索数据库。该数据库不对读者公开使用，仅作为地方文献馆员为地方文化类研究人员或单位代检代查、辅助课题调研等工作的辅助工具。馆员可利用该数据库为读者提供精准查阅服务，即将查询内容精准定位到某一本图书或某几本图书上，快速引导读者取阅；或与其他单位项目合作时能根据主题快速搜索相关素材。目前该数据库已成为地方文献馆员集方便与高效率于一身的最佳工作工具。

5 以精准查询作为地方文献服务拓展的目标

以往，地方文献的传统服务模式为读者通过OPAC系统检索诸如书名、作者名等关键字来查找对应文献，然后再到阅览室自行取阅。但检索前提必须是读者要知道哪本文献有他需要查询的内容才行，就算查阅到了，也仅局限在他知道的这几本书上，并不能将所有地方文献中他想查阅的某个知识点尽收眼底。随着读者尤其是地方文化研究类读者对信息精准度、全息性、专业性、个性化等要求的提高，传统的服务模式已经满足不了他们的需求了。地方文献的服务也应该与时俱进，需要进行更深层次的拓展，而不应局限于仅仅是将收录的纸本文献提供给读者查阅。馆藏文献的数字化，可将地方文献内大部分相关信息通过关键字查询后，快速提取，分类并整理出来，实现文献的精准利用，为地方文化研究人员提供更高效率的信息资料。

2018年上半年，成都市文物信息中心和成都图书馆共同了“天府锦城街坊历史掌故”项目，该项目需要大量关于成都两河以内的重大历史事件、名人轶事、民间传说等信息内容作为素材使用。时间紧，任务重，如果手工翻阅馆藏地方文献，可能数年都查阅不完。地方文献部通过自建数据库——锦绣成都专题数据库，将已数字化的地方文献通过关键字搜索，在短短几天时间内就提取了近200条关于重大历史事件、名人轶事、民间传说的素材，实现了工作效率提高及信息精准查询的双赢，保证了项目的顺利开展。

6　以联盟共享作为地方文献全市联动的原则

我国公共图书馆法第四十条规定，政府设立的公共图书馆应当加强数字资源建设、配备相应的设施设备，建立线上线下相结合的文献信息共享平台，为社会公众提供优质服务。

搭建全域成都地方文献数字资源共享平台不仅是区域内地方文献发展的必然趋势，亦能有效避免区域内地方文献数字资源的重复建设、低质建设、无力建设，为读者提供“一站式”检索和服务。通过打造全域成都地方文献数字资源共享平台，可以鼓励成都图书馆联盟内的各区县图书馆持续开展特色数据库工作，提高认知，集中精力搜集、整理或打造本区域的特色数据库并上传共享，从整体上提高成都地区公共图书馆特色数据库建设水平，增加资源总量，为地方文献研究发展提供有力支撑。

成都图书馆已将地方文献数字资源共享平台的建设提上日程，希望未来该项目的实施，能为成都市地方文献的发展开启一个全新的服务模式。

参考文献：

[1] 范锐平.让城市闪耀人文光辉[N].人民日报，2017-06-02（5）.

[2] 郑海鸥.推动公共图书馆事业新发展——文化部相关负责人就《中华人民共和国公共图书馆法》出台答记者问[EB/OL].（2017-11-06）[2018-09-05].http：//politics.people.com.cn/n1/2017/1106/c1001-29628936.html.

[3] 陈宝昀.公共图书馆地方特色数据库建设的原则与流程[J].图书馆学刊，2012（11）：47-49.

[4] 汪兰.成都建“老照片数据库”年内向市民开放[N].成都晚报，2018-07-20（6）.

县级图书馆地方文献保护及文献特色数据库建设之浅见

陈莉（四川省仪陇县图书馆） 刘军（南充市图书馆）

地方文献资料是一个地方政治、经济、文化、历史、地理、风土人情的记录与传承，对它的保护与开发有利于人们了解当地的文化与历史变迁，是一个地区发展的见证和宝贵的精神财富。随着互联网技术的普及和先进手段的广泛利用，各地纷纷建立起地方文献特色数据库，数据库资源与纸质资源相比，具有成本低、安全性高、易保存等优势。结合地区热点问题或地方特色文化而构建的特色数据库，是图书馆在网络环境下开展深层次信息服务和提升服务质量的重要依托，也是图书馆数字资源开发建设的核心和发展方向[1]。仪陇县位于四川北部地区，是朱德元帅和张思德同志的故乡。它民风淳厚，文化兴盛繁荣，是川北大木偶艺术的发源地，以剪纸、篆刻、书法为主体的“三乡文化”日益繁荣，仪陇被国家命名为“中国民间艺术之乡”，红色文化、客家文化在这里交相辉映，竞相发展。为让“朱总故里，德乡仪陇”这张文化名片走出四川，唱响全国，加强对县级地方文献进行保护和研究并搭建特色数据库具有重要意义。

1 地方文献的开发与利用

地方文献开发与利用涉及开发主体与客体两个概念，同时也要明确地方文献开发利用的原则与目标，以及具体开发利用的主要途径，以便在宏观上与整体上把握地方文献的情况。

1.1 地方文献开发利用的主体与客体

传统概念上，地方文献保护以及开发利用的主体往往指的是某个人或某个单位机构，但对于地方而言，则是以地方的公共图书馆为主导力量，以其他的社会机构为辅助的一种包含广泛的主体。公共图书馆在地方文献保护及开发利用方面具有天然的优势，包括文献资源含量广、信息收集经验丰富等，因此，总的来说，地方文献开发利用的主体为当地公共图书馆。从地方文献保护客体角度来看，主要指具体的文献资料，其中既包括纸质文献，也包括数据类资源。图书馆主体通过对这些客体资料进行保护和研究，以达到地方文献保护和利用的目的。

1.2 地方文献开发利用的原则与目标

一个地区的地方文献开发利用需要遵循一些基本原则，以及达到一些预计目标，以便更好地指导和开展地方文献保护工作。首先，由于地方资源文献往往具有价值高且留存数量少的特点——例如地方文献原始资料大多是未公开发行出版物，发行量小，很容易遗失和未及时收藏。其次，地方文献的保护和开发利用还要遵循统筹规划的原则，要对文献有计划、有目的地进行开发，在人员的选择上，更要注意广泛吸纳历史专业人才。最后，对地方文献的保护和开发，还要坚持经济价值与文化价值并重的原则，避免对地方文献仅做简单的经济上的评估。

1.3 地方文献开发利用的主要途径

地方文献的保护和开发利用途径多种多样，其中常见的有以下几种：（1）展示展览方式，针对一些文化功能较强的、教育功能较大的地方文献，通过展示，让更多的人了解和学习，达到寓教于乐的目的。例如仪陇县是川陕革命根据地，朱德故居纪念馆、张思德纪念馆等爱国主义教育基地肩负着传承和发扬革命传统教育的重要任务，图书馆同样担负其责任，充分利用反映红色文化的历史资料进行宣传展示，让更多的读者学习、了解红色文化，即可通过这种方式开发其价值。如编制的《馆藏朱德文献资料目录索引》《馆藏仪陇地方文献目录索引》等，就是为了方便读者查询使用。（2）通过专业的信息发掘、归纳、整理与汇总并加以利用，一些地方文献由于年代久远，缺乏相关专业知识的读者很难看懂，需要专业人员对其进行梳理和归纳，以便被读者广泛接纳。特别是对当地的家谱、家训、家规进行搜集整理，以便查询利用。（3）针对地方文献珍贵和易损坏的特点，可以利用高科技手段，将纸质文献转化为数字资源，通过移动图书馆、微信公众平台展示，以便对其进行保护与查询[2]。

2 地方文献特色数据库开发基本流程

基于上述地方文献开发利用的特点，我们开始建设地方文献特色数据库，在开发过程中，主要完成地方文献分类目录和内容数字化、明确数据库功能需求、确定开发方法并选择合适的软件开发商、组织数据库开发验收与运行四大流程，每一流程都有明确的内容与目标。

2.1 完成地方文献分类目录和内容数字化

地方文献特色数据库的开发第一步即将文献根据《中图法》进行分类编目，然后再对每部分的内容进行数字化的处理。每个地区地方文献内容多且范围广，对该地区文献的数字化处理要尽量做到全面且准确。以仪陇县图书馆为例，我们首先按收藏文献内容进行分类，编制完成《馆藏朱德文献资料目录索引》《馆藏仪陇地方文献目录索引》《馆藏张思德文献资料索引》《仪陇县家谱家训目录索引》《馆藏仪陇民俗文化作品目录索引》，再按照目录的排序，逐条进行文献内容数字化，最后把本馆地方文献数据资源加载在图书馆主页上，并设置网上资源项目栏[3]，有利于对馆内地方文献进行保护，同时也便于用户在网络上检索与阅读文献资源。

2.2 明确数据库功能需求

明确数据库功能需求是指要明确本地区地方文献数据库要达到什么样的目标、具备什么样的功能。首先，地方文献数据库要具有完善的功能，不仅支持一般性文献查询服务，还要具备地方文献数据录入、数据全面更新等功能。其次，特色数据库的操作要尽量方便简洁，突出设计友好的操作页面，例如凸显特色数据库的服务板块、支持多维度检索服务，以全面满足用户的要求。最后，地方文献特色数据库建设还要突出地方特色，如可以突出当地是“两德故里”等景观特色，设计出相应的影音视频与数据库界面。

2.3 确定开发方法并选择合适的软件开发商

地方文献特色数据库建设过程中的软件开发，可以选择基于构建的软件开发方法，即通过建立技术标准搭建构建库，从而推动软件开发（见图1）。

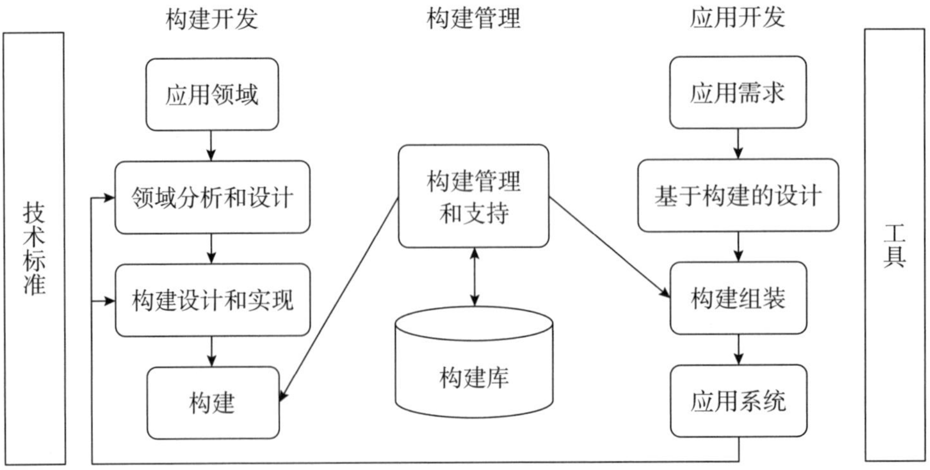

图1　基于构建的软件开发流程[4]

如图1所示，地方文献特色数据库软件开发要应用一定的技术标准，通过构建开发、构建管理和软件开发三个维度的设计与组装，最终开发出应用于构建库的工具。如果选择外包，则首先由地区地方数据库建设主体发布构件需求，其次在众多竞标者中评选出中标方，然后与其进行有效沟通，让中标方全面了解地方文献特色数据库的建设要求，最后，与软件供应商签订正式合作合同，规定双方的义务与权利，明确供应方后续的数据更新等配套服务。总之，无论是自行研发软件，还是选择合适的软件外包商，地方文献特色数据库建设离不开软件技术的支持。

2.4 组织数据库开发验收与运行

首先，地方文献特色数据库的建设开发过程中，图书馆必须随时与软件供应商沟通，以保证符合数据库建设目标。其次，图书馆要组织专业的人员和团队对其建设成果进行验收，包括对系统稳定性、可操作性、安全性的测试，以及系统运行速度。完成上述工作后，则应该将纸质地方文献转变为电子资料，并分类上传，再由一些专业的人士进行内部试运行测试，一切准备就绪后，地方文献特色数据库方可正式运行，而图书馆也应在运行后对数据库进行动态监控，对于数据库出现的问题也要予以积极回应。

3 县级地方文献保护开发及地方文献特色数据库建设现状——以仪陇县为例

仪陇县图书馆地方文献保护开发及地方文献特色数据库的建设虽取得了一定成果，但仍存在诸多问题。分析其发展现状，主要有广度与深度不够、保护与利用不足、规划与合作不足三点。

3.1 广度与深度不够

首先，从仪陇县图书馆文献特色数据库建设的广度上看，存在以下问题：文献收录范围狭小，内容不够全面，没有系统性地加以搜集。比如只注重单一地搜集与朱德有关的文献资料，却忽略了与他相关亲属的文献资料。由于仪陇县历史悠久，自古以来都是川北重镇，是两德故乡，红色革命根据地，据统计，仪陇籍在外的文人志士达到1000余人，其个人著述与传记不计其数，实际上都应被收录在图书馆。而县馆搜集仍处于零散无序状态，缺乏系统性。在内容上，大多都是通过相关图片展示与文字进行简单概括，没有对其进行深入挖掘，没有对文献进行二、三次开发，使之发挥更大作用，这也是我县图书馆文献特色数据库建设在深度上的不足。

3.2 保护与利用不足

一些客观因素不可避免地造成了图书馆地方文献保护不足，如在地方家谱搜集整理方面，许多家谱由于年代久远，纸质文献大多残缺不全，这就为后期的修复带来了巨大困难。加之征集地方文献资料的方式简单、无序，缺乏统筹方案，致使文献特色数据库建设工作也仅停留在信息收录阶段，缺乏对文献的微观研究[5]。图书馆的地方文献保护与文献特色数据库还存在缺少宣传、开放程度不够的问题，导致广大公众并未参与到地方文献数据库的使用与互动中来。

3.3 规划与合作不足

从政策层面的规划来看，尚未制定全面系统的文献保护政策，图书馆的地方文献保护与地方文献特色数据库建设缺乏科学的理论指导，这就使得县图书馆在地方文献保护与地方文献特色数据库建设过程中表现出规划高度不够、行动滞后等问题，难以满足当地文献发展的需要。此外，从合作来看，虽然市图书馆积极推动市内合作，但并没有建立起完善的合作机制，对外交流也有所欠缺，购买经费亦存在一定的问题。

4 推动地方文献保护及地方文献特色数据库建设的建议

针对上述地方文献保护及地方文献特色数据库建设存在的问题，笔者从基层图书馆工作者的角度出发，提出高度重视强化组织领导、加大投入强化文献征集、提高地方文献研究管理水平、创新信息化管理手段四点建议。

4.1 高度重视强化组织领导

首先，要转变对地方文献的认识，从观念上打破地方文献无用论，树立起地方文献是宝贵财富的理念。其次，当地领导在文献保护和文献特色数据库建设过程中，应该起到牵头作用，例如亲自参与到地方文献研究工作中，培养自身的地方文献保护热情，带动他人加入地方文献保护大军。最后，地方文献保护及地方文献特色数据库建设离不开多方支持，包括当地的党委政府部门，以及各地公共图书馆之间的相互合作。总之，高度重视强化组织领导，是促进地方文献发展的重要对策。

4.2 加大投入强化文献征集

地方文献保护及地方文献特色数据库建设还要加大人力物力的投入，将文献征集经费纳入到财政预算中，切实加大地方文献发展的资金支持。此外，还要充分把握各种时机强化文献征集，扩大地方文献收录的渠道。例如2016年是朱德诞辰130周年，我们充分利用此次机会，向全社会发出倡议，鼓励社会各界捐赠与朱德同志相关的图书文献资料，通过努力，最后得到国家新闻出版总署价值20万码洋朱德文献资料。这大大丰富了我馆馆藏朱德文献资料的内容范围，扩大了文献类型和品种。为我馆设立“朱德专题文献陈列室”和完成“朱德专题文献数据库”的建设提供了高质量的物质保障。还可以开展有偿的文献征集活动，促使读者广泛参与到地方文献的捐献和出售的活动中来，可以派遣工作人员对外交流，通过学习其他图书馆的文献保护工作流程，构建起自身的文献保护与开发机制，同时也可以拓宽地方文献征集渠道。总而言之，地方文献的保护与数据库建设都需要相关文献资料做支撑，图书馆应大力强化地方文献的征集工作。

4.3 提高地方文献研究管理水平

地方文献研究管理水平在很大程度上影响着地方文献保护和地方文献特色数据库建设的工作成效。笔者认为，首先要加强对地方文献工作人员的业务培训，从最基础的分辨地方文献，到如何发现、挖掘地方文献并发现其中有价值的信息，以及如何构建地方文献特色数据库，了解数据库运行流程与掌握互联网技术，等等，这些都是当代图书馆管理者以及工作人员应该掌握的专业素质。此外，还要加强信息化工具应用能力的培训，这就要求图书馆人员不仅在理论上掌握地方文献管理，还要提高实际操作能力，例如掌握地方文献数据库的开发与内容管理，特别是在数据库新功能的开发环节上，只有经过严格的系统培训，才能在开发过程中避免由于操作失误带来的文献管理不到位等问题产生。

4.4 创新信息化开发手段

创新信息化开发手段实际上是针对地方文献特色数据库建设提出来的，以仪陇县为例，县图书馆的地方文献有限，在构建数据库时，可以结合当地实际情况，创新信息化开发手段，选择更具可靠性与安全性的Oracle 10G数据库（见图2）。

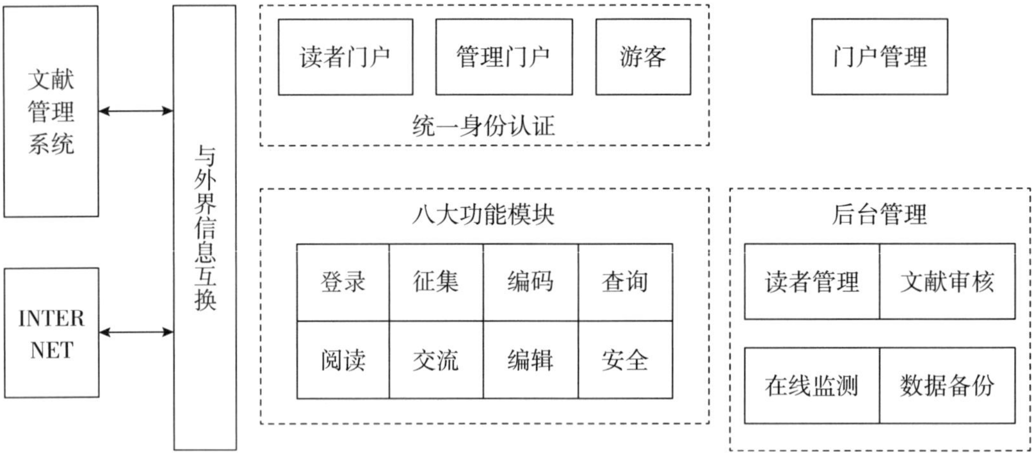

图2 仪陇县地方特色文献数据库部分构成示意图[6]

由图2可知，仪陇县图书馆采取这种创新的信息化手段，构建起新型地方文献数据库，具有高成熟度、高效性、安全性、开放性、便捷性等特点，从文献管理系统、网络系统到与外界信息互换，再到后台管理，整个系统简洁明了，有利于推进地方文献保护及地方文献特色数据库的建设工作。

5 结语

综上所述，南充市图书馆在地方文献发展工作虽然取得了一定的成果，但在未来的发展中还需要不断完善与创新，不仅要在政策上制定合理规划，还要具体落实到每个图书馆馆员专业能力与素质上，不仅要加强地方图书馆的文献保护及数据库开发水平，还要推动区域间、馆际间的交流合作，以共同推动地方文献的保护和开发利用，推动地方文献特色数据库建设。

参考文献：

[1] 干冬力.浅谈特色数据库建设的选题与意义——以"浙商特色数据库"为例[J].农业图书情报学刊，2010（2）：43—45.

[2] 闫永君.我国特殊数据库研究进展综述[J].图书馆学刊，2009（5）：5—7.

[3] 南充市图书馆[EB/OL].[2016-06-15].http：//www.ncstsg.com.

[4] 龙世谱.论我国西部图书馆的特色化建设[J].图书情报工作，2003（1）：31—33.

［5］郎菁.地方特色数据库建设工作流程［J］.图书馆学刊，2011（4）：67—70.
［6］李月明.基于TRS平台的专题特色数据库开发与实践［J］.农业图书情报学刊，2009（4）：29—31.

地方文献工作中的有益经验

——以云南省石屏县图书馆为例

黎苑（云南省石屏县图书馆）

地方文献是记录本地区历史、地理、文化、经济、政治等多方面内容的文献，是一个地区最具特色的文献，具有唯一性，是图书馆重要的馆藏之一[1]。地方文献对参考咨询、文化传承有着重要推动作用。

1 石屏县图书馆地方文献馆藏建设情况

石屏县图书馆自2007年建立地方文献室，至今藏有1644种书籍、光碟。在期刊报刊室中，主要收藏省、州、县发行刊物及各村村规村约[2]。突出本地特色，收集彝族（花腰）、豆腐、经济特科状元相关文献。根据石屏县图书馆古籍藏书丰富的特点，在特藏室布置地方古籍文献专柜，整理地方古籍陈列。截至2018年石屏县图书馆地方文献室藏书情况如图1所示。

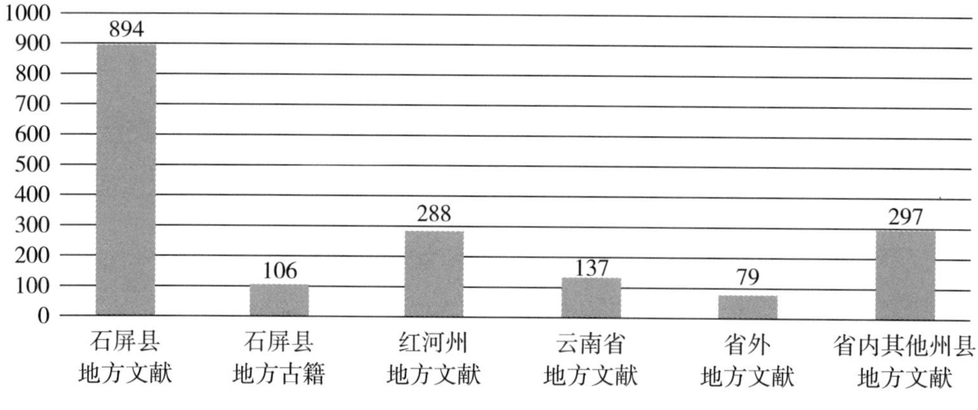

图1 石屏县图书馆地方文献室藏书情况

石屏历称文献名邦，明清两代人才辈出，学者人数众多，著作颇丰，曾在云南文化史上占有重要地位。石屏州明清两代共有62人中进士，更有云南唯一的经济特科状元袁嘉谷。石屏县少数民族多，传统深植，申报并入选多个非物质文化遗产名录，入选国家级名录的就有3项。石屏自1270年建置至今已有700多年，历史给石屏留下了丰厚的文化底蕴，丰富的历史遗存。石屏县图书馆地方文献室收藏彝族地方文献、石屏县方志、谱牒、名人著述四个类别，共894种1519册。石屏县地方文献馆藏分布状况如图2所示。

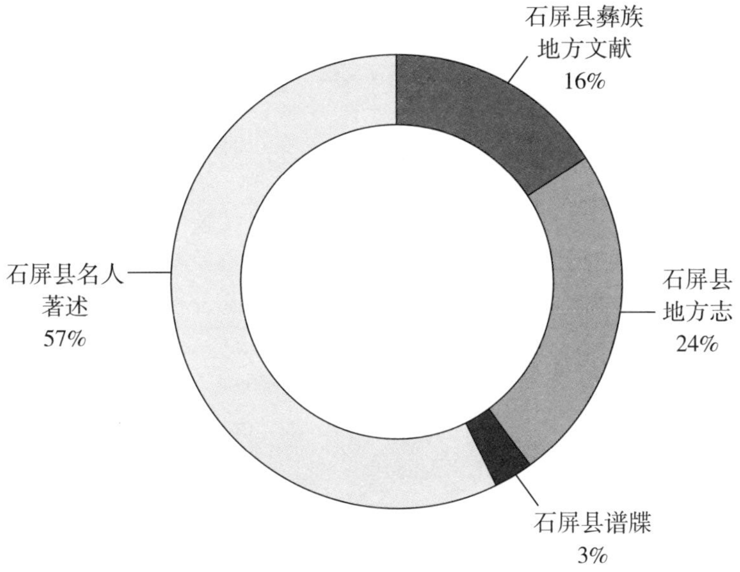

图2　石屏县地方文献馆藏分布状况

石屏县图书馆于2013年召开馆务会议并制定地方文献数据库选题规划，确定石屏县研究数据、本地区名人数据、古籍数据、地方志数据、文化艺术数据、旅游美食文化数据、行业动态数据七个方向。做好前期准备工作，建设地方文献数据库。石屏县地方文献数据分布状况如图3所示。

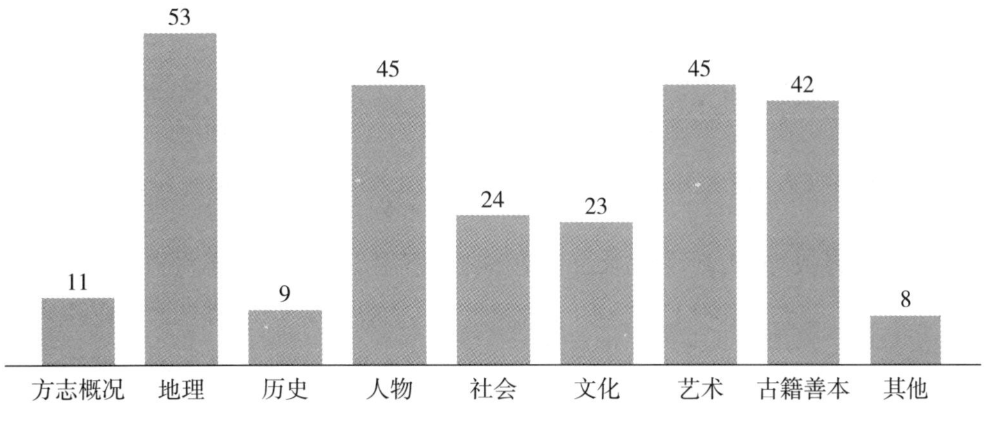

图3　石屏县地方文献数据分布状况

地方文献采购经费方面。石屏县是典型的山区农业民族贫困县，是省级扶贫开发工作重点县，图书馆每年的财政拨款购书经费仅6万元，因必须保障图书馆馆藏的连续，优先考虑读者最多、借阅最频繁的图书，剩余经费才能用于采购地方文献，地方文献仅占经费支出的2%。而地方文献作为最能体现文化传承的部分，馆藏必须具有连续性、持久性。开展好地方文献工作需要图书馆收集整理，需要政府经费的投入、广大读者的支持与参与。石屏县图书馆购书经费采购图书占比情况如图4。

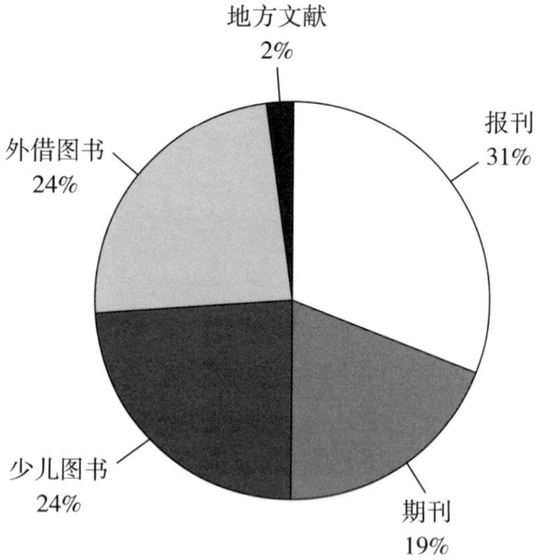

图4　石屏县图书馆采购图书占比情况

2　地方文献资源整合方式

2.1　石屏县地方文献收藏的优势

石屏县素有“文学南滇第一州”的美誉，文脉传承至今，拥有丰富的地方文献资源。石屏图书馆建馆之初，主要藏书来源为捐赠，仅袁嘉谷先生一人即捐书三百余册，在他的影响下，石屏文人乐于把作品捐赠到图书馆中，图书馆能及时收集地方文献资源。

2.2　石屏县地方文献资源整合方式

石屏县图书馆地方文献资源整合按照“统一部署、多条渠道、齐头并进、共同完成”的办法，由历史文献部牵头，有关各部共同参与。

2.2.1　与乡镇、村级单位合作

为了更好地整合乡镇及村一级地方文献资源，石屏县图书馆建立《石屏县图书馆

分馆及下设机构评分奖励办法》，以激励乡镇、村级单位图书管理人员积极收集、整理地方文献资源。

2.2.2 多种渠道共同作用

与县史志办、新闻出版中心、其他图书馆建立友好合作关系，为他们提供信息服务，同时积极收集他们的出版物。定期采购新华书店上架地方文献，及时更新馆藏。与其他图书馆签订馆际互借协议，可互相借阅地方文献，在世界读书日与州内各县市图书馆交换复本数较多的地方文献，丰富馆藏。通过通讯、网站、展览、媒体宣传等渠道整合资源，从经费预算出发，采取“征集为主，采购为辅”的方针。

2.2.3 创新资源整合方式

石屏县图书馆与云南省图书馆、红河州图书馆联合开展“文化石屏”——石屏口述史活动，邀请石屏全县人民参与此次活动，记录下石屏的故事传说、民族风俗等。采取自主投稿与上门记录相结合的方式，考虑到老年人无力写作，征集大学生志愿者参与口述史工作，由工作人员录音后整理、编辑，集结成册，方便查阅。

3 地方文献的开发利用

3.1 利用地方文献开发文创产品

石屏县图书馆通过查阅彝族（花腰）文献资料，实地采集刺绣花样，制作了“七彩瓷韵”茶具套盒。整套包括：茗香壶一把、公道杯一个、品茗杯六个，并在包装中附上《石屏县图书馆志》、收藏证书，详细介绍产品及石屏县图书馆，扩大图书馆品牌效益，推广地方文化。

3.2 地方文献的开发利用

石屏县图书馆在地方文献的开发利用方面[3]：一是于2009年影印出版民国二十七年（1938）袁嘉谷先生主纂的《石屏县志》，由县委、县政府在首卷加上序言，按原线装本每套14册装帧，共出版500套。二是对石屏明清学者著作进行整理、标点[4]，出版《石屏丛书》，现《石屏丛书》第一辑《五塘诗草·五塘杂俎》《留砚堂诗选》《赐砚堂诗稿》《穆清堂诗钞续集》已出版。首次印刷数为1000册，旨在将石屏文化发扬光大，激励后人，再创新的文化辉煌。三是于2018年启动石屏县口述史收集整理项目，分为名人名著、民风民俗、建筑史迹、石屏商帮、故事传说、小城生活六个部分。除了关注较为人熟知的部分，特别记录当代石屏生活，从细微处发现石屏，助力文明城市建设，保护传统文化，深入挖掘并留住石屏历史文化。

3.3 地方文献数据库建设

石屏县图书馆于2013年建立地方文献数据库，内容包括：地方文史、地方图片、地方音视频、地方各类档案和古籍等，设有分类索引（分类列表）、主题类别、图书、古籍、报刊、视频、音乐、图片、资源推荐、征集启事几大模块，内容丰富，富有石屏地方特色，便于读者检索查阅。石屏县图书馆把读者借阅次数多的地方文献制作成电子书上传至数据库，方便读者查阅。

3.4 制作地方特色资源专题片

石屏县图书馆利用地方资源优势，与非遗中心联合，整理特色资源，制作地方资源专题片。现制作名邦印象系列专题片，主要有历史文化名人及民族传统习俗两个专题，历史文化名人专题已拍摄制作《“历史文化名人”——袁嘉谷专题片》。袁嘉谷是云南唯一的经济特科状元，是石屏的文人名片，故首批出版。而彝族（花腰）为石屏的另一张名片，出版《彝族（花腰）“咪嘎毫”传统祭祀习俗专题片》《彝族（花腰）“德培毫”传统祭祀习俗专题片》，“咪嘎毫”与“德培毫”在石屏彝族（花腰）祭祀习俗中占有最重要的地位，故首批拍摄制作。现正在拍摄制作《历史文化名人——朱朡》《彝族（仆拉）丧葬习俗专题片》。

3.5 收集石屏地方资源，传承文化

石屏地方文献资源丰富，石屏县图书馆在收集地方文献工作中，开展石屏楹联征集活动，征集富有石屏特色的楹联，抄写成册，并在下乡过程中，让村民自选，让春联成为富有石屏特色的风景线。记录石屏，让民间的石屏故事、名邦文化能通过书本、楹联等方式继续传承，从而实现繁荣兴盛石屏文化、焕发石屏文明新气象的目标。

4 借助地方文献推动文化传承发展

4.1 开展《石屏县志》《石屏丛书》首发仪式

地方文化传承需要民众的参与，石屏县图书馆通过借助媒体宣传，举办《石屏县志》《石屏丛书》首发仪式，邀请各级领导、友好合作单位、图书馆同仁、读者参与等方式，扩大地方文献影响力，提升地方文献知名度，让本地区读者了解地方文献出版的情况，参

与到地方文献阅读中，推进文化传承。

4.2 大范围地开展地方文献阅读推广

石屏县图书馆在阅读推广活动中穿插地方文献推广[5]，特别是到学校举办的阅读推广活动中，带上地方文献供学生阅读，并在知识竞猜活动中提问。以这种方式激励学生阅读地方文献、了解地方文献，同时借助地方文献推动文化传承工作。石屏县图书馆在微信公众平台、微博等平台上宣传地方文献，每期节选一段文章或一首诗，附以作者简介，通过多渠道的宣传，增加阅读人数，增强影响力。

4.2.1 举办地方文献阅读指导讲座

石屏县图书馆在万民学堂公益讲座活动中安排地方文献阅读指导讲座[6]，邀请石屏文人开展地方文献阅读指导，带领读者深入阅读地方文献，了解地方文化。

4.2.2 做好地方文献参考咨询活动

石屏县图书馆充分发挥图书馆地方文献馆藏资源优势，积极开展参考咨询服务工作[7]，2013年至2017年共接待县委、县政府、各单位、各高校学生以及社会各界考察、创作、查阅、来访人士157人，提供文献545种，得到县委、县政府、各单位、各高校毕业生以及社会各界人士的好评。有关研究课题、论文著作发表出版后由图书馆收藏，形成良性互动，传承石屏文化。

5 石屏县图书馆地方文献工作经验

5.1 做好本职工作，争取资金支持

经费是现阶段地方文献工作最缺乏的东西之一，我们必须努力争取经费，才能保障地方文献工作的顺利开展。从自身、上级、社会三个层面出发，积极争取资金，做出自身地方文献特色，向上级争取项目资金支持，让社会更多了解地方文献工作，主动参与并推动地方文献工作，从而达到节约资源、提高效率的目的。

5.2 动员多方参与，提升服务效能

多方调研，确定地方文献馆藏方向，结合激励措施，上与国家图书馆，下与村图书室联系，进行资源整合，从上至下地投入到地方文献工作中，可以有针对性地选取书籍，最大限度地提高石屏县图书馆的藏书质量。在地方文献工作中做到有重点、具特色、效率高。认真规划现有数据库资源，对信息进行深度的加工，实行多渠道推广，

在网站、微信、微博中提供数字阅读，并向开展参考咨询服务方面发展，不让资源固定在网页上，而让资源流动起来，到需要资源的人那里去。

5.3 重视人员素质，实现良性互动

邀请熟悉石屏文化的学者对图书管理员进行地方文献专项培训，提升馆员对地方文献的敏感度，鼓励馆员创新，开展地方文献相关阅读推广活动。鼓励馆员阅读地方文献，熟知地方文献，更好地服务读者，开展参考咨询工作。每月好书推荐中，甄选地方文献图书，开展地方文献阅读导读，特别是到学校开展地方文献阅读推广活动，从未成年人抓起，让地方文献阅读推广丰富全民阅读的内容。

6 结语

综上所述，地方文献是公共图书馆最重要的馆藏资源之一。地区文化传承离不开地方文献，地方文献的发展需要根植于地方文化上。随着数字阅读时代的到来，地方文献必须成为图书馆最有特色的支柱，图书馆就需要在做好本职工作的同时创新思路，改进方式方法，传承地方文化，推动地方文献工作。让读者更多地参与到地方文献工作中，从而与家乡故土深厚的文脉渊源联系在一起，融合为地方文化传统的内在因子，生生不息，芳菲永驻。

参考文献：

[1] 赵大志.地方文献建设研究[M].成都：西南交通大学出版社，2012：179.

[2] 龙华美.石屏县地方文献的开发利用[J].云南图书馆，2010（2）：62-63.

[3] 张鹏燕.太原市地方文献集藏与开发利用研究[D].哈尔滨：黑龙江大学，2016.

[4] 郭金莲.阅读服务创新模式下地方古籍文献的开发利用研究[J].内蒙古科技与经济，2018（7）：135-136.

[5] 郑小灵.地方文献阅读推广与少儿阅读[J].公共图书馆，2017（1）：44-48.

[6] 丁志可，杨毅，程文.新常态下公共图书馆地方文献深度挖掘研究——以淮南市图书馆为例[J].大学图书情报学刊，2017（2）：90-93.

[7] 陈颖.福建省地方文献开发利用研究[D].福州：福建师范大学，2015.

地方文献专题化工作初探

——以山西省图书馆专题文献建设工作为例

潘泰华　郭晓岩（山西省图书馆）

总览全国公共图书馆工作，地方文献工作深受重视，取得了诸多成绩：成立专门的部门征集、收藏、开发、利用、研究地方文献；把地方文献作为特色馆藏资源予以宣传、推介；专题化、多方式征集地方文献；建立地方文献联合书目数据库、地方文献全文数据库等自建数据库；提供地方文史专题咨询、专题剪报、专题定期或定量文献综述及文献传递等服务；开放地方文献研究室、举办读者沙龙等活动；举办网上文献展览；编辑地方文献工作简报等相关报纸、刊物；出版地方文献特色丛刊、相关研究论文集等。可以说，各地地方文献工作正在做深做细做新，山西省图书馆从2013年迁入长风新馆，便开始了地方文献专题化工作探索。

1　山西省图书馆地方文献专题化工作背景

1.1　山西省图书馆地方文献收藏概况

山西省图书馆馆藏地方文献8万余册。地方史志、名人资料、家谱资料、特种文献、红色革命文化、山西戏剧、山西文化旅游、晋商文化、关公文化、山西非物质文化遗产等10个方面的专题文献是馆藏特色文献，也是反映山西省文化特色的重要文献。

1.2　山西省图书馆地方文献专题文献价值

1.2.1　地方史志专题文献

地方史志专题文献汇集三晋所有方志与史书，从多方面、各角度展现三晋大地历史发展变迁与成就，是全面系统了解山西历史与文化的重要文献。地方史志专题文献的整理与研究，可上溯到远古时代，深入地县村镇，涉及经济、政治、军事、文化等方方面面。

1.2.2 文化旅游专题文献、山西戏曲专题文献

山西省自然资源丰富、人文历史悠久、文化遗存丰厚。拥有太行、五台、恒山、太岳、中条、吕梁六大山脉和阴山余脉、洪涛山脉、系舟山脉、峨眉台地、王屋山脉等名山，黄河环绕山西965千米，汾河贯通省境南北，三川河、昕水河、沁河等流域有着上千条支流，这些名山大川磅礴绵延、气势雄浑，展示了三晋大地独有的风貌和气度。还有自成系列的古文化遗址，名冠全国的古建筑，融汇中西、艺术精湛的石窟造像、彩塑壁画、石刻碑碣，底蕴深厚的历史文化名城，星罗棋布的名人故里，名垂史册的近现代重要史迹旧址，风情浓郁的村落民居等，人文景观源远流长、类型多样、古老厚重、丰富独特[1]。山西文化旅游、山西非物质文化遗产、红色革命文化等专题文献的整理与研究，对晋文化进行深度挖掘，寻根问祖、溯源问津，有助于进一步发掘我省优势文化资源，提升我省优势文化元素，进一步增强山西文化影响力、亲和力、吸引力。山西是闻名全国的戏曲大省，大小剧种50多个，各剧种剧目难以计数。山西戏剧等专题的整理与研究，为晋剧的传承、发展献力，彰显山西别具一格的文化特色。晋文化元素、文化符号、文化创意的运用同样可以带来更多经济效益，对省区域文化软实力的提升乃至省区域实力的提升都非常有益。

1.2.3 名人资料专题文献

三晋大地名人辈出，名人身上承载历史、彰显文化精神。源自春秋，兴于明，盛于清，衰于民国的晋商，占尽天时地利人和，在商场纵横600年，沉浮几世纪，在中国商业史上留下了辉煌的篇章，形成了晋商特有的文化——以义制利崇尚信誉的经商原则，勇于开拓的创业精神，应时而变的经营策略，至今仍有重要的借鉴意义。文有孔子，武有关公。凝聚在关羽身上而为万世共仰的忠、义、信、智、仁、勇，构成了关公文化的核心精神。关公文化几乎渗透于人们思想及生活的各个方面，包括宗教、祭祀、民俗、文艺等，形成了广泛的极具地方特色的文化现象。名人资料、晋商文化、关公文化等专题的整理与研究，深度探索三晋文化，大力学习、传承优秀文化成果与文化精神，有助于提升市民文化素养，大力传播正能量，助力山西省精神文明建设。

1.2.4 家谱专题文献

山西是中华民族的发祥地之一，从远古时代起，我们的祖先就劳动、生息、繁衍在这块黄土地上。尧都平阳，舜都蒲坂，禹都安邑，都在山西；后稷教民稼穑于稷山，嫘祖养蚕于夏县，亦在山西。在姓氏形成过程中，又有很多姓氏起源于山西。“问我祖先在何处，山西洪洞大槐树，祖先故居叫什么，大槐树上老鸹窝”，明朝大规模的移民活动声势浩大，在几百年的历史演变过程中，如今洪洞大槐树后裔已遍及我国10多个省（区、市）的400多县（市）以及东南亚一带。洪洞古大槐树被海内外华夏子孙视为“家”，

看作“根”[2]。“夫家有谱、州有志、国有史，其义一也”，通过家谱，我们能够比较真实地了解当时的历史面貌、时代精神、社会风尚，了解在那个历史背景下人们的生产、生活情况。家谱是和正史、方志一样重要的历史典籍，是史学的重要组成部分之一。山西家谱文献专题的整理与研究为社会利用家谱提供了最大便利，为广大读者寻根问祖破解家族密码、温良恭顺传承百年家风、继承祖志谱写家族新篇章提供了参考。

1.3 数据库

山西省图书馆建有自建数据库“地方特色资源库”，涉及名人资料、家谱资料、红色革命文化、山西戏剧、山西文化旅游、山西非物质文化遗产等多个专题文献的整理、开发和利用，图文并茂的数据库为广大读者提供了不一样的阅读体验。

基于此，山西省图书馆进行地方文献专题化探索，按照专题化征集、专题化陈列、专题化整理研究的思路开展。

2 山西省图书馆地方文献专题化工作实践

2.1 专题化征集

山西省图书馆一直以来都非常重视家谱文献的收藏和利用，一直重点征集此类文献，并建有谱牒资料库和山西家谱数据库等。地方文献部主要收藏1949年之后正式出版及非正式出版的山西人家谱，目前约有120多种380多册。

2016年10月，山西省图书馆地方文献专题征集新闻发布会召开，省内外多家媒体对此进行了宣传报道，官网公布了《山西省图书馆地方文献专题征集方案》，面向全社会针对上述特色专题广泛征集相关文献。2018年5月，向山西省各市、县（区）图书馆寄送山西省图书馆关于地方文献征集函，重点征集有关山西非物质文化遗产保护过程中产生的各类文献、地方志、村志等文献，继续推进专题文献征集工作。为表彰鼓励社会文献捐赠，山西省图书馆为捐赠者（单位）发放捐赠证书，并定期在网上公布捐赠者及捐赠文献目录，并举办专架专柜赠书展览，如方志办赠书专架、马力捐赠戏曲图书展、成葆德个人捐赠图书展等。截止到2018年8月29日，山西省图书馆共收到地方文献捐赠275种1486册，其中县市图书馆寄送38种139册。据粗略统计，其中志书64种，晋商文献11种，戏剧28种，非物质文化4种，关公文献2种，名人资料30种，文化旅游文献10种，地方文化文献31种。这些捐赠的文献大多属于专题文献，也有部分专题外地方文献，价值珍贵。

由于各种原因，采买到家谱的数量寥寥，家谱专题的文献主要靠征集获得。从

2016年10月到现在，山西省图书馆共接收家谱捐赠20种48册。随着宣传及专题化工作的常态化发展，专题化征集保证了家谱文献的稳定增长。

2.2 专题化陈列

2013年山西省图书馆搬迁到长风新馆以来，1949年之后出版的地方文献图书实现开架阅览，最大限度地对读者开放。并进行了专题探索：将地方省市县三级志书分地市集中摆放在书柜中，设立地方志阅览专区；后续工作中根据实际情况将图书集中管理摆放，设立了傅山专题（110多册）、阎锡山专题（100多册）、考古专题（470多册）、村志专题（290多册）等。家谱专题建设初约340多册，现有380多册。

新馆开馆以来，家谱资料深受广大读者的青睐。工作实际中，地方文献图书阅览室有一部分科图法分编的珍贵文献排架陈列在第一个书架上，其中有20多册家谱资料，中图法分编的K810.2家谱资料与K820.9家谱资料因为中间有其他图书所以分放在一架的两面。鉴于读者集中专题阅览的需求，工作人员将室内所有的家谱资料汇集到了一个架面上，架标直接标识家谱专题，排架按照科图法及中图法两种方式正常排架。傅山专题、阎锡山专题、考古专题、村志专题同样采用了家谱专题的排架方式，并就近将五个专题文献集中到最后四个书架中，工作探索中最大限度地减免读者使用不便。专题的增设将据省馆馆藏及读者使用需求，在实际工作中继续探索。

在专题化固定架面、固定标识的基础上，进行了专题化推介：以传统节假日及世界读书日等为契机，利用室内小展架举办了专题推介展览，加大专题化工作宣传。已举办“山西民俗文化书展”“书和远方——山西旅游文化书展”“马力捐赠戏曲图书展”“迎国庆中秋　赏晋善晋美——山西非物质文化遗产图书展”“走近傅山——傅山专题图书展”“山西历史文化溯源——山西考古文献展”“丰厚多姿　大美三晋——山西艺术类图书选展”“阅山河岁月　读家国乡情——山西省图书馆特色地方文献选展”“成葆德个人捐赠图书展”等展览。

2.3 专题化整理、研究

山西省图书馆已对专题文献进行初步整理。工作实际中，读者查找利用家谱的习惯主要是同一姓氏家谱的查阅，按照科图、中图法排架，仍无法解决同一姓氏集中的问题；查阅家谱的读者老者较多。据此，工作人员从读者需求出发探索，编制了《地方文献家谱目录及提要》（已完成100册），编制了Excel和Word两种格式的表格。Excel表格包括序号、册数、书名、索书号、姓氏、著者、出版社、出版时间、内容提要、附注等项，便于检索及后期数据库建设。Word表格提取书名、索书号、姓氏、著者、出版社、出版时间、内容提要、重要线索等内容，最后将同一姓氏的家谱文献信息汇集到一处，为读者阅览提供最大便利。在此基础上，可编著《山西省图书馆藏地方文献家谱目录及提要》工具书一册，实现读者使用、馆际交流共享、文献传承等多元目的。

另外，编制出了《馆藏地方志目录》《馆藏三晋石刻目录》。

专题化工作处于探索阶段，专题化研究刚刚起步，发布了山西旅游文献专题研究通知，力求加强学术研究，根据现有文献，针对旅游文献专题进行研究，从目录、文献、内容等多方面开展，推动地方文献专题化研究工作。

3 山西省图书馆地方文献专题化工作思考

提升服务水平，提供深层次、高质量、精准化服务是公共图书馆特别是省级图书馆长远发展的必然要求。地方文献专题化工作是一项长期的文化工作。工作探索初期会遇到各种问题，针对实际工作中遇到的困难，笔者大致从文献标引、文献陈列、文献整理、文献研究等几个方面做了思考与整理。

3.1 专题文献标引

山西省图书馆文献专题化工作目前只是将几个专题的文献陈列在了一个架面上，架标上标识了专题内容。而使用文献的读者既有专题研究型读者，也有参观阅览的普通读者，读者量增多时，专题文献准确归位较难实现，给图书管理员排架整架带来了很多不便。同时，也给检索到索书号对应找书的读者带来了不便。随着专题的增多及专题内文献的增多，专题文献标引工作亟待开展。需要用一定的检索标识揭示出专题文献内容特征，给查找文献的用户更多有用线索，从而使用户在大量的文献中全面、准确、迅速地查到特定文献。

专题文献标引可将分类标引和主题标引结合起来，在图书集群管理系统3RD Auto System Interlib中机读目录格式主题分析板块增加一条专题内容标引。同时将此条增加为一个检索点。这样读者便可以精准地找到这本专题文献。

3.2 专题文献陈列——排架

系统中文献标引极大地方便了检索需求。接下来还需要增加专题文献标识，便于专题文献的准确阅览和归位。专题文献标识需要符合标准化相关规定。

在专题文献的集中整理排架过程中，可能遇到同一种文献根据读者需求属于两个专题的情况，现实中馆藏副本量有多有少，鉴于此，可以考虑在机读目录格式中主题分析板块增加相应条的专题内容标引，同时增加相应的检索点。文献标识可以根据标识标准考虑多个专题内容标识。副本量足，各个专题下都可以满足需求排架陈列。副本量不足、只有一本等情况时文献排架陈列在读者阅览较多的架面，并在机读目录格式中增加一条附注说明即可。这样只需要检索对应专题，也就可以看到文献了。

专题内文献依据原有分类号进行排架、整架。

3.3　专题文献整理

文献检索、标识等读者基础需求满足之后，专题文献的整理就很有意义了。可多举措开发文献资源。专题文献数据库既是大开放环境下保护珍贵文献的需求，更是共享理念下广大读者的需求。可分专题对文献进行加工，提供二次文献、三次文献，提供专业的专题服务和跟踪服务。编纂专题目录提要、专题文献索引、专题文献综述等工具书，实现读者使用、馆际交流共享、文献传承等多元目的。

3.4　专题文献研究

公共图书馆的地方文献工作既要为地方文化建设提供服务，同时需要参与其中，图书馆事业本身就是文化事业的一部分，促进一地精神文明建设的重要力量。

专题文献研究基于专题文献整理，是提升馆员素养的重要途径，同时是图书馆自身发展的要求。馆员专业素质及学习素养的提升是图书馆软实力提升的必备条件。加强专题文献研究，现实中需要相关专家学者的引领、支持。可以与社会相关部门、组织合作参与相关研究项目，共享研究成果。需要加强学习培训，结合工作人员专业特长多角度、深化、细化研究。搭建平台及时展示研究成果，多方交流，出版地方文献特色丛刊、相关研究论文集等。建立相关机制，激励研究工作常态化推进。

无论是专题文献标引、专题文献检索、专题文献整理还是相关研究，都不会一蹴而就，这是一个长期的探索过程，是一项大工程。需要人力、物力、财力、技术等多方面的有力支持。而为读者提供精准化、个性化的服务是未来图书馆业务以人为本的发展要求，这项工作很有必要、意义深远。

参考文献：

[1] 卢渝，聂元龙.山西文化资源地图[M].太原：山西教育出版社，2010：总序.

[2] 郑守来，黄泽岭.迁民姓氏寻源：山西·洪洞·大槐树[M].北京：石油工业出版社，1999：前言.

《公共图书馆法》对地方文献工作的指导与保障
——以河北省图书馆为例

张楠　冉华（河北省图书馆）

习近平总书记在十九大报告中指出："没有高度的文化自信，没有文化的繁荣兴盛，就没有中华民族伟大复兴。"十九大后出台第一部文化方面的法律——《中华人民共和国公共图书馆法》（以下简称《公共图书馆法》），是我国图书馆领域法制化成果的集中体现，对公共文化事业繁荣兴盛有着显著的推动作用[1]。《公共图书馆法》明确了公共图书馆传承人类文明、保障公民文化权益、提高社会文明程度的功能和责任，各级公共图书馆应该以法律为遵循，为推动和引导全民阅读做好服务。

《公共图书馆法》在第二十四条中，对地方文献工作做出了相关规定，指出"政府设立的公共图书馆还应当系统收集地方文献信息，保存和传承地方文化"，要求"文献信息的收集应当遵守有关法律、行政法规的规定"。《公共图书馆法》出台，将地方文献的工作内容和原则转化为法律规定，在文献征集开发利用、读者活动、阅读推广等方面，确保提供更优质的内容和服务。

1　地方文献的概念和工作内容

1.1　地方文献的概念

"文献"一词最早出现在《论语·八佾》："子曰：'夏礼吾能言之，杞不足征也；殷礼吾能言之，宋不足征也。文献不足故也。'"汉、宋学者解释"文"为典籍，"献"为贤人的言论。"文献"一词也是从古到今流传下来的名词。而"地方文献"，则是记录有关于某一地区历史、文化、政治、经济、教育、风俗等所有知识的一切载体，包括地方出版物、地方史料、地方人士著述等文献资料。通常看来，地方文献具有地域特色鲜明性、史料丰富性、内容广泛性、载体多样性等特点[2]，有着保存历史、鉴古通今的作用[3]。地方文献作为公共图书馆馆藏资源的重要组成部分，是研究和了解某一地区的珍贵资料。系统地收集和保存地方文献是公共图书馆的重要任务。

1.2 公共图书馆的地方文献工作

《公共图书馆法》第二条第一款规定："本法所称公共图书馆，是指向社会公众免费开放，收集、整理、保存文献信息并提供查询、借阅及相关服务，开展社会教育的公共文化设施。"作为公共文化服务设施之一的公共图书馆，是由各级政府管理、资助和支持，免费为社会公众提供文献查询借阅、阅览自习等场地、讲座及展览培训等各种服务项目的机构。地方文献是一个地区独具特色的文献资源，是承载地方文化的重要载体，对地方文化起着保护、记录和传承的作用。地方文献工作是指图书馆开展地方文献资源的征集、收藏、开发、利用和服务的各项活动。

近年来，地方文献在地方政治、经济、文化与社会发展中体现出较高的开发利用价值，越来越多的人意识到保存这一资源的重要性，因此地方文献工作也受到各级公共图书馆的重视。收集和保存好地方文献，是各级公共图书馆的神圣职责；开发和利用好地方文献，积极开展特色文献资源服务，也是图书馆员的光荣使命。做好地方文献工作，是地方经济建设和社会发展对公共图书馆的基本要求[4]。

《公共图书馆法》第二条第二款规定的文献信息，内容包括图书报刊、音像制品、缩微制品、数字资源等。随着数字化和网络化的普及，地方文献出版的形式之多、范围之广也是前所未有：包括图书、报纸、杂志、图片、影片、照片、唱片、拓片、手稿等各种载体形式的文献。地方文献的征集范围也由印刷品扩展到数字资源和多媒体资源，而征集渠道也相应变得多元化，除了传统的征集方式外，还有地方文献数字资源的采购和制作，对地方政府和媒体网站资源的下载保存，开展项目制作与研发，利用微信、微博、网站等多媒体形式进行宣传征集，等等。

《公共图书馆法》出台，专门对公共图书馆的地方文献工作做出了相关规定，以法律为准绳、由政策做依据，推动地方文献建设的法律化制度化，确保地方文献工作规范有序开展。十九大报告指出："文化是一个国家、一个民族的灵魂。文化兴国运兴，文化强民族强。"公共图书馆通过向社会公众提供各种服务来传播文明、传承文化，这是公共图书馆的基本功能和社会责任；开展地方文献建设和服务，对传承发展中华优秀传统文化，继承革命文化，发展社会主义先进文化，建设社会主义文化强国具有重要意义。

2 《公共图书馆法》关于地方文献收集的规定和指导

2.1 法条规定地方文献收集内容

《公共图书馆法》第二十四条第一款专门对地方文献收集做出了规定："公共图书

馆应当根据办馆宗旨和服务对象的需求，广泛收集文献信息；政府设立的公共图书馆还应当系统收集地方文献信息，保存和传承地方文化。”本条是关于公共图书馆文献收集要求的规定。公共图书馆最重要的功能之一就是收集各种文献信息，同时，收集文献信息也是保存文献信息、开展查询和借阅服务的基础。文献资源的收集关乎一个图书馆是否正常运行，只有具备广泛的文献资源，才能更好地发挥公共图书馆的其他功能。本条款对公共图书馆依法广泛收集文献信息做出了相关规定，并着重指出“政府设立的公共图书馆还应当系统收集地方文献信息，保存和传承地方文化”。

地方文献是公共图书馆文献构成的重要组成部分，是体现本馆特色的馆藏资源。地方文献总体反映某个地区的社会、政治、经济、文化、生态等方面的发展状况，记载当地的历史，是研究该地区的重要史料。因此，收集地方文献是各级公共图书馆的重要工作，以法律条文形式规定公共图书馆除收集一般文献外，还应系统收集各种地方文献信息，保存和传承地方文化。

《公共图书馆法》又在第二十四条第二款做出规定：“文献信息的收集应当遵守有关法律、行政法规的规定。”因此，各级公共图书馆在收集地方文献的过程中，必须参照有关知识产权保护的法律、出版管理法律、行政法规等相关规定执行。对那些属于文物、档案或者国家秘密的地方文献，收集过程中遵守相应的文物保护、档案管理、保守国家秘密等法律规定。

2.2　法条规定地方文献捐赠内容

《公共图书馆法》第六条规定：“国家鼓励公民、法人和其他组织依法向公共图书馆捐赠，并依法给予税收优惠。境外自然人、法人和其他组织可以依照有关法律、行政法规的规定，通过捐赠方式参与境内公共图书馆建设。”本条是关于公共图书馆捐赠的规定，在地方文献征集工作中普遍遇到。关于“捐赠”的概念，在《中华人民共和国慈善法》《中华人民共和国公益事业捐赠法》中都曾做出解释：出于公益事业的目的，赠与人将自己的财产无偿给予受赠人，受赠人表示接受。地方文献征集工作属于公共图书馆事业范畴，具备捐赠的公益性目的；同时，捐赠本身有自愿和无偿的特征，受到国家法律鼓励和政策优惠。

《公共图书馆法》第二十条第一款规定：“公共图书馆可以以捐赠者姓名、名称命名文献信息专藏或者专题活动。”本条款是关于公共图书馆以捐赠者命名的规定。捐赠是社会力量支持图书馆发展的重要形式，公民、法人和社会组织通常以捐赠资金、设施、文献等资源来参与公共图书馆的建设。公共图书馆许多有较高收藏价值和研究价值的文献往往都是通过捐赠的方式获得，如名人手稿、名家批校本、红色历史文献等。

《公共图书馆法》在第六条“鼓励捐赠”的基础之上，又进一步提出为捐赠者命名文献信息专藏或专题活动，借此对捐赠者进行肯定与嘉奖。这种荣誉奖励的形式，也是对潜在捐赠者的鼓舞和支持，促使更多力量加入到公共图书馆建设发展中来。

本条第三款还强调：“以捐赠者姓名、名称命名应当遵守有关法律、行政法规的规定，符合国家利益和社会公众利益，遵循公序良俗。”图书馆以捐赠者姓名命名地方文献专藏或者专题活动时，必须遵循《民法》《公益事业捐赠法》等相关法律，还应符合国家和人民的利益，不得违背社会道德和公序良俗，比如在命名过程中不能带有封建迷信色彩、不尊重民族宗教习惯、对公众造成误解欺骗等。

2.3 河北省图书馆的地方文献馆藏

河北省图书馆在地方文献工作中坚持以公益、均等为原则，致力于为社会公众提供广泛的文化信息服务，为河北省政府机关、企事业单位以及集体和个人保存和收藏有关文献。从1995年开始，在社会各界和政府相关部门支持下，已经征集有关河北地区各领域的资料数万册。这些资料的收藏，为燕赵大地留下了珍贵史料，对河北政治、经济、文化等各领域研究有重要的参考价值。近年来，更是收到许多有识之士的慷慨捐赠，其中包括政府领导、各领域学者、文化名人，也有许多是社会大众。经过长期努力，地方文献收藏数量喜人，逐步形成了具有河北特色的馆藏资源体系。

2.3.1 地方志专藏

地方志书是记述特定时空内一个方面或各个方面情况的资料性文献。河北省图书馆收藏的地方志不仅包括综合性志书和专门性志书，还包括古旧志书和新编志书，现存正式出版的省、市、县志数量有六百余种，并在继续采购中；除此以外还有部分村志、学校志、企业志等非正式出版物。

2.3.2 政府公开信息专藏

《中华人民共和国政府信息公开条例》第十六条规定：“各级人民政府应当在国家档案馆、公共图书馆设置政府信息查阅场所，并配备相应的设施、设备，为公民、法人或者其他组织获取政府信息提供便利。”从2008年该《条例》公布实施起，河北省图书馆就开始了政府信息公开服务工作，建立相关信息接收、入藏制度，整理入藏政府公开信息纸质版与电子版，并整合网上的政府公开资源供读者查阅。目前此专藏已收录河北省近50个厅局的公开信息。

2.3.3 河北作家专藏

这是专门收集河北作家赠书签名本的专藏。近年来，河北省图书馆以文化沙龙为依托，通过举办诗歌朗诵会、作品分享会、展览讲座等多种活动，收集到河北作家捐赠的签名本两千余册，其中有中国作家协会主席铁凝的《铁凝文集》、河北省作家协会主席关仁山的《关仁山文集》、河北省作家协会副主席郁葱的《抗战诗篇》等，此外还有各领域学者、文化名人、社会大众向我馆捐赠作品。

2.3.4　年鉴、地方史料、人物资料、家谱等

这些记载某地区文化、人物、历史图集的学术史料，一方面其本身是重要的地方文献，另一方面还起到检索地方文献的工具书的作用。内容涉及该地区发展中出现的重大事件、重要人物、重要机构等方方面面，有着巨大的学术价值。近年来河北省图书馆加大了对家谱、族谱的收集力度，这些文献共同构成了丰富的地方档案资料。

3　公共图书馆法对地方文献阅读推广的指导

3.1　法条关于地方文献的阅读推广

《公共图书馆法》第三十六条规定："公共图书馆应当通过开展阅读指导、读书交流、演讲诵读、图书互换共享等活动，推广全民阅读。"本条是关于公共图书馆开展全民阅读的规定。近年来，我国民众阅读量不断呈上升趋势，但由于缺乏有效的阅读指导，同时图书馆资源的配置不平衡不充分，导致我们的阅读率与发达国家相比有一定距离。公共图书馆通过开展阅读指导、读书交流、演讲诵读等读者活动，可以更好地推动全民阅读。

这一规定对于地方文献的阅读推广来说同样适用。从事地方文献工作的馆员，可以向读者推荐合适的文献资料，开展有效的阅读方法指导等，让读者进一步提高兴趣和能力；还可以通过开展读书会、演讲朗诵会、展览讲座等活动，让读者增加彼此交流、分享心得体会，从而获取更多优质资源，提高阅读的深度和广度。上述方式也是开展地方文献阅读推广的有效途径。

3.2　河北省图书馆地方文献阅读推广活动

3.2.1　创新活动内容，提供多种服务

围绕《公共图书馆法》提出的"通过开展阅读指导、读书交流、演讲诵读、图书互换共享等活动，推广全民阅读"，河北省图书馆在地方文献工作中创新活动形式，努力为读者提供丰富多样的文化服务。除了传统的文献查阅服务以外，还广泛开展文化沙龙活动、诗歌朗诵会、各种展览和赠书活动，并通过微信公众号和网站扩大影响和宣传。2017年，通过举办5场赠书活动征集到《河北宗教史》《深泽王氏家谱》《固安

古志汇编》等珍贵史料；举办了4场影响广泛的诗歌朗诵会，姚喜双教授、诗人舒婷、朗诵艺术家殷之光等文艺界名人受邀与读者面对面交流；利用各种馆藏资源开设“河北作家签名本展”“河北作家手稿展”等展览；通过河北省图书馆微信公众号和网站发布多篇《地方文献征集函》，以多种形式对赠书活动进行宣传，扩大了活动影响力，并接到许多赠书意向。

事实证明，多样化的服务形式对于宣传和提升图书馆的影响力、服务和传承地方文化具有重要意义。

3.2.2　开发地方文献，传承地方文化

地方文献是记录地方文化的重要载体，公共图书馆不断加大对地方文献深层次的开发利用，更好地保护和传承地方文化。河北省图书馆通过开展关于“河北记忆”项目制作、建设地方文献特色资源库等活动，整理和挖掘地方文献。

1.“河北记忆”项目

图书馆的基本功能是保存社会记忆、传播人类知识，其中保存社会记忆是首要功能。图书馆保存人类记忆的文本形式包括手稿、印刷品、口述资料、影像资料等[5]。“口述历史”，就是将储存在当事人或知情人记忆中的各个时期、各个历史事件、自己或他人的各种经历，用口头表达的方式，采取记录、录音、录像等手段，经过整理形成文字或录音、录像等新的资料[6]。近年来，“口述历史”在图书馆界得到普遍开展，通过对重要事件和重要人物“口述历史”的采访、挖掘、录制，用语言记录地方文化，开发和保存社会记忆。

为真实记录河北近百年的发展历史，为燕赵大地留存一份真实、生动的档案资料，河北省图书馆面向社会启动了《河北记忆》口述文献征集活动。通过采访河北省各行业有价值的人物，以音频和视频文献来记录时代，形成专题文献资源，记录时代，留存史料。2016年，河北省图书馆征集采访到9位相关人物，录制音视频文件，保存了关于河北历史、文化、农林等领域的记忆。2017年，又策划实施了“河北文艺名家”口述史专题，选择对社会有卓越贡献和影响力的文艺界领军人物8人，通过项目外包形式对其进行采访录制，记录这些文艺名家的创新和成就，形成地方文献资源的重要组成部分。

口述历史在复原历史方面具有其他文献无法替代的价值，“还是图书馆构建‘人无我有’特色资源的极佳途径[7]”。同时，“口述历史”项目也是图书馆从收集文献到创造文献的重要转型。

2.地方文献特色资源库

地方文献建设可以由传统意义的地方文献资源库升级到特色资源库建设上。图书馆的地方文献特色资源建设可以按照主题或者事件来形成相关的知识资源库，每一个知识库就是一个特色资源组成。我们可以通过图片、音视频、其他多媒体形式对馆藏文献数字化形成特色资源，还可以建立地方文献书目数据库、多媒体资源库等形式揭示馆藏。

河北省图书馆在网站上设立了特色资源库，制作发布了“河北戏曲”“河北古建筑”“唐山皮影”等9个专题资源数据库。这些数字化的音视频文献与传统纸本文献互为补充，优化资源，提高了图书馆在地方文化传承中的作用，共同向社会公众提供有效的文化服务。

4 总结

地方文献是记载和传承地方文化的重要载体，公共图书馆通过征集、保存、挖掘地方文献，服务社会建设、促进文化繁荣。《公共图书馆法》为图书馆工作做出了立法规范，也为地方文献工作的开展提供了有益指导。不过法律落地过程中还需具体细则来完善实施，在依法服务过程中有相应的监管措施，从而保障地方文献工作的法律化、制度化，同时得到地方政府的关注和支持，彰显《公共图书馆法》对地方文献工作的保障作用，这也是公共图书馆地方文献工作得以有效开展的根本保证。

参考文献：

[1] 吴钢.我国图书馆法制化建设的突破与未来路径——《中华人民共和国公共图书馆法》颁布之际的思考［J］.图书馆建设，2018（1）：30-36.

[2] 张勇，伍艺，杨敏.地方文献研究基本理论问题的再认识［J］.图书馆，2007（6）：35-39.

[3] 邹华享.中国公共图书馆地方文献工作概述［J］.图书馆，1998（6）：5-10.

[4] 周铭蓉.法制保障在公共图书馆地方文献工作中的作用［J］.图书馆，2014（5）：92-94.

[5] 王子舟，张晓芳.图书馆记忆功能的衰退与修复——2017年国家图书馆中国记忆项目培训班讲座整理稿［J］.高校图书馆工作，2018（1）：16-24.

[6] 杨立文.口述历史刍议［J］.纵横，2002（8）：1.

[7] 陈俊华.“创造史料”的图书馆——口述历史在地方文献工作中的应用［J］.工作研究，2007（5）：130-133.

公共图书馆特色馆藏资源建设研究
——以山东省各地市公共图书馆为例

王素华（菏泽市图书馆）

特色馆藏资源是一所公共图书馆最鲜明的文化标志。地方文献作为当前公共图书馆特色馆藏资源建设的重点内容，也是公共图书馆特色馆藏资源建设的主体内容。我国著名图书馆学家杜定友先生曾说：地方文献“读之发人深省，使祖述先贤、爱护乡邦之念油然而生。其影响于一国之文化至深至巨也”[1]。“各地方的图书馆，对于保存地方文献，尤为专有之责。”[2]互联网和大数据技术为公共图书馆的特色馆藏资源数据库建设提供了必要的技术支持。建设特色馆藏资源数据库既可以为读者提供高效快捷的信息资源保障服务，又能通过网络传输特色化信息资源，推动资源共享与图书文化事业的发展[3]。总的来说，当前地级市公共图书馆不仅肩负着保存文化遗产、培养人才、服务社会的基本职能，而且还承担着推广和传承地方特色文化、延续地方文脉的重要使命。

1　公共图书馆特色馆藏资源建设的重要性

公共图书馆在满足各类读者的基本阅读需求之外，还需要充分挖掘地方特色文化资源，不断建立和完善特色馆藏，对其进行深入挖掘以建立相应的资源体系，这不仅能为相关专业人士的研究工作提供方便，更能够为地方特色文化的广泛普及提供便利。与此同时，还能够最大限度地完善本馆现有馆藏资源体系，凸显区域性公共图书馆的独特价值，打造核心文化竞争力，以更好地实现区域特色文化的传承，形成自身独特的价值。

1.1　特色馆藏资源的内容范围

关于地方文献的范围，林岫和王炜在《我国图书馆地方文献研究综述》中指出当前基本有两种看法：一是广义的地方文献，包括地方史料、地方人士著述和地方出版物。二是狭义的地方文献，即以文献资料内容是否记载地方情况为衡量地方文献的基本标准。地方人士著述、地方出版物和地方文献是两个局部交叉的不同概念，其主要内容与本地方无涉者，一般不应收入[4]。

特色馆藏资源是一所公共图书馆区别于其他馆的重要馆藏指标，是一个区域性公共图书馆得以长期立足的重要资源基础。特色馆藏资源的内容因地域差异、文化差异等各种因素而千差万别。不少图书馆立足本地文化资源，着重开发富有本地特色的馆藏资源，把地方史料、地方史、大事记、地方统计年鉴、地方风情录、地方出版物等作为收集的目标。概而言之，特色馆藏资源的挖掘和确定需要结合本区域的历史和文化特点。随着数字技术和网络技术的不断发展，特色馆藏资源类型也日益丰富。从资源载体类型来区分，主要有两大类资源类型：实体资源和虚拟资源。实体资源主要包括地方文献书籍资料，地方特色书法、绘画作品，体现地方特色历史文化的工艺品等实体物质资源；虚拟资源包括影音视频资料、传统技艺（包括手工艺、曲艺和农艺等）等非实体资源。作为特色馆藏资源的主体内容——地方文献，主要是指当地的政治、文化、经济、历史、地理、人物资料及出版物等，是人们认识某一地域的参考资料，展现着地域的社会发展和时代变迁。地方文献可以为研究地方文化提供有力支撑，服务于地方经济，为地方决策提供重要依据[5]。

1.2 特色馆藏资源建设的重要性

自2011年公共图书馆免费开放以来，全国各地公共图书馆开始出现在公众视域里。公共图书馆注重收集、存储海量的信息资源，搭建覆盖面广、全天候的文化服务网络，开展丰富多彩的服务活动，为广大市民提供均等的信息知识服务，进而提升普通公众的科学文化素养，保障普通市民的基本文化权益，为区域经济和社会发展提供全方位的智力支持。在此基础上，通过推出各类特色馆藏资源专项建设项目，努力完善和凸显地方特色，提高建设水平，在地市级图书馆中起到标杆作用，在全国图书馆界打造较广泛的知名度和较高的美誉度，这是当前众多公共图书馆的发展目标和远景。由此可见特色馆藏资源建设在公共图书馆发展中有着至关重要的地位。

1.2.1 特色馆藏资源是形成一所公共图书馆核心价值的基础因素

对于特色馆藏资源，不少公共图书馆和各地方高校图书馆都做出过有益的尝试。如广州市图书馆倾力打造的“广州人文馆”，充分展示当地特色文化，显示了这所公共图书馆所具备的独特的人文魅力。特色馆藏资源专项建设对于实现公共图书馆作为知识信息的集散地、市民终身教育的学校、地方文献的宝库、地区图书馆的中枢、高雅的文化休闲场所的功能至关重要。

1.2.2 特色馆藏资源建设是增强馆际竞争能力的必要途径

公共图书馆不仅具备免费、开放、包容等共有特征，借助数字技术和网络技术的融合发展，公共图书馆的馆际合作日趋便捷，这为读者提供了更加多元的服务选择，与此同时也加剧了公共图书馆之间的竞争。毋庸置疑，大型图书馆凭借其自身资金、资源及服务等各种优势，处于馆际合作与馆际竞争的优势地位，而区域性中小图书馆只有凭借自身的地域优势和读者接近性，开展基于本地文化资源的特色资源服务，才能在馆际合作和竞争中占有一席之地，打造核心竞争力，形成自身文化服务品牌。

1.2.3 特色馆藏资源建设是满足读者日益丰富多元文化需求的必然选择

随着科技文化发展的长足进步，普通市民的文化水平也日益提高，他们往往不能满足于普通文献借阅和文化活动的日常参与，不少读者由于长期的文化积累，在某些地域文化领域具备一定的专业素养，他们往往更关注有着极强地域文化特色的文化资源。当前一些地方图书馆的特色馆藏资源并不能满足这类读者群体的文化需求。尤其是一些新建图书馆在特色馆藏资源建设方面尚没有切实可行的建设方案，相关工作也处于起步阶段。尽快制定特色馆藏资源专项规划，加强特色馆藏资源的收集与整理，是此类图书馆当前发展不容忽视的关键问题。

2 山东省各地市公共图书馆特色馆藏资源数据库建设现状

山东省不仅是儒家文化的发源地，也有着悠久的山海文化。泰山碑刻、济南泉水、半岛海洋等传统文化资源构成了公共图书馆特色馆藏资源建设的文化基础，沂蒙精神、胶东红色文献等为地方特色馆藏资源建设注入了新鲜血液。笔者于2018年6、7月间以网络检索、电话咨询等方式对山东省各地市主要公共图书馆的特色资源建设状况进行了调查。

2.1 调查的基本情况

山东17地市公共图书馆目前基本都已建立各具特色的馆藏资源数据库，根据网站调查显示如表1。

表1 山东省各地市公共图书馆特色馆藏资源数据库调查表

馆名	特色馆藏资源		
	数据库个数	数据库名称	备注
德州市图书馆	4	德州地方志、德州地方报纸、影像德州、看展览数字平台	
临沂市图书馆	6	抗日战争遗址数据库、文化惠民数字平台、地方传真、媒体报道、活动报道、在线展览	

续表

馆名	特色馆藏资源		
	数据库个数	数据库名称	备注
青岛市图书馆	10	涉海文献信息库、中共青岛党史、青岛旧影、青岛地方特色古籍数据库、青岛地方戏曲文化、青岛非物质文化遗产、青岛市图书馆民国文献书目数据库等	
威海市图书馆	1	威海市特色资源共享平台	
潍坊市图书馆	11	潍坊市地方志全文数据库、文展新闻报道索引、国际风筝新闻报道索引等	
淄博市图书馆	4	聊斋文化全文数据库（一）（二）、淄博作者作品书目数据库	
东营市图书馆	10	美丽东营视频资料库、黄河口大众文艺讲坛、东营名士、东营非物质文化遗产数据库等	
济宁市图书馆	3	名人文库、济宁文史资料在线阅读、济宁地方文献	
烟台市图书馆	3	胶东红色文献、烟台地方文献数据库、烟台非物质文化遗产数据库	
日照市图书馆	3	日照县志、攀古小庐收藏镜铭、晚清民国字画	
济南市图书馆	22	济南名泉、济南名士、济南特产、济南老街老巷、趵突泉志、金石拓片鉴赏、一代词人李清照、第十届中国艺术节、读书人摄影展等	特色7个、自建7个、专题8个
泰安市图书馆	2	读泰山、泰山文史（网站首页专栏，包括周郢读泰山、泰山历史、泰山碑刻等6版块）	
枣庄市图书馆	2	枣庄历史人物志、枣图媒体报道	
菏泽市图书馆	2	自建资源（媒体看菏图、菏泽市图书馆信息）、网上展厅	不区分版块
莱芜市图书馆	2	自建资源（莱芜日报）、展览讲座培训	不区分板块
滨州市图书馆	1	在线展览	
聊城海源阁图书馆	1	古典文献（提供古典文献独立检索）	

2.2 存在的主要问题

通过对山东省各地市公共图书馆特色资源数据库建设现状的调查，可以发现：当前阶段山东省各地市公共图书馆的文化资源整体开发水平不平衡，特色资源建设水平参差不齐。济南市图书馆、青岛市图书馆、潍坊市图书、东营市图书馆等东部地区公共图书馆的特色资源建设水平较高，依托本地地方文化资源建立起了特色比较鲜明的各类数据库。如潍坊市图书馆建立的文展新闻报道索引、国际风筝新闻报道索引和烟台市图书馆的胶东红色文献以及临沂市图书馆的抗日战争遗址数据库等。山东省是文化资源极为丰富的大省，各地均有比较突出的特色文化资源，但当前阶段，各地公共图书馆对本地的地方文献资源开发仍有很大潜力。比如鲁西地区的聊城，运河文化历史悠久，海源阁藏书楼的古籍文化资源更是享誉海内外，但当地图书馆对于这两类特色文化资源的数据库建设尚处起步阶段。而同处鲁西的菏泽市，地处古代中原地区，历史文化悠久，抗日战争和解放战争年代又是重要的前沿阵地，古船文化、水浒文化与当代繁荣的牡丹文化交相辉映，极具典藏和传承的文化价值，对此类文化资源的开发也尚处于起步阶段。当前山东省各级公共图书馆特色资源建设存在的主要问题有以下三个方面。

2.2.1　特色馆藏建设水平参差不齐

从整体上看，市级公共图书馆的地方文献收藏基本上是零散而缺乏系统性的。特色馆藏资源建设不仅依托于本地丰富的文化资源，更有赖于当地文化从业人员长远的发展眼光。不仅如此，资金也是制约公共图书馆特色馆藏资源建设的重要因素。特色馆藏资源建设绝不是追求眼球效应而冠以虚名，徒有其表；也不能华而不实，缺乏内涵与实际价值；更不能鱼龙混杂。

2.2.2　特色资源数据库建设专业化程度较低

特色馆藏资源建设尤其要强调专业化，必须依据资源载体类型因地制宜、差异化探索实施，坚决避免流于形式、品位较低等问题。数据库建设是涉及计算机、网络技术、目录学等多学科、多领域的系统工作。对于部分有价值的古籍文献资源，如何选择最好的版本数字化，同时对不同版本进行比勘校对，整合各版本及相关文献的背景资料，汇聚必要的参考数据，是一项工作量大、技术要求高的浩大工程，也是数据库建设中无法回避的问题。地方政府活动信息、市民捐赠的体现地方文化特色的影音视频资料和流传已久的各种传统技艺等，这些具有一定价值的非传统文献资源都是图书馆需要保存的特色资源。对这类资源的馆藏建设主要通过技术和网络手段来实现。在地方文献数据库中设立代表本地区特色的标志性文化遗产的专题数据库，尤其是传统技艺的完好保存与长久流传发展，都离不开图书馆专项馆藏资源数字化建设规划。以菏泽市图书馆为例，菏泽市特色技艺丰富多彩，东明粮画技艺、成武刻瓷技艺、巨野酿酒技艺以及广泛流传于鲁西地区的民间武术、山东琴书、大弦子戏等曲艺艺术都是菏泽市图书馆特色馆藏资源建设的重要内容，此类特色馆藏资源数字化建设是提高本地特色馆藏建设水平的新路径。

2.2.3 特色资源共享水平较低，利用率较低，馆际合作有待加强

各公共图书馆由于各有其考虑、各有规划，因此在特色资源建设的标准和规范方面难以统一。现阶段不少公共图书馆的特色资源独立成库，有些受本地IP地址限制，现阶段只能实现本地访问。山东省图书馆联合参考咨询平台的咨询内容涉及各馆特色资源的咨询使用率也比较低，馆际合作水平较低，当前特色馆藏资源很难纳入各图书馆整体的文献资源体系之中。

3 优化公共图书馆特色馆藏资源建设的路径

在明确特色馆藏资源的内容范围，以及特色馆藏资源专项建设对于公共图书馆重大意义的前提下，结合各地区的实际情况，组织相关领域的专家在充分调研的基础上制定合理发展规划，是各级公共图书馆发展的当务之急。就区域特色资源的具体形式而言，特色资源馆藏建设的方式可以从以下三方面入手。

3.1 提高特色馆藏资源建设水平

公共图书馆特色馆藏资源专项建设需要资金保证。划拨专项经费为专项馆藏资源建设提供坚实的财政保障，同时要合理规划分配经费，在使用过程中做到严密的财政监督，保证资金使用都准确到位，实现专项建设财务运行透明化。

特色馆藏资源建设思路和主题要清晰明确，不能忽视其内在逻辑性。实体资源的征集是特色馆藏资源建设重要部分。地方文献资源主要通过读者自愿捐赠以及采购等方式获得，这类文献资源的呈现方式主要是通过征集收入馆藏，建设专门数据库和设置专架馆藏，定期开展展览活动实现。

因此，特色馆藏资源建设人员应当立足本地实际，扎实调研，充分论证，甄别区分各类资源的实际价值，突出地方特色。只有不断提高建设人员的文化素养和建设资源的文化品位，才能实现地方文化的长远发展，形成区域性公共图书馆的文化特色和品牌价值。

3.2 加快特色资源的数字化，建设完备的数据库

计算机和网络技术快速发展，各类大数据虚拟资源的重要性日益凸显，这无疑对公共图书的虚拟馆藏资源建设的采集与数据库建设提出了更多挑战。数据库建设是一项开创性的工程，涉及文献数字化、文献标引、计算机操作等技术工作，要做到这些，

首先要精选熟悉相关领域与地方文化的专业人才，其次要广泛咨询业界专家意见，在科学论证的基础上制定合理可行的专项建设规划。

建设地方文献多媒体数据库。地方文献除了印刷型书籍外，还有照片、录音、录像、幻灯片、缩微胶片、光盘等多种类型资料，可利用计算机技术对各种声像资料进行数字化转换、编辑，建成地方文献多媒体数据库，实现网络检索浏览和利用[6]。建设特色数据库比较成熟的如：杭州市图书馆的“石刻造像”数据库，该数据库主要介绍杭州景区的摩崖石刻及石窟造像；“建德乡土建筑与民俗文化”数据库，主要收集展出建德的新叶古村乡土建筑与民俗文化信息；“良渚文化特色数据库”不仅收藏涉及研究良渚文化的论文，同时还有涉及良渚文化的图书，以及大量余杭区范围内的良渚出土器物及遗址的图片资料。此外，济南市图书馆的济南老街老巷、金石拓片鉴赏，青岛市图书馆的青岛旧影等照片资源库，将很多珍贵照片和古籍文物资源集中展示，为公众提供了多元化的欣赏渠道。日照图书馆的“攀古小庐收藏镜铭”则利用了多媒体视频形式来呈现。多媒体数据库的建立既方便了用户，也有利于对非书资料型的地方文献的保护，解决了长期以来这部分资料的使用与保管的矛盾。

3.3 提升特色资源服务水平和利用率

特色馆藏资源建设目的在于更好地为读者服务，为区域文化传承服务。图书馆在广泛宣传本馆特色资源的基础上，可以利用特色资源开展特色服务，如提供特色文献信息查询和传递服务、馆际特色资源互换服务、通过深层次开发提供增值服务等。开展特色服务不仅能够充分发挥特色资源的社会价值，而且能够促进图书馆其他业务的开展，全面提升公共图书馆服务水平。

当前公共图书馆要完成向全社会提供全方位信息服务的重任，实施文献资源共享、提高服务水平才能做到各地市公共图书馆的优势互补。建设各地公共图书馆特色资源共享数据平台，通过大数据、云存储等技术，实现多馆资源共享，可以制定相对宽泛的标准，由各成员馆向同一平台提供各自的地方文献，平台通过对地方文献资源的大数据进行整合，建立联合目录，定期更新，使用户在网上统一检索平台查询到各馆地方文献收集情况和文献内容。特色资源服务平台不仅限于各地市公共图书馆之间合作，也可以与文化馆、博物馆、档案馆等机构合作，实现文化资源的共享服务。除此之外，有赖于政府部门支持，许多地方文献如历史档案、地方志、经济建设和社会发展大数据、各种规划文本、调研报告、会议文件等地方文献信息资源建设的开发和利用的前景广阔，对于本地经济社会发展也具有重要价值。

4 结语

通过对山东省各地市公共图书馆特色馆藏资源建设调查分析可知，公共图书馆特色馆藏资源建设是图书馆服务社会的需要，也是完善公共图书馆文献资源体系的重要工作。而特色资源数据库建设则是网络化、数字化环境发展的大背景下图书馆自身可持续发展的必由之路。系统的、专业的特色馆藏资源建设机制、推介机制，能够推动公共图书馆地方文献工作“在地化”文化服务的持续发展。但当前围绕特色馆藏资源建设及其服务、地方文献检索与利用等主题的研究仍集中于高校图书馆领域。各地市公共图书馆基于地方历史文化积淀而开展的特色文献挖掘、搜集与学术研究还亟待进一步深入，地市级公共图书馆的区域性共建共享模式、开展类型多样的特色馆藏资源宣传活动与嵌入式特色馆藏服务[7]等工作仍有待深入探索。

参考文献：

[1] 杜定友.广东文化与广东文献［N］.文化新闻，1941-12-14.

[2] 同［1］.

[3] 王岚.图书馆特色馆藏资源数据库建设研究［J］.理论建设，2011（6）：106-108.

[4] 林岫，王炜.我国图书馆地方文献研究综述［J］.图书馆学刊，2000（2）：9.

[5] 杨晓红.中小型图书馆纸质文献和特色文献数据库建设［J］.大学图书情报学刊，2008（10）：62-64.

[6] 黄晓斌.地方文献的数字化建设策略［J］.国家图书馆学刊，2009（1）：61.

[7] 陆莉.美国高校图书馆特色馆藏资源推广现状及启示［J］.图书馆学研究，2013（12）：99-100.

《公共图书馆法》视角下现当代地方文献的开发与利用
——以开封地区为例

李杨（开封市图书馆）

1 引言

《中华人民共和国公共图书馆法》（以下简称《公共图书馆法》）的颁布和实施，对于图书馆构建自身特色馆藏体系，提升核心服务能力起到了积极的促进作用。近年来，地方文献作为“一地之百科”的不可替代性得到社会的认可和关注，因为它全面反映了相关地区的自然和人文环境变迁，所以已经成为公共图书馆收集、整理、保存、开发利用的重要特色馆藏资源和重点服务项目。随着文献动态发展和新的技术环境的变革，公共图书馆地方文献的开发和利用工作将面临前所未有的挑战[1]。

2 《公共图书馆法》相关条款解读

《公共图书馆法》[2]于2017年11月4日由第十二届全国人民代表大会常务委员会通过，2018年1月1日起施行，该法具有极强的指导性和可执行性，对推进图书馆事业发展，促进公共图书馆切实提高服务效能将产生深远影响。“公共图书馆应当根据办馆宗旨和服务对象需求，广泛收集文献信息，政府设立的公共图书馆还应当系统收集地方文献信息，保存和传承地方文化”（《公共图书馆法》第二十四条），明确了公共图书馆有收集、整理、保存和传承地方文献的职责，开展该项工作要以本馆的办馆宗旨和用户需求为导向，保证文献收集的广泛性和系统性；“通过采购、接受交存或者捐赠等方式收集文献信息”（《公共图书馆法》第二十五条）指明了收集文献信息的主要方式和途径，并在该法第二十条、二十六条分别就国家鼓励文献捐赠的方式以及出版物呈缴本制度做了进一步完善；在图书馆馆藏文献整理环节，该法指出要“按照国家公布的标准、规范对馆藏文献信息进行整理，建立馆藏文献信息目录，并依法通过其网站或者其他方式向社会公开”（《公共图书馆法》第二十七条）；在开发利用环节，指出要“实现文献信息的共建共享，促进文献信息的有效利用”(《公共图书馆法》第三十条),可以“与档案馆、博物馆、纪念馆等单位相互交换重复件、复制件或者目录,联合举办展览,共同编辑出版有关史料或者进行史料研究”(《公共图书馆法》第三十二条),进一步促进了文献信息的有效利用;在信息资源建设方面,国家明确“支持数字阅读产品的开发和数字资源保存技术研究,推动公共图书馆利用数字化、网络化技术向社会公众提供便捷服务”(《公共图书馆法》第四十条),充分发挥公共图书馆在公共文化服务体系中的重要作用[3]。

3 现当代地方文献开发利用的特点及其必要性

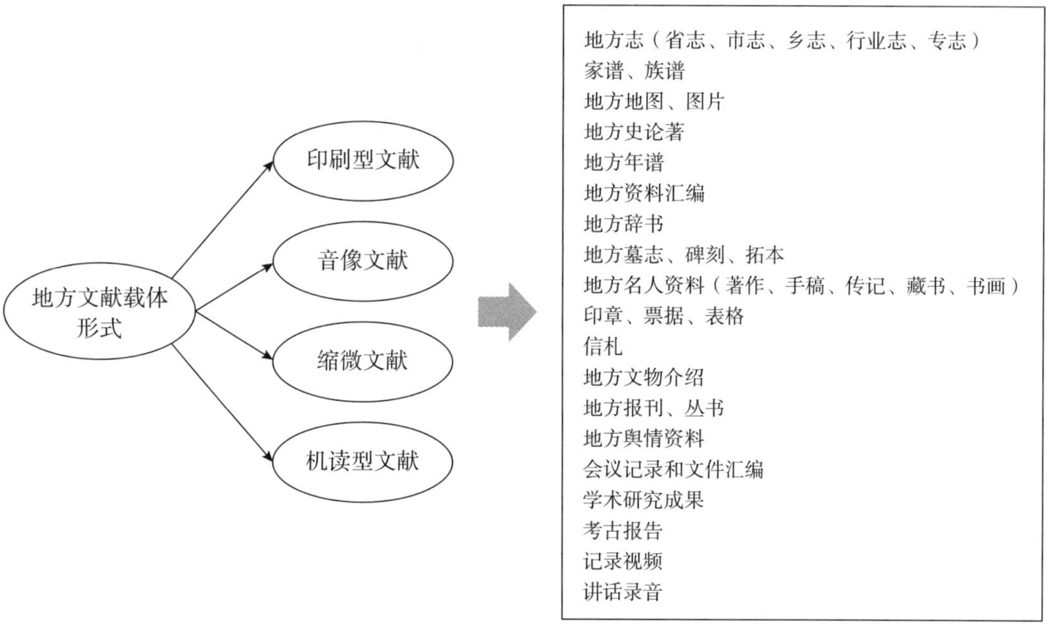

图1 地方文献载体形式

现当代地方文献载体形式呈现多元化趋势(如图1所示),近年来伴随着地方特色文献数字化、网络化形式的大量出现,地方文献的数量和类型、内涵和外延、传播方式和手段都发生了巨大的变化,有必要从现当代社会发展的角度去重新审视文献的特点,并针对新的特点去研究开发[4]。

3.1 现当代地方文献的特点

3.1.1 时代特征鲜明

现当代地方文献不同于民国以及民国以前的文献资料所具备的历史文物性,它是现当代特定时空内的自然、政治、经济、文化、社会发展等方面历史、现状和发展规律的综合反映，具有载体形式多样、内容丰富、地域特色强等时代特色[5]。在《公共图书馆法》的第三条明确要求“公共图书馆应当将推动、引导、服务全民阅读作为重要任务。公共图书馆应当坚持社会主义先进文化前进方向……”，所以现当代地方文献的收集、开发和利用都要紧跟时代发展，用积极有效的方式和方法去满足当前社会需求和发掘引导潜在需求。比如，由于受到当前政治、经济、社会的发展影响，开封市图书馆编撰的《今日开封》《中州民俗》《开封朱仙镇木版年画》《开封饮食文化》《市井拾遗：开封风情》《开封胡同与角巷》等当代地方文献，反映了开封的民风民俗、饮食、民居等变迁，内容结构都有明显的时代痕迹，折射出当代开封的自然、人文和社会环境。

3.1.2 教育性强

现当代地方文献里汇集了本区域丰富的历史人文资源，这些文献信息涵盖了区域内的重要事件、关键人物，其内容翔实可靠，记述具体生动，从中表现出较强的教育性，为人们学习了解本地区优秀文化、经济建设、科研成果提供了便利条件。现当代地方文献的教育实践性主要体现在：爱国主义教育、群众人文素养提升、思想道德建设以及文化传承等众多方面。例如：开封市在当前争创全国文明城市过程中，利用地方文献资源整理和编撰了大量群众读本、画报画册和文创产品，如《开封市“六个一百”先进代表事迹选编》2016、2017，就利用了中国共产党成立95、96周年的契机，连续两年组织编写开封市100名优秀共产党员、100名优秀党务工作者、100个先进基层党组织、100名优秀驻村（社区）第一书记、100名优秀包村（社区）干部、100名优秀村（社区）党组织书记的事迹汇编丛书，以此来弘扬正气，树立标杆，激励广大党员奋发有为。开封市图书馆还积极参与《开封市情概览2018》的编写，提供了重要的馆藏参考文献，该文献简明扼要地介绍开封各个领域的发展变化轨迹，融自然、政治、经济、文化、社会、党建为一体，集历史和现状于一书，以图文并茂的形式，简洁、直观、生动地反映了开封市今年的经济社会各方面的工作情况。开封市文明办编著的《大美开封，文明同行》，集中总结了建设“四个开封”在城市建设和管理中的新鲜经验，反映了开封地区文明创建工作的成绩和心得，是对开封地区创建全国文明城市成果的一次检阅。这些地方文献资料对于培养民众现代文明意识、培育文明和谐的人际关系，营造良好的社会文化环境，提升城市品位上起到了积极的教育作用。

3.1.3 载体形式丰富新颖，生命周期短

现当代地方文献数量呈现爆发式增长态势，其形态更是伴随着行业的细分、社会的发展而变得更加具体、直接、丰富和新颖。开封地区每年都会举办两场国家级文化

节（中国开封菊花文化节和中国开封清明文化节），在此期间会组织百余场文化活动，如：宋词乐舞、讲座、展览、戏曲、文娱体验等，在活动开展的前后都会利用各种载体（专题网站、印刷制品、影音声像等）形式对外宣传推广，同时还会产生相关的内部资料、政府文件、会议纪要、调查报告、策划文案等资料，这些文献资料大多设计精美，推陈出新，从形式和内容上体现了新颖性，从文献的生存周期角度来看，随着活动的结束，其生命周期也就告一段落。

3.2 现当代地方文献开发利用的必要性

首先，现当代地方文献信息是当前人类社会发展的产物，以服务本地经济和社会发展为目的，反映本地区地情的特殊文献。面对浩如烟海的文献资源以及群众对文献具体而多样的需求，公共图书馆科学的开发和利用馆藏文献资源就显得尤为重要。其次，我国快速的经济发展与社会现代化转型滞后的矛盾日益突显，在现当代地方文献的产生和开发利用方面，暴露出一些问题，如丰富的文献信息得不到及时有效的传递，甚至是以“内部资料”的形式封闭在小范围内使用，文献使用范围窄等，这就需要公共图书馆收集、整理、开发这些资源，更好地满足广大群众的需求。最后，现当代地方文献资源的获取手段众多，信息类型存在无序性和分散性[6]，比如网络地方文献存在类型复杂、格式众多、组织松散、资源重复等特点，公共图书馆有必要针对这些现当代文献进行收集整理，使其变成有序的文献集合体，按照统一的著录标准和标引规则对不同来源的同类文献进行有序重组整合，为群众检索和使用搭建共享平台，促进地区经济社会发展。

4 现当代地方文献开发和利用策略

4.1 建立完善的文献征集制度

现当代文献资源伴随着社会发展变得极为丰富和多样，也给文献的征集工作带来了诸多困难，这些文献中必然包含一些我们不了解的新兴领域，不便界定，采用照单全收的方式根本不切实际，所以公共图书馆必须要根据自身馆藏情况建立完善的文献征集制度，在尽可能应收尽收的基础上有所侧重，形成特色馆藏。之前大多数公共馆由于经费、人员、政策法规等因素的制约，使征集缺乏系统性，存在零散破碎的问题，部分馆还存在征集制度不完善的问题，导致征集时效滞后，门类不全，内容零散等情况，不能适应时代要求，无法充分体现地方文献的“资政、励志、存史”的作用[7]。

《公共图书馆法》的实施就是要突破公共图书馆的发展瓶颈，使各项工作更规范，各项制度更完善，通过建立完善的文献征集制度，可以有效地增强文献征集工作的可操作性和规范性。

图书馆在制定和完善本单位征集制度工作中，要明确凡是可以丰富自身特色馆藏的、具备地方属性和历史价值、对未来发展有显著意义的文献都要做到尽量入藏，并在此基础上开发建设特色馆藏。通过构建现代文献征集制度体系，紧跟时代发展的脚步，才能让文献征集制度与时俱进，更全面地汇集当前社会各个领域的文献资源服务人民群众。

4.2 多元合作，促进地方文献开发工作

《公共图书馆法》鼓励社会力量参与图书馆的馆藏文献建设，也倡导馆际间的交流与合作，这是提高地方文献开发利用的有效途径。面对复杂而艰巨的文献开发工作，图书馆加强与其他相关单位合作就变得很有必要了，多元合作就是要进一步扩大合作范围，无论国内、国外、个人还是集体，只要不涉及国家保密的文献信息，都可以通过合作的形式开发利用文献资源，并使其向集约化、专业化、数据网络化方向发展，实现资源共享。《公共图书馆法》第三十二条指出："公共图书馆可以与档案馆、博物馆、纪念馆等单位相互交换重复件、复制件或者目录……共同编辑出版有关史料或者进行史料研究"，就是要求我们通过明晰力量分工、组织结构、权责部门来保证地方文献开发工作的有效、顺利进行。比如：由中共开封市委党史研究室编撰的文献《关怀——党和国家领导人在开封》，就是通过政府牵头，调动相关企事业单位（档案馆、图书馆、博物馆、情报所、高校研究院等）以及其他社会力量，互相配合，分工明确，才得以圆满完成的。该书时间跨越1922年至2016年，集纪实性、资料性和可读性于一体，具有较强的地区史料价值和现实意义。

4.3 加强地方文献工作人员队伍建设

公共图书馆地方文献的人员队伍建设是一项长期、具有战略意义的工作，新时期要求我们的从业人员不但要具备丰富的专业知识和娴熟的业务技能，还要对地方文献所涉及的广泛知识有一定的认识和了解，掌握该区域经济、政治、地理、习俗、科技等相关的知识。随着社会生活向多维方向发展，各种创新性事物层出不穷，现当代的地方文献的生产数量也大量增加，内容目不暇接，要深入开发和利用这些文献资源，人才是最重要的保障，笔者认为地方文献工作人员队伍建设应从以下几个方面进行：

（1）重视知识储备和人才梯队建设，才能确保工作的可持续进步。通过对后备人

才能力和知识的考察培养，适时地创造业务学习机会和条件，采用开设地方文献培训班、专题研讨会等形式，加强继续教育，进行知识扩充，更新补充新的知识。（2）加强文献采集人员的培养，是做好文献开发利用工作的前提。现当代地方文献往往需要采集人员做到深入挖掘、博采广收，他们的能力水平直接影响地方文献的质量、丰富程度和开发效果，因此可以利用人缘、地缘优势，帮助地方文献采集人员及时了解本地区社会发展现状和科研动态，提高他们文献采集的敏感度。（3）提高工作人员的文献深层次加工和研究的水平，是提升地方文献开发利用效果的保障。图书馆直接参与、组织开发文献资源是发展的必然趋势，需要进一步培养研发人员的分析、综合、归纳的能力，并向复合型人才方向培养，以适应工作需要。

4.4 要明晰文献研究方向，重研究强开发

公共图书馆地方文献资源的开发，应当瞄准社会热点，结合读者、用户的需求，设立不同的研究专题，强化研究合力，有的放矢地开展工作。新时期地方文献的研究，要把握好方向和规律，在文献立项开发上立足长远，注重文献信息的市场调研，掌握本地区的政治、经济、文化、教育、科研的现状。在面向用户开展研究开发工作中，既要了解他们的现实需求，又要预测评估潜在和未来需求，有目的地开展文献信息研究和开发，通过对文献进行认真鉴别、筛选、研究、分析、加工、提炼，形成较高水平的二、三次文献，并及时地提供给用户[8]。如开封市图书馆定期编制《宋都文萃》《开封信息资料汇编》等，这些经过深入加工与再创作的文献可以使用户迅速了解信息、运用信息，掌握开封地区经济、文化发展状况，帮助政府做出科学合理的决策和规划，促进地区现代化发展。近二十年的文献开发，开封市图书馆积累了大量的文献资源，通过对这些文献信息进行数字化、增加分类和检索，开发出极具地区特色的数据库，将开封区域宫廷、府衙、宗教、戏曲、书法、民俗、饮食、名人、园林等文化荟聚一体，进一步提升了文献产品附加值，并且利用网络媒体优势，加快了信息检索和传递的速度，扩大了服务范围，提高了利用率。

5 结语

目前，以法律形式引导和促进公共图书馆事业发展已卓有成效，面对新的技术环境变革，公共图书馆如何有深度、有广度、有规模、有特色地开展现当代地方文献开发与利用工作，是当前业界关注的重点。笔者认为，公共图书馆要把现当代地方文献

的开发与用户的需求和本区域经济的发展结合起来，通过多元合作、深入提炼和挖掘地方特色文献资源，拓宽政治、经济、教育、文化、科技的服务领域，这样才能充分发挥出它的潜在价值和作用，巩固公共图书馆在公共文化服务体系中的重要地位。

参考文献：

[1] 陈传夫，陈一.图书馆转型及其风险前瞻[J].中国图书馆学报，2017，43（4）：32-50.

[2] 中华人民共和国公共图书馆法[EB/OL].[2017-12-03].http：//www.npc.gov.n/npc/xinwen/2017-11/04/content_2031427.htm.

[3] 柯平.《公共图书馆法》的时代性和专业性[J].图书馆杂志，2017（2）：7-11.

[4] 刘建.现当代地方文献的特征与人文价值及其开发和利用研究[J].山东图书馆学刊，2018（2）：36-38.

[5] 禹丽.公共图书馆地方文献资源建设的策略研究[J].科技经济导刊，2018（26）：159-161.

[6] 李建文.浅谈高校图书馆核心竞争力[J].内蒙古科技与经济，2017（10）：146，149.

[7] 田晓华.试析地方文献的开发与利用[J].贵图学苑，2017（3）：28-31.

[8] 闫真.对“地方文献”概念的重新审视[J].山西大学学报（哲学社会科学版），2016（11）：131，133.

基层公共图书馆地方文献与特色馆藏融合建设的实践研究
——以江苏省泗阳县为例

张前永（江苏省泗阳县图书馆）
张一川（南京大学信息管理学院）

1　研究概述

1.1　研究背景

近年来，在普遍重视特色资源建设的大背景下，各公共图书馆围绕地方文献的利用与开发，不断地进行着探索和尝试，取得许多新进展、新成果、新经验，大量的图书馆馆藏文献资源得以卸去尘封，重见光明。尽管如此，地方文献工作仍然是许多基层公共图书馆薄弱环节。随着大众化文献资源的日趋丰富与普及、加速迭代与不断更新，地方文献以其独具的内涵和特质，正逐步为各个公共图书馆重视和关注，以地方文献资源为依托的特色馆藏建设工作，已成为公共图书馆特色服务的一个重要方面[1]。

1.2　地方文献的内涵

1.2.1　地方文献

文献是记录有知识的一切载体[2]。内容上。地方文献指记录有某一地方知识的一切载体，它是了解与研究地方历史与现状的重要文献依据，是反映特定区域内自然环境与社会环境沿革、发展和现状的历史资料和现实资料的总和[3]。

地方文献所涉及的范围与方志所涵盖的内容存在诸多共性，内容及载体形式如表1所示：

表1　地方文献的收集范围

序　号	内容及范围	载体形式
1	自然现象和社会现象	志书、手册、年鉴、报纸等
2	党政、群团组织材料	会议文件、公报、法规汇编、讲话稿等
3	研究资料	调查报告、游记等

续表

序　号	内容及范围	载体形式
4	历史性文献	通史、革命史、党史、文史等
5	地理、建置沿革资料	地图集、地形地貌图等

1.2.2　特色馆藏

所谓特色馆藏通常是指图书馆在长期发展过程中，围绕一定主题、领域，经过不断地积累和完善，而形成的不同于他馆，具有一定规模，结构完整、品种齐全、优势明显的馆藏文献资源集合。特色馆藏资源的服务对象通常为某类型特定读者群[4]。

2　基层图书馆地方文献工作思路

泗阳县位于江苏省北部。公元前113年，西汉王朝在此设立泗水国。虽然有着2000年的文化积淀，但由于历史上屡遭战乱侵蚀，饱经动荡与变革，得以流传下来的文献史料典籍并不丰厚。泗阳县图书馆成立于1956年，虽然成立时间比较早，但由于意识淡薄积累不足，图书馆缺少具有代表性的地方性历史文献典籍，虽然馆史较长，地方文献工作没有特色、乏善可陈。虽不能完全归咎于图书馆的不作为，更不能因此得出地方文献的存世不足的推断。事实也是如此，在地方文献资源建设过程中，图书馆通过调查发现，地方文献广泛地散存于民间，亟待进行系统的收集、挖掘。2003年，图书馆制定了《泗阳县地方文献搜集方案》，图书馆的地方文献工作从此变得“有的放矢”，步入“有为时代”。

2.1　地方文献资源建设路径

2.1.1　清核清检馆藏

长期以来，图书馆的地方文献工作虽然未曾停止，但也没有获得特别重视和关注。资源的收集、入藏处于放任自流、随意无序的状态。受馆舍面积及设备条件所限，多数文献资源没有得到妥善保管，受潮霉变、虫蛀破坏现象严重，导致品相变差甚至面目全非。2006年图书馆启动馆藏清核工作，利用近一年时间，对馆藏的所有地方文献进行全面清理、登记，对破、残、污、损的文献予以抢救性修复，挽救了一批濒临损毁的有价值文献。

2.1.2 确定收藏范围

图书馆所在地域历史文化背景的迥异，影响并决定着图书馆地方文献的品种、品质和总量的不同。在我国，基层图书馆处于整个公共图书馆结构体系中的最底层，不管图书馆建馆历史多么悠久，所在地区的文化底蕴多么深厚，受民众文化传承习惯和文献意识的影响，基层公共图书馆地方文献的藏有量和社会拥有量都是有限的。如果一味地窠臼于地方文献的定义标准去对待和筛选文献资源，大部分基层公共图书馆的地方文献工作将难以开展，更难有起色。

鉴于此，图书馆调整了地方文献的收集思路。对于地方文献，只要记录有地方知识的不论载体形式和出版方式，都在收集之列。时间上从古至今，包容古今、详今略古；地理空间，以现行的行政区划为准，结合不同时期的行政区域，对地理空间范围适应性调整，以防割断历史；载体形式上，包括史籍、方志、年鉴、报、刊、个人著作和论文等出版资料，谱牒、政府出版物；征集对象上，包括本地区或曾在本地区活动过的有较大影响、较高知名度人士及本地籍在外工作的人士；征集内容上，不仅包括个人著作、著述，手稿，还将范围扩大至及个人收藏[5]。

对地方人士著作，无论其祖籍或客籍，其内容也不论是否涉及本地区，都纳入地方文献收藏之列。

2.1.3 开展资料搜集

资料搜集采用三种方式：一是区域内面向民间个人征集古文献、家谱、著作著述、私人藏书等；二是面向机关、单位征集图书、报纸、刊物、史志、年鉴等文献以及各类政府出版物；三是面向本地籍在外人士征集著作著述、个人藏书[6]。

2.2 加强对地方文献的宣传

地方文献工作是图书馆的专项工作。民众的认知与认可度决定着其配合与参与度，进而影响着工作的进度、深度和广度。在地方文献工作的开展过程中，借助报纸、电视台、微信公众号、网络等媒体发布消息，在各乡镇分馆及村农家书屋设立征集点，负责搜集本地资料，采集文献信息。图书馆工作人员对各点定期巡访，发现线索定向跟踪。同时，图书馆向本籍在外工作的政府官员、学者、文艺工作者发出“文献征集函”，此举得到全国政协原副主席孙家正，浙江大学历史系教授仓修良，作家樊素科的响应与支持，获得了他们的个人著作和藏书捐赠。

2.3 加强文献的甄别与筛选

地方文献是不同图书馆间文献资源方面的差别化所在，也图书馆特色馆藏建设的重点和亮点。地方文献具有显著的区域性、地方性、多样性、时代性特点和典型的“土产”特性。为了减少收集过程中盲目“搜掠”所造成的浪费，工作前端人员要熟练运用文献知识，及时甄别、快速判定、准确筛选，以减少纯粹而又无谓的物品搬运[7]。

2.4 配套并优化工作措施

公共图书馆是一个区域内地方文献信息中心[8]。为了促进资料收集，图书馆设立了专门接受捐赠的工作部门。工作人员按季度到各相关单位进行文献外采。图书馆设立地方文献特藏室，专门陈列馆藏地方文献，建立地方文献工作台账，对所有物品二次筛选后进行整理、加工、编目、数据录入，并形成统一目录。对数量较大的捐赠，实行一事一议，因人因事施策。规定“对捐赠达到一定数量级的（通常2000册以上），图书馆可单独设立以捐赠者个人命名的陈列室”，以示对捐赠者的尊重与褒奖。图书馆设立“地方文献陈列室”，以避免地方文献资源淹没在普通馆藏中，并根据所捐赠的数量设立“名人捐赠”专柜、专架、专室等较为可靠的收藏保护环境。

对民间私人收藏的文献，经专家鉴定确属有价值的重要文献，应在专业机构评估确认后，根据文献价值高低适当支付费用。依据县政府文件规定，对单位文献实行免费征集政策。对单位文献提供者，图书馆会提供“文献入藏回执”；对个人资源捐赠者，图书馆会提供一份精心制作的收藏证；对一次性捐赠量较大或文献价值较高的捐赠者，馆长还会签上自己的名章。持有此证，可在图书馆任意窗口查阅馆藏资料，并享受特殊礼遇。建立奖励机制，对在文献征集工作中业绩突出的或提供有价值信息的基层点，图书馆给予相应奖励。

3 地方文献与特色馆藏融合建设成果

3.1 融合建设的基本考量

3.1.1 业界的前导引领

进入21世纪以来，在业界的倡导呼吁、措施推动和工作成果引领下，公共图书馆地方文献工作受到了切实地重视和加强，围绕地方文献工作而展开的特色馆藏建设取得了显著成效，一批名人堂、著作展示厅、个人捐赠室等相继建成开放，作为新时期图书馆地方文献工作的特色、亮点备受社会关注，并成为本图书馆的对外宣传窗口和亮丽名片。

3.1.2 对馆藏地方文献现状的理性分析

目前，图书馆收藏有300余种不同时期的地方文献，其中包括4种泗阳县志、11种省内其他地区的县（市、区）志、40余种部门史志、近30年的年鉴、20余种姓氏族谱、10余种非物质文化遗产资料以及30余种本土个人出版的著作。其余均为近20年来的地方政府性资料，包括会议文件、公报、法规汇编、讲话稿等，总量不足1000册（件）。其中，较为珍贵的当属清代著名地理学家张相文的《南园从稿》（1935年，中华书局铅印），线装本，共十二种二十四卷。总体看，馆藏中，民国以前的地方文献较少，珍本古籍欠缺，从这个意义上讲，地方文献工作优势不显、特色不具。如果单纯就地方文献工作而言，似乎很难有所作为。

3.1.3 图书馆的发展需要

图书馆长期的为民服务以及馆员们对知识的尊崇、对文献资源的尊重，让图书馆与读者间形成了一种稳固的互信、相依关系。近年来，图书馆获得的社会捐赠持续增多。本土作家、著者向图书馆赠送其作品，既是为了宣传、为了传承，更是对图书馆的信赖。经过长期的积累，尤其是加强了地方文献工作之后，图书馆的个人捐赠日益增长，成绩不菲。

3.2 融合建设的成果

3.2.1 仓修良图书馆

仓修良，江苏泗阳人，1933年3月生，我国著名历史学家、历史文献学家、方志学家、谱牒学家，浙江大学历史系教授，出版有《中国古代史学史简编》《方志学通论》《章学诚评传》等16部专著。1992年起享受国务院政府特殊津贴。

仓修良先生长期从事史学教学与研究，可谓是学富五车、著作等身、桃李满园的一代史学巨擘。作为国内著名史学家，他先后编撰出版20余部著作。每有新著出版，仓先生均会在作品上郑重地签上自己的姓名，第一时间赠送给家乡图书馆。长期的治学与教学经历，仓先生与书籍建立了深厚的感情，并且有着丰厚的私藏。用仓夫人的话说“他（仓）对自己的书非常宝贝，比自己的孩子还宝贝，真可谓是书儿书女。”2008年1月，泗阳县图书馆新馆开放之际，仓先生捐赠2000余册个人藏书，这是自图书馆成立以来收到的最大的一次个人捐赠。图书馆为其设立“仓修良图书室”，专门陈列所赠图书。此后，仓修良先生陆续进行了捐赠。2017年4月，仓修良将浙江绿城教育集团赠送给他这位“史界名人”的全套文澜阁版《四库全书》全部转赠给家乡图书馆，总计1559册，价值60万元。至此，仓修良已将个人6000余册藏书全部捐给了家乡公共图书馆。

3.2.2 寸草书屋——孙家正专藏馆

孙家正，江苏泗阳人，1944年3月生，南京大学中文系汉语言文学专业毕业。曾任文化部部长、党组书记，第十一届全国政协副主席。

在地方文献选集过程中，我们向时任文化部部长的孙家正先生发出了“文献征集信函”，希望家乡图书馆能够收藏其个人作品和著作。时隔不久，他通过亲友向县图书馆转达了捐赠自己藏书的想法。2017年5月，孙家正先生将5部个人著作、7000余册藏书及个人收藏的书画、音像制品、工艺品及文物复制品共计1万余件捐赠给了图书馆。

4 基层地方文献与特色馆藏融合建设思路

地方文献的单一属地来源性，赋予其特有的个性化标签。在普遍重视特色化、个性化建设的当下，以地方文献工作为基础，精塑图书馆服务大餐中的“招牌菜”和“名点心”，不失为新时代基层公共图书馆开展服务工作新的途径。

4.1 强化公共图书馆地方文献建设职责

图书馆所有业务工作中，地方文献工作最难出现同质化现象。尽管地方文献工作默默无闻，难出成绩政绩，并且也有不少单位和个人在从事地方文献的收集、整理、利用工作，但图书馆对于地方文献工作的责任和使命是无法替代的。

4.1.1 制定标准规划

基层公共图书馆的地方文献工作需要持之以恒，锲而不舍。伴随着世事更迭，散佚于民间的一些资料，若不及时进行搜集会逐渐损毁和丢失，有的甚至会永远消失，因此及时进行收集或挖掘，显得尤为重要。地方文献工作是一个长期、接续、传承的工程，需要历代图书馆人不断地添薪加柴、丰富完善。应制定地方文献工作的长期规划，做到一张蓝图绘到底，一任接着一任干，不能因领导的更替而中断甚至弱化，避免事随人变、人走政息现象发生。从这个意义上讲，公共图书馆系统围绕地方文献工作，自上而下地进行制度和规范设计、工作方法和方式指导、利用和开发的培训，让地方文献工作有章可循、有序进行。

4.1.2 加强专业培训指导

作为图书馆的基础性业务工作之一，地方文献工作并非是简单地收集、整理与陈列等浅层次打理，基层公共图书馆针对地方文献的服务与利用的方式虽各有不同，但基本上处于报道、查询、阅览、复制的粗浅层面，参考咨询、综合评述、专题研究、开发利用等深层次方式还难以形成。这不仅因为缺少工作规范和标准，更多是缺乏相关专业人才。应通过整序、归类、分析、提炼、演绎，使文献价值得以彰显，作用得以发挥，是地方文献工作的意义和目的所在。基于这个目标，工作人员应具备一定的文献学、目录学方面的基础知识和必要的现代信息处理和加工的能力。目前，基层图书馆同时具备这些能力的人员并不多见，制约着地方文献工作的有效开展。应加强对基层馆地方文献工作的业务指导、知识普及和技能提升，通过培训以适应工作需要，让基层地方文献在整体框架内有序开展，以减少工作的盲目性。

4.1.3 善于总结工作

建设是基础，善用是目标。图书馆应多层次、多维度地围绕地方文献进行文化品牌的创建与创立、文创产品研制与开发，让地方文献的内涵与作用不断得到升华。这体现了对文献的尊重，更是对文献提供者的一种有温度的回馈。

寸草书屋和仓修良图书室特色馆藏的建设，为图书馆带来诸多正面影响：一是图书馆信任度增强。正是对于捐赠物品的善待、善管、善用，吸引了更多的意向捐赠者，面向图书馆的捐赠呈现前所未有的良好态势；二是图书馆的资源得到极大充实，一个是文学艺术宝库，一个是历史文献宝库，填补了许多馆藏空白。孙家正先生捐赠的文化领域的图书资料涵盖书法、美术、摄影、文学等各个门类，尤其是新中国成立以来的整套、整系列的影视资料显得弥足珍贵。仓修良先生的史学研究资料系统、全面、完整，各个时期的历史文献著作应有尽有，《四库全书》更是成了图书馆的“镇馆之宝”；三是读者队伍不断壮大。这些应该归功于图书馆对于资源的善待，让捐赠者放心、舒心、安心。

两个特色馆建成后，参观人员纷至沓来，通过观看主题宣传片、纪录片、活动视频及海报、展板资料等展示的同时，强化普通群众对于知识、学习在人生历程中重要性的认识，从而能够更深刻地领会读书、学习对于成功的重要意义，更能深切地体会到两位不同领域的杰出人物的爱国、爱家乡更爱家乡人民的博大胸襟和情怀。

4.2 建立地方文献工作机制

4.2.1 共建共享

基于普遍存在的纸质化文献“谁先得归谁有”的现状，一些机构会不遗余力地对分散于社会角落的文献资源进行搜集，文献资源质和量的积累也让文献所有者的拥有了足够的成就感。与此同时，收集时的各尽所能，保管的支离分散，使用中的各自为政等情形，让一些文献的功能和作用难以发挥。地方文献是地方政策制定、社会经济建设、历史研究、文旅资源开发的重要参考依据，在对地方文献资源进行的整合利用过程中，如果意图进行简单化的部门之间资源调配，既不科学合理，也不具备可操作性。基于此，建立地方文献的共建共享机制，合理而有效地对地方文献资源加以利用，显得必要而正合时宜[9]。图书馆应担负起地方信息资源中心的龙头作用，主动牵头，通过成立地方文献联盟或协会的形式，密切与各文献收藏单位和个人间的联系，主动承担起成员单位文献的编目、组织、加工业务，依托图书馆内部的自动化管理系统，对所有文献进行统一规范的编目加工、数据录入，形成“地方文献联合目录”[10]，让读者借助图书馆网站即可检索查询所需资源。同时，图书馆应注重对地方文献进行数据化信息加工与处理，不断推进地方文献数据库建设。

4.2.2　管用结合

实行“重要文献原件留存，复件对外展示；普通文献，原件展示，复件留存”制度。分属于各成员单位的文献，展览展示以外的文献复件（复本），可交由图书馆进行收藏与保管。注重对与一、二次文献关联度高的文献成果的跨部门组配、整合与开发利用，努力促进地方文献服务地方经济、社会、文化等各项事业发展，让文献的作用得以充分发挥，最终实现有效对接与效益转化。

数字技术的出现和广泛应用，为地方文献资源管理与利用开辟了新的空间，提供了新的途径。作为各基层图书馆馆藏的精华，地方文献资源的数字化是各个图书馆面临的新课题，通过数字化技术处理与加工，将地方文献存储、发布、展示和利用借助网络平台进行，应该得到基层公共图书馆关注和重视[11]。

4.3　依靠制度引领

基层图书馆的地方文献工作无位置、无班子、无票子、无点子的“四无”现象还很普遍。

把地方文献工作摆上重要位置，并且持久地、卓有成效地把工作向纵深推进，是基层公共图书馆的当务之急。

4.3.1　制定工作规范

对收藏范围、加工标准、利用方式做出导向性规定。破除“书本位”的思维定式，优化地方文献的载体形式结构，在节约人力、物力、时间和存储物理空间的同时，促进文献资源符合完整性、系统性并赋予时代特征。

4.3.2 落实文献呈缴制度

《公共图书馆法》中“出版单位应当按照国家有关规定向国家图书馆和所在地省级公共图书馆交存正式出版物”的规定，体现了国家层面对于公共图书馆文献资源建设工作的重视。建立文献的呈缴制度一直是图书馆界的期待和愿望[12]。尽管基层公共图书馆呼声和倡议持续不断，但真正能够响应和得以实施的寥寥无几。在社会普遍重视和加强公共图书馆信息资源中心建设的新时代背景下，地方文献资源的呈缴制度应该得到应有的重视和实施。

5 结语

地方文献是国家信息资源宝库的重要基础，其“存史、资政、励志”的作用已成共识[13]。公共图书馆界重视地方文献工作是职责所在，也是责任使然。在《公共图书馆法》法律框架下，制定全省乃至全国范围内地方文献工作规范和标准，让地方文献这一“沉默的资产”变成现实的有效资源，是基层公共图书馆的现实之需。地方文献工作需要更多的“活地图”和乡土人才，呼唤基层图书馆员的职业精神，更是新时代的发展需要。

参考文献：

[1] 王元.公共图书馆地方文献工作实践探究——以朝阳市图书馆为例［J］.图书馆学刊，2015，37（1）：56-58.

[2] 本刊编辑部.对全国图书馆界的一点建议［J］.图书馆学研究，1990（1）：110.

[3] 邹华享.地方文献工作若干问题的再认识［J］.图书馆论坛，2004（6）：150-154.

[4] 徐晓莹.对图书馆特色馆藏资源建设的研究［J］.河南图书馆学刊，2013，33（3）：101-103.

[5] 黄晓斌，王尧.地方文献与地方特色新型智库建设［J］.图书情报知识，2016（1）：35-41.

[6] 章伟.浅谈地方文献的收集工作［J］.图书情报导刊，2015，25（4）：74-75.

[7] 张珺.试论地方文献的搜集与利用［J］.山东图书馆季刊，2003（2）：99-101.

[8] 付玉生.区域性“地方文献信息中心”构建的实例分析［J］.图书馆学研究，2011（12）：30-33.

[9] 张国友.图书馆特色资源区域共享服务平台建设研究［J］.黑龙江档案，2012（3）：127.

[10] 尹玉霞.西北地方文献联合目录数据库建设构想［J］.图书馆学刊，2015，37（1）：50-52.

[11] 黄峒胜.浅谈公共图书馆地方文献数字化建设[J].图书馆工作与研究，2009（12）：107-109
[12] 吴秀花.关于地方文献呈缴制度若干问题的探讨[J].内蒙古科技与经济，2014（15）：107-108，110.
[13] 邹华亨.中国公共图书馆地方文献工作概述[J].图书馆，1998（6）：5-10.

浦东地方文献的开发性建设与传播

信丹丹　嵇姝姝　叶超婧（上海浦东图书馆）

地方文献包括地方史料、地方出版物和地方人士著述。它是一个地区历史、文化、经济的记录和反映，是为当地的物质文明和精神文明服务的重要载体，因而为各级公共图书馆所重视。浦东图书馆作为一个区级图书馆，浦东地方文献的建设和传播是其重点工作之一。

1　浦东地方文献建设现状

浦东地方文献是指与浦东地方有关的一切资料，它表现于各种载体形式，如图书、杂志、报纸、图片、照片、手稿、视频等。浦东图书馆作为一个新馆，馆藏的地方文献主要由两部分构成，一部分是新馆建设以来通过采购、征集、交换、复制、捐赠等途径建设的地方文献，另一部分是浦东新区老馆十年间所积累的地方文献。依托这些文献，浦东图书馆专门设置了地方文献专题区域，包括傅雷文献专架、余秋雨文献专架、张闻天文献专架、浦东地方志/年鉴专架、浦东开发开放文献专架、世博会文献专架共6个专架，涵盖了地方文献的各个类别。然而如何在有限藏书量的基础上进行浦东地方文献的建设、开发和传播，是摆在浦东图书馆面前的一个重要课题。

2　浦东地方文献的开发性建设

全媒体的飞速发展和应用为图书馆带来深刻的影响和变革，不仅使得图书馆的功能、地位、作用发生了变化，连同传统的馆藏文献资源结构和信息服务模式也受到了极大挑战[1]。为了了解读者对浦东地方文献的需求，以便能更好地服务于读者，我们曾经对浦东地方文献的读者群进行问卷调查。结果显示，利用浦东地方文献这部分读者的文化程度都相对较高，他们来馆查阅资料基本都有明确的目的性，或者完成课题、论文，或者就具体活动方案来查询相关资料。他们的信息获取能力都非常强，并不满足于传统的图书馆服务模式（即根据图书馆的编目、索引来查找资料做笔记），而是希望图书馆能提供一种更为便捷的查询方式，在最短时间内给予他们更多的有效信息。这就要求我们要转变观念，树立特色创新意识，例如利用特色馆藏建立地方文献特色信息数据库，运用现代技术收集多种文献，等等。因此，我们开展了浦东人物资料的整理、数字化、“口述历史”收集整理以及文化专题片拍摄等诸项目，根据文献内容特色对现有馆藏进行开发，深化浦东地方文献的建设。

2.1 张闻天相关文献资料的整理

张闻天，出生于浦东川沙，是杰出的无产阶级革命家和理论家，忠诚的马克思主义者，中国共产党在一个较长时期的重要领导人。他毕生勤奋，写下了大量论著，为我党留下了一份宝贵的精神遗产。张闻天是浦东近现代史上的一位重要人物，对他的关注也体现了对浦东红色文化的关注。

曾是张闻天秘书的何方、萧扬代表张闻天选集传记组，以及张闻天选集传记组主要成员张青叶的儿子等人，向浦东图书馆捐赠了几十箱有关张闻天的文献资料，浦东图书馆组织力量对这些文献进行了分类整理，作为浦东图书馆地方文献的特色馆藏之一。

整理工作采取先按载体粗分、再按文献内容细分的方式进行归类整理。即将文本文献和影音文献分开，然后将文本文献根据其内容分成六类，分别为“张闻天手稿原稿”“张闻天本人的研究文献、著作”“他人对张闻天的研究”“搜集张闻天过程中的资料”“信件题词”“其他（存疑）”，整理了近万个文档。每个文档都按类给予编号，并按照时间、题名、著者、形式、档案袋编号、档案袋备注等基本要素进行著录登记。其中张闻天在庐山会议的讲话、“文革”时期的思想汇报、肇庆文稿都是非常珍贵的一手资料。著名党史专家石仲泉认为张闻天的肇庆文稿是邓小平理论的一个重要前驱，代表了党的正确的发展趋向[2]，可见这一文稿的重要性。“信件题词”部分有赵朴初、薄一波、胡耀邦等领导人的手迹，具有很高的文献价值和书法艺术鉴赏价值。

2.2 张闻天文献资料的数字化

浦东地方文献的形式多样，包括图文声像、各类手稿等，纸质版本的装帧形式大小不一，质量不同，也给保存带来了困难。张闻天相关文献资料同样存在这一问题。随着互联网的发展，数字化工作将解决保存问题，根据不同的保存格式将地方文献数字化，利用大容量存储设备保存地方文献资源，有利于长期保存和即时使用。

张闻天文献在集众人之力，历时一年半基本完成整理之后，本着对文献资料的保存的需要以及基于图书馆服务理念的转变（即以人为本，从重藏到重用），浦东图书馆随即对张闻天文献资料进行数字化。在经过调研和对比后，决定采用驻场加工方式进行数字化扫描，由馆员每天和其交接。全部工作计划分三期完成，第一期是档案的扫描、著录、挂接，第二期是档案的文件级著录、部分全文识别，第三期是档案的知识加工及数据的语义检索与发布。一期工程于2017年9月开始，采用先进的零边距扫描仪及非接触式扫描仪相结合，以600dpi的高精度对文献进行扫描。数字化的成果将直接接入浦东图书馆已有的地方文献平台，有权限地向读者公开。

地方文献虽是地区文化的精髓，但其利用范围往往受到地域的局限，如果按照传统的服务模式即为读者建立编目、索引，让读者到馆查询，则大大降低了地方文献的利用率。在全媒体时代下，数字、网络渠道已成为方便快捷的资源获取手段，地方文献建设需要解决如何利用现代技术实现文献原生资源的数字转化的问题，整合多渠道、多载体、多形式的文献元数据，建立地方特色数据库，实现资源共建共享[3]。地方文献资源只有具备足够快的传播速度以及丰富的吸引力，才能够实现向社会的有效传播。

2.3　开展“口述历史”相关工作

“口述历史”是指保存在当事人、知情者记忆中或群众中广为流传的口头资料。“口述历史”的采集、整理、保存、利用是丰富地方文献馆藏资源、建设和完善特色馆藏的重要途径，同时也是对历史资料的传承和保护。一些能真实反映本地区风情民俗、人文景观等的珍贵历史资料常以口述的方式流传下来；人们也常常用口述的方式将家族历史、个人经历、生存技能传授给下一代，而这些内容在正史中往往没有记录。图书馆通过各种渠道把它们收集起来，利用现代技术手段进行记录，保存为一种口述凭证，使之成为地方文献馆藏的重要组成部分，对构建“人无我有，人有我优、人优我特”的特色馆藏具有重要意义。

例如，在张闻天相关文献资料的收集整理过程中，我们对张闻天同志的儿子张虹生，张闻天秘书何方老先生、萧扬老先生曾进行采访，他们从言谈举止、音容笑貌、历史业绩等各个方面回忆张闻天。通过当事人口述其亲历、亲见和亲闻，我们看到了一个更加具体、细腻、生动的张闻天，了解到很多在文献资料中没有涉及的历史事实，对张闻天的认识也更为全面、客观。作为第一手资料，这些内容对张闻天研究、中共党史研究都有很重要的参考价值，十分珍贵。

“口述历史”相关工作具有抢救性资料发掘的性质，是充实特色馆藏的一个重要途径。在采访、征集一般地方文献方面相对薄弱的情况下，口述历史相关工作是浦东图书馆当前地方文献建设的又一项重要内容。计划未来将陆续采访一些浦东名人尚健在的后代、同事或其研究者（如傅雷的儿子傅敏和傅聪，黄炎培后人，杜月笙后人等），采访成果将作为对现有浦东地方文献的辑佚、补遗，以充实特色馆藏；采访浦东开发开放老领导，他们是浦东开发开放的当事人、决策者，对他们的采访，可以弥补浦东开发文字资料上缺少的细节，填补史料上的空白，为本地区政府机关研究工作、制定方针提供可靠的数据和准确的资料。

2.4 民俗文化专题片的拍摄

近代地方民俗文化，一直都是中外学者的研究热点。长期以来，浦东地区形成了种类众多、形式各异的地方民俗文化。为了发扬优秀地方文化、打造浦东地方资源精品、增加地方资源的服务形态，以满足不同层次、不同年龄读者的多样性需求，浦东图书馆在掌握丰富的信息资源、配备完善的硬件、组建高水平研究队伍的基础上，选择《浦东说书》《浦东派琵琶》《浦东绕龙灯》这样为大众乐见的民俗主题拍摄系列文化专题片，通过先进的多媒体手段将鲜活的画面呈现给读者。

民俗文化专题片的自主拍摄是浦东图书馆进行的一次全新尝试。拍摄成果已经在浦东电视台新闻栏目进行播放，未来还将上传优酷、腾讯、爱奇艺等主流视频网站，以增加该专题片的点击量，扩大社会影响力；也将通过微信、微博、QQ等新媒体平台的广泛影响力，将该文化专题片对用户进行主动推送，增强对浦东地方文化的传播力度。

3 浦东地方文献的传播

浦东地方文献是浦东图书馆馆藏资源中最具有特色的部分，如果想让读者将关注度放在浦东地方文献上，除了对浦东地方文献进行特色化建设外，还需加强其阅读推广工作。图书馆应通过专题文化活动的举办推广浦东地方文献，进而弘扬浦东文化。

近年来，浦东图书馆在浦东地方文献的传播上主要是通过举办“人文浦东”系列专题文化活动的开展，活动形式上目前主要以讲座和展览为主。该系列活动旨在传播浦东地区的人文历史及民俗风情，主要以历史地理、重大历史事件、重要历史现象及历史名人、历史文化遗产等为内容，让读者在参与活动的过程中，增加对浦东文化的认识和了解。同时，活动还结合上海各地区日新月异的发展面貌和浓厚的人文气息，宣扬优秀地方文化；对社会公众，尤其是青少年开展浦东本土历史的教育；也为浦东文史研究者们提供了一个能相互交流切磋、共享信息的平台。

讲座目前主要围绕“浦东文史”“浦东非遗”以及“上海城市文化”三个主题开

展。“浦东文史”方面，主要邀请浦东名人研究专家讲述名人事迹；“浦东非遗”方面，主要邀请国家级非遗传承人讲述浦东非遗并现场演示；“上海城市文化”方面，主要邀请上海史研究专家以及城市文化评论人讲述上海城市文化的发展历程。文史讲座的名人故事讲述形式、非遗讲座的讲演结合形式、上海城市文化讲座的结合城市景观讲述形式受到了读者的普遍欢迎，每场活动带动相关文献的翻阅率也大大提高。

在展览方面，本馆利用馆藏资源举办了“张闻天手稿展”暨“长征中的张闻天”图文展、“苦心孤诣　爱子情深——傅雷家书手稿展”，近两年，在这两个浦东历史人物主题下定期更换展品，共吸引逾万人次前来观展。未来，还将计划定期推出主题文献展，以特色主题吸引读者的注意，将高置于书架的书籍文献主动“推”到读者面前，从而增强文献的阅读率。

“人文浦东”系列活动既有效传播了浦东地方文献，其相关成果亦可作为浦东地方文献建设的有益补充，可谓一举两得。

4　结语

对于各地方图书馆而言，既无必要也不可能建立涵盖一切的地方文献信息资源库。在地方文献馆藏量有限的情况下，基于文献内容的开发性建设是公共图书馆进行文献建设的努力方向之一。只有构建具有自身特色的图书馆网上信息资源，在内容的新颖性、独创性上做好功课，使地方文献资源更好地为当地经济建设、文化发展和史学研究提供服务，才算是打造具有真正文献价值的信息资源。浦东图书馆正为打造浦东地方文献精品而朝着这一方向不断创新和努力。

参考文献：

[1] 李静丽.全媒体时代高校图书馆信息服务模式研究［D］.合肥：安徽大学，2013.

[2] 石仲泉.张闻天：邓小平理论的一个重要前驱［J］.中共党史研究，2000（5）：5-13.

[3] 许志云.公共图书馆地方文献建设的现状与变革［J］.图书馆，2016（4）：97-100.

汉水文化信息资源分布现状与利用分析
——以汉水中上游各类型图书馆地方文献馆藏为例*

付鹏（汉江师范学院图书馆）
雷飞飞（湖北医药学院附属人民医院）

1 引言

汉江全长1577公里，是我国南北自然分界线上的一条“黄金水道”，辐射湖北、陕西、四川、河南四省，她连接了黄河文明和长江文明，在缔造、发展和统一中华民族文化的过程中发挥着不可估量的作用。作为汉水中上游流域的十堰市，地处南水北调核心水源区，户籍总人口345.94万人，公共图书馆8个，共藏书349.12万册，群众艺术馆、文化馆10个，文物事业机构15个，拥有浓郁的武当文化、汉水文化、女娲文化、七夕文化、汽车文化等特色文化，文化积淀厚重[1]。近年来特别是围绕汉水文化展开的研究逐渐成为国内区域文化关注的热点。本文通过对汉水中上游流域内各级文化馆、图书馆等机构进行走访调研，摸清了有关汉水信息资源的分布区域和基本情况，以期对汉水流域文化信息保障体系构建提供一定的参考。

汉水文化是融巴蜀文化、荆楚文化、中原文化、秦文化等多边文化为一体，具有浓郁地方特色的区域性文化，是中国传统文化的重要组成部分。十堰地域有着悠久的人文历史。距今100万年前，这里就有古人类产生，“郧县人”的发现，改变人类起源的一元说。五帝时期，尧子丹朱分封于房县，十堰成为我国古代史上最早的封国。大禹时代，十堰地域分属古梁州和豫州。夏商周三代有房、庸、彭、微、麇、绞、均等上古方国先后在此建国。春秋战国十堰地区属楚国，战国末以后属秦国。秦汉以后，十堰地域的房陵（今房县）、上庸（今竹山境）、武当（今丹江口境）、上津、郧阳等地曾数度设州郡。明朝在郧阳区建郧阳府辖郧县、房县、郧西、竹山、竹溪、保康六县。

* 本文系2015年湖北省教育厅科学技术研究计划指导性项目“汉水文化信息资源保障体系构建研究”（编号:B2015438）与汉江师范学院（原郧阳师范高等专科学校）2014年校级科研青年项目“汉水文化信息资源保障体系建设研究”（编号:2014C05）研究成果之一。

在这块古老的土地上，历史上产生过古人类文化、古方国文化、诗经文化、帝王流放文化、三国文化、抚治文化和武当文化。古方国文化揭示国家的产生和演变，诗经文化反映中国文学的渊源，帝王流放文化记载我国封建王朝宫廷斗争的史实，三国文化反映十堰地域为魏、蜀、吴三国结合部的重要地位，抚治文化记载中国封建吏治方略，武当文化则从天人合一方面承载中国道教文化的精华[2]。

2 汉水文化信息资源分布状况调研

2.1 调查与样本

本次调查对象为汉水上游流域沿线主要地级城市包括十堰、襄阳、安康、汉中、南阳等地15所公共图书馆、文化馆、高校图书馆及乡镇文化站的馆藏地方文献资源现状，同时对文献信息资源对地方文化发展及读者需求的保障及存在的影响因素进行调查，通过比较汉水中上游文献收藏机构有关地方文献的馆藏量，我们发现，公共图书馆藏书数量不足，而高校图书馆藏书数量相对较多，收藏的文献种类比较齐全。

2.2 调查内容

本次调查主要包括汉水中上游流域各类型图书馆有关汉水地方文献的图书数量、特色馆藏文献种类服务区域等数据。见表1。

表1 汉水中上游图书馆馆藏信息资源统计表

图书馆名称	特色文献（册）	特色馆藏文献种类	服务区域
湖北省十堰市图书馆	3200	武当、移民、七夕、女娲	十堰市张湾区
陕西省安康市图书馆	4324	荆楚、巴蜀、秦陇、秦腔	陕西省安康市
陕西省汉中市图书馆	21864	巴蜀、三国、栈道、茶马	陕西省汉中市
汉江师范学院图书馆	68162	汉水、武当、道教、流放	十堰市茅箭区
湖北医药学院图书馆	45600	麻醉、中草药、养生	十堰市茅箭区
湖北汽车工业学院图书馆	65000	汽车、武当、神农、民俗	十堰市张湾区
湖北工业职业技术学院图书馆	25610	汽车工业设计、郧阳民俗	十堰市茅箭区
武当职业学院	9856	武当武术、周易、道教	武当山特区
武当山国际武术学院	2654	武当太极拳、武术	武当山特区
武当道教学院	5689	道教科仪、宫观、戒律	十堰丹江口市

续表

图书馆名称	特色文献（册）	特色馆藏文献种类	服务区域
陕西理工大学图书馆	76542	两汉三国、三秦、栈道	陕西省汉中市
安康学院图书馆	49865	巴蜀、荆楚、秦陇、汉水	陕西省安康市
湖北省襄阳市图书馆	21100	诸葛亮、会馆、三国、汉水	湖北省襄阳市
湖北文理学院图书馆	31026	三国、米芾、荆楚、中原	湖北省襄阳市
河南省南阳市图书馆	30000	三国、玉石、农耕、帝乡	河南省南阳市

笔者还对汉水中上游人口与经济指标及公共图书馆藏书量进行了调查，具体调查内容包括汉水中上游流域沿线城市的人口、生产总值、增长率财政总收入、高校及公共图书馆数量、藏书量等数据[3-6]。

2.3 调查过程

调查分为三个阶段。第一阶段，通过网络调查，登录汉水中上游各类型图书馆主页进行数据信息收集，对网站上信息缺失或不齐全的图书馆通过电话咨询的方式，全面了解汉水沿线15所图书馆信息资源建设的基本状况。

第二阶段，采取问卷调查方式，面向汉水中上游中心城市居民设计问卷调查，并将问卷调查通过QQ阅读推广交流群及各单位业内工作群进行广而告之，得到沿线城市居民的积极配合，取得了准确的一线调研成果。共发放了350份，收回有效问卷312份，问卷调查来源具有一定的代表性。此外，实地走访了安康市图书馆、十堰市图书馆、武当山国际武术学院、湖北文理学院图书馆四所具有一定规模和代表性的图书馆[7]，对其中部分馆员及进馆读者进行了随机座谈，收集了有关图书馆文献利用方面的信息，调研活动对本文撰写提供了有力的数据。

第三个阶段，通过对问卷调查的结果进行统计分析，利用相关图表与计算公式进行分析，并结合政府部门公布的相关经济统计指标进行综合对比，从而得出汉水资源分布与区域经济及人口文化之间的影响因素，并提出了汉水信息资源保障体系建设对策。

3 汉水文化地方文献建设现状分析

3.1 资源分布不均衡

调研结果显示，汉水沿线图书馆的文献资源分布存在中心节点城市图书馆的汉水文献丰富，其他县市信息资源比较分散。此外，高校图书馆有关汉水地方文献收藏数量较多，而公共文化机构收藏数量相对较少，有的仅有几千册。其次，汉水中上游沿线文化机构收藏的较多，汉水下游沿线机构收藏较少。一般本科院校图书馆收藏较多，而高职院校与县级图书馆收藏数量相对较少。

3.2 信息门类不完整

通过高等教育文献保障系统（CALIS）管理中心的开元知海e读及中国书目网进行检索，发现有关汉水文化的图书种类不够齐全。图书种类比较单一，人文历史种类占比较重。以汉江师范学院图书馆为例，有关汉水文史、地方志方面的文献占72%，而关于经济、艺术、农业、工业方面文献比重较少，如表2所示。这种情况在其他各类型图书馆都普遍存在。此外，这些区域的文献保藏机构主要是收藏珍本、善本、手稿、出版物、档案等传统印刷型文献为主，有关影像、口述史、拓片、图片等其他类型的地方文献资料非常少。

表2　汉江师范学院图书馆汉水文化信息资源中心馆藏分类统计表

分　类	册　数	种　数	分　类	册　数	种　数
A：马、列、毛、邓	11	7	O：数理化	37	24
B：哲学、宗教	3413	1641	P：天文、地球科学	38	25
C：社会科学总论	776	494	Q：生物科学	26	26
D：政治、法律	530	294	R：医药、卫生	291	135
E：军事	23	14	S：农业科学	45	33
F：经济	314	220	T：工业技术	429	288
G：文化、教育	1157	604	U：交通运输	6	6
H：语言、文字	210	94	V：航空、航天	1	1
I：文学	2049	607	X：环境、安全科学	3	3
J：艺术	312	143	Z：综合性图书	9390	1645
K：历史、地理	4173	1648	其他	431	204
N：自然科学总论	21	9	合计	23686	8165

3.3 服务意识不强烈

汉水文化文献收藏机构的馆员普遍存在服务意识薄弱问题。通过调研数据发现，从事汉水文化服务的馆员年龄均在40—50岁左右，且学历层次也参差不齐，难以为汉水文化研究者提供比较专业的地方文献服务。通过问卷看出，地方文献的馆员面对科研学者的文献需求仅能满足传统借阅服务，不能进行深入延展查新与拓展服务，服务层次比较浅。

3.4 保障体系不健全

通过对汉水沿线各类型图书馆有关汉水文化地方馆藏进行摸底调查，结果表明，普遍存在经费保障不稳定、信息利用不便捷、共享意识不强烈等情况。目前除了高校图书馆的地方文献馆藏数量基本达到3万册以上，公共图书馆的地方文献数量普遍都不算多。区域公共文化事业的发展指数与地方经济发展指标有很大的关系，经济指标较高的区域文献经费有保障，所以地方文献数量就比较多，如湖北省襄阳市、十堰市的图书馆收藏的汉水地方文献量就比陕西、河南省的图书馆的汉水地方文献数量多。

如表3中的数据所示，汉水中上游区域人口与经济指标的文献信息资源密集程度与各地市的经济总量的分布相似。几个经济发达、高校分布较多的地区的文献信息资源总量相对充裕，其他地区资源相对稀缺，这种状况与汉水流域的经济、科学、文化和教育的发展态势相吻合。但文献信息资源是一种潜在的生产力，部分地市文献信息资源的贫乏，必然影响其经济、科技、文教的发展。汉水文献信息资源已形成十堰、汉中两个富集地区，这两地同时也是高校集中的地区。

表3　汉水中上游人口与经济指标及公共图书馆藏书量统计表

地区	人口（万人）	生产总值（亿元）	增长率	财政总收入（亿元）	高校数量	公共馆数量	公共馆藏书量（万册）
湖北十堰市	345.94	1300.12	7.5%	139.6	8	8	122.41
陕西安康市	265	772.46	12.3%	66.5	2	11	46
陕西汉中市	385.21	1064.83	13.3%	100.20	3	11	80.32
河南南阳市	1005.70	2522.32	9.2%	255.65	6	12	60
湖北襄阳市	561.4	3382.1	8.9%	464.9	5	8	171.10

3.5 馆藏特色不鲜明

通过对汉水沿线所有图书馆有关汉水文化信息资源进行统计，发现这些藏书机构普遍存在馆藏文献特色不鲜明，多数特色馆藏存在交叉与重复，没有体现出地域文化的特色。比如湖北的襄阳与南阳地区就在三国文化的收藏方面就出项重复交叉情况。

此外从特色馆藏文献种类可以看出，十堰市库区的郧阳区、丹江口市形成了独具特色的沧浪文化集群[8]。

表4　汉水沿线各类型图书馆特色文化资源统计表

图书馆名称	特色文献（册）	资源类型	特色馆藏文献种类
十堰市图书馆	3200	纸质图书、视频库	武当、移民、七夕、女娲
安康市图书馆	4324	纸质图书、线装书	荆楚、巴蜀、秦陇、秦腔
汉中市图书馆	21864	纸质图书、地方志	巴蜀、三国、栈道、茶马
汉江师范学院图书馆	68162	纸质图书、电子图书	汉水、武当、道教、流放
湖北医药学院图书馆	45600	纸质图书、数据库	麻醉、中草药、养生
湖北汽车工业学院图书馆	65000	纸质图书、数据库	汽车、武当、神农、民俗
湖北工业职业技术学院图书馆	25610	纸质图书、电子期刊	汽车工业设计、郧阳民俗
武当职业学院	9856	纸质图书、期刊	武当武术、周易、道教
武当山国际武术学院	2654	纸质图书、电子期刊	武当太极拳、武术
武当道教学院	5689	纸质图书、道藏古籍	道教科仪、宫观、戒律
陕西理工大学图书馆	76542	纸质图书、数据库	两汉三国、三秦、栈道
安康学院图书馆	49865	纸质图书、电子图书	巴蜀、荆楚、秦陇、汉水
襄阳市图书馆	21100	纸质图书、年鉴	诸葛亮、会馆、三国、汉水
湖北文理学院图书馆	31026	纸质图书、电子图书	三国、米芾、荆楚、中原
南阳市图书馆	30000	纸质图书、拓片	三国、玉石、农耕、帝乡

4　汉水文化信息资源建设保障对策

4.1　文献集中采购机制

汉水沿线文献收藏机构应该加强与地方政府及文化事业单位的沟通与合作，建设区域性汉水文化信息资源建设联盟，参与地方政府、文化事业单位文献的收集整理工作，对汉水地方文献进行分门别类的梳理，既可整合文化事业单位的文献，又可使资源得到有效的收集整理和保护[9-10]。

2015年由汉江师范学院、湖北文理学院、陕西理工学院、南阳师范学院、荆楚理工学院等院校成立的汉江流域大学联盟[11]，使得各高校之间可在汉水文献资源方面实现共建共享、优势互补，利用大学联盟这个合作机制形成资源采购协调机制，按照各区域高校文化特色进行针对性的信息资源建设，从而让汉水文化资源形成完善的分类体系。这样既集聚了各自区域的资源优势，也能提高文献资源的利用效率，使得各区域文献服务机构形成有机的整体[12]。

4.2 深入系统地挖掘梳理文献

由研究汉水文化的中心机构牵头，召集汉水沿线的文化主管部门对有关文献资源进行深入系统的挖掘，对散落在民间的地方文献典籍给予抢救性保护[13]。特别是对一些珍稀文献进行数字化加工，摸清汉水文化资源的“家底”，编印《汉水文化研究索引》，并结合地域文化特色进行二次分类，厘清汉水文化研究的学术成果，从而保障汉水文化学术领域研究的文献需要[14]。

4.3 提升创新服务意识

随着互联网技术与海量数字资源在信息服务领域中的应用，流域沿线的图书馆应提升创新服务意识，改变传统的文献服务模式，利用丰富的资源对汉水文化相关信息资源进行深度加工，主动和研究汉水文化的机构进行对接，为研究汉水文化的专家学者提供高附加值的信息服务[15]，如可以对汉水、武当、沧浪知识脉络进行分析[16]，对研究汉水文化的热点和盲点进行跟踪，主动对接汉水文化科研课题进行学科服务。要对汉水文化研究的趋势和态势进行精准的判断[17]，最大限度地发挥人才与资源优势，以此提升服务地方文化研究的层次和水平[18]。

4.4 文献资源共建共享

目前公共图书馆与高校图书馆都设有馆际互借部门。可以通过全国图书馆参考咨询联盟与高等教育文献保障系统[19]进行资源的馆际互借[20]，通过交换和调剂收集地方文献[21]。此外建设汉水文化信息保障体系数字化平台，利用目前互联网+技术，实现各类资源的统一标准数字化建设[22]，比如汉江师范学院图书馆就借助十堰总分馆体系，利用Interlib区域图书馆集群自动化管理系统，实现十堰区域内汉水文化图书数字资源的整合、共享，促进了各基层馆、点特色资源馆藏建设，也为汉水文化信息资源形成保障体系提供了平台支撑。

5 结语

汉水文献资源是汉水沿线地方文化文化传承积淀的硕果，也是汉水文化相关学者开展地域研究的基石，建设汉水文化信息保障体系不仅可以促进汉水流域沿线文化的交融与发展，也能促进我国水文化研究的软实力[23]。因此汉水流域沿线的图书馆应尽快发挥资源优势，提升信息资源的保障能力，从而为我国汉水文化的学术研究提供强有力的文献保障支撑[24-25]。总之，建设好汉水流域文献信息保障体系，将对流域沿线的经济、科技、教育、文化等各项事业发挥巨大的促进作用，对于建设文化强国也有深远的意义。

参考文献：

[1] 2015年十堰市国民经济和社会发展统计公报［EB/OL］.［2016-04-05］.http：//sytj.shiyan.gov.cn/show-15-4199-1.html.

[2] 十堰地域有着悠久的人文历史［EB/OL］.［2015-11-30］.http：//www.shiyan.gov.cn/dmsy/rwzm/gwh/201511/t20151130_141923.shtml.

[3] 汉中市2015年国民经济和社会发展统计公报［EB/OL］.［2016-03-29］.http：//www.hanzhong.gov.cn/xxgk/gkml/tjxx/tjgb/201603/t20160329_320783.html.

[4] 2015年安康国民经济和社会发展统计公报［EB/OL］.［2016-04-07］.http：//tjj.ankang.gov.cn/Article/sjzc/sjcx/201604/Article_20160407073452.html.

[5] 2015年南阳市国民经济和社会发展统计公报［EB/OL］.［2016-03-30］.http：//www.nytjj.gov.cn/index.php?m=content&c=index&a=show&catid=6&id=1104

[6] 2015年襄阳市国民经济和社会发展统计公报［EB/OL］.［2016-04-07］.http：//xftjj.xf.cn/newsopen.asp?lid=25&id=2300

[7] 十堰高校图书馆面向社会免费开放［EB/OL］.［2012-01-08］.http：//www.10yan.com/html/News/mqrx/2012-1/8/084616955.html

[8] 十堰市人民政府关于印发《"十三五"文化体育新闻出版广播电影电视事业发展规划》的通知［EB/OL］.［2016-11-19］.http：//www.shiyan.gov.cn/sysgovinfo/szf/xxgkml/zcfg/zfwj/szf/2016/201611/t20161109_791572.shtml.

[9] 十堰市人民政府关于印发《十堰市"十三五"教育事业发展规划》的通知［EB/OL］.［2016-11-09］.http：//www.shiyan.gov.cn/sysgovinfo/szf/xxgkml/zcfg/zfwj/szf/2016/201611/t20161109_791355.shtml.

[10] 朱红.试论地方高校图书馆文献信息资源保障体系的构建［J］.四川图书馆学报，2009(3)：32-34.

[11] 汉江流域大学联盟成立包括鄂豫陕三省11所高校［EB/OL］.［2015-11-09］.http：//news.cnhubei.com/xw/kj/201511/t3444257.shtml.

[12] 孔稳舒.公共文化服务体系建构中的地方文献管理[J].曲靖师范学院学报，2009(3)：112–116.

[13] 何玉娟.构建地方文献工作体系，促进地方文化发展——以宁波市图书馆为例[J].浙江万里学院学报，2010(2)：16–18，26.

[14] 龚文静，吴羽.地方文化知识谱系建构的文献资源保障探析——以贵州屯堡文化研究的学术资源构成为例[J].图书馆论坛，2009(6)：173–176.

[15] 蒋岩波，生修雯.地方高校重点学科区域性文献资源保障体系建设问题研究——以江西省昌北高校图书馆联盟为例[J].图书情报工作，2015(11)：89–93.

[16] 汉水、武当、沧浪知识脉络分析[EB/OL].[2018–11–11].http://kns.cnki.net/KVisual/ArticleAnalysis/index?t=1492183968245.

[17] 陈彬强.海上丝绸之路文献资源保障体系建设[J].图书馆建设，2015(5)：88–92.

[18] 王娟.云计算环境下地方高校图书馆区域特色文献保障体系建设与服务模式探讨[J].农业图书情报学刊，2014(10)：24–28.

[19] 全国图书馆参考咨询联盟[EB/OL].[2018–10–01].http://www.ucdrs.net/admin/union/index.do.

[20] 中国高校人文社会科学文献中心[EB/OL].[2018–11–01].http://www.cashl.edu.cn/portal/.

[21] 罗伟莲.打造地方文献资源保障体系，提升图书馆的核心服务能力[J].黑龙江志，2014(11)：262–264.

[22] 张海营.基于Web的区域文化信息资源共享平台设计——以汉江文化信息资源共享体系建设为例[J].湖北文理学院学报，2013(2)：18–22.

[23] 肖远文，黄卫华，李文彬.地方文献资源开发与高校图书馆文献保障体系研究[J].毕节学院学报，2011(2)：87–91.

[24] 孔稳舒.云南民族文化旅游与地方文献保障体系的构建[J].经济问题探索，2009(3)：74–78.

[25] 刘敏，吕先竞，张建.构建三级文献保障体系，全面服务高校教学科研——地方多科性大学文献保障服务理论与实践[J].情报资料工作，2008(3)：39–42.

六位一体，构建合力，推动地方文献工作新格局

彭跃航　祝东红（十堰市图书馆）

1　引言

在公共图书馆的文献资源体系中，地方文献是独特的一支，是宝贵的地方文化财富。作为鄂豫陕渝交界地和秦楚文化交汇区，十堰地区在地方文献资源方面拥有得天独厚的优势，地域文化悠久丰厚，资源特色鲜明突出，是十堰落实“外修生态，内修人文”发展方略、打造湖北区域性增长极、建设社会主义现代化文化强市不可或缺的重要资源。近年来，十堰市图书馆秉持对地方历史文化负责的使命感、责任感，进一步解放思想，创新工作，多措并举，有效推动了地方文献建设工作，为传承地方优秀传统文化、服务地方经济社会发展做出了积极贡献。

2　多措并举，立体推动地方文献工作科学发展

十堰市图书馆的地方文献工作，经过近些年的探索努力，得到了充分发展，实现了文献资源由简单管理到综合利用，由单一收集到立体推动的转变，形成了集宣传、讲座、展示、演诵、编纂、建设为一体，合力推动地方文献工作向高水平发展的良好工作格局。

2.1　广泛宣传，聚集地方文献工作合力

为增强社会各界对地方文献工作的理解、重视和支持，十堰市图书馆在对外宣传上很下功夫，充分利用各种媒体和宣传展示活动进行地方文献宣传，引导社会和个人投身、参与地方文献建设工作[1]。

一是广泛与本地媒体合作，大力宣传地方文献工作对本地政治、经济、文化、科技建设的意义、作用和成效，激发了社会各界和市民投身地方文献建设的热情，地方

文献征集工作得到了广泛支持和响应，目前共收集十堰地方文献2000余种3000余册，并以每年150余种的征集速度递增。二是积极开展宣传展示活动，强化了文献征集效果。大力开展了“品读经典·激励人生”“网络阅读与写作”“家谱文化与捐赠”等主题沙龙活动，以活动聚集人气，以活动推广工作，以活动宣传成效，夯实了地方文献工作的社会基础和队伍基础。在“家谱文化与捐赠”沙龙活动中，来自十堰各地的70余名市民专程赶往市图书馆参与交流互动活动，将自己家族的家谱捐给图书馆收藏，现场捐赠19个姓氏22种43册家谱文献。三是加强沟通联络，提升地方文献资源共建共享能力。作为本市最大的地方文献资源集散地，十堰市图书馆主动作为，积极牵头，努力促进、推动十堰地区公共图书馆间地方文献资源的交流合作、共建共享，与各县市区共同签订了《十堰市地方文献中心建立各县市区分中心暨地方文献交流交换协议》，实现了地方文献资源的馆际交流和资源共享。

2.2 举办讲座，传承地方优秀文化遗产

一是注重馆藏地方文献资源的转化工作。充分利用征集、整理、收藏的有关武当文化、汽车文化、汉水文化、移民文化等地方文献资料，以及地方出版物、地方人士著述，结合受众需求，积极对本土地方历史文化讲座资源进行开发，并深入机关、学校、军营和企事业单位开展“十堰地方历史文化讲座”活动，让人们了解、关注十堰地域文化的脉络、变迁和魅力，既宣传、弘扬了地方优秀传统文化，又增强了大家对本土优秀文化遗产的认知、认同和自信心、自豪感，激发热爱家乡、建设家乡的热情和活力。二是办好“十堰讲坛”，服务经济社会建设。先后邀请中国明史专家商传、十堰籍著名作家梅洁以及十堰本地相关领域的学者、专家、知名人士开展了“永乐大帝朱棣”“屈原魂归汉江”“吕家河民歌赏析”“以绿色发展理念助推十堰发展”“探索具有十堰特色的精准扶贫之路”等地方文史、文化讲座活动，通过面向社会、面向大众的讲座教育途径，既生动展示了地方文化风采，又为十堰经济社会建设发展注入了精神动力。

2.3 注重展示，提升地方文献工作影响力

为增强市民、读者对十堰市图书馆地方文献工作和地方文献资源的了解、关注，提升影响力，在世界读书日、全民阅读月、孔子诞辰日等重要节点，十堰市图书馆都要举办经典地方文献展览、展示活动，通过对涉及十堰政治、经济、文化、历史、人物、风土人情等各方面地方史志、地方出版物、地方人士著述和相关史料、资料的直观展示，增强市民、读者的地方文献意识，扩大地方文献的关注度、影响力，培养潜

在的地方文献用户，进而更好地发挥地方文献工作服务经济社会发展的积极作用。

2.4　生动演诵，增强地方文献感染力

充分利用地方文献资源，充分借助4·23全民阅读月启动仪式平台和“书香十堰”千人广场诵读品牌，精心组织编排具有地方文化特色、带有地方文化符号、反映地方文化精神的演诵作品，对地方优秀传统文化资源进行演绎、诠释、解读和宣传。通过连续9届的全民阅读月启动仪式和千人广场诵读活动，结合“大美十堰”“智慧十堰”“创新十堰”等主题，将地方文化资源融表演、诵读等形式为一体，生动展示了地方优秀传统文化的醉人风韵和无穷魅力，让人们在潜移默化中增强了对地方文化资源和文化遗产的认知、认同，培植了对乡土文化的自信心、自豪感，提升了保护、传承、发扬优秀传统文化的意识和责任感、使命感。

2.5　精心编纂，强化地方文献服务能力

一是通过编纂《汽车文献书目索引》《十堰市地方文献联合目录》《十堰市古籍联合书目》，增强了地方文献实用性工具书的开发能力，对十堰地区地方文献服务于本地课题，服务于文化遗产保护起到了积极促进作用。二是通过《十堰记忆·掌故卷》《十堰记忆·谚语方言卷》《十堰文史·三线建设》《十堰三线建设·二汽历史图片集》等一批反映十堰人文、历史、风物以及十堰建设、发展历程等方面文献的编辑、编纂工作，对地方文献资源进行深度挖掘和科学整理，服务地方建设和市民读者。三是为相关单位和个人提供专项服务，提升了文献利用价值。坚持为社会、为大众、为科研人员服务的宗旨，充分利用馆藏文献资源，帮助各党政机关、企事业单位和编史修志研究人员进行课题研究，相继完成并出版了《十堰市志》《十堰当代诗歌集》《湖北下荆南道志》《潘氏家谱》等数十部专著。

2.6　加强建设，积极打造地方文献服务中心

一是加强政协文史馆建设。于2016年与十堰市政协文史和学习委员会合作，联合开办了政协文史馆，将十堰地区4县、1市、3区的政协文史资料、珍贵文献和相关出版物进行了整体征集、收藏，开辟了8个文史专区，收藏各类文献资料3000余种4000余册，充分发挥地方文献“存史、资政、团结、育人”的积极作用，努力打造地方历史文化宣传窗口、地方文史研究交流平台、优秀历史文化遗产传承教育基地和地方文献服务中心。二是加强“全国社会科学普及基地”建设。作为湖北省和全国社会科学普及基地，十堰市图书馆充分发挥地方文献资源优势，紧密结合地域特点和本地发展

战略、建设任务，大力开展社科普及宣传教育活动，主动推送各类社科文献服务，为落实我市“外修生态，内修人文”发展战略做出了积极贡献。

3 坚持不懈，地方文献工作取得明显成效

地方文献工作是公共图书馆一项管长远、打基础、利后人的基础性工作，周期长、耗时多，见效慢，需要我们沉下心来，默默付出，更需要我们长期坚持，润物无声[2]。近年来，对地方文献工作的立体推动，十堰市图书馆地方文献工作的成效已开始凸现。

3.1 地方文献工作的关注度明显提升

通过集宣传、讲座、展示、演诵、编纂、建设于一体对地方文献工作的整体推动和促进，无论是地方文献资源征集收藏工作，还是地方文献开发利用工作，越来越得到社会和大众的重视和认同，各级领导、各级部门越来越关注、支持地方文献工作，对地方文献工作的投入日益增加，文献征集收藏的数量、质量日益提高，人们对资源的需求日益增长，大众投身地方文献建设的热情和自觉性日益增强，为地方文献工作的高水平发展营造了良好的氛围和环境。

3.2 开发利用成效明显体现

一批利用地方文献资源进行著述、课题研究的成果使地方文献的价值得到了更高层面的彰显，《汽车文献书目索引》《十堰市地方文献联合目录》《十堰市古籍联合书目》的编纂，填补了我市实用性工具文本开发的空白；《十堰市志》《十堰文史·三线建设》《十堰三线建设·二汽历史图片集》等著述的出版，对十堰建设发展的历程进行了回顾、梳理，为后人留存下宝贵的人文历史遗产。一批利用地方文献资源服务经济建设的成果开始惠及民众，借助民俗资料建成的十堰民俗村、参考方志资料修复的牛头山风景区历史遗迹“高峰寺”、运用文史资料申报的国家地理标志“汉江樱桃”“黄龙鳜鱼”以及建设的中原突围鄂西北历史纪念馆等，在推动我市旅游开发、经贸发展、物质文化遗产保护利用、红色爱国教育等方面发挥了积极作用，收到了良好的经济效益和社会效益。

3.3 催生了一批业务理论成果

结合地方文献工作的探索、实践和总结、体会，十堰市图书馆一批业务理论研究

项目、论文频频获奖、纷纷发表，理论研究工作成绩斐然。《十堰古建筑文化遗产的抢救保护与开发利用》《人文十堰的思考与研究》先后获市级科研项目三等奖、市社科研究立项资助，《浅议地方文献与区域性中心城市建设》获市政府社会科学优秀成果奖，《地市级图书馆地方文献征集及开发利用的几点思考》《地方文献工作者与读者关系研究》《关于地方文献呈缴本制度的思考》相继在中国图书馆学术年会、全国中小型公共图书馆联合会研讨会、省图书馆学会学术年会征文活动中获奖。

4 结语

近年来，十堰市图书馆虽然在多措并举、立体推动地方文献工作科学发展方面做了一些探索和尝试，也取得了一些成果和成效，但距新时期地方文献工作的标准和要求，距党委、政府及社会大众对地方文献工作的期待和希望，仍有着一定的差距，需要我们在今后的工作中不断探索、不断总结、不断提高，进一步丰富工作内容，创新工作形式，拓展服务途径，更加主动、更加自觉地服务于中心工作，服务于地方政治、经济、文化、社会、生态建设和发展，为十堰奋力打造区域性增长极、全面建设社会主义现代化强市做出新的更大贡献。

参考文献：

[1] 邓小琴.打破传统思维，创新探索图书馆地方文献工作新模式［J］.重庆图情研究，2010（5）：14.

[2] 骆伟.地方文献学概论［M］.澳门：澳门文献信息学会出版社，2008：102.

关于市级公共图书馆地方文献资源建设及阅读推广的思考

——以襄阳市图书馆为例

陶鑫（襄阳市图书馆）

被誉为“一地之百科”的地方文献，是反映特定区域有关自然现象、社会现象、群体活动方式的记载物，具有资政、科研、教育、存史的作用[1]。《中华人民共和国公共图书馆法》（以下简称《公共图书馆法》）中明确规定：公共图书馆还应当系统收集地方文献信息，保存和传承地方文化（第二十四条）。而“保存”和“传承”地方文化最有效的方法，就是在做好地方文献资源建设的基础上，开展阅读推广工作，在广泛的阅读和传播过程中保存和传承。

1　地方文献资源建设及阅读推广的现状

1.1　地方文献资源建设的现状

地方文献包括地方史料、地方出版物、地方人士著述，因其内容的独特性，成为各公共图书馆（以下简称图书馆）最具特色的馆藏资源。襄阳市*图书馆（以下简称我馆）一直致力于地方文献资源建设。20世纪80年代，在全国范围内广泛开展地方文献编撰工作的背景下，我馆通过上级主管部门的协调，将市地方志办公室、市党史办公室、市政协文史委等单位新编撰的各种地方文献——《襄樊市地名志》《襄樊历史人物志》《襄樊文史资料》等收入馆藏。同时，也加大了对所辖枣阳、南漳、谷城、保康等区县地方史志的征集力度。1994年，在我馆迁至现址之际，广大热心市民、企事业单位、身处异地的襄阳籍人士，积极响应我馆在报纸上刊登的征集启事，捐赠了大量地方文献。进入新世纪后，各机关单位编撰的内部刊物和资料，如市统计局的《襄樊统计年鉴》、市人事局的《人事工作文件汇编》、市财政局的《财政管理与改

---

* 襄阳市原名襄樊市。2010年11月26日经国务院批复同意，湖北省襄樊市更名为襄阳市。原襄樊市襄阳区更名为襄阳市襄州区。

革发展》《襄樊金融改革二十年》《社会保障预算概论》等，也都被纳入我馆地方文献的征集范围。在2000—2005年间，我馆对馆藏地方文献进行了系统性筛查，列出了详细的缺藏目录，通过购买、复印等方法尽量补齐。经过长期积累，截至2017年底，我馆共入藏各类地方文献资源8000多种7万余册（件），为开展地方文献阅读推广工作奠定了良好基础。

地方文献客观翔实地反映出某一区域内的社会变迁、历史积淀、人文风貌。因此地域性是其最显著的特征之一，也是各图书馆进行地方文献资源建设时所遵循的重要原则。首都图书馆经过多年努力，建成了"'北京记忆'大型历史文化多媒体资源数据库"[2]；太原市图书馆申请了山西省科技厅的数字化平台建设项目，承担"晋阳文化特色数据库"课题建设，力求全面反映太原文化资源及其深厚的人文底蕴[3]；丹东市图书馆致力于地方文献特色专题库建设，先后建成了"满学文库""安东纪事专题库"等[4]。襄阳市位于湖北省西北部，是省域副中心城市，国家历史文化名城，楚文化、汉文化、三国文化的主要发源地，已有2800多年建制历史，历代为经济军事要地，素有"华夏第一城池"之称。我馆在挖掘整理馆藏地方文献的基础上，于2012年成立了"三国文化馆"。该馆不仅入藏了历代有关三国时期历史文化的记录文献，而且收集了如《诸葛亮集》《汉晋春秋》《襄阳耆旧记》《昭明文选》等三国两晋时期襄阳历史名人的著作，以及现当代襄阳地区学者的相关专著和研究成果，为本地区乃至全国的研究者提供了良好的科研平台。之后，我馆还先后建成了"襄阳市老照片数据库""汉水文化特色资源库""地方戏曲资源库"等多个特色资源数据库，共收录地方文献资源800余种，全方位地展现了襄阳地区的历史文化、风土人情和民风民俗。

1.2 地方文献阅读推广的现状

随着2018年的政府工作报告中提出，"倡导全民阅读，建设学习型社会"，全民阅读已连续第五次被写入报告，推广全民阅读也由一项日常性工作上升为国家战略。《公共图书馆法》规定，公共图书馆是社会主义公共文化服务体系的重要组成部分，应当将推动、引导、服务全民阅读作为重要任务（第三条）。作为全民阅读重要组成部分的地方文献阅读推广，有助于推动地方特色文化的传承和传播，增强民众对地区文化的认同感和归属感，提升当地民众的人文素质。目前，我馆主要通过馆内查阅、讲座、展览等方式开展地方文献阅读推广工作。

馆内查阅是最直接有效的推广方式。我馆对地方文献书库设置专人管理，制定了详细的查阅制度，对所有地方文献进行开架阅览，读者可自由查阅、复印、拍照。此外，我馆还组织专人编制地方文献书目，方便读者查询。为了解地方文献的利用情况，我馆建立了查阅档案，包括查阅者的姓名、单位、联系电话、查阅内容及查阅目的等。这些查阅档案折射出读者的阅读特点，为我馆今后改进工作提供了重要的参考。

定期举办讲座也是主要的推广方式。我馆于2008年开始举办公益讲座——“汉江讲坛”。讲座内容以襄阳的历史文化、经济建设、社会发展和文艺赏析为主，注重知识性、趣味性和普及性。讲座主讲人大都是在我市我省乃至全国具有一定学术声誉和学术影响的专家学者。经过十余年的发展，“汉江讲坛”已成为襄阳的文化名片。2017年“汉江讲坛”的全部21次活动中，“地方人文类”13次，占比约为62%。这表明，“汉江讲坛”已成为我馆开展地方文献阅读推广的重要阵地。

展览是广大读者喜闻乐见的推广方式。我馆积极配合传统节日和社会文化热点，利用馆藏资源举办了多场主题展览。例如，全国百名书法家书襄阳孟浩然诗书法展、老樊城影像展、文化遗产日拾穗者展览、木板版画展、汉江奇石展、民间技艺展、襄阳名人著述展等。这些展览不仅使我馆的地方文献资源得到充分利用，而且使广大市民直观地了解了本地区的历史、文化、科技、名人、民俗等地方文化。

我馆在大力进行地方文献资源建设的同时，以多种方式开展地方文献阅读推广工作，取得了良好的社会效益。然而，在网络信息技术飞速发展的当下，我馆地方文献的资源建设及阅读推广工作中，均显现出一些亟待解决的问题。

2 地方文献资源建设及阅读推广中的问题

2.1 资源建设中的问题

第一，文献征集途径单一。随着《公共图书馆法》的实施，购书经费得到足额准时发放，购买成为相对长期而稳定的地方文献征集方式。图书馆主要通过购买、呈缴本制度、接受个人和团体捐赠、复制、交换等一些途径征集地方文献。但我馆在实际工作中，呈缴本制没得到有效执行。尽管2001年通过的《湖北省公共图书馆条例》规定：各级人民政府应当重视地方文献资料的征集工作，建立健全呈缴本制度。省图书馆是本省出版物版本收藏单位，市、州图书馆是所在地出版物版本收藏单位。省内各出版社、报社、杂志社等出版单位，应当在出版物出版30日内，向省图书馆及出版单位所在地的市、州公共图书馆缴送两册（套）样本（第十二条）。然而在实际工作中，地方出版机构往往被要求向除图书馆以外的行政主管部门、档案馆、博物馆等呈缴出版物。在自负盈亏的市场经济环境下，这种多头呈缴，无疑增加了出版机构的运营成本，削弱了其主动呈缴的积极性。因此，购买成为我馆几乎唯一的地方文献获取途径。

第二，特色内容及数据库建设有待加强。我馆的馆藏地方文献大致可分为三类，一是民间自主编修的家谱、族谱类等；二是政府部门和企事业单位编撰的史、志、年鉴、文集、资料汇编、内部出版物、画册、图表类等；三是以襄阳地区为内容的著述、传记类等。除此以外，我市还有老河口丝弦、襄阳花鼓戏、湖北越调等8项国家级非物质文化遗产。南漳剪纸、谷城黄杨木雕、枣阳手工粗布纺织技艺等30项省级非物质文化遗产。孟浩然传说、双钩书法、荆蛮绣活等95项市级非物质文化遗产。这些涵盖了文学艺术、手工技艺、社会风俗的非物质文化遗产，全方位地体现了襄阳地区独特的文化内涵，但我馆目前并未将其系统地收录在地方文献库里。此处，虽然我馆自建有一定数量的地方文献特色数据库，但在内容、质量、特色、利用等方面还存在着一些不足。如数据库建成以后，并未对内容进行及时补充、更新，长此以往，势必降低这些数据库的利用率。

2.2 阅读推广中的问题

第一，阅读推广工作缺乏主动性。如何利用地方文献资源开展阅读推广工作，是图书馆界共同面对的课题。对于地方文献工作，大多数图书馆并未给予足够的重视，其着眼点仍停留在收集、整理、组织、保存的阶段，满足于建立起一定规模的地方文献馆藏，有专架、专库陈列展示，而对于地方文化的推广、传承、研究、利用却思考甚少[5]。我馆的查阅档案，清晰地显示出到馆查阅地方文献读者的主要特点：以18—60岁的成年、有劳动能力者为主；服务对象主要是研究机构、政府机关和企业的工作人员；查阅地方文献的主要目的，是课题研究和为项目收集资料，出于兴趣爱好的阅读者很少。由于我馆缺乏对襄阳地区的乡土文化、历史传统有深入了解和研究的专业人才，因此很难针对读者的疑问给出专业的解答，也没有开展地方文献导读工作，更没有根据查阅档案所反映出的读者需求和阅读偏好，进行有针对性的阅读推广工作。

表1 2018年1—6月襄阳市图书馆地方文献查阅情况（单位：人次）

年　龄	身　份	目　的
18岁以下：0 18—60岁：74 60岁以上：12	研究机构：38 政府机关：19 企　　业：17 离 退 休：12	课题研究：45 收集资料：26 兴趣爱好：8 编修家谱：7

第二，阅读推广方式单调。地方文献内容包罗万象，上自天文，下及地理，旁及社会、人文领域各个方面；载体形式复杂多样，有甲骨、皮革、缣帛、金石、木牍、竹简、纸张、胶卷、光盘等[6]。任何一座图书馆都很难征集全所有的地方文献。除图书馆外，博物馆、档案馆、纪念馆等都或多或少存有各具特色的地方文献，甚至一些名胜古迹，本身就是物化了的地方文献。但我馆目前并未和这些单位联合开展地方文献阅读推广工作，无论是馆内查阅还是讲座和展览，都是本馆工作人员利用馆藏资源、馆舍场地而开展的阵地活动。一成不变的推广方式，会降低阅读推广活动对读者的吸引力，从而导致阅读推广效果减弱。

第三，网络平台未充分利用。图书馆作为城市的文化和知识中心，需要不断地随着社会的发展，探索新的阅读推广方式。数字化技术的飞速发展，迅速改变着公众的阅读方式。据《2017年度中国数字阅读白皮书》显示，我国数字阅读市场规模已达152亿元，数字阅读用户已接近3.8亿，同比增长超过17%。虽然我馆已建成了官方网站，开通了微信公众号，拥有了QQ读者群等，但这些网络平台并未成为地方文献阅读推广的有效途径。在数字化社会里，过度依赖阵地服务而忽略馆外活动和网络平台的积极作用，无疑将在很大程度上制约地方文献的阅读推广效果。

以上存在于我馆地方文献资源建设和阅读推广中的问题，具有一定的普遍性和代表性。这些问题严重阻碍了市级图书馆地方文献工作的顺利推进。以下，笔者将就如何解决这些问题，逐一进行探讨。

3 地方文献资源建设的主要对策

3.1 拓展地方文献的征集途径

首先，要完善呈缴本制度。虽然不少图书馆都将呈缴本制度写入管理办法、条例中，但制度的执行情况却并不理想。出版机构拒缴、漏缴情况屡见不鲜，各地图书馆对法定呈缴的执行情况也非常不满[7]。针对如何完善呈缴本制度的问题，周淑云等建议，减少呈缴数量，建立地方特色的呈缴制度；建立出版物呈缴的催促制度与政府公告制度，注重出版单位利益保护；合理开发利用呈缴的出版物；建立呈缴信息反馈平台[8]。涂志芳在对58个国家和地区进行调查后得出结论——12个国家和地区采用了著作权登记、直接经济补偿、税收优惠、免收邮费等补偿方式，其中以直接经济补偿居多[9]。由此可见，要完善呈缴本制度，一方面要对呈缴主体、呈缴对象、呈缴范围等进行明确而清晰的界定；另一方面也要在避免多头呈缴的同时，由公共财政对出版机构进行适当的补偿，以激发其主动呈缴的积极性。

其次，市级图书馆应通过相关行政主管部门的协调，强化与博物馆、纪念馆、档案馆等当地其他地方文献收藏单位的横向联系，共同编制地方文献书目，努力形成互通有无，通借通还的长效机制。这样既能丰富图书馆的馆藏资源，也能避免因各单位的重复建设而引起的资源浪费。另外，要注重利用网络获取地方文献资源。互联网及现代信息技术的快速发展，为地方文献的征集开辟了新的途径——互联网免费全文开放获取。国家图书馆超过80%的古籍善本已可在网上免费阅览。在此引领下，部分省、市级图书馆也已着手免费开放馆藏地方文献。我馆可尝试通过免费开放的途径，在公开馆藏资源的同时，获取更多的地方文献资源。

3.2　注重地方文献内容的地域性和数字化建设

首先，应在尽量全面的基础上突出地方特色。目前最能体现地方特色的，莫过于该地区所拥有的非物质文化遗产。据调查，我国31个省级公共图书馆中，专门建设有“非物质文化遗产资源库”的已达14个，资源类型包括视频、文字、音频、图（照）片等[10]。对于受到人财物等客观条件限制的市级图书馆而言，可联合档案馆侧重于非物质文化遗产型地方文献的保存、收集工作，可以向具有研究、鉴定、调查、记录等专业能力的非遗中心、文化馆、博物馆等提出共建要求[11]。我馆已建成的“三国文化馆”、襄阳市老照片数据库等资源都极富地方特色，襄阳地区丰富的非物质文化遗产应成为地方文献资源建设的下一个重点。

其次，应加强地方文献的数字化建设。近年来，文化部和财政部共同在全国统一实施三大数字文化工程——文化信息资源共享工程、公共电子阅览室建设计划、数字图书馆推广工程，大力支持省市各级图书馆联合开展地方文献数字化工作。图书馆界应以此为契机，构建以省级图书馆为核心的地方文献资源建设联盟。市级图书馆通过联盟可得到如下帮助和支持：地方文献征集互助、地方文献咨询工作指导、地方文献阅览工作指导、地方文献工作人员的素质培训、地方文献数字资源建设等[12]。联盟内的各图书馆，不仅能充实数字化地方文献的藏量，而且能提升地方文献工作的效率。另外，通过资源建设联盟，将各图书馆已具有的地方文献数据库有效地集结起来，这并非是简单地降低成本，而是通过数字化的方式集中起来，充分利用资源，统一平台、统一资源、分散管理、分散服务、自由获取，建立“一站式”的服务平台，进一步推进“一站式”数字服务平台建设[13]。

4 开展地方文献阅读推广的对策

4.1 积极主动地开展分众阅读

分众阅读就是把从来都是大而化之的、最广泛意义上的“读者群”，根据年龄、性别、社会职业、兴趣与爱好等加以细分，再根据读者群体的阅读需求，把最合适的读物，推介、推送、推广给最合适的“读者”[14]。学界就如何以分众阅读理论为基础开展阅读推广工作，进行了深入的研究。邹辉杰等指出，图书馆可以充分利用自身的专业优势，为有共同兴趣爱好、不同年龄层次的读者开展地域传统文化专场阅读活动，即读书沙龙活动，以期实现地域传统文献阅读价值的最大化[15]。陆志欣将地方文献的读者划分为精研型读者、概阅型读者、求知型读者和休闲型读者，并逐一提出对应的阅读推广方式[16]。刘芸等通过问卷调查了解到：到馆读者中年轻读者比例大，但了解并借阅地方文献的年轻读者比例小；经常查阅地方文献的读者年龄偏大，学历较高；借阅文学类文献的读者较多，但学术研究方面的读者少；读者整体利用图书馆的频率不低，但地方文献利用率低下[17]。由此可见，要充分发挥分众阅读的推广效能，首先需要准确把握不同群体读者的阅读特点。

表2 襄阳市图书馆地方文献服务满意度调查（单位：人次）

发放对象	有效份数	是否了解我馆的地方文献工作？	是否愿意阅地方文献？	阅读地方文献的目的	常用的阅读方式	对我馆地方文献工作的建议（多选）
18岁以下	92	不了解：68 听说过：16 了　解：4	不愿意：74 愿　意：18	增长知识：15 课题研究：0 兴趣爱好：3 其　　他：0	纸质：30 数字：62	加强宣传：87 增加馆藏：64 数字化：90 丰富推广手段：81
18—60岁	97	不了解：30 听说过：36 了　解：31	不愿意：23 愿　意：74	增长知识：9 课题研究：48 兴趣爱好：14 其　　他：3	纸质：39 数字：58	加强宣传：83 增加馆藏：94 数字化：92 丰富推广手段：94
60岁以上	100	不了解：21 听说过：35 了　解：44	不愿意：4 愿　意：96	增长知识：7 课题研究：5 兴趣爱好：81 其　　他：3	纸质：67 数字：33	加强宣传：82 增加馆藏：96 数字化：42 丰富推广手段：94

笔者于2018年3—6月间，以到馆读者为对象，发放300份问卷，回收300份，其中有效问卷289份。问卷设计包括读者的年龄、是否了解我馆的地方文献工作、阅读

意愿及目的等项目（表2）。此次调查结果显示，我馆应从以下几个方面着手开展有针对性的地方文献阅读推广工作。

第一，重点加强对未成年人的阅读推广工作。18岁以下的未成年人中，绝大多数对地方文献工作不甚了解，大部分人不愿阅读地方文献。针对这类群体，首先要根据其数字化阅读率高的特点，通过微信、QQ等网络平台推送地方文献，让其了解图书馆的地方文献工作。其次，要抓住未成年人求知欲望强、阅读涉猎范围广，尚未形成明确的阅读趋向的特点，从地方文献中挑选其感兴趣、容易接受的主题和内容，以故事会、听故事、手工课、歌唱吟诵、游戏、话剧、绘本剧、音乐剧等形式手段，开展阅读实践和体验[18]。就我馆而言，可以将三国争雄、楚汉相争等精彩纷呈的历史事件，以讲故事、小剧场等形式向未成年人推广，达到激发其阅读地方文献兴趣的目的。

第二，为读者提供专业、全面的服务。18—60岁读者群的主要查阅目的，是利用地方文献进行课题研究。这要求图书馆工作人员能以文献为基础，通过个别解答的方式，为读者提供有针对性的知识信息服务。因此，需对地方文献工作人员进行经常性的业务培训，使其一方面理解阅读推广的相关理论，另一方面培养扎实的古文功底，熟悉当地府县志、文化志等相关书籍，同时对文化名人的相关著述也有一定的了解。在此基础上，通过分析、鉴别、加工和整理原始资料，对地方文献资料进行深度挖掘和开发，为读者提供有一定科研价值的二次文献或三次文献，以提高地方文献的利用率[19]。

第三，为老年读者提供周到细致的服务。老年读者往往出于对家乡的深厚感情，对地方文献怀有很高的阅读热情。图书馆应尽量为这类读者提供周到细致的服务。首先，改善阅读环境，配置老花镜、放大镜等，方便读者阅读。其次，遴选内容最有代表性或装帧独特的地方文献，陈列于图书馆的大厅或地方文献阅览室，便于老年读者查阅。再次，按照政治、经济、地理、文化、历史、名人等主题将地方文献进行分类，分期分批地向老年读者推荐。最后，使老年读者成为地方文献阅读推广的主体。老年读者有丰富的生活阅历和社会经验，不少人本身就具有深厚的地方文献知识。图书馆可适当邀请热心公益的老年读者来馆，进行诸如历史文化、民俗民情等内容的讲座。这样既能实现老年读者的个人价值，也能通过直观的言传身教，激发起其他年龄层读者对地方文献的阅读热情。

4.2 以多种方式扩大阅读推广范围

首先，改善图书馆阵地服务方式。要突破传统的馆内查阅、讲座、展览等到馆服务的窠臼，"走出去"是行之有效的方法之一。2015年3月开始实施的《湖北省全民阅读促进办法》中明确规定：推进全民阅读活动进机关、进学校、进企业、进村组、进社区、进家庭、进工地、进军营、进特殊群体、进网络，提高全民阅读活动的影响力和辐射力（第十一条）。为切实贯彻此《办法》，我馆加快了与政府机关、社区、教育机构、企业等建立联系的进程，截至2017年底，已在市区设立了171个流动图书站、10个社区分馆，形成了一定规模的服务网络体系。我馆可利用这些服务网点，在公众身边开展地方文献阅读推广活动。另外，襄阳地区拥有古隆中、习家池、鹿门山、岘山、水镜庄、襄王府等一大批名胜古迹，我馆也可与之联系，在实地开展主题阅读推广活动。

其次，运用网络平台，扩大阅读推广的范围。无论在馆内还是在馆外，每次参加阅读推广活动的公众数量都是有限的，但通过网络参加活动的人次却可以是无限的。在网络时代，信息传播具有移动化、微型化、瞬时化、去中心化、扁平化等特点[20]。我馆可在微信公众号、QQ读者群里定期推送地方文献的相关知识，同时建立互动社区，将有关地方文献内容的讲座、展览的视频资料上传至网络平台，使公众在观看过程中能发表见解，相互交流。这样既扩大了阅读推广范围，又能在与公众的即时互动中，了解其对地方文献工作的态度及建议。

5　结语

资源建设和阅读推广是地方文献工作的主要内容。在资源建设方面，市级图书馆应在购买、捐赠、交换、复印等常规途径之外，完善呈缴本制度。同时加强与当地博物馆、档案馆、史志办、地方志办公室等机构的横向联系，以及图书馆系统内的纵向联系，开展省、市、区县多级联动的数据库建设工作。在阅读推广方面，图书馆需认真分析不同类型读者的阅读特点，有针对性地开展阅读推广工作，并改进传统僵化的推广形式，通过开展形式多样的馆外活动和线上活动，扩大阅读推广的辐射能力。图书馆应不断在地方文献工作中发现并解决问题，为推进全民阅读、构建学习型社会做出贡献。

参考文献：

[1] 骆伟.地方文献学概论［M］.澳门：澳门文献信息学会，2008：43-62.

[2] 李诚.首都图书馆北京地方文献工作综述［J］.图书馆，2011（3）：125-126，128.

[3] 韩春艳.公共图书馆推广地方文献资源的实践与思考——以太原市图书馆为例［J］.图书情报工作，2016（6）：69-71，104.

[4] 刘颖.特色地方文献馆藏体系构建研究［J］.图书馆学刊，2017（5）：78-81.

［5］刘京.浅谈公共图书馆地方文献阅读推广的创新发展——以烟台图书馆为例［J］.当代图书馆，2018（1）：22–25.
［6］张忠辉.公共图书馆地方文献征集工作的重点和难点［N］.中国出版传媒商报，2015–11–6（24）.
［7］申庆月.公共图书馆法定呈缴制度的法律研究［J］.经济研究导刊，2011（2）：211–213，223.
［8］周淑云，伍丹.论我国地方性图书馆立法关于出版物呈缴制度的规定，2016（5）：35–39.
［9］涂志芳.出版物法定呈缴制度中的补偿机制研究［J］.图书馆论坛，2017（1）：71–78.
［10］徐军华，刘灿姣，杨丹.我国省级公共图书馆非物质文化遗产数据库建设的调研与分析［J］.图书馆，2016（2）：28–32.
［11］周梅玲.非物质文化遗产文献的收集整理［J］.浙江档案，2011（11）：43–44.
［12］王爽，张丹，李佳.现代公共文化服务体系下地方文献联盟建设研究——以辽宁地区公共图书馆地方文献联盟建设为例［J］.图书馆学刊，2017（3）：42–45.
［13］李国新.现代公共文化服务体系建设与公共图书馆发展——《关于加快构建现代公共文化服务体系的意见》解析［J］.中国图书馆学报，2015（3）：4–12.
［14］徐雁，谭华军.把握分众阅读原理，做实分地读物推广——以湖南地方文献主题著述为中心［J］.图书馆，2017（11）：22–28，35.
［15］邹辉杰，方晨，李莉.公共图书馆地域传统文化阅读推广研究［J］.河北科技图苑，2015（3）：7–9.
［16］陆志欣.浅论地方文献读者服务工作［J］.科技情报开发与经济，2013（15）：25–26.
［17］刘芸，刘嫦娥.图书馆地方文献推广工作的读者细分策略研究——以江西省图书馆为例［J］.图书馆研究，2014（5）：66–68.
［18］郑小灵.地方文献阅读推广与少儿阅读［J］.公共图书馆，2017（1）：44–48.
［19］李晓宁.全民阅读背景下公共图书馆地方文献的阅读推广［J］.图书馆研究，2016（2）：83–86.
［20］贾利锋，李海龙."微时代"图书馆混合体验式阅读环境的构建——以新乡地方文献整理中心为例［J］.图书馆，2016（6）：107–111.

罗典、严如煜、赵慎畛师承关系考辨

杨佳（湖南图书馆）

罗典是清代岳麓书院著名山长，以弟子英杰荟萃名世。罗典五代族孙，民国学者罗正纬在《申论“近百年湖南学风”》一文写道：“老人寿九十，麓山掌教二十七年，及门弟子，以学至通显者二百余人。追溯源流，为近百年湘学之开山祖也。”[1]的确，罗典执掌岳麓书院近三十年，以弟子名天下，是其最值得骄傲的人生勋业。但是，学界对罗典弟子群体与罗典的师承交集研究得还失之笼统，尤其是对许多重要弟子的身份认定还十分模糊乃至缺失。笔者根据自己掌握的史料，特对罗典两位重要弟子与罗典的师承关系加以考辨如下。

1 严如煜和罗典的师承关系

严如煜（1759—1826），字炳文，号乐园。祖籍浙江，宋末祖先迁溆浦。严如煜出身书香世家，十三岁补县学生。后入岳麓书院从学罗典，究心舆图、兵法、星卜之术，深得罗典真传，是罗典最为器重、也是和罗典交集最深的弟子。乾隆六十年（1795），湖南湘西爆发苗民起义。严如煜经罗典推荐入湖南巡抚姜晟幕，献平定之策，成功平息起义。后川、陕、鄂三省边区又爆发了白莲教起义，嘉庆帝招天下应对之策，严如煜又脱颖而出，献平治之策，获得嘉庆帝的高度赞赏，委任严身体力行，赴叛乱地治理，严如煜再建奇功，平定了白莲教起义，从知县升迁至陕西按察使，成为治乱奇才。死后授陕西布政使衔。他是经世派理念和践行的突出代表。

严如煜是继承罗典衣钵最多，且深知罗典的弟子——从其为罗典作传便可看出。无论对恩师的履历的了解，还是情感上的理解，他都在罗典弟子群首屈一指。他也是罗典弟子群的中心人物。在罗典成名弟子群中，他官职并非最高，但年龄较长，出道较早，对人友善侠义，勋业也十分显赫，因而在弟子群里很有威望，可以说，他在很大程度上加强了罗典弟子群的密切关系。可惜，学界对严如煜未给予足够关注，尤其对他与罗典的交集关系认知模糊。

多种介绍严如熤生平的研究文字都如是表述："如熤十三岁时补县学生，从学于鸿胪寺少卿罗典。"这显然是不确切的。十三岁师从罗典，况且是偏远在湘西的县学，与省城的岳麓书院不在一个档次，从常理看，都应该受到质疑，不可轻易采信，可偏偏许多学者就这么接受了。追究缘故，恐怕是照本宣科于陶澍为严如熤写的《墓志》："年十三，补县学生。师事少鸿胪罗先生典于岳麓。"这也是误读陶澍。

有学人为严如熤作年谱，认为严如熤于乾隆五十四年（1789），31岁时就读岳麓书院，师从罗典。这就是简单查阅严如熤诗文产生的误判。严如熤文集中有篇文章《还石轩记》如是说："己酉岁，余读书岳麓。……壬子以后，余主讲沅之明山。"根据文章语境，所谓己酉岁，就是乾隆五十四年，壬子年，就是乾隆五十七年（1792）。所以作年谱者据此判定，严如熤是乾隆五十四年入读岳麓书院。还有一个背景，也是影响学者做出误判的原因，乾隆五十四年，严如熤被学使拔为优贡，一些学者便想当然严如熤是被拔贡入读岳麓。但是，严如熤在岳麓书院有六年时间，如以五十四年起算，则五十七年他赴明山书院教书，在岳麓的学历只有三年，显然不对。而且从五十四年入读岳麓书院起算六年，就到了乾隆六十年，该年他就被罗典推荐入姜晟幕中，参与平定苗民起义，此后就开始了仕途，也没有时间入读岳麓书院。显然难以自圆。结合严如熤其他诗文就会发现，乾隆五十四年只是这六年中的某一年，并不是开始就读岳麓书院的那一年。做年谱者显然没有考虑到，于是作了误判。

根据严如熤这篇文章，乾隆五十七年严如熤已经离开岳麓书院在沅州明山教书了，那么，他入读岳麓书院的时间至少要从这一年向前推六年才对，也就是说，应该是乾隆五十一年。当然，这还不够。也可能在明山教书之前，他已经离开岳麓书院一段时间了。这就意味着，他入读岳麓书院的时间还可以往前推。在严如熤的文章中还有一篇更加关键。《和秦竹浯岳麓众芳诗小引》中记载："熤侍慎斋夫子讲习前后六载。……自归里后，寒暑凡四更，因省试为灵麓之游者仅一次。……义陵严如熤撰，时甲寅孟春。"[2]由此可见，此文写于乾隆甲寅年（1794）孟春，此时，严如熤已经归里四年，归里前师从罗典达六年。也就是说，他入读岳麓书院的时间应该是十年前，即乾隆四十九年（1784）左右。笔者这个推论，在朱汉民、邓洪波的《岳麓书院史》中得到印证。该书在乾隆四十九年（1784）岳麓书院大事记中写道："本年，院中知名生徒有严如熤（乐园）、陶士升（陶澍之父）、周锷、向曾贤（鲁斋）、秦敬衡（竹浯）、李白桥、吴桃溪、罗琦（麓西）等。"[3]这也和陶澍年谱中之父陶士升（必铨）入读岳麓书院的时间吻合。

再参照相关史料推测，严如熤入读岳麓书院的时间可能还要早一年左右，如然，严如熤则是罗典主持岳麓书院后的开山弟子之一。这无论对严如熤还是罗典都具有重要意义。对严如熤而言，师从罗典是其人生中的重大事件，某种意义上可以说，没有罗典，就没有后来我们所看到的严如熤。查严如熤诗文可发现，严如熤对罗典以及岳麓书院生活的记载诗文达35篇之多，字里行间深深地敬仰罗典，魂牵梦萦地怀念岳麓书院的岁月，在罗典的所有弟子中首屈一指，这给我们提供了认识罗典和岳麓书院的珍贵史料。忽略严如熤就读岳麓书院行迹的确切考证，我们对罗典以及此期间岳麓书院的认识，只能是泛泛而论。

在罗典弟子中，严如熤个性独立不羁，他对科举之途并不热衷，也不擅长，其强项是务实经世之才。罗典并不在意这个学生对科举的疏离，而格外看重严如熤的实务能力。乾隆六十年湖南湘西爆发了苗民起义，官军围剿，屡遭挫折，四处求访高人参与平乱。罗典向主持会剿的湖广总督毕沅和湖南巡抚姜晟推荐严如熤、藤家圭、戴尚文等弟子，辅佐姜晟，在平乱中建立了奇功。从此严如熤脱颖而出，走上仕途，成为嘉道年间著名的国之经世干臣。现在学界一般都认为，严如熤的引荐者是当时的湖南学政张姚成，这是不全面的，更主要的推荐人应是深知严如熤等弟子的罗典。《诰授朝议大夫鸿胪寺少卿罗典入祀乡贤祠总录》明确记载："本贤教人，必取有用之学，能为国出力报效。凡天文、地理、兵农、礼乐诸大务，讲求精当。麻阳藤家圭、家瑞、溆浦严如熤、戴颖、皆在门墙七八年，身受其教。乙卯苗匪猖獗，本贤闻之曰："我辰沅中门生必有能办贼者"。未几滕家瓒、家瑞集乡勇剿御，屡立战功，仰邀邮典。严如熤献平苗十策，与戴颖居抚军。幕佐赞军谋，至教匪跳梁……今授汉中府知府，每与人道及，不忘渊源所自。"《清实录》中记载得更为明确："嘉庆初，福康安征苗，招致才异，罗典荐溆浦两生，一严如熤，一即尚文。谓严生负经济才，应禄士，汝疏散，慎勿官职自羁也。"[4]《清实录》说的是罗典向平苗主帅福康安推荐自己两位湘西弟子，严如熤和戴尚文。罗典还对戴说，严如熤有经世大才，该去当官，你性格比较懒散，就不要当官受约束了。可见，罗典不仅深知弟子特长，对当官也没怎么看在眼里，他不想戴尚文的天性受到约束，这样体恤弟子的老师，弟子怎不敬重有加？后来戴尚文果然只当幕僚不当官，建奇功即身退。

诸此种种，均显示严如熤和罗典的交集非同一般。此外，严如熤诗文中在涉及罗典的同时，还连带与许多与岳麓同学的交集记载，只要认真考辨，会对岳麓弟子有更新的发现，从而丰富并加深对历史的认知。

2 赵慎畛和罗典的师承关系

赵慎畛（1761—1825），字遵路，号笛楼，晚号蓼生，武陵（今常德）人。少年丧父，由母亲养大，家教甚严，七岁跟舅父王敬禧读书，10岁能诗，享有“神童”之誉。《清实录》有传记载：“为诸生时，学使钱沣器之。曰：‘人英也！’嘉庆元年，成进士，选庶吉士，授编修。迁御史、给事中。”嘉庆十七年（1812），出为广东惠潮嘉道。逾年迁广西按察使。二十年（1815）迁广东布政使。二十三年（1818），迁广西巡抚。道光二年（1822），迁闽浙总督。道光五年（1825），调云贵总督。未几，遂卒。享年64岁。赠太子少保，谥文恪。

赵慎畛是嘉道年间的朝廷重臣，在同期湖南官僚群体中，其资历、官职、声望都是顶级。因此，陆续进入仕途的陶澍、贺长龄、严如煜、欧阳厚均等罗典弟子均与他有密切交往和诗歌唱和，有关史料均有记载。但是，史料中对他进士之前的经历记载较少，尤其比较重要的学历情况记载不多。只知他有神童之誉，一直受到舅父教育，有诸生学历，而且得到学使钱沣的赏识。所以，如果说他曾入读岳麓书院，是罗典弟子，想必学界会感到有些意外。这可能和史料缺失有关，也和学界对他的关注不够有关。

笔者近来研究严如煜，意外地在严如煜的诗文中发现了有关赵慎畛的记载。严如煜的诗文显示，赵慎斋是严如煜的同窗好友。推理开来，肯定是罗典的嫡传弟子无疑。在《严如煜集》有篇文章《文会记》，记载的严如煜等十八位岳麓弟子结为岳麓文会之事：“因仿曾子之意，联为文会相与讲论探讨……庶有仰体大贤人之训诲而得古人相与有成之义也。诸君子者，薄墅彭子，勿斋王子，郁亭潘子，竹轩滕子，鲁斋向子，静轩汪子，竹浯秦子，笛楼赵子，阆圃谢子，真斋彭子，云榻方子，东浦胡子，蔗畦方子，望山陈子，白桥李子，七塘傅子，麓西罗子，偕余凡十八人。”

对于这次文会，朱汉民、邓洪波的《岳麓书院史》中也有相应记载，认为时间不能确定，暂且定为乾隆五十八年（1793）：“院中诸生严如煜、向曾贤、秦敬衡（竹浯）、彭兴頀（薄墅）、王德箴（勿斋）、罗琦（麓西）等十八人结为岳麓文会。相与讲论探讨……”

由于严如煜提及十八位文会成员用的是号，《岳麓书院史》的作者为方便读者进行了翻译，改用了我们比较熟悉的人名，但并没全列十八人之名，大概有两种可能：一种情况是求概括，故不全列；还有一种情况是对有些人凭其号不知其名，故而省略了，赵笛楼就属省略之列。笔者估计很可能是后一种情况，由于该书作者不知道笛楼就是赵慎畛的号，也就忽略了一个重量级的岳麓弟子。否则，应该不会出现这种情况。因为赵慎畛后来官高名大，业绩斐然，是很为岳麓书院长脸的事，著作者似乎没有理由把他省略不提。

严如煜的诗文中，多篇提到了赵笛楼，可见关系比较亲密。其中还有一首诗，题目为《防江忆岳麓诸友、明山诸生，即示洵州弟子》，再次提到岳麓文会事："佳话词坛十八人，岳麓会文之友，共得十八人。瓣香我自衍龙津。沅州明山书院训课共七载。澧兰沅芷风骚地，在明山时欧阳学博相唱酬，共研友也。玉竦金鳌锦绣春，秦竹涪、赵笛楼、蒋云桥、李白桥、罗麓西诸君均在都中。结席未能忘故我，投戈聊与话前因，深惭俗吏非儒吏，风雨名山人梦频。"

严如煜此诗当写于嘉庆六年（1801）后，任洵阳知县期间。自注中不仅确认赵笛楼等同学为文会之成员，而且指出，他们现在都进士京城为官。这与赵笛楼（慎畛）的履历非常吻合，此时赵正在京城为编修或给事中。

再回头说赵笛楼在湖南为诸生，受到钱沣（南园）赞赏之事，很可能是指乾隆五十四年，岳麓弟子乡试大捷，得举明经三十六人，中举人十二人，赵慎畛亦名列其中。《湖南文征》中收录了赵慎畛一篇短文《陈惠传》，是赵为攸县乡儒陈惠写的小传，文中有赵慎畛与陈惠"己酉同年举贡"之说[5]，己酉年就是乾隆五十四年。后来，赵慎畛终身以恩师尊事钱沣。道光六年，钱沣病故，赵慎畛撰《祭南园先生墓文》以祭，自称受业门人，拳拳不忘钱沣的提携。左宗棠亦撰有《钱南园先生文集序》，文中有论钱沣视学湖南时举荐提携湖南优秀弟子的记载云："沣州试院，刻先生手书"用严"两字，并示诸生数语，至今犹存也。当时所录诸生，武陵文恪公，溆浦严乐园先生，平江向鲁斋先生，安化陶萸江先生为尤著。"[6]

查严如煜和向鲁斋的有关生平资料还可以发现，他们和赵慎畛都是乾隆五十四年被钱南园选为贡生。史料确证，严如煜和向鲁斋此时已经就读岳麓书院，陶士升则是同年被钱南园从城南书院转入岳麓书院。故而左宗棠将几位岳麓弟子并陈。那么赵慎畛亦为岳麓弟子也就更有可能。

还有两个旁证值得一说。

查向鲁斋的生平介绍，可以发现他"与赵文恪公交好"的记载。这也可以使人联想，向鲁斋与赵慎斋很可能是因为岳麓同学的机缘交好。《湖南文征》收录了向的一篇文章《题赵笛楼太史辍辑文尾手卷》。文中说："（余）自少与笛楼同学，曾己酉乡试同年友也"。此文虽然没有明确指出与赵是在岳麓书院同学，但向文又说，赵笛楼一直跟随舅父王敬禧读书，他很遗憾没能成为赵之舅父的学生，那么，向只能是和赵在岳麓书院同学了。若然，严如煜的记载就更加可信了。

此外，赵慎畛在《祭南园先生墓文》还有这样一段话："慎畛孤根薄植厕胶庠，邀孙阳之一顾，屡激赏于骊黄。每温言而独被，资禀饩以相偿。值酉科之拔萃，遂首选于名场。嗣计携而北上，犹坐春风以相羊。倏卯秋之值厄，悲颓山而坏梁。尝亲视夫含敛，抱隐戚于心丧。"

这段话要结合钱沣的生平才能理解。钱南园于乾隆四十九年是受到处分才来湖南主学政的，其间又受到参劾，三年任满后，革职留任湖南，又干了三年。六年期满即乾隆五十四年后，其母病故，同时又遭巡抚蒲霖参劾。可见，钱南园在湖南六年是在压力下履政，走得也很凄凉。赵慎畛这段祭文要在这样知识背景下才好理解。赵大意是说，他幼年丧父，人脉根基单薄，幸亏钱南园器重，使他进入学校读书，还享受食饩的优惠，已酉年又被拔贡中举，本来想跟老师一起北上，可是钱南园又遭到丧母和弹劾的不幸，他只能同情老师而无可奈何。根据赵这段文字，可以进一步确认，赵在钱南园的呵护下，是进了学校读书的。这个学校基本可以断定是岳麓书院，这是由钱南园与罗典的亲密关系推断的。钱南园一直以罗典弟子自居，岳麓书院又是他权力能及的最好学校，他那么器重赵慎畛，不推荐他入岳麓书院还能去哪里？史料还表明，作为学使，亲自给学生讲课也很常见，那么钱南园业教赵慎畛，也应该是在岳麓书院。意外的是，赵慎畛偏偏没明示入读岳麓书院，也没有提师事罗典。这也是个小谜团。

这样的显赫弟子，在罗典家乘中应该有所体现，却也不见记载。原因可能是赵慎畛于嘉庆元年考中进士，罗典在世期间，赵是京城小官，在罗典弟子中并不显赫，所以关注的目光也没有特别投入到他身上，后来则由于史料失传，出现了记载缺席。而且赵慎畛传世的诗文极少。罗典的族孙罗汝怀也是湖湘大儒，擅长考据，对于族祖罗典的资料格外关注，他编《湖南文征》时，也很努力地收集赵慎畛的遗文，仅得五篇短文，特别加按语表示十分遗憾。这也说明，人们忽略赵慎畛的岳麓弟子履历，情有可原。

不过，严如煜肯定不会作假，而只要和严如煜、向鲁斋、陶士升同学，必是罗典弟子无疑，这是符合逻辑的。所以赵慎畛为岳麓弟子，师承过罗典，可以基本确认。当然，我们还须继续爬疏史料，进一步予以证实。

参考文献：

［1］罗正纬.申论“近百年湖南学风”［M］.油印本，1932：300.

［2］严如煜.严如煜集［M］.长沙：岳麓书社，2013：160-162

［3］朱汉民，邓洪波.岳麓书院史［M］.长沙：湖南教育出版社，2013：89-92.

［4］清实录［M］.北京：中华书局，2008：325-328.

［5］罗汝怀.湖南文征［M］.长沙：岳麓书社，2008：465-468.

［6］左宗棠.左宗棠集［M］.长沙：岳麓书社，2009：317-320.

《公共图书馆法》背景下地方文献收集的理论和实践微探

余英（湖南图书馆）

1 引言

人类文明发展到一定阶段，必然产生文献，这是随着人们对知识的保存、利用和传递等需要而产生的。而文献收集，则是伴随文献的产生而发展的。地方文献，是地方文化的历史积淀和现实反映。做好地方文献收集工作，是国家文化建设的需要、区域文献保护的需要、提供文献咨询的需要，是发展区域经济、弘扬区域文化的需要。贯彻执行《中华人民共和国公共图书馆法》（下文简称《公共图书馆法》），将有助于更加全面、更加有效、更加完整地收集地方文献。本文从三个方面开展理论探讨：一是地方文献的内涵。明晰概念内涵是地方文献收集工作的前提，直接关系地方文献的收集范围。二是地方文献收集的原则。原则是方向，明确原则就是明确方向。这是地方文献收集工作的基础，如何在原则战略上审视地方文献收集，直接决定收集到的地方文献的质量，关系地方文献的资源价值。三是地方文献收集的策略和激励。这是地方文献收集工作的关键。策略和激励机制可以直接指导地方文献收集工作人员的行动，关系到地方文献收集范围和原则的落地。

2 地方文献内涵的反思和审视

到目前为止，国内图书馆界尚未就地方文献的内涵达成共识，这给从事地方文献收集的人员造成了一定的障碍。从理论上探讨这个问题，一般有两种观点：第一种是宏观地方文献观。这种观点的代表是杜定友先生。杜定友先生曾在《地方文献的搜集与使用》中指出，地方文献是指有关本地方的一切资料，表现于各种记载形式的，如图书、杂志、报纸、图片、照片、画片、唱片、拓片、表格、传单、票据、手稿、印模、簿籍等。在类型方面，地方文献包括三种：历史资料、人物资料、出版资料[1]。

第二种是微观地方文献观。这种观点认为无论出版地、出版方式和载体形式如何，地方文献应将内容具有地方特色作为唯一标准。

笔者认为，这两种观点从不同的角度对地方文献进行表述，但又不够完全，给实践操作带来了一定的困惑。宏观的地方文献观点把地方文献界定为“有关本地方的一切资料”是不恰当的，在语法上容易产生歧义，实践中很容易把非文献的资料也纳入文献资料。微观的地方文献观点只以文献载体内容作为划分的唯一标准，显得不够全面，操作性不是很强[2]。而且，在网络信息时代飞速发展的今天，地方文献的内涵也有了新的飞跃。面对内容如此广泛、形式极其多样的文献形式，如何有系统、多方面、多角度、多层次地划分，前提条件就是要把概念和内涵明晰。

2.1 地方文献概念的界定

《中华人民共和国国家标准文献著录总则》（GB/ T3792.1—1983）界定文献的概念是：文献，记录有知识的一切载体。其中，“知识”即文献的本质特征。之后《图书馆学百科全书》也把文献定义为“记录有知识和信息的一切载体”，并指出了文献的四要素：一是所记录的知识和信息，即文献的内容。二是记录知识和信息的符号；三是用于记录知识和信息的物质载体[3]；四是记录的方式和手段。再说说“地方”，地方是对文献内容所涉及的空间上的限制，并不限于文献内容本身。因此，笔者参照《图书馆学百科全书》关于文献四要素的表述，认为地方文献内涵的界定应该包括以下内容：从内容上，记录的是某一地方的知识和信息；从符号上，包括文字、图表、声音、图像等；从记录方式和手段上，包括镌刻、手写、印刷、复制、录音、录像、网络等；从物质载体上，包括竹简、绢帛、纸张、胶卷、胶片等[4]。

2.2 地方文献特征的界定

区域文献资源是地方文献独有的特征。笔者认为，地方文献应该具有以下特征：一是地域特征鲜明。这是地方文献的本质特征，也是地方文献是否被确认为地方文献的基本条件。鉴别地方文献是否具有鲜明的地域特征，要甄别与这一地域有关的现象、事实和人物是否在文献中有所记载。同时，文献内容哪怕不是发生在本地域内，但与本地有着直接的联系，比如本地与外地、外国的交往，本地人士和各类团体在外地、外国的活动等，也应看作本地域的地方文献。二是史料资料真实。地方文献的生命是真实。各种第一手资料，比如手册、资料汇编、档案、快报、手稿、图片等，都体现了文献的原始性特征。特别是测绘和采访资料，还有基层行政单位所修的志书，其可靠程度都很高。三是内容具体广泛。地方文献从整体上看，应该囊括了对本地域自然、社会、人文等方面的历史与现状的综合记录[5]。以不同的题材和形式，从不同角度，反映该地域内政治、经济、文化、社会、历史、地理、民族、风俗等具体内容。四是载体包罗万象。除传统正式出版的图书、期刊等印刷出版物以外，非正式出版物还包括：书刊、报纸、油印品、小册子、作者手稿、手抄本、图集、图片、碑帖、文件档案、录音、录像、音像制品、复印品、多媒体、家谱、传说集录、方志、网络文献等。

2.3 地方文献类型的界定

在著述形式方面，可以具体划分为地方政府发布的工作报告、地方的统计年鉴、统计公报、地方年鉴、地方工作年鉴、地方史志、地方档案、地方百科全书、地方丛书、地方著述、地方报刊、回忆录、传记、谱牒、地方人事碑志、地方图录、地方文献书目、地方音像资料、网络地方文献等。在出版形式方面，可以具体划分为为公开出版物、非公开出版物和背景资料。其中非公开出版物包括内部发行的图书、报刊和年鉴、文件资料汇编、会议记录、论文集、调查报告等，背景资料包括簿记、手稿、日记、笔记、信札、抄本和文书，还有书信、文契、证券、商标、戏剧说明书和产品说明书等[6]。

3 地方文献收集的基本原则

收集地方文献是复杂的系统工程。地方文献质量优劣体现在地方文献资料的有无、多少、正误、真伪、曲直等这些基本条件。因此，在收集地方文献之前，必须明确一些基本原则。然而，地方文献收集工作实践性较强，图书馆界对地方文献收集的基本原则鲜有研究。笔者结合在地方文献收集岗位的工作实践，从理论层面梳理出一些基本原则，遵循这些原则开展工作，地方文献的收集将更加明确方向、有的放矢。

3.1 收集内容应遵循广泛、全面、真实的原则

广泛，就是凡是涉及地方政治、经济、科研、文化、教育、艺术、宗教、民风、民俗、自然地理、社会发展动态的相关资料，无论是国内，还是国外出版发行或者非正式出版资料，都应该列入地方文献收集的对象。全面，就是征集、收集的地方文献内容要全面，不管是什么学科专业，不管是本地域发生的什么重大事件，只要属于本地域地方文献收集范围，就要对事件的发生、发展、结束甚至产生的重大影响完整地收集。真实，就是要考虑到人类的历史螺旋式发展规律，因为历史上总会出现一些肯定、否定、再肯定的事件和人物，所以收集时要更加关注一些非正式出版的资料和背

景资料，比如地方内部资料、地域民间流传的资料以及来自互联网的资料，并对其真伪、使用价值和保存价值进行辨别筛选，力求收集的地方文献真实客观。应该按照这一原则，建立完备、详尽、准确的地方文献收集体系。

3.2 收集取向应遵循不分点面重点为主的原则

地方文献大到书刊，小到只言片语，把这些文献统统收集整理并进行综合分析，才能反映一个地方演变发展的全貌。对含量大、文字多、记载某一时期的重要事件，众多人物的“面”的文献资料要收集，对容量小、文字少、只记某事、某人的“点”的文献资料也要收集。同时，对于某一个图书馆而言，收集本地域的政治、经济、文化、社会、生产、科研等地方文献当然重要[7]。但把本地域经济社会发展中的大事、要事以及对本地域发展产生重大影响的人物作为重点收集对象更为重要。

3.3 收集时间应遵循从今至古逐步回溯的原则

之所以要遵循从今至古逐步回溯的原则，主要是考虑收集的难易程度和时间成本不一样。现代信息社会中，地方文献每天都在大量生成，网络、电视、广播等现代技术使地方文献的产生非常方便，如果不注意及时收集和保存，一些有价值的地方文献就会随着时间的推移变得难以查阅或散失，造成以后收集文献的难度增大和成本提高[8]。因此，秉承先易后难的思路，应该及时收集现在生成的地方文献。在此基础上，考虑到绝大多数古代、近代地方文献已经年代久远的因素，通过一些科学的方法慢慢析出和收集古代、近代地方文献。在地方文献回溯收集时，对于古代和近代的地方文献，尽量达到完备级收藏，对于现代和当代的文献，在某些重点领域和最能反映当地特色的领域，也要重点收藏，对于生成地方文献较多的领域，则要进行高质量的筛选，从而达到厚古宽今的收集成效。

3.4 收集来源应遵循现代技术与传统技术并重的原则

通过传统技术收集地方文献的路径不能丢，这还是当前最为基础和可靠的路径。但是，随着网络信息技术的发展，广播、电视、电影、网络等新型媒介毫无疑问已经成为承载地方文化的主力军，也是地方文献最重要的信息来源。广播、电视、电影、网络每天都源源不断地生成质量较高的地方文献，而且它们都处在不断更新的动态之中，如果不给予特别的关心和重视，不养成随时收集的习惯，就有可能造成大量有价值的现当代地方文献的流失。因此，在地方文献收集过程中，要给予现代媒介特别的关注。同时要注意的是，网络信息具有动态性，网络信息的生产者具有广泛性和随意性，这些导致了网络信息的良莠不齐[9]。地方文献收集的工作人员必须要对此类型的地方文献进行分析、整理、甄别和加工，去粗取精，去伪存真。

4 地方文献收集的策略与激励

收集地方文献是一项复杂、艰苦而又细致的工作，因为它涉及面广、分散、时间长，往往需要几年、几十年甚至几代人的不懈努力，才能具备一定规模的地方文献馆藏体系。从目前的实际情况看，地方文献收集工作还存在一些问题，这些问题制约了地方文献收集工作的开展，主要有以下几个方面：一是社会各界地方文献存留意识不强。社会各界对地方文献收集的态度比较消极，在收集过程中，经常遇到许多编纂或者出版地方文献的部门对于图书馆所发征集函不予理睬的情况。还有很多在征集人员上门征集的过程中，不理解征集人员的意图，态度冷漠，不予接待。二是地方文献收集工作的机制不健全。主要表现为地方文献收集保障制度还不够完善，专项投入较少；党政机关、出版单位、社会各界共同收集地方文献的协同协作机制和激励机制还不够完善，没有形成长期的征集关系和网络体系；地方文献收集的舆论宣传机制还没有建立，社会影响力和号召力较弱；等等。三是地方文献收集人员队伍素质不齐。当前，地方文献专职收集人员较少，流动性较大，而且普遍存在专业知识体系不足、收集能力弱的问题，严重影响和阻碍了地方文献收集工作的整体进程[10]。

笔者认为，随着《公共图书馆法》的实施，社会各界对地方文献收集的认识正在加深，地方文献的独特性和不可替代性越来越深入人心，这为地方文献收集工作提供了前所未有的发展机遇。在《公共图书馆法》实施的大背景下，完善地方文献收集的策略体系，需要综合施策，从以下几个方向着力。

4.1 贯彻《公共图书馆法》，大力争取政府支持

《公共图书馆法》第四条规定：县级以上人民政府应当加大对政府设立的公共图书馆的投入，将所需经费列入本级政府预算，并及时、足额拨付。第二十六条规定：出版单位应当按照国家有关规定向国家图书馆和所在地省级公共图书馆交存正式出版物。这两条是争取政府对地方文献收集给予更大力度支持的法宝。一方面，要积极争取政府加大对地方文献征集经费的投入，这些经费一部分用于征订和采购有关地方文献，一部分用于捐赠激励，还有一部分用于加大对社会各界的宣传，提高社会各界对地方文献重要性的认识和留存意识。另一方面，要积极争取政府支持建立相应的呈缴本制

度，以地方性法规、地方政府规章或正式文件的形式明确下来，推进地方文献的呈缴制度化、正常化、常态化[11]。

4.2 建立健全地方文献收集网络和协作机制

地方文献征集工作量大、涉及面广，特别是地方文献中占比很大的非正式出版物，由于发行的渠道很小，收集获取的难度更大。这就要求图书馆主动与新闻出版部门、各类文献编纂机构建立联系，及时了解内部期刊、报纸、简报的出版情况，捕捉地方文献出版动态，进行追踪征集。还要与本地域内的党委办、政府办、党史办、史志办、科协、政协文史委以及各类学术团体、研究机构、教育行政部门、大中专院校、大中型企业等部门建立联系，形成地方文献征集“总—分”关系，共同构建地方文献收集网络。这个网络内的各个主体要对地方文献收集工作达成共识，分工合作，确定各文献信息单位地方文献的收集重点[12]。比如：地方图书馆可以担负起地方文献收集核心单位的责任，明确收集的目标、重点和内容，其他各部门各单位依托自身的职能职责情况，担负起收集地方文献的主体责任。

4.3 灵活运用地方文献收集途径

从当前的实践情况看，地方文献收集大体可分为8种途径：一是征订。与各类出版发行机构保持联系，通过征订订购出版发行的地方文献。这里要注意的是，要善于从新书推荐中寻找反映本地域内容的出版物，及时征订。二是现购。借助网络、报刊、书目等渠道获取地方文献发行动态，定期到书店、书市，通过函购和现场采购进行收集。要注意的是，旧书市场、废旧物品收购站回收的废旧书刊中，也许有有价值的文献。三是缴送。规定本地域所属机关、团体和单位以及个人将所出版的图书、报刊资料及时向图书馆缴送。这是一个国家或者地区完整收集和保存出版物的好办法[13]。四是捐赠。接受个人和单位捐赠地方文献。五是索取。经常派工作人员与有关部门和单位联系，主动登门收集地方文献。六是交换。经常与本地社会团体和学会、研究会联系，定期交换地方文献。七是复制。这是补充地方文献的有效途径，有些资料由于发行范围小或者错过交换和征订而无法获得，只能通过复制。八是网上征集。充分利用微信、微博、电子邮件等工作，积极从互联网上收集有关信息。地方文献收集的工作人员，要灵活运用以上8种途径，或者多途径组合，才能提高收集成效。

4.4 建立健全地方文献捐赠激励机制

捐赠是地方文献收集的重要途径之一，但这一途径的运用效果并不理想，其根源在于捐赠激励机制的欠缺。在地方文献收集过程中，由于捐赠主体的多样性，可以采取分类激励的办法，根据捐赠主体的需求建立健全捐赠激励机制。比如：对于发行内部报刊的企、事业单位，他们的需求主要在于提升社会知名度，更多的是一种宣传的需要。对于他们捐赠地方文献的行为，图书馆可以建立举办定向文献展览和文献交流的机制，将这些企事业单位宣传给社会读者，达到企事业单位和图书馆“双赢”的效果。对于地方学者，也就是有学术研究成果或著作的教授、教师、作家等人士，这些学者对于自己的成果比较重视，希望得到公众的认可，因此图书馆可以建立捐赠者讲座的机制，既做好公共文化服务工作，又给作为捐赠主体的学者提供展示自我的机会。对于故乡人士，他们眷念家乡，希望为家乡做贡献，主要需求是心理上对家乡的归属感，图书馆对于这些故乡优秀人士捐赠的地方文献，可以视情况为其提供作品保存收藏的专业场所[14]。对于家族式传承的捐赠者，他们对于捐赠品的安全专业保管要求更高，尤其是一些家谱或世代遗留的珍贵作品，的确需要专业和安全的收藏管理，图书馆可以建立与他们的合作机制，采取协议保管模式，馆藏这部分地方文献。另外，对于普通的热心捐赠者，可以建立物质奖励与精神奖励相结合的机制，提高馆藏证的含金量，通过颁发馆藏证来给予激励。

4.5 打造一支地方文献收集的专业队伍

做好地方文献收集工作的关键在于人，在于有一支专业的队伍。地方文献收集工作是一项艰苦细致的工作，地方文献收集人员要有强烈的事业心和责任感，有吃苦耐劳的奉献精神，有较强的历史使命感。并且，在此基础上，地方文献收集人员还要有深厚的地域文化知识，扎实的地方史学研究功底，多元的知识结构[15]。在专业素质方面，地方文献收集人员还需要掌握图书馆学、文献情报学知识，培养综合分析能力、信息加工能力、社会交往和沟通能力等综合性业务技能。因此，建立一支高素质地方文献收集专业队伍不容易。各级图书馆主管部门和图书馆应该要为地方文献收集人员创造提高学习知识技能的良好环境，建立鼓励在职继续教育、参加学术活动和业务培训的体制机制。通过多种形式的教育、锻炼和培养，完善地方文献收集队伍的能力结构，拓宽视野，增长才干，这样才能确保地方文献收集工作可持续发展。

5 结语

总而言之，地方文献收集工作，准确把握内涵是前提，明确正确方向是基础，采取适当策略是关键。笔者通过对三个逻辑环节的理论和实践探讨，认为在《公共图书馆法》实施的大背景下，从上述三个方面综合施策，定能推进地方文献收集朝着科学化、精细化、规范化、专业化的方向快速发展，使地方文献资源充分发挥决策咨询、文献支持、存史鉴今等重要作用。

参考文献：

[1] 俞君立，陈树年.文献分类学［D］.武汉：武汉大学，2012.

[2] 同［1］.

[3] 图书馆学百科全书编委会.图书馆学百科全书［M］.北京：中国大百科全书出版社，1993：519–520.

[4] 沈松英.党校图书馆地方文献数字化体系构建研究［J］.图书馆学刊，2018（1）：54–57.

[5] 宋晓微.地方文献征集实践谈——以黑龙江省图书馆为例［J］.河南图书馆学刊，2012（4）：123–124.

[6] 吴绮云.高校图书馆馆藏地方文献的开发与利用［J］.泉州师范学院学报，2017（8）：86–100.

[7] 李晓宁.公共图书馆地方文献建设制度设计研究［J］.农业图书情报学刊，2016（12）：26–29.

[8] 陈红.公共图书馆地方文献征集工作策略研究［J］.河南图书馆学刊，2016（1）：27–28.

[9] 白嘎力.关于建立地方文献捐赠激励机制的探讨［J］.河南图书馆学刊，2016（11）：73–74.

[10] 同［9］.

[11] 欧阳勇俊.广州图书馆地方文献阅读推广工作的实践与思考［J］.河南图书馆学刊，2017（12）：100–101.

[12] 翟方涬.论地方文献的有效征集［J］.边疆经济与文化，2017（11）：112–113.

[13] 敬莉.论公共图书馆地方文献征集［J］.图书馆学刊，2014（9）：49–51.

[14] 樊克兰.浅析公共图书馆地方文献的征集与利用［J］.四川图书馆学报，2014（1）：56–58.

[15] 滑小莉.陕西省市级公共图书馆地方文献工作研究［J］.河南图书馆学刊，2017（12）：35–36.

常德地区民族文献阅读推广工作的可行性

龙敏（常德市图书馆）

1 引言

常德地处湖南省的西北部，沅水下游和澧水中游，素有“荆楚要地，黔川咽喉，湘西门户”之称，秦代属黔中郡，有着几千年的文化和历史，是一个散杂多民族地区，全市有33个民族，总人口400多万人，其中少数民族人口53万多人，约占全市总人口数的8%（2015年统计数据），除了汉民族外，居住比较集中而且又保持本民族习俗、民族心理和伦理道德观念的主要有土家族、回族和维吾尔族[1]。每个民族都有各自的文化特色和发展史，公共图书馆正是民族文献重要的收藏之地，重要工作之一就是收集、整理并且开展有关民族文献阅读推广工作，进而汇聚更多的不同作用与价值的民族文献资料，为研究民族历史、推进民族艺术、促进民族宗教和医药等方面的研究贡献力量，从而推动多民族文化的发展和繁荣。

2 常德地区民族文献资源现状分析

现将常德地区主要的民族和民族文献资源、民族特色文化，以及收集的民族文献资源入藏比例等进行分析，见表1。

表1 常德地区民族文献资源现状

种 类	汉 族	土家族	回 族	维吾尔族
语言	9种地方语言	属汉藏语系	无本民族语言	阿拉伯语系
文化	沅澧文化	民族歌谣、传说故事为主	伊斯兰教文化	伊斯兰教文化
宗教	佛教、道教为主	佛教、道教、天主教为主	伊斯兰教	伊斯兰教

续表

种　类	汉　族	土家族	回　族	维吾尔族
英雄人物及名人	宋教仁、丁玲、林伯渠、余嘉锡等	相单程、吴著冲等	马汝舟、马德成、马大伦等	翦伯赞等
民俗、民间艺术	常德丝弦等	土家族跳丧舞等	常德花鼓戏等	传统牛肉、清真扒鸡等的做法
民族文献收藏比例及其代表性文献	占总藏书的94%，代表性文献有：《常德河街》《常德市志》《常德艺术宝典》等	占总藏书的3%，代表性文献有：《土家风情》《湘北土家族探秘》等	占总藏书的1%，代表性文献有：《回族民族学》《回族人家》等	占总藏书的2%，代表性文献有：《维吾尔族民间故事选》《常德枫树乡维族村志》等

从此表中能看出，汉族文献资源比较丰富，特别是常德地区有武陵、鼎城、汉寿、桃源、临澧、石门、澧县、安乡、津市等九个区县，有“十里不同音”之说，每个县都有自己独特的语言文化和民族文献资源，比较有代表性的常德丝弦、澧水船工号子、常德汉剧高腔、安乡硪歌、桃源瑜伽焰口手势等民间文献瑰宝，这类民族文献资源收集得比较丰富，纸质文献大约有6072种，还收集了音像文献百余种，基本能提供给读者有关资料的查询和服务，开展阅读推广工作也需要有一定的资源作为前提。常德市图书馆（以下简称“我馆”）近几年都在做尝试性地开展形式灵活多样的阅读推广活动，并且受众群体涉及面广。品牌栏目“常悦课堂少儿亲子阅读”活动从2012年以来已开办了80期，开展了读经典、听故事、赏诗歌、寻找美丽乡村等活动，已有近200个家庭加入。每年的世界读书日和全民读书月期间，我馆阅读推广志愿服务分队成员就会将无须装订保存的过期杂志免费赠送给市民读者，读者只需凭借阅证就可在馆大厅内挑选自己喜爱的杂志回家，此活动取得了良好的社会反响。元宵节猜灯谜活动已在我馆连续举行了八年，吸引了广大市民积极参与，活动现场气氛热闹欢快。但是这一系列的活动中，还缺乏地方民族特色的一些元素，没有做过关于某一个民族专题的活动。

关于回族、维吾尔族、土家族等少数民族文化迁移、定居、生活、发展等有关地方文献资源收集比较缺乏。桃源县枫树维回乡，素有“维吾尔族第二故乡”之称，湖南维吾尔族延续至今已有600多年。其中有许多民族文献资源，如：1932年，常德金陵寺的回族人马大伦创办《穆音》月刊，为伊斯兰教哲理和文化、教育的研究开辟园地；桃源县文化馆编辑的“民间文学三套集成”收录了枫树、青林等地维吾尔族民间故事12篇，民间歌谣100余首，谚语80余条；马文彬编写的《常德地方传统牛肉名菜》《常德清真药膳扒鸡》《常德回族传统食品——油香》等。土家族主要分布在石门县，本民族语言丰富，民间歌谣流传较多，比较有代表性的有古歌《摆手歌》、仪式歌《哭嫁歌》、劳动歌《挖土锣鼓歌》、儿歌《摇篮曲》等。其中最具有土家族民族特色的是土家族跳丧舞，舞蹈动作简单、原始、多为仿生动作，音乐粗放，基本步法由六大步法组成，包括：四大步、风搅雪、凤凰闪翅、滚身子、武打丧、美人梳头[2]。收集整理少数民族文献资源，必须深入其中，了解各民族的特征，常德地区少数民族文献资源有很大的发展空间，但是因为我馆经费和人员配置问题等诸多原因，一直在这方面的工作有所缺失，因此对此类民族文献的阅读推广活动也比较匮乏。

3 阅读推广对民族文献借阅量影响的实效分析

实效分析样本以我馆开展的阅读推广和借阅创新服务为案例。

3.1 指导读者利用现代技术查阅常德地区民族文献

为进一步节省读者时间，提升资源利用效率，我馆积极指导读者利用检索工具及馆内设备查阅常德地区民族资源，效率显著提升，读者在汲取知识的同时，节约了时间成本。在我馆网站上向读者推送了多篇我馆的常德地区民族文献阅读使用指南。这类阅读推广服务明显吸引到大部分年轻的读者，在抽样调查的100名读者中，其中通过此类阅读推广活动前来的占了50%以上，而且大专院校的教师和学生比较多，其次是民俗爱好者，或者是研究常德地区民族文献的有关人士。

3.2 阅读指导讲座为主的阅读推广活动

“如何进行民族文献查阅与收集、捐赠”讲座活动旨在宣传推广本馆特色服务和文献资源，培养读者文明阅读习惯，引导读者认识和利用民族文献资源，提高读者信息利用技能，培训活动围绕民族文献服务项目推介、馆藏民族文献资源布局、民族文献书目信息解读等方面，同时根据培训对象的需求有针对性地引导读者正确认识和利用民族文献资源。此类的阅读推广讲座次数虽然不多，但是每次的反响都很好，并且能直接收到很多读者的建议，在实现“你选书，我付款”的购书体系下，近四年的统计：通过阅读推广讲座达成的购书，新书的利用率达到了70%，达成的捐赠民族文献为20%左右。

3.3 推荐优秀书目为主的阅读推广

微信公众号是图书馆线上宣传与服务的平台，是移动互联网时代e服务的延伸[3]。我馆微信公众号上开辟“好书推荐”与“新书推荐”栏目，由阅读推广组成员选定主题民族文献，每周固定推送文章，向读者推荐。推荐书目内容涵盖政治、经济、文学、历史、哲学、艺术、医药卫生、工业技术等主题民族文献资源，读者关注度不断增加，所推荐书籍借阅量也有显著提升。同时配合“新书推荐”设立新书展示区，一方面可以向读者及时展示馆内新书，另一方面可以有效提升新书的借阅量。多方位的宣传能够引导市民多读书、读好书，为全社会营造全民阅读的文化氛围。抽样调查的结果，通过微信公众号推介新书而参与阅读的占43%左右。

4　对于常德地区民族文献阅读推广工作可行性的建议

4.1　把民族文献的阅读推广作为一项新的服务亮点工程

现在几乎所有的图书馆都在全面地开展阅读推广系列活动，但是把民族文献阅读推广作为一项亮点服务工程来抓的相对较少，阅读推广活动的全面性、特色性没有完全地展示出来。“只有民族的，才是世界的。”因此民族文献的阅读推广迫在眉睫，要拟定具体的措施和工作方案，结合本地区的民族文献特色，确保每年的民族文献阅读推广活动如期举行，形成品牌，构成特色，建立起长效机制，从用户、主体、载体、渠道、活动等方面，统筹安排，构建阅读推广框架，持续有效地开展[4]。在具体的措施上，要充分体现民族文献服务价值，就需要落实相应的宣传报道工作，通过兴趣吸引与培养，开展民族文献阅读推广工作，根据反馈及时改进服务[5]。其最终目的是使民族文献的阅读推广成为一项常规的工作。

4.2　深入了解常德地区民族文献资源，大力深入基层开展阅读推广活动

对于民族文献资源，首先要做到深入了解，了解各民族的民俗、生活、宗教、文化、语言，了解各民族的分布，深入各民族聚集地，收集和整理各民族的文献资源。如我们收集的檀波编著的《土家风情》就全面地介绍了常德石门县土家族的礼仪习俗、民间故事、地方俗语、山歌土舞、方言谚语[6]。通过收集来的民族文献资源，我们深入常德土家族聚集地石门县壶瓶山、太平街、雁池等地，对土家族的生活、经济、人文进行了解：这里是云雾茶、冰糖橙全国指定的生产基地，当地土家族人还保留了“赶仗”这一副业。而且土家族是一个能歌善舞的民族，因此我们可以通过学唱土家族歌谣、学跳土家族舞蹈、组织阅读推广志愿者参观生产基地系列来进行阅读推广，通过系列活动增加本地区读者对土家族以及土家族民族文献的了解。

4.3 采取多样的阅读推广形式，广泛地联系社会各界，吸引更多的受众

借助世界读书日、馆庆日、国庆节、六一儿童节等节假日，采取多样的阅读推广形式，以传统“我为你找书”借阅模式与现代“自助借阅点餐”借阅模式相结合的方式，广泛地联系群艺馆、博物馆、非遗中心、社会科学团体、学校、媒体等各界社会机构，开展多种形式多样、内容丰富的阅读推广活动。例如：我们可以请有关的民俗学家做相关的民族文化讲座；与其他社会团体联合开展民族文献论文研讨会；联合中、小学校开展民族文化的特色夏令营活动；利用暑假、寒假开设有特色的民族手工制作、民族舞蹈培训、民族村体验等系列活动；与媒体合作开展民族文献阅读推广系列文艺活动等。这些都是加强本地区民族文献阅读推广的手段。形式多样的阅读推广活动可以让广大读者感受到本土民族文化的魅力。

5 结束语

阅读推广是公共图书馆服务的重要内容，以民族文献资源的开发、利用为主的阅读推广一直处于薄弱环节，常德地区处于武陵山脉、湘鄂边界，本地区民族文献资源历史悠久，而且文化底蕴十分深厚，有鲜明的地域特色。如何深入了解民族文献资源的分布、构成、发展将是我们下一步的目标，开展形式多样的阅读推广活动需要我们在今后在实践工作中不断摸索尝试。总之，开展民族文献阅读推广工作是一个值得探究的课题，有助于促进本地区的民族文献资源的开发、民族文化的传承。

参考文献：

[1] 应国斌.常德市志：上册[M].长沙：湖南人民出版社，2002：644.

[2] 徐泽鹏.常德艺术宝典[M].长沙：岳麓书社，2010：95-197.

[3] 黄林英，章文，阮立.图书馆微信公众平台现状与发展对策研究[J].图书馆研究与工作，2016（2）：63.

[4] 严慧英，朱辉.阅读推广对高校图书馆借阅量影响的实证分析[J].图书馆研究与工作，2016（2）：43.

[5] 阿拉坦其其格.如何提高民族文献在公共图书馆的收藏水平及服务价值[J].办公室业务，2015（9）：110-111.

[6] 覃波.土家风情[M].北京：线装书局，2015：1-10.

县（市、区）级公共图书馆地方文献建设工作的思考

何容斌（益阳市赫山区图书馆）
熊　伟　高玉辉（湖南省桃江县图书馆）

地方文献是对当地政治、经济、文化、社会、生态发展全方位的记载反映，在留史、资政、育人方面有着不可替代的作用[1]。做好地方文献工作是公共图书馆的重要职责，但也不容讳言，由于各种条件的制约，在县（市、区）级公共图书馆业务工作中，地方文献建设仍然是相对薄弱的环节。随着改革开放的深入，《中华人民共和国公共文化服务保障法》《中华人民共和国公共图书馆法》的颁布实施，加强和改进地方文献建设工作已成为十分重要的工作。

1　县（市、区）级地方文献建设工作面临的困境

1.1　馆舍等硬件设施不达标

从第六次全国公共图书馆评估定级的情况来看，县（市、区）公共图书馆在必备条件中，绝大部分存在馆舍建筑面积不足的问题，中西部欠发达地区尤其严重。由于使用面积不足，只能优先考虑成人（少儿）报刊阅览、外借等业务窗口的开放，基本上没有相对单设的地方文献室，一般附属于过刊过报、采编、参考咨询室。

1.2　人才储备不足

县（市、区）级公共图书馆人员年龄结构偏大，如湖南省益阳市桃江县图书馆在职人员平均45.5岁，赫山区图书馆在职人员平均42岁。缺乏图书情报专业科班出身馆员，甚至连邻近学科文、史、哲专业毕业的人员也稀少。年龄偏大导致知识更新速度慢，不思进取，故步自封。

1.3　服务方式滞后

公共图书馆传统的服务方式就是办理借阅手续。地方文献的借出，须经馆长批准。

时代在进步，但服务方式却没有改变。坐等读者上门，被动服务。然而馆藏文献十分有限，借阅手续相对烦琐，读者每年自然流失，到馆查阅地方文献的读者也逐年递减，门前冷落鞍马稀。需要决定存在，地方文献工作在县（市、区）级公共图书馆中的地位越来越边缘化了。

1.4 文献征集缺乏力度

地方文献的征集，虽然20世纪90年代桃江县和赫山区人民政府部门都下发过《关于加强地方文献征集工作的通知》的公文，但二十多年过去了，一纸公文早已被遗忘于脑后，基本上没有部门团体积极主动呈缴出版物。购书经费非常有限，用于征集地方文献的经费更是微乎其微，工作人员不积极，不主动，不作为，上门征集地方文献出版物行为近乎绝迹，每年靠几个热爱公共图书馆的老年读者将自费出版物免费赠送图书馆，因此，图书馆地方文献的入藏量实际上是每年呈递减的趋势。2015年，桃江县图书馆清点库存地方文献仅593种1190册。2017年，赫山区图书馆清点库存地方文献仅1785种2677册。

2 改进地方文献建设工作的对策建议

2.1 加大政府投入，改善工作环境

公共图书馆是精神文明建设的名片，更是广大热爱公共图书馆读者情之所系的精神家园。

县（市、区）级人民政府，要加大财政投入力度，坚决执行《中华人民共和国公共图书馆法》。一是馆舍建设要按第六次全国公共图书馆评估定级标准执行；二是要对馆内图书设施设备的配齐、配强；三是要逐步提高馆员待遇，充分调动其工作主动性、创造性，并通过他们的行动，吸引更多的文化志愿者投身到地方文献建设工作的服务中来。

2.2 加强人员培训，提高业务水平

事业成败，关键在人。做好地方文献工作，重在人才的培养。首先，政府要根据公共图书馆法，按第六次评估定级标准，保证图书馆工作人员的编制。其次，严把图书馆招聘人员准入关，要给图书馆在新进人员方面更多的自由裁量权。第三，省、国家须更多开办地方文献工作研讨班，选派有一定专业基础且热爱地方文献工作的馆员

参加培训，逐步建立一支专、精、尖的队伍。

2.3 转变传统观念，提高服务效能

要变等人上门被动服务为积极上门主动服务的灵活方式，不断提高服务效能[2]。

工作人员要从调查分析地域内读者对地方文献信息需要的特点、性质、数量、发展变化以及他们的现实需求和潜在要求出发，善于从各种信息资源中捕捉最有价值的信息提供给读者。要树立以人为本、服务至上的理念，尊重每位读者的文献要求，尽力及时明确地为读者提供全面、准确的信息帮助。

桃江县图书馆建立桃江地方名人（作家）作品陈列室，赫山区图书馆建立了“三周一叶”（益阳乡土小说家：周立波、周谷城、周扬、叶紫）专柜、益阳地花鼓光盘专柜、作者签名赠书专柜，满足了从事历史、文学研究的读者的需求。

2.4 多措并举，提高征集工作效率

地方文献藏量是否丰富，开发利用率是否高，与征集工作的力度有很大关系。一是要县级人民政府重新下文，明确域内各部门单位、人民团体、企业等应向公共图书馆呈缴出版物。二是域内文物管理所、档案馆等，要与公共图书馆信息资源共享、互通有无[3]。三是鼓励社会热心人士向公共图书馆捐赠作品，发放由当地人民政府盖印的收藏荣誉证书，如桃江县图书馆和益阳市赫山区图书馆的收藏证书，由县（区）人民政府用印，也可考虑给予适当的经济补偿：桃江县图书馆对地方文献收购采取有定价的按定价收购，无定价的按300页内30元/本，300页以上50元/本补偿；赫山区图书馆对地方文献收购采取有定价的按定价收购，无定价的按200页以内30元/本，200页至400页40元/本，400页以上50元/本补偿。这在一定程度上增加了两馆入藏量。仅2017年，两馆收集地方文献比上年增长100多种300多册。四是由专业工作人员捕捉信息，上门收购，如《桃江县志》《桃江统计年鉴》《赫山文化志》《赫山区统计年鉴》，都由专人上门及时收集。

3 做好地方文献的开发利用工作

3.1 建立地方文献开发联合体

由县（区）级人民政府办公室牵头，建立地方文献开发利用联合委员会，加强横向联系，本着共建共享、平等互利的原则开展合作协调，有重点、有目的地搜集、获取单位的地方文献资源，可取得事半功倍的效果。

3.2 加大地方文献资源数字化力度

对征集到的地方文献资源，要组织专业队伍进行删选工作，对估计利用价值较大的资源，必须加大数字化程度[4]。建立全文数据库、图片数据库、多媒体数据库等，编制专门网页。例如桃江县图书馆数字图书馆编制了桃江历史文化名人网页，赫山区图书馆编制了益阳历史文化名人网页。赫山区图书馆每年在免费开放经费中安排了2万元对馆藏地方文献进行数字化加工，桃江县人民政府从2018年起安排了2万元地方文献财政预算专项工作经费，并将逐年增加。

3.3 建立地方文献资源共享数据库

以计算机为核心的现代信息技术在图书馆的应用，为地方文献的开发利用提供了强大的技术手段[5]，各公共图书馆要把建好地方文献数据库摆在首位，如桃江县数字图书馆和赫山区图书馆建了地方文化特色资源库，全市、全省或全国可将可公开部分的资源库内容共建共享，方便读者在网上快捷、准确搜寻到自己需求的地方文献信息资源，从而扩大信息产品的服务面，提高地方文献的利用率。

3.4 加强地方文献的宣传推广

要使地方文献尽可能发挥最大作用，就必须在全社会营造强烈的利用意识和浓厚的利用氛围，因此，必须抓好宣传报道。

3.4.1 举办展览

可以由市馆协调组织，由县（区、市）图书馆提供地方文献图片展板，到域内各公共图书馆巡展，展示地方文献工作成就，扩大社会宣传影响。

桃江县图书馆建立地方作家（名人）作品陈列室，赫山区图书馆建立了“三周一叶”专柜、益阳地花鼓光盘专柜、作者签名赠书专柜，长期展览。

3.4.2 赠送宣传资料

公共图书馆可制作地方文献内容台历、年历，免费赠送各相关单位和热心读者，以便加强工作联系，提高征集工作效率[6]。

3.4.3 制作宣传片

地方文献工作成就，领导对地方文献工作的重视、要求、指示等，均可制作成专题宣传片[7]，在地方电视台等新闻媒体播放，在图书馆网站传播，在微信朋友圈共享。

3.4.4 举办地方文献知识竞赛活动

可以由域内联合体每年度组织开展形式多样的地方文献知识竞赛活动，还可结合爱国主义教育，乡村振兴战略等开展地方文献征文评选活动，扩大社会影响。

3.5　加强利用理论研究

3.5.1　设立地方文献研究学术机构

理论来源于实践，又用于指导实践。地方文献工作要取得长足进步，有必要加强理论探讨工作，加强各级图书馆学会的行业指导作用，对指导地方文献工作和学术研究进行指导，应当是开放型的[8]，不应搞关门主义。市图书馆学会组织协调全市范围内县（区、市）图书馆学会地方文献研究工作，年初确定工作重点，年底有工作评奖。

3.5.2　及时整理推介学术成果

需及时整理推介学术成果，在网站、内部刊物上率先转发。有竞争力的作品，推荐参加省内外地方文献征文。

3.5.3　建立鼓励研究创新长效机制

地方文献的研究要安排相应组织机构进行，各公共图书馆馆长要担任组长，业务馆长全面协调，地方文献专职人员为责任人员。安排好调研工作经费，对研究成果按等级实行奖励,《桃江县图书馆工作规程》和《赫山区图书馆学习制度》对此有专项规定，且常年坚持执行，调动了主动参与学术研究的积极性。

参考文献：

[1] 边丽梅.新形势下如何加大地方文献的收集力度［G］//石丽珍.全国地方文献工作研究文选.长春：吉林人民出版社，2008：330.

[2] 王立梅，张丹.地方文献的收集与利用［G］//石丽珍.全国地方文献工作研究文选.长春：吉林人民出版社，2008：354.

[3] 同［1］：332.

[4] 周月红.地方文献的开发与利用［G］//石丽珍.全国地方文献工作研究文选.长春：吉林人民出版社，2008：390.

[5] 同［4］.

[6] 陈后奇，胡英明.地方文献开发利用工作的创新思考［G］//石丽珍.全国地方文献工作研究文选.长春：吉林人民出版社，2008：382.

[7] 同［6］：383.

[8] 同［1］.

后　记

地方文献工作是图书馆的重要业务工作。地方文献为地方建设和发展提供丰富的文献资源和历史借鉴，是提升地方文化软实力的重要保障。图书馆作为人类保存文化遗产和精神财富的重要机构，在建设、保护、利用地方资源及传承地方文化方面责无旁贷，图书馆界也一直把地方文献工作作为重要和核心的部分来建设和发展，中国图书馆学会学术研究委员会专门设立有关地方文献研究的学术团队，旨在联合各方力量，搭建地方文献工作者的交流、学习平台，繁荣地方文献理论研究并推动地方文献工作的开展。湖南图书馆自2005年开始负责地方文献学术研究团队的相关工作，我们先后在长沙、烟台、开封、北京等地召开和组织过不同主题的研讨会和培训班，同时在每年中国图书馆学会年会举办之际，我们策划主题，申办地方文献分会场，组织论文评审，召开专题会议。在各方力量的大力推动下，已经组织召开了六次工作会议、十六次学术研讨会、三次研讨班，并出版了《21世纪地方文献工作发展研究论文选》《全国地方文献工作研究文选》《湖南文献概论》等学术专著，这一系列的成果激发了地方文献工作创新，增强了社会各界的存史意识，也为地方文献事业的发展出谋划策，为专业人才的培养添砖加瓦，为传统文化的繁荣兴盛做出了重要贡献。

近年来，国家对公共文化事业的发展尤为重视，全国地方文献工作也取得了长足的发展。为此，我们编撰了《全国地方文献工作与研究》一书，以此来梳理全国地方文献工作取得的成就及积累的经验，为新时期地方文献工作的进一步发展做好理论指导。该书分为上下两篇。上篇为各省级公共图书馆及部分高校图书馆、专业图书馆自新中国成立以来至今各馆地方文献工作建设的整体情况；下篇为我们向社会各界热心公共文化事业，关心地方文献建设的学者及图书馆工作人员所征集的稿件，收录了24篇优秀学术论文。

在本书编撰过程中，主编贺美华先生精心组织，始终关注。同时，也得到各级各类图书馆领导和同仁的关心与参与，得到业界学界多位专家的帮助和指导。中国图书馆学会学术研究委员会副主任、知名地方文献理论专家柯平审阅初稿并提出修改意见。地方文献研究领域的专家及诸多地方文化、地方文献理论方面的学者也提出了许多宝贵意见。宁阳同志做了大量的收集和汇编工作，正是通过多方的共同努力，使本书能够顺利出版。

该书不仅全面厘清了全国各图书馆自新中国成立以来地方文献建设的脉络与历程，总结分析了工作发展过程中的经验与不足，展现了目前关于地方文献工作方面的研究成果，同时也使社会大众了解到地方文献工作的丰富内涵，知晓了地方文献的重要性及其价值。因此，该书对于促进地方文献工作的进一步发展，推动地方文化及中华传统文化复兴将起到积极而重要的作用。

湖南图书馆副馆长　雷树德

二〇一九年十月